司法解释理解与适用丛书

最高人民法院
新民间借贷司法解释
理解与适用

最高人民法院民事审判第一庭　编著

人民法院出版社

PEOPLE'S COURT PRESS

图书在版编目（CIP）数据

最高人民法院新民间借贷司法解释理解与适用／最高人民法院民事审判第一庭编著．－－北京：人民法院出版社，2021.2
（司法解释理解与适用丛书）
ISBN 978－7－5109－2933－5

Ⅰ．①最… Ⅱ．①最… Ⅲ．①民间借贷－法规－法律解释－中国②民间借贷－法规－法律适用－中国 Ⅳ．①D923.65

中国版本图书馆 CIP 数据核字（2020）第 171488 号

最高人民法院新民间借贷司法解释理解与适用
最高人民法院民事审判第一庭　编著

责任编辑	姜　峤　王　婷　陈　思　尹立霞　杨钦云	
执行编辑	高　晖　田　夏　罗羽净	
出版发行	人民法院出版社	
地　　址	北京市东城区东交民巷 27 号　（100745）	
电　　话	（010）67550617（责任编辑）　　67550558（发行部查询）	
	65223677（读者服务部）	
客服 QQ	2092078039	
网　　址	http://www.courtbook.com.cn	
E－mail	courtpress@sohu.com	
印　　刷	保定市中画美凯印刷有限公司	
经　　销	新华书店	
开　　本	787 毫米×1092 毫米　1/16	
字　　数	496 千字	
印　　张	33.5	
版　　次	2021 年 2 月第 1 版　2021 年 2 月第 1 次印刷	
书　　号	ISBN 978－7－5109－2933－5	
定　　价	158.00 元	

版权所有　侵权必究

《最高人民法院新民间借贷司法解释理解与适用》编辑委员会

主　　编　贺小荣

副 主 编　郑学林　刘　敏　齐　素

成　　员　（以姓氏笔画为序）

　　　　　于　蒙　马　冉　司　伟　王永明

　　　　　张　纯　张　闻　肖　峰　汪　军

　　　　　高　桦　唐　倩　潘　杰

执行编辑　唐　倩

前　言

　　作为经济社会发展过程中资金供需矛盾的有效解决方案，民间借贷在我国具有广泛的社会基础和深厚的历史渊源。长期以来，"民间借贷"在我国并非一个立法层面上的概念，是最高人民法院基于审判实践需要通过制定相关司法解释及司法政策性文件，在司法实务层面上将借贷行为区分为金融借贷和民间借贷，适用不同的裁判规则和利率保护标准。自1991年最高人民法院颁布《最高人民法院关于人民法院审理借贷案件的若干意见》，首次以司法解释形式对民间借贷作出明确规范以来，司法对民间借贷的规制一直延续。尤其是2015年9月起施行的《最高人民法院关于审理民间借贷案件适用法律若干问题的规定》（以下简称2015年《民间借贷规定》），作为人民法院审理民间借贷纠纷案件的重要依据，起到了相当积极的作用。

　　近年来，随着我国经济社会的迅速发展和金融体制改革的进一步深化，民间借贷的规模不断扩大，民间借贷领域不断出现借贷主体多元化、借贷关系复杂化、纠纷类型多样化的新情况，在客观上放大了民间借贷的风险隐患。尤其是自2020年年初以来，我国经济遭受新冠肺炎疫情的巨大冲击，中小企业、个体工商户面临更多融资困境。"世易则事异，事异则备变"，基于规范与保护民间借贷的双重目的，又适逢我国《民法典》正式颁布施行，最高人民法院于2020年8月及2020年12月，先后两次对2015年《民间借贷规定》作出修正。修正后的本规定已自2021年1月1日起与《民法典》同步施行，其相关规定不仅是最高人民法院贯彻落实《民法典》的规定与精神，完成《民法典》相关司法解释清理工作的重要内容，更在指导各级人民法院妥善审理民间借贷纠纷案件、规范各类主体进行民间借贷行为、强化司法助推金融服务实体经济等方面具有重要意义，充分体现了最高人民法院以习近平新时代法治思想为指导，立足发挥人民法院审判职能作用，扎实做好"六稳"工作，全面落实"六保"任务，为统筹疫情防控和经济社会发展工作提供有力司法服务和保障的决心与能力。

准确理解本规定的内容，不仅是各级人民法院适用司法解释解决实践问题的基础，也是诉讼主体参加诉讼依法行使诉权的前提。为此，我们组织参与司法解释修改工作的相关同志撰写本书，针对司法解释修正的背景与依据、论证时存在的问题与争议、条文背后的法理与逻辑、裁判应循的规则与思路等，逐条进行阐释，以供理解与适用中参考，并重申本规定规制民间借贷所贯彻的新思路：

一是坚持合法性原则，贯彻《民法典》禁止高利放贷的精神。在《民法典》第680条明确规定"禁止高利放贷"的情况下，结合我国经济社会发展现状与金融体制改革方向，本规定以中国人民银行授权全国银行间同业拆借中心每月20日发布的一年期贷款市场报价利率（LPR）的四倍为标准，重新划定民间借贷利率的司法保护上限。对于合同约定利率超出民间借贷利率司法保护上限的部分，人民法院不予保护。

二是坚持问题导向，积极应对新形势对审判工作提出的新要求。本规定突出民间借贷以"自有闲置资金""非经常性"放款的原则要求，禁止"非自有资金放贷"和"职业放贷"行为，完善民间借贷合同的无效事由，均是为解决社会各界反映强烈的有关民间借贷的核心问题，进一步明确人民法院适用法律的具体规则。

三是坚持理论与实践相结合，注意吸收审判工作中积累的创新裁判规则。实践是检验真理的唯一标准，也是完善规则、推动立法的重要途径。2015年《民间借贷规定》施行后，各级人民法院针对民间借贷领域出现的新情况新问题，如"职业放贷人"的认定标准、民刑交叉的程序处理等，不断提出诸多行之有效的裁判规则，保证人民法院审理民间借贷纠纷案件取得良好效果。在本次司法解释的修正过程中，亦充分考虑了审判实践中的普遍做法，进一步统一裁判尺度、避免出现类似案件判决结果不同的现象。

希望本书能够成为指导法官办案的操作手册、帮助业内人士解决法律问题的得力帮手。

最高人民法院民事审判第一庭
二〇二一年一月

凡 例

一、本书中,法律、法规、规章和规范性文件名称中的"中华人民共和国"省略,其余一般不省略,例如:《中华人民共和国民法典》简称《民法典》,《中华人民共和国民事诉讼法》简称《民事诉讼法》。

二、叙述法律、法规、规章和规范性文件,必要时在名称前标明其制定机关和制定、修改年份。例如,1982年《民事诉讼法(试行)》。但如无特别说明,现行《民事诉讼法》不再注明修改年份,简称《民事诉讼法》。

三、对于本书中出现较多的以下规范文件,使用缩略语:

序号	文件名称	发文日期、文号	简称
1	《最高人民法院关于审理民间借贷案件适用法律若干问题的规定》	法释〔2015〕18号,2015年8月6日公布	2015年《民间借贷规定》
		根据2020年8月18日《最高人民法院关于修改〈关于审理民间借贷案件适用法律若干问题的规定〉的决定》(法释〔2020〕6号)第一次修正;根据2020年12月23日《最高人民法院关于修改〈最高人民法院关于在民事审判工作中适用《中华人民共和国工会法》若干问题的解释〉等二十七件民事类司法解释的决定》(法释〔2020〕17号)第二次修正	本规定
2	《最高人民法院关于贯彻执行〈中华人民共和国民法通则〉若干问题的意见(试行)》	法(办)发〔1988〕6号,1988年4月2日公布,已废止	《民法通则意见》

续表

序号	文件名称	发文日期、文号	简称
3	《最高人民法院关于人民法院审理借贷案件的若干意见》	法（民）〔1991〕21号，1991年8月13日公布，已废止	1991年《借贷意见》
4	《最高人民法院关于审理存单纠纷案件的若干规定》	法释〔1997〕8号，1997年12月11日公布	1997年《存单纠纷规定》
		根据2020年12月23日《最高人民法院关于修改〈最高人民法院关于破产企业国有划拨土地使用权应否列入破产财产等问题的批复〉等二十九件商事类司法解释的决定》（法释〔2020〕18号）修正	《存单纠纷规定》
5	《最高人民法院关于在审理经济纠纷案件中涉及经济犯罪嫌疑若干问题的规定》	法释〔1998〕7号，1998年4月21日公布	1998年《经济纠纷案件涉及犯罪嫌疑规定》
		根据2020年12月23日《最高人民法院关于修改〈最高人民法院关于在民事审判工作中适用《中华人民共和国工会法》若干问题的解释〉等二十七件民事类司法解释的决定》（法释〔2020〕17号）修正	《经济纠纷案件涉及犯罪嫌疑规定》
6	《最高人民法院关于适用〈中华人民共和国合同法〉若干问题的解释（一）》	法释〔1999〕19号，1999年12月19日公布，已废止	《合同法解释（一）》
7	《最高人民法院关于适用〈中华人民共和国担保法〉若干问题的解释》	法释〔2000〕44号，2000年12月8日公布，已废止	《担保法解释》

续表

序号	文件名称	发文日期、文号	简称
8	《最高人民法院关于民事诉讼证据的若干规定》	法释〔2001〕33号，2001年12月21日公布	2001年《证据规定》
		根据2019年12月25日《最高人民法院关于修改〈关于民事诉讼证据的若干规定〉的决定》（法释〔2019〕19号）修正	《证据规定》
9	《最高人民法院关于审理建设工程施工合同纠纷案件适用法律问题的解释》	法释〔2004〕14号，2004年10月25日公布，已废止	《建设工程施工合同解释》
10	《最高人民法院关于适用〈中华人民共和国合同法〉若干问题的解释（二）》	法释〔2009〕5号，2009年4月24日公布，已废止	《合同法解释（二）》
11	《最高人民法院关于审理非法集资刑事案件具体应用法律若干问题的解释》	法释〔2010〕18号，2010年12月13日公布	《非法集资案件解释》
12	《最高人民法院、最高人民检察院、公安部关于办理非法集资刑事案件适用法律若干问题的意见》	公通字〔2014〕16号，2014年3月25日公布	《办理非法集资案件意见》

续表

序号	文件名称	发文日期、文号	简称
13	《最高人民法院关于适用〈中华人民共和国民事诉讼法〉的解释》	法释〔2015〕5号，2015年1月30日公布	2015年《民事诉讼法解释》
		根据2020年12月23日《最高人民法院关于修改〈最高人民法院关于人民法院民事调解工作若干问题的规定〉等十九件民事诉讼类司法解释的决定》（法释〔2020〕20号）修正	《民事诉讼法解释》
14	《最高人民法院关于人民法院登记立案若干问题的规定》	法释〔2015〕8号，2015年4月15日公布	《登记立案规定》
15	《最高人民法院关于防范和制裁虚假诉讼的指导意见》	法发〔2016〕13号，2016年6月20日公布	《虚假诉讼意见》
16	《最高人民法院、最高人民检察院、公安部、司法部印发〈关于办理非法放贷刑事案件若干问题的意见〉的通知》	法发〔2019〕24号，2019年7月23日公布	《非法放贷意见》
17	《最高人民法院关于印发〈全国法院民商事审判工作会议纪要〉的通知》	法〔2019〕254号，2019年11月8日公布	《民商审判会议纪要》
18	《最高人民法院关于适用〈中华人民共和国民法典〉有关担保制度的解释》	法释〔2020〕28号，2020年12月31日公布	《民法典担保制度解释》

目　录

最高人民法院司法解释

最高人民法院
　关于修改《关于审理民间借贷案件适用法律若干问题的
　　规定》的决定
　　（2020 年 8 月 19 日） ·· 3
最高人民法院
　关于修改《最高人民法院关于在民事审判工作中适用
　　〈中华人民共和国工会法〉若干问题的解释》等
　　二十七件民事类司法解释的决定（节录）
　　（2020 年 12 月 29 日） ·· 10
最高人民法院
　关于审理民间借贷案件适用法律若干问题的规定
　　（2020 年 12 月 29 日第二次修正） ······························· 13
最高人民法院
　关于新民间借贷司法解释适用范围问题的批复
　　（2020 年 12 月 29 日） ·· 21

新闻发布稿和答记者问

尊重合同自愿　调整保护上限　促进民间借贷规范平稳
　健康发展
　　（2020年8月20日）………………………………… 25
最高人民法院民一庭负责人就《最高人民法院关于
　修改〈关于审理民间借贷案件适用法律若干
　问题的规定〉的决定》答记者问
　　（2020年8月20日）………………………………… 31

司法解释理解与适用

第一条 ……………………………………………………… 39
　[条文主旨]
　　本条是关于民间借贷的定义和适用范围的规定。

第二条 ……………………………………………………… 62
　[条文主旨]
　　本条是关于民间借贷案件起诉条件的规定。

第三条 ……………………………………………………… 81
　[条文主旨]
　　本条是关于民间借贷合同履行地确定的规定。

第四条 ……………………………………………………… 105
　[条文主旨]
　　本条是关于民间借贷纠纷中，人民法院是否追加
　保证人参加诉讼的规定。

第五条 ……………………………………………… 115

[条文主旨]

本条是关于发现犯罪嫌疑的案件如何处理的规定。

第六条 ……………………………………………… 130

[条文主旨]

本条是关于与民间借贷不属于同一事实但有犯罪嫌疑的案件处理的规定。

第七条 ……………………………………………… 147

[条文主旨]

本条是关于人民法院在处理民间借贷纠纷案件中，在该案件与刑事案件发生关联时，对民事程序予以中止处理原则和条件的规定。

第八条 ……………………………………………… 154

[条文主旨]

本条是关于借款人涉嫌或构成刑事犯罪时出借人起诉担保人的"民刑分离"司法处理原则的规定。

第九条 ……………………………………………… 161

[条文主旨]

本条是关于自然人之间借款合同成立时间的规定。

第十条 ……………………………………………… 178

[条文主旨]

本条是关于企业间借贷合同效力的规定。

第十一条 …………………………………………… 200

[条文主旨]

本条是关于企业内部集资效力的规定。

第十二条 212

[条文主旨]

本条是关于涉嫌犯罪的民间借贷合同效力及担保人民事责任的规定。

第十三条 223

[条文主旨]

本条是关于民间借贷合同无效的具体情形的规定。

第十四条 240

[条文主旨]

本条是关于名为借贷实为因其他法律关系产生的债务如何处理的规定。

第十五条 248

[条文主旨]

本条是关于民间借贷纠纷案件事实审查标准的规定。

第十六条 261

[条文主旨]

本条是关于欠缺借款合同的案件中举证责任分配的规定。

第十七条 270

[条文主旨]

本条是关于负有举证义务的原告无正当理由拒不到庭的法律后果的规定。

第十八条 278

[条文主旨]

本条是关于如何识别虚假民间借贷诉讼的规定。

第十九条 ·· 289
[条文主旨]
　　本条是关于查明虚假民间借贷诉讼后处理的规定。

第二十条 ·· 302
[条文主旨]
　　本条是关于民间借贷合同保证条款认定的规定。

第二十一条 ·· 314
[条文主旨]
　　本条是关于网络借贷平台承担担保责任的规定。

第二十二条 ·· 327
[条文主旨]
　　本条是关于法人的法定代表人以及非法人组织的负责人订立民间借贷合同认定与处理的规定。

第二十三条 ·· 342
[条文主旨]
　　本条是关于以订立买卖合同作为民间借贷合同的担保相关问题的规定。

第二十四条 ·· 352
[条文主旨]
　　本条是关于借贷双方没有约定利息或对利息约定不明时如何处理的规定。

第二十五条 ·· 362
[条文主旨]
　　本条是关于司法保护民间借贷利率上限的规定。

第二十六条 ·················· 381

[条文主旨]

　　本条是关于本金数额的认定及利息不得从本金中预先扣除的规定。

第二十七条 ·················· 389

[条文主旨]

　　本条是关于民间借贷中复利的规定。

第二十八条 ·················· 401

[条文主旨]

　　本条是关于逾期利率问题处理的规定。

第二十九条 ·················· 414

[条文主旨]

　　本条是关于民间借贷中逾期利息、违约金、其他费用并存时如何处理的规定。

第三十条 ·················· 422

[条文主旨]

　　本条是关于借款人提前偿还借款及其法律效果的规定。

第三十一条 ·················· 436

[条文主旨]

　　本条是关于本规定时间效力的规定。

典型案例

1. 俞某某诉宁夏中卫天银矿业有限公司民间借贷纠纷案 …………… 449
2. 福建春秋文化发展有限公司诉林某甲、陈某某民间
   借贷纠纷案 ……………………………………………………… 452
3. 杨某某诉延安市建筑总公司房地产开发公司、赵某某
   保证合同纠纷案 …………………………………………………… 457
4. 刘某诉关某民间借贷纠纷案 …………………………………… 460
5. 蔡某甲诉蔡某乙民间借贷纠纷案 ………………………………… 464
6. 北京长富投资基金与武汉中森华世纪房地产开发有限
   公司等委托贷款合同纠纷案 …………………………………… 468
7. 康某某诉刘某民间借贷纠纷案 ………………………………… 485
8. 垫富宝投资有限公司诉曾某某民间借贷纠纷案 ……………… 488
9. 马某诉解某某、洛阳辉凯工贸有限公司等民间借贷
   纠纷案 …………………………………………………………… 491
10. 周某某诉胡某某民间借贷纠纷案 ……………………………… 498

新旧条文对照表 ……………………………………………… 501

最高人民法院司法解释

最高人民法院
关于修改《关于审理民间借贷案件适用法律若干问题的规定》的决定

法释〔2020〕6号

(2020年8月18日最高人民法院审判委员会第1809次会议通过
2020年8月19日最高人民法院公告公布
自2020年8月20日起施行)

根据审判实践需要,经最高人民法院审判委员会第1809次会议决定,对《关于审理民间借贷案件适用法律若干问题的规定》作如下修改:

一、将第一条修改为:

"本规定所称的民间借贷,是指自然人、法人和非法人组织之间进行资金融通的行为。

经金融监管部门批准设立的从事贷款业务的金融机构及其分支机构,因发放贷款等相关金融业务引发的纠纷,不适用本规定。"

二、将第二条修改为:

"出借人向人民法院提起民间借贷诉讼时,应当提供借据、收据、欠条等债权凭证以及其他能够证明借贷法律关系存在的证据。

当事人持有的借据、收据、欠条等债权凭证没有载明债权人,持有债权凭证的当事人提起民间借贷诉讼的,人民法院应予受理。被告对原告的债权人资格提出有事实依据的抗辩,人民法院经审查认为原告不具有债权人资格的,裁定驳回起诉。"

三、将第三条修改为:

"借贷双方就合同履行地未约定或者约定不明确,事后未达成补充协议，按照合同相关条款或者交易习惯仍不能确定的，以接受货币一方所在地为合同履行地。"

四、将第五条修改为：

"人民法院立案后，发现民间借贷行为本身涉嫌非法集资等犯罪的，应当裁定驳回起诉，并将涉嫌非法集资等犯罪的线索、材料移送公安或者检察机关。

公安或者检察机关不予立案，或者立案侦查后撤销案件，或者检察机关作出不起诉决定，或者经人民法院生效判决认定不构成非法集资等犯罪，当事人又以同一事实向人民法院提起诉讼的，人民法院应予受理。"

五、将第七条修改为：

"民间借贷纠纷的基本案件事实必须以刑事案件的审理结果为依据，而该刑事案件尚未审结的，人民法院应当裁定中止诉讼。"

六、将第九条修改为：

"自然人之间的借款合同具有下列情形之一的，可以视为合同成立：

（一）以现金支付的，自借款人收到借款时；

（二）以银行转账、网上电子汇款等形式支付的，自资金到达借款人账户时；

（三）以票据交付的，自借款人依法取得票据权利时；

（四）出借人将特定资金账户支配权授权给借款人的，自借款人取得对该账户实际支配权时；

（五）出借人以与借款人约定的其他方式提供借款并实际履行完成时。"

七、将第十一条修改为：

"法人之间、非法人组织之间以及它们相互之间为生产、经营需要订立的民间借贷合同，除存在《中华人民共和国合同法》第五十二条以及本规定第十四条规定的情形外，当事人主张民间借贷合同有效的，人民法院应予支持。"

八、将第十二条修改为：

"法人或者非法人组织在本单位内部通过借款形式向职工筹集资金，用于本单位生产、经营，且不存在《中华人民共和国合同法》第五十二条以及本规定第十四条规定的情形，当事人主张民间借贷合同有效的，人民法院应予支持。"

九、将第十三条修改为：

"借款人或者出借人的借贷行为涉嫌犯罪，或者已经生效的裁判认定构成犯罪，当事人提起民事诉讼的，民间借贷合同并不当然无效。人民法院应当依据《中华人民共和国合同法》第五十二条以及本规定第十四条之规定，认定民间借贷合同的效力。

担保人以借款人或者出借人的借贷行为涉嫌犯罪或者已经生效的裁判认定构成犯罪为由，主张不承担民事责任的，人民法院应当依据民间借贷合同与担保合同的效力、当事人的过错程度，依法确定担保人的民事责任。"

十、将第十四条修改为：

"具有下列情形之一的，人民法院应当认定民间借贷合同无效：

（一）套取金融机构贷款转贷的；

（二）以向其他营利法人借贷、向本单位职工集资，或者以向公众非法吸收存款等方式取得的资金转贷的；

（三）未依法取得放贷资格的出借人，以营利为目的向社会不特定对象提供借款的；

（四）出借人事先知道或者应当知道借款人借款用于违法犯罪活动仍然提供借款的；

（五）违反法律、行政法规强制性规定的；

（六）违背公序良俗的。"

十一、将第十六条修改为：

"原告仅依据借据、收据、欠条等债权凭证提起民间借贷诉讼，被告抗辩已经偿还借款的，被告应当对其主张提供证据证明。被告提供相应证据证明其主张后，原告仍应就借贷关系的存续承担举证责任。

被告抗辩借贷行为尚未实际发生并能作出合理说明的，人民法院应当结合借贷金额、款项交付、当事人的经济能力、当地或者当事人之间的交易方式、交易习惯、当事人财产变动情况以及证人证言等事实和因素，综合判断查证借贷事实是否发生。"

十二、将第十七条修改为：

"原告仅依据金融机构的转账凭证提起民间借贷诉讼，被告抗辩转账系偿还双方之前借款或者其他债务的，被告应当对其主张提供证据证明。被告提供相应证据证明其主张后，原告仍应就借贷关系的成立承担举证责任。"

十三、将第十八条修改为：

"依据《最高人民法院关于适用〈中华人民共和国民事诉讼法〉的解释》第一百七十四条第二款之规定，负有举证责任的原告无正当理由拒不到庭，经审查现有证据无法确认借贷行为、借贷金额、支付方式等案件主要事实的，人民法院对原告主张的事实不予认定。"

十四、将第十九条修改为：

"人民法院审理民间借贷纠纷案件时发现有下列情形之一的，应当严格审查借贷发生的原因、时间、地点、款项来源、交付方式、款项流向以及借贷双方的关系、经济状况等事实，综合判断是否属于虚假民事诉讼：

（一）出借人明显不具备出借能力；

（二）出借人起诉所依据的事实和理由明显不符合常理；

（三）出借人不能提交债权凭证或者提交的债权凭证存在伪造的可能；

（四）当事人双方在一定期限内多次参加民间借贷诉讼；

（五）当事人无正当理由拒不到庭参加诉讼，委托代理人对借贷事实陈述不清或者陈述前后矛盾；

（六）当事人双方对借贷事实的发生没有任何争议或者诉辩明显不符合常理；

（七）借款人的配偶或者合伙人、案外人的其他债权人提出有事实依据的异议；

（八）当事人在其他纠纷中存在低价转让财产的情形；

（九）当事人不正当放弃权利；

（十）其他可能存在虚假民间借贷诉讼的情形。"

十五、将第二十条修改为：

"经查明属于虚假民间借贷诉讼，原告申请撤诉的，人民法院不予准许，并应当依据《中华人民共和国民事诉讼法》第一百一十二条之规定，判决驳回其请求。

诉讼参与人或者其他人恶意制造、参与虚假诉讼，人民法院应当依据《中华人民共和国民事诉讼法》第一百一十一条、第一百一十二条和第一百一十三条之规定，依法予以罚款、拘留；构成犯罪的，应当移送有管辖权的司法机关追究刑事责任。

单位恶意制造、参与虚假诉讼的，人民法院应当对该单位进行罚款，并可以对其主要负责人或者直接责任人员予以罚款、拘留；构成犯罪的，应当移送有管辖权的司法机关追究刑事责任。"

十六、将第二十一条修改为：

"他人在借据、收据、欠条等债权凭证或者借款合同上签名或者盖章，但是未表明其保证人身份或者承担保证责任，或者通过其他事实不能推定其为保证人，出借人请求其承担保证责任的，人民法院不予支持。"

十七、将第二十三条修改为：

"法人的法定代表人或者非法人组织的负责人以单位名义与出借人签订民间借贷合同，有证据证明所借款项系法定代表人或者负责人个人使用，出借人请求将法定代表人或者负责人列为共同被告或者第三人的，人民法院应予准许。

法人的法定代表人或者非法人组织的负责人以个人名义与出借人订立民间借贷合同，所借款项用于单位生产经营，出借人请求单位与个人共同承担责任的，人民法院应予支持。"

十八、将第二十四条修改为：

"当事人以订立买卖合同作为民间借贷合同的担保，借款到期后借款人不能还款，出借人请求履行买卖合同的，人民法院应当按照民间借贷法律关系审理。当事人根据法庭审理情况变更诉讼请求的，人民法院应当准许。

按照民间借贷法律关系审理作出的判决生效后，借款人不履行生效判决确定的金钱债务，出借人可以申请拍卖买卖合同标的物，以偿还债务。就拍卖所得的价款与应偿还借款本息之间的差额，借款人或者出借人有权主张返还或者补偿。"

十九、将第二十五条修改为：

"借贷双方没有约定利息，出借人主张支付利息的，人民法院不予支持。

自然人之间借贷对利息约定不明，出借人主张支付利息的，人民法院不予支持。除自然人之间借贷的外，借贷双方对借贷利息约定不明，出借人主张利息的，人民法院应当结合民间借贷合同的内容，并根据当地或者当事人的交易方式、交易习惯、市场报价利率等因素确定利息。"

二十、将第二十六条修改为：

"出借人请求借款人按照合同约定利率支付利息的，人民法院应予支持，但是双方约定的利率超过合同成立时一年期贷款市场报价利率四倍的除外。

前款所称'一年期贷款市场报价利率'，是指中国人民银行授权全国银行间同业拆借中心自2019年8月20日起每月发布的一年期贷款市场报价利率。"

二十一、将第二十八条修改为：

"借贷双方对前期借款本息结算后将利息计入后期借款本金并重新出具债权凭证，如果前期利率没有超过合同成立时一年期贷款市场报价利率四倍，重新出具的债权凭证载明的金额可认定为后期借款本金。超过部分的利息，不应认定为后期借款本金。

按前款计算，借款人在借款期间届满后应当支付的本息之和，超过以最初借款本金与以最初借款本金为基数、以合同成立时一年期贷款市场报价利率四倍计算的整个借款期间的利息之和的，人民法院不予支持。"

二十二、将第二十九条修改为：

"借贷双方对逾期利率有约定的，从其约定，但是以不超过合同成立时一年期贷款市场报价利率四倍为限。

未约定逾期利率或者约定不明的，人民法院可以区分不同情况处理：

（一）既未约定借期内利率，也未约定逾期利率，出借人主张借款人自逾期还款之日起承担逾期还款违约责任的，人民法院应予支持；

（二）约定了借期内利率但是未约定逾期利率，出借人主张借款人自逾期还款之日起按照借期内利率支付资金占用期间利息的，人民法院应予支持。"

二十三、将第三十条修改为：

"出借人与借款人既约定了逾期利率，又约定了违约金或者其他费用，出借人可以选择主张逾期利息、违约金或者其他费用，也可以一并主张，但是总计超过合同成立时一年期贷款市场报价利率四倍的部分，人民法院不予支持。"

二十四、将第三十一条删除。

二十五、将第三十二条改为第三十一条，修改为：

"借款人可以提前偿还借款，但是当事人另有约定的除外。

借款人提前偿还借款并主张按照实际借款期限计算利息的，人民法院应予支持。"

二十六、将第三十三条改为第三十二条，修改为：

"本规定施行后，人民法院新受理的一审民间借贷纠纷案件，适用本规定。

借贷行为发生在 2019 年 8 月 20 日之前的，可参照原告起诉时一年期贷款市场报价利率四倍确定受保护的利率上限。

本规定施行后，最高人民法院以前作出的相关司法解释与本解释不一致的，以本解释为准。"

本决定自 2020 年 8 月 20 日起施行。

最高人民法院
关于修改《最高人民法院关于在民事审判工作中适用〈中华人民共和国工会法〉若干问题的解释》等二十七件民事类司法解释的决定（节录）

法释〔2020〕17号

（2020年12月23日最高人民法院审判委员会第1823次会议通过
2020年12月29日最高人民法院公告公布
自2021年1月1日起施行）

根据审判实践需要，经最高人民法院审判委员会第1823次会议决定，对《最高人民法院关于在民事审判工作中适用〈中华人民共和国工会法〉若干问题的解释》等二十七件司法解释作如下修改：

二十七、修改《最高人民法院关于审理民间借贷案件适用法律若干问题的规定》

1. 将引言部分修改为：

"为正确审理民间借贷纠纷案件，根据《中华人民共和国民法典》《中华人民共和国民事诉讼法》《中华人民共和国刑事诉讼法》等相关法律之规定，结合审判实践，制定本规定。"

2. 将第十条删除。

3. 将第十一条修改为：

"法人之间、非法人组织之间以及它们相互之间为生产、经营需要订立的民间借贷合同，除存在民法典第一百四十六条、第一百五十三条、第一百五十四条以及本规定第十三条规定的情形外，当事人主张民间借贷合同有效的，人民法院应予支持。"

4. 将第十二条修改为：

"法人或者非法人组织在本单位内部通过借款形式向职工筹集资金，用于本单位生产、经营，且不存在民法典第一百四十四条、第一百四十六条、第一百五十三条、第一百五十四条以及本规定第十三条规定的情形，当事人主张民间借贷合同有效的，人民法院应予支持。"

5. 将第十三条修改为：

"借款人或者出借人的借贷行为涉嫌犯罪，或者已经生效的裁判认定构成犯罪，当事人提起民事诉讼的，民间借贷合同并不当然无效。人民法院应当依据民法典第一百四十四条、第一百四十六条、第一百五十三条、第一百五十四条以及本规定第十三条之规定，认定民间借贷合同的效力。

担保人以借款人或者出借人的借贷行为涉嫌犯罪或者已经生效的裁判认定构成犯罪为由，主张不承担民事责任的，人民法院应当依据民间借贷合同与担保合同的效力、当事人的过错程度，依法确定担保人的民事责任。"

6. 将第二十九条修改为：

"借贷双方对逾期利率有约定的，从其约定，但是以不超过合同成立时一年期贷款市场报价利率四倍为限。

未约定逾期利率或者约定不明的，人民法院可以区分不同情况处理：

（一）既未约定借期内利率，也未约定逾期利率，出借人主张借款人自逾期还款之日起参照当时一年期贷款市场报价利率标准计算的利息承担逾期还款违约责任的，人民法院应予支持；

（二）约定了借期内利率但是未约定逾期利率，出借人主张借款人自逾期还款之日起按照借期内利率支付资金占用期间利息的，人民法院应予支持。"

7. 将第三十二条修改为：

本规定施行后，人民法院新受理的一审民间借贷纠纷案件，适用本规定。

2020年8月20日之后新受理的一审民间借贷案件，借贷合同成立于2020年8月20日之前，当事人请求适用当时的司法解释计算自合同成立到2020年8月19日的利息部分的，人民法院应予支持；对于自2020年8月20日到借款返还之日的利息部分，适用起诉时本规定的利率保护标准计算。

本规定施行后，最高人民法院以前作出的相关司法解释与本规定不一致的，以本规定为准。

8. 条文顺序作相应调整。

本决定自2021年1月1日起施行。

根据本决定，《最高人民法院关于在民事审判工作中适用〈中华人民共和国工会法〉若干问题的解释》等二十七件民事类司法解释作相应修改后重新公布。

最高人民法院
关于审理民间借贷案件适用法律若干问题的规定

（2015年6月23日最高人民法院审判委员会第1655次会议通过 根据2020年8月18日最高人民法院审判委员会第1809次会议通过的《最高人民法院关于修改〈关于审理民间借贷案件适用法律若干问题的规定〉的决定》第一次修正 根据2020年12月23日最高人民法院审判委员会第1823次会议通过的《最高人民法院关于修改〈最高人民法院关于在民事审判工作中适用《中华人民共和国工会法》若干问题的解释〉等二十七件民事类司法解释的决定》第二次修正）

为正确审理民间借贷纠纷案件，根据《中华人民共和国民法典》《中华人民共和国民事诉讼法》《中华人民共和国刑事诉讼法》等相关法律之规定，结合审判实践，制定本规定。

第一条 本规定所称的民间借贷，是指自然人、法人和非法人组织之间进行资金融通的行为。

经金融监管部门批准设立的从事贷款业务的金融机构及其分支机构，因发放贷款等相关金融业务引发的纠纷，不适用本规定。

第二条 出借人向人民法院提起民间借贷诉讼时，应当提供借据、收据、欠条等债权凭证以及其他能够证明借贷法律关系存在的证据。

当事人持有的借据、收据、欠条等债权凭证没有载明债权人，持有债权凭证的当事人提起民间借贷诉讼的，人民法院应予受理。被告对原告的债权人资格提出有事实依据的抗辩，人民法院经审查认为原告不具有债权人资格的,裁定驳回起诉。

第三条 借贷双方就合同履行地未约定或者约定不明确,事后未达成补充协议,按照合同相关条款或者交易习惯仍不能确定的,以接受货币一方所在地为合同履行地。

第四条 保证人为借款人提供连带责任保证,出借人仅起诉借款人的,人民法院可以不追加保证人为共同被告;出借人仅起诉保证人的,人民法院可以追加借款人为共同被告。

保证人为借款人提供一般保证,出借人仅起诉保证人的,人民法院应当追加借款人为共同被告;出借人仅起诉借款人的,人民法院可以不追加保证人为共同被告。

第五条 人民法院立案后,发现民间借贷行为本身涉嫌非法集资等犯罪的,应当裁定驳回起诉,并将涉嫌非法集资等犯罪的线索、材料移送公安或者检察机关。

公安或者检察机关不予立案,或者立案侦查后撤销案件,或者检察机关作出不起诉决定,或者经人民法院生效判决认定不构成非法集资等犯罪,当事人又以同一事实向人民法院提起诉讼的,人民法院应予受理。

第六条 人民法院立案后,发现与民间借贷纠纷案件虽有关联但不是同一事实的涉嫌非法集资等犯罪的线索、材料的,人民法院应当继续审理民间借贷纠纷案件,并将涉嫌非法集资等犯罪的线索、材料移送公安或者检察机关。

第七条 民间借贷纠纷的基本案件事实必须以刑事案件的审理结果为依据,而该刑事案件尚未审结的,人民法院应当裁定中止诉讼。

第八条 借款人涉嫌犯罪或者生效判决认定其有罪,出借人起诉请求担保人承担民事责任的,人民法院应予受理。

第九条 自然人之间的借款合同具有下列情形之一的,可以视为合同成立:

(一)以现金支付的,自借款人收到借款时;

(二)以银行转账、网上电子汇款等形式支付的,自资金到达借款人账户时；

（三）以票据交付的，自借款人依法取得票据权利时；

（四）出借人将特定资金账户支配权授权给借款人的，自借款人取得对该账户实际支配权时；

（五）出借人以与借款人约定的其他方式提供借款并实际履行完成时。

第十条 法人之间、非法人组织之间以及它们相互之间为生产、经营需要订立的民间借贷合同，除存在民法典第一百四十六条、第一百五十三条、第一百五十四条以及本规定第十三条规定的情形外，当事人主张民间借贷合同有效的，人民法院应予支持。

第十一条 法人或者非法人组织在本单位内部通过借款形式向职工筹集资金，用于本单位生产、经营，且不存在民法典第一百四十四条、第一百四十六条、第一百五十三条、第一百五十四条以及本规定第十三条规定的情形，当事人主张民间借贷合同有效的，人民法院应予支持。

第十二条 借款人或者出借人的借贷行为涉嫌犯罪，或者已经生效的裁判认定构成犯罪，当事人提起民事诉讼的，民间借贷合同并不当然无效。人民法院应当依据民法典第一百四十四条、第一百四十六条、第一百五十三条、第一百五十四条以及本规定第十三条之规定，认定民间借贷合同的效力。

担保人以借款人或者出借人的借贷行为涉嫌犯罪或者已经生效的裁判认定构成犯罪为由，主张不承担民事责任的，人民法院应当依据民间借贷合同与担保合同的效力、当事人的过错程度，依法确定担保人的民事责任。

第十三条 具有下列情形之一的，人民法院应当认定民间借贷合同无效：

（一）套取金融机构贷款转贷的；

（二）以向其他营利法人借贷、向本单位职工集资，或者以向公众非法吸收存款等方式取得的资金转贷的；

（三）未依法取得放贷资格的出借人，以营利为目的向社会不特定对象提供借款的；

（四）出借人事先知道或者应当知道借款人借款用于违法犯罪活动仍然提供借款的；

（五）违反法律、行政法规强制性规定的；

（六）违背公序良俗的。

第十四条 原告以借据、收据、欠条等债权凭证为依据提起民间借贷诉讼，被告依据基础法律关系提出抗辩或者反诉，并提供证据证明债权纠纷非民间借贷行为引起的，人民法院应当依据查明的案件事实，按照基础法律关系审理。

当事人通过调解、和解或者清算达成的债权债务协议，不适用前款规定。

第十五条 原告仅依据借据、收据、欠条等债权凭证提起民间借贷诉讼，被告抗辩已经偿还借款的，被告应当对其主张提供证据证明。被告提供相应证据证明其主张后，原告仍应就借贷关系的存续承担举证责任。

被告抗辩借贷行为尚未实际发生并能作出合理说明的，人民法院应当结合借贷金额、款项交付、当事人的经济能力、当地或者当事人之间的交易方式、交易习惯、当事人财产变动情况以及证人证言等事实和因素，综合判断查证借贷事实是否发生。

第十六条 原告仅依据金融机构的转账凭证提起民间借贷诉讼，被告抗辩转账系偿还双方之前借款或者其他债务的，被告应当对其主张提供证据证明。被告提供相应证据证明其主张后，原告仍应就借贷关系的成立承担举证责任。

第十七条 依据《最高人民法院关于适用〈中华人民共和国民事诉讼法〉的解释》第一百七十四条第二款之规定，负有举证责任的原告无正当理由拒不到庭，经审查现有证据无法确认借贷行为、借贷金额、支付方式等案件主要事实的，人民法院对原告主张的事实不予认定。

第十八条 人民法院审理民间借贷纠纷案件时发现有下列情形之一的，应当严格审查借贷发生的原因、时间、地点、款项来源、交付方式、款项流向以及借贷双方的关系、经济状况等事实，综合判断是否属于虚假民事诉讼：

（一）出借人明显不具备出借能力；

（二）出借人起诉所依据的事实和理由明显不符合常理；

（三）出借人不能提交债权凭证或者提交的债权凭证存在伪造的可能；

（四）当事人双方在一定期限内多次参加民间借贷诉讼；

（五）当事人无正当理由拒不到庭参加诉讼，委托代理人对借贷事实陈述不清或者陈述前后矛盾；

（六）当事人双方对借贷事实的发生没有任何争议或者诉辩明显不符合常理；

（七）借款人的配偶或者合伙人、案外人的其他债权人提出有事实依据的异议；

（八）当事人在其他纠纷中存在低价转让财产的情形；

（九）当事人不正当放弃权利；

（十）其他可能存在虚假民间借贷诉讼的情形。

第十九条 经查明属于虚假民间借贷诉讼，原告申请撤诉的，人民法院不予准许，并应当依据民事诉讼法第一百一十二条之规定，判决驳回其请求。

诉讼参与人或者其他人恶意制造、参与虚假诉讼，人民法院应当依据民事诉讼法第一百一十一条、第一百一十二条和第一百一十三条之规定，依法予以罚款、拘留；构成犯罪的，应当移送有管辖权的司法机关追究刑事责任。

单位恶意制造、参与虚假诉讼的，人民法院应当对该单位进行罚款，并可以对其主要负责人或者直接责任人员予以罚款、拘留；构成犯罪的，应当移送有管辖权的司法机关追究刑事责任。

第二十条 他人在借据、收据、欠条等债权凭证或者借款合同上签名或者盖章，但是未表明其保证人身份或者承担保证责任，或者通过其他事实不能推定其为保证人，出借人请求其承担保证责任的，人民法院不予支持。

第二十一条 借贷双方通过网络贷款平台形成借贷关系，网络贷款平台的提供者仅提供媒介服务，当事人请求其承担担保责任的，人民法院不予支持。

网络贷款平台的提供者通过网页、广告或者其他媒介明示或者有其他证据证明其为借贷提供担保，出借人请求网络贷款平台的提供者承担担保责任的，人民法院应予支持。

第二十二条 法人的法定代表人或者非法人组织的负责人以单位名义与出借人签订民间借贷合同，有证据证明所借款项系法定代表人或者负责人个人使用，出借人请求将法定代表人或者负责人列为共同被告或者第三人的，人民法院应予准许。

法人的法定代表人或者非法人组织的负责人以个人名义与出借人订立民间借贷合同，所借款项用于单位生产经营，出借人请求单位与个人共同承担责任的，人民法院应予支持。

第二十三条 当事人以订立买卖合同作为民间借贷合同的担保，借款到期后借款人不能还款，出借人请求履行买卖合同的，人民法院应当按照民间借贷法律关系审理。当事人根据法庭审理情况变更诉讼请求的，人民法院应当准许。

按照民间借贷法律关系审理作出的判决生效后，借款人不履行生效判决确定的金钱债务，出借人可以申请拍卖买卖合同标的物，以偿还债务。就拍卖所得的价款与应偿还借款本息之间的差额，借款人或者出借人有权主张返还或者补偿。

第二十四条 借贷双方没有约定利息，出借人主张支付利息的，人民法院不予支持。

自然人之间借贷对利息约定不明，出借人主张支付利息的，人民法院不予支持。除自然人之间借贷的外，借贷双方对借贷利息约定不明，出借人主张利息的，人民法院应当结合民间借贷合同的内容，并根据当地或者当事人的交易方式、交易习惯、市场报价利率等因素确定利息。

第二十五条 出借人请求借款人按照合同约定利率支付利息的，人民法院应予支持，但是双方约定的利率超过合同成立时一年期贷款市场报价利率四倍的除外。

前款所称"一年期贷款市场报价利率"，是指中国人民银行授权全国银行间同业拆借中心自 2019 年 8 月 20 日起每月发布的一年期贷款市场报价利率。

第二十六条 借据、收据、欠条等债权凭证载明的借款金额，一般认定为本金。预先在本金中扣除利息的，人民法院应当将实际出借的金额认定为本金。

第二十七条 借贷双方对前期借款本息结算后将利息计入后期借款本金并重新出具债权凭证，如果前期利率没有超过合同成立时一年期贷款市场报价利率四倍，重新出具的债权凭证载明的金额可认定为后期借款本金。超过部分的利息，不应认定为后期借款本金。

按前款计算，借款人在借款期间届满后应当支付的本息之和，超过以最初借款本金与以最初借款本金为基数、以合同成立时一年期贷款市场报价利率四倍计算的整个借款期间的利息之和的，人民法院不予支持。

第二十八条 借贷双方对逾期利率有约定的，从其约定，但是以不超过合同成立时一年期贷款市场报价利率四倍为限。

未约定逾期利率或者约定不明的，人民法院可以区分不同情况处理：

（一）既未约定借期内利率，也未约定逾期利率，出借人主张借款人自逾期还款之日起参照当时一年期贷款市场报价利率标准计算的利息承担逾期还款违约责任的，人民法院应予支持；

（二）约定了借期内利率但是未约定逾期利率，出借人主张借款人自逾期还款之日起按照借期内利率支付资金占用期间利息的，人民法院应予支持。

第二十九条　出借人与借款人既约定了逾期利率，又约定了违约金或者其他费用，出借人可以选择主张逾期利息、违约金或者其他费用，也可以一并主张，但是总计超过合同成立时一年期贷款市场报价利率四倍的部分，人民法院不予支持。

第三十条　借款人可以提前偿还借款，但是当事人另有约定的除外。

借款人提前偿还借款并主张按照实际借款期限计算利息的，人民法院应予支持。

第三十一条　本规定施行后，人民法院新受理的一审民间借贷纠纷案件，适用本规定。

2020年8月20日之后新受理的一审民间借贷案件，借贷合同成立于2020年8月20日之前，当事人请求适用当时的司法解释计算自合同成立到2020年8月19日的利息部分的，人民法院应予支持；对于自2020年8月20日到借款返还之日的利息部分，适用起诉时本规定的利率保护标准计算。

本规定施行后，最高人民法院以前作出的相关司法解释与本规定不一致的，以本规定为准。

最高人民法院
关于新民间借贷司法解释适用范围问题的批复

法释〔2020〕27号

（2020年11月9日最高人民法院审判委员会第1815次会议通过 2020年12月29日最高人民法院公告公布 自2021年1月1日起施行）

广东省高级人民法院：

你院《关于新民间借贷司法解释有关法律适用问题的请示》（粤高法〔2020〕108号）收悉。经研究，批复如下：

一、关于适用范围问题。经征求金融监管部门意见，由地方金融监管部门监管的小额贷款公司、融资担保公司、区域性股权市场、典当行、融资租赁公司、商业保理公司、地方资产管理公司等七类地方金融组织，属于经金融监管部门批准设立的金融机构，其因从事相关金融业务引发的纠纷，不适用新民间借贷司法解释。

二、其它两问题已在修订后的司法解释中予以明确，请遵照执行。

三、本批复自2021年1月1日起施行。

新闻发布稿和答记者问

尊重合同自愿　调整保护上限
促进民间借贷规范平稳健康发展

《最高人民法院关于修改〈关于审理民间借贷案件适用法律若干问题的规定〉的决定》新闻发布稿

最高人民法院审判委员会副部级专职委员　贺小荣

2020 年 8 月 20 日

各位记者：

　　大家好！感谢大家出席今天的新闻发布会。今天，最高人民法院正式发布新修正的《最高人民法院关于审理民间借贷案件适用法律若干问题的规定》（以下简称本规定）。

　　民间借贷是除以贷款业务为业的金融机构以外的其他民事主体之间订立的，以资金的出借及本金、利息返还为主要权利义务内容的民事法律行为。长期以来，民间借贷作为多层次信贷市场的重要组成部分，凭借其形式灵活、手续简便、融资快捷等特点为人民群众生产生活带来了诸多便利，满足了社会多元化融资需求，一定程度上也缓解了中小微企业融资难、融资贵的问题。为了贯彻落实党的十八届三中全会关于金融体制改革的相关要求，最高人民法院于 2015 年 8 月颁布了《最高人民法院关于审理民间借贷案件适用法律若干问题的规定》（以下简称 2015 年《民间借贷规定》），自实施以来，既规范了民间借贷行为，统一了法律适用的标准，又解决了大量民间借贷纠纷案件中的实体与程序问题，受到国内外媒体广泛关注和高度肯定。社会各界普遍认为，该司法解释顺应了中国经济发展的趋势，符合中国金融改革的方向，落实了党的十八届三中全会关于金融体制改革的相关部署，对于加快民间借贷阳光化进程意义深远。但我们也应当看到，随着经济社会的发展变化，民间借贷出现了一些新情况新问题，如利率过高、范围过宽、边界模糊等，部分全国人大代表、政协委员以及企业家代表多次提议对民间借贷司法政策进行修改完善。最高人民法院对此高度重视，自2017年开始先后赴浙江、江苏等地就民间借贷的司法解释实施中存在的问题进行调研，广泛听取民营企业和个体工商户的意见，并于2018年8月发布了《最高人民法院关于依法妥善审理民间借贷案件的通知》（法〔2018〕215号），就妥善审理民间借贷纠纷案件、防范化解各类风险完善了相关的司法政策。

2020年以来，新冠肺炎疫情对我国经济和世界经济产生巨大冲击，我国很多中小企业和个体工商户面临前所未有的压力，而融资成本过大是重要原因之一。为了统筹推进常态化疫情防控和经济社会良性健康发展，持续增强市场主体的发展动力和活力，保持社会融资规模合理增长，推动综合融资成本明显下降，最高人民法院在认真调研和广泛听取人大代表、政协委员、企业家代表、专家学者和金融监管部门意见建议的基础上，依照《民法典》的最新精神，决定对2015年《民间借贷规定》进行修改，主要有以下三个方面：

一、尊重当事人意思自治，依法确认和保护民间借贷合同的效力

尊重当事人的意思自治，是处理民间借贷纠纷应当坚持的一项重要原则。民间借贷作为借款合同的一种形式，应当坚持自愿原则，即借款人与贷款人之间有权按照自己的意思设立、变更、终止民事法律关系。借贷双方可以就借款期限、利息计算、逾期利息、合同解除进行自愿协商，并自愿承受相应的法律后果。只有恪守自愿原则，才能充分发挥民间借贷在融通资金、激活市场方面的积极作用。同样，民间借贷作为民事主体从事的民事活动，不得违反法律、行政法规的强制性规定，不得违背公共秩序和善良风俗。在前期调研和征求意见的过程中，社会各界对于以"民间借贷"为名，未经金融监管部门批准而面向社会公众发放贷款的行为意见较大，此类行为容易与"套路贷""校园贷"交织在一起，严重影响地方的金融秩序和社会稳定，严重损害人民群众合法权益和生活安宁。最高人民法院经认真研究后吸收了这一意见，在人民法院认定借贷合同无效的五种情形中增加了

一种,即本规定第 14 条第 3 项"未依法取得放贷资格的出借人,以营利为目的向社会不特定对象提供借款的"应当认定无效。上述修改的依据是国务院 1998 年第 247 号令《非法金融机构和非法金融业务活动取缔办法》(2011 年修订)第 4 条,即未经中国人民银行批准擅自从事非法发放贷款的活动是非法金融业务活动,属于依法应当取缔的范畴。此外,在与民营企业家和个体工商户座谈时,多数代表建议要严格限制转贷行为,即有的企业从银行贷款后再转贷,特别是少数国有企业从银行获得贷款后转手从事贷款通道业务,违背了金融服务实体的价值导向。最高人民法院审判委员会认真讨论后采纳了这一意见,决定对 2015 年《民间借贷规定》第 14 条第 1 项"套取金融机构信贷资金又高利转贷给借款人,且借款人事先知道或者应当知道的"合同无效情形,修改为本规定第 14 条第 1 项"套取金融机构贷款转贷的",进一步强化了司法助推金融服务实体的鲜明态度。

二、调整民间借贷利率的司法保护上限,推动民间借贷利率与经济社会发展水平相适应

民间借贷的利率是民间借贷合同中的核心要素,也是当事人意思自治与国家干预的重要边界。最高人民法院在认真听取社会各界意见并征求金融监管部门意见建议的基础上,经院审判委员会讨论后决定:以中国人民银行授权全国银行间同业拆借中心每月 20 日发布的一年期贷款市场报价利率(LPR)的 4 倍为标准确定民间借贷利率的司法保护上限,取代 2015 年《民间借贷规定》中"以 24% 和 36% 为基准的两线三区"的规定,大幅度降低民间借贷利率的司法保护上限,促进民间借贷利率逐步与我国经济社会发展的实际水平相适应。以 2020 年 7 月 20 日发布的一年期贷款市场报价利率 3.85% 的 4 倍计算为例,民间借贷利率的司法保护上限为 15.4%,相较于过去的 24% 和 36% 有较大幅度的下降。

大幅度降低民间借贷利率的司法保护上限,主要有以下几个方面的原因:一是经济社会发展的客观要求。随着我国经济由过去的高速增长阶段向高质量发展阶段转变，金融及资本市场都应当为先进制造业和实体经济服务。从中长期看，激发小微企业等微观主体活力有助于促进经济高质量发展，最终有助于实体经济长期可持续发展。而民间借贷与中小微企业有着千丝万缕的联系，降低中小微企业的融资成本，引导整体市场利率下行，是当前恢复经济和保护市场主体的重要举措。二是规范民间借贷活动的客观需要。民间借贷的利率本属于当事人意思自治的范畴。借贷双方是否约定利息、约定多少利息，均应本着自愿原则并通过借款合同来完成。如果借款合同对支付利息没有约定的，视为没有利息。如果借贷双方在借款合同中约定的利息不违反国家有关规定，不违背公序良俗，依法应当予以保护。但是，如果当事人约定的利息过高，不仅导致债务人履约不能，还可能引发其他社会问题和道德风险，所以世界上绝大多数国家和地区都设置了利率保护的上限。因此，大幅度降低民间借贷利率的司法保护上限，对于引导、规范民间借贷行为具有重要意义。三是确保民间借贷平稳健康发展的需要。民间借贷作为国家正规金融的必要补充，不得违反法律，不得违背公序良俗。近年来，有的民间借贷以金融创新为名规避金融监管、进行制度套利，有的甚至与网络借贷、资管计划、场外配资、资产证券化、股权众筹等金融现象交织在一起，增加了民间借贷纠纷案件的涉众性和复杂性。从长远来看，大幅度降低民间借贷利率的司法保护上限，有利于互联网金融与民间借贷的平稳健康发展。四是推动利率市场化改革的必然要求。理想的利率标准应当由市场来自发形成。随着互联网技术的快速发展和我国征信体系的不断完善，全社会的融资成本必然会逐步下降，民间借贷的利率也将伴随着国家普惠金融的拓展而逐步趋于稳定。因此，过高的利率保护上限不利于营造利率市场化改革的外部环境，也不符合利率市场化改革的方向。五是统一司法裁判标准的现实需求。近几年，每年约有两百余万件民间借贷纠纷案件涌入人民法院，在目前法律或者行政法规没有专门规范民间借贷利率标准、人民法院又不能"拒绝裁判"的情况下，如何划定利率的司法保护上限，是人民法院公平公正处理民间借贷案件的前提条件。故有必要顺应经济发展的趋势，适时对民间借贷的司法解释进行修正，给民间借贷纠纷提供更为具体明确的裁判标准和救济渠道。

应当承认，民间借贷利率的司法保护上限也不是越低越好。长期以来，关于利率的司法保护上限一直是社会各界讨论民间借贷问题时争论的焦点。利率保护上限过高不仅达不到保护借款人的目的，且存在信用风险和道德风险。但利率保护上限过低也可能会出现两个结果：一是借款人在市场上得不到足够的信贷，信贷供给出现紧缺，加剧资金供需紧张关系。二是民间借贷从地上转向地下，地下钱庄、影子银行可能更为活跃。为补偿法律风险的成本，民间借贷的实际利率可能进一步走高。因此，将民间借贷利率的司法保护上限维持在相对合理的范围之内，是吸收社会各界意见后形成的最大公约数，更加符合当前中国经济社会发展的客观需要。

三、认真贯彻落实《民法典》，促进民间借贷规范平稳健康发展

我国《民法典》第680条第1款明确规定："禁止高利放贷，借款的利率不得违反国家有关规定。"根据《中国人民银行法》的有关规定，国务院批准和国务院授权中国人民银行制定的各种利率为法定利率。法定利率的公布、实施由中国人民银行总行负责。实践中，中国人民银行制定的有关利率标准，均是规范约束受国家金融监管的金融机构的借贷活动，而对与金融机构无关的民间借贷利率，中国人民银行并无专门的规定。2002年1月31日，中国人民银行下发并于同日开始施行的《中国人民银行关于取缔地下钱庄及打击高利贷行为的通知》第2条中规定："严格规范民间借贷行为。民间个人借贷活动必须严格遵守国家法律、行政法规的有关规定，遵循自愿互助、诚实信用的原则。民间个人借贷中，出借人的资金必须是属于其合法收入的自有货币资金，禁止吸收他人资金转手放款。民间个人借贷利率由借贷双方协商确定，但双方协商的利率不得超过中国人民银行公布的金融机构同期、同档次贷款利率（不含浮动）的4倍。超过上述标准的，应界定为高利借贷行为。"随着我国金融利率市场化改革的推进，中国人民银行逐步放开了金融机构的利率决策权，已取消公布基准利率，并于2019年8月17日发布公告决定改革完善贷款市场报价利率（LPR）形成机制。2015年《民间借贷规定》中确定的24%的利率即是按照当时基准利率6%左右的4倍计算而出。现基准利率不复存在，故有必要根据我国货币政策调控机制的改变对司法解释进行相应修改。

在这次司法解释修正的过程中，最高人民法院认真贯彻落实《民法典》关于"禁止高利放贷"的原则精神，并对相关条款作出对应调整。一是继续执行更加严格的本息保护政策。即借款人在借款期间届满后应当支付的本息之和，超过以最初借款本金与以最初借款本金为基数、以合同成立时一年期贷款市场报价利率4倍计算的整个借款期间的利息之和的，人民法院不予支持。二是当事人约定的逾期利率也不得高于民间借贷利率的司法保护上限。即借贷双方对逾期利率有约定的，从其约定，但以不超过合同成立时一年期贷款市场报价利率4倍为限。三是当事人主张的逾期利率、违约金、其他费用之和也不得高于民间借贷利率的司法保护上限。即出借人与借款人既约定了逾期利率，又约定了违约金或者其他费用，出借人可以选择主张逾期利息、违约金或者其他费用，也可以一并主张，但总计超过合同成立时一年期贷款市场报价利率4倍的部分，人民法院不予支持。

民间借贷作为国家正规金融的有益补充，既需要规范，也需要保护。面对当前复杂严峻的经济形势，特别是在加快形成以国内大循环为主体、国内国际双循环相互促进的新发展格局之下，民间借贷市场的规模和范围仍将稳步增长。我们要以习近平新时代中国特色社会主义思想为指导，始终坚持新发展理念，牢牢把握扩大内需这个战略基点，大力保护和激发市场主体活力，推动经济高质量发展，扎实做好"六稳"工作，全面落实"六保"任务，为统筹疫情防控和经济社会发展工作提供更加有力的司法服务和保障。

最高人民法院民一庭负责人就《最高人民法院关于修改〈关于审理民间借贷案件适用法律若干问题的规定〉的决定》答记者问

2020 年 8 月 20 日

一、问：为什么将民间借贷利率司法保护上限确定为一年期贷款市场报价利率的"4 倍"？

答：这次修正民间借贷的司法解释，我们将民间借贷利率司法保护上限由年利率 24%～36% 调整为中国人民银行授权全国银行间同业拆借中心每月发布的"一年期贷款市场报价利率的 4 倍"。这样规定，主要考虑了我国社会经济发展状况、民间借贷利率司法保护的历史沿革、市场需求以及域外国家和地区的有关规定等因素。现在能够查到的最早的关于民间借贷的规定，是 1952 年 11 月 27 日我院答复最高人民法院东北分院《关于城市借贷超过几分为高利贷的解答》，其主要内容为："关于城市借贷利率以多少为宜的问题，根据目前国家银行放款利率以及市场物价情况私人借贷利率一般不应超过三分。" 1991 年 8 月 13 日施行的《最高人民法院关于人民法院审理借贷案件的若干意见》（以下简称 1991 年《借贷意见》）[①] 第 6 条规定，民间借贷利率不得超过银行同类贷款利率的 4 倍。长期以来，这一规定为社会各界所知悉、所接受，各级人民法院依据这一司法解释审理了大量民间借贷案件。2015 年 9 月 1 日施行的《关于审理民间借贷案件适用法律若

[①] 该意见已被《最高人民法院关于审理民间借贷案件适用法律若干问题的规定》废止。

干问题的规定》也是将银行同类贷款利率的 4 倍作为考虑利率保护上限的一个重要因素。从行业主管部门来看，2001 年 4 月 26 日《中国人民银行办公厅关于以高利贷形式向社会不特定对象出借资金行为法律性质问题的批复》再次明确高利贷的认定标准为银行同类贷款利率的 4 倍。刚才贺小荣专委在新闻发布稿中也提到，2002 年 1 月 31 日，中国人民银行下发并于同日施行的《关于取缔地下钱庄及打击高利贷行为的通知》第 2 条规定，民间个人借贷利率不得超过中国人民银行公布的金融机构同期同档次贷款利率的 4 倍。由此可以看出，我院司法解释和中国人民银行有关批复规定的利率保护上限基本是一致的，即银行同类贷款利率的 4 倍。因此，确定一年期贷款市场报价利率的 4 倍作为民间借贷利率司法保护上限有助于人民群众对此标准的理解和接受，也体现了司法政策的延续性，同时，这一标准也接近多数国家和地区的有关规定。

二、问：此次司法解释的修正对认可企业间借贷行为的态度较前是否有变化？

答： 民间借贷主体近几十年来发生了很大变化。在计划经济时代，民间借贷的主体几乎都是自然人。改革开放之后，借贷的主体逐渐从自然人之间、自然人与企业之间发展到企业与企业之间。2015 年《民间借贷规定》施行前，我国长期实行企业间借贷无效的司法政策，这对整顿金融市场秩序、防范和化解金融风险产生过积极的影响。但在我国市场经济不断深入发展完善的背景下，这种"一刀切"的做法，明显不适应改革开放以来我国经济发展的新形势。2015 年《民间借贷规定》有限制条件地承认了企业之间借贷合同的效力，从价值取向和处理思路上来讲是积极的，效果也是好的。为了更好地促进中小微企业的发展，有效缓解"融资难""融资贵"难题，对于利益相关企业之间基于友好合作、战略发展需要等目的，以自有闲置资金开展的非经常性、非经营性借贷，因有利于企业自身经营和市场经济发展，亦不损害社会公共利益、扰乱金融秩序，还是应当确认其民事法律行为的效力。但企业之间拆借资金的条件和范围过宽，又可能影响金融市场及金融体系的稳定和安全。此次修正司法解释，总的指导思想是缩小民间借贷范围，突出民间借贷以自有资金和禁止吸收他人资金转手放款这一特点，针对审判实践中有关企业套取银行贷款又转贷、企业向单位员工集资后又转贷等情况，第14条将此作为"民间借贷合同无效"的一种情形，这样规定便于促进民间借贷平稳健康发展。

三、问：此次修正增加了对"职业放贷人"的规定，能作一下具体介绍吗？

答：近几年，随着民间借贷的迅速发展，放贷人的职业化倾向越来越明显，出现了所谓"职业放贷人"，就是出借人的出借行为具有反复性、经常性，借款目的也具有营业性。2018年4月银保监会、公安部、国家市场监督管理总局、中国人民银行联合下发了《关于规范民间借贷行为维护经济金融秩序有关事项的通知》，明确："未经有权机关依法批准，任何单位和个人不得设立从事或者主要从事发放贷款业务的机构或以发放贷款为日常经营活动。"职业放贷人的行为，实际上变相违反了该规定，属于从事非法金融业务活动，如果数量、金额过大，可能会对正常金融秩序产生危害。2019年7月，最高人民法院与最高人民检察院、公安部、司法部联合制定了《非法放贷意见》，其中规定："一、违反国家规定，未经监管部门批准，或者超越经营范围，以营利为目的，经常性地向社会不特定对象发放贷款，扰乱金融市场秩序，情节严重的，依照刑法第二百二十五条第（四）项的规定，以非法经营罪定罪处罚。前款规定中的'经常性地向社会不特定对象发放贷款'，是指2年内向不特定多人（包括单位和个人）以借款或其他名义出借资金10次以上。贷款到期后延长还款期限的，发放贷款次数按照1次计算。"该规定是有关"职业放贷人"犯罪行为的认定标准。2019年11月，《全国法院民商事审判工作会议纪要》第53条规定："未依法取得放贷资格的以民间借贷为业的法人，以及以民间借贷为业的非法人组织或者自然人从事的民间借贷行为，应当依法认定无效。同一出借人在一定期间内多次反复从事有偿民间借贷行为的，一般可以认定为是职业放贷人。民间借贷比较活跃的地方的高级人民法院或者经其授权的中级人民法院，可以根据本地区的实际情况制定具体的认定标准。"依据上述司法解释和司法政策性文件的规定，这次修正司法解释时，在第14条"认定民间借贷合同无效"条款中，增加了第3项"未依法取得放贷资格的出借人，以营利为目的向社会不特定对象提供借款的"，就是对职业放贷行为作出的限定。

四、问：这次修正民间借贷的司法解释，是如何处理与《民法典》的关系的？

答：大家知道，《民法典》将于2021年1月1日施行。《民法典》颁布后，我院已经开始全面清理与《民法典》有关的司法解释。这次修正民间借贷的司法解释，必然涉及与《民法典》的关系。考虑到《民法典》还有一段时间才能实施，与《民法典》有关的法律还属于现行有效的法律，我们在处理民间借贷的司法解释与《民法典》的关系问题时，主要采取了以下方式：一是在内容上，《民法典》有明确规定或者司法解释与《民法典》的规定不一致的，修改司法解释的规定，确保司法解释与《民法典》的规定保持一致。比如，《民法典》第680条第2款规定："借款合同对支付利息没有约定的，视为没有利息。"我们就将本规定第25条第1款修改为"借贷双方没有约定利息，出借人主张支付利息的，人民法院不予支持"。二是在文字表述上，与《民法典》的表述完全一致，把与《民法典》不一致或者不规范的表述全部修改。比如，将2015《民间借贷规定》中使用的"其他组织"改为"非法人组织"，将"有关条款"改为"相关条款"，将"根据"改为"依据"，等等。三是对于与《民法典》的内容没有实质冲突的内容，予以保留，等将来《民法典》实施后再进行修正。比如，在司法解释的引言部分，我们仍然保留了原来的内容，即"为正确审理民间借贷纠纷案件，根据《中华人民共和国民法通则》《中华人民共和国物权法》《中华人民共和国担保法》《中华人民共和国合同法》《中华人民共和国民事诉讼法》《中华人民共和国刑事诉讼法》等相关法律之规定,结合审判实践,制定本规定"。因为,在《民法典》实施之前,《民法通则》《合同法》《担保法》等法律都还是现行有效的法律,仍然应当作为制定司法解释的依据。只有等待《民法典》实施后,有关法律才失去效力,到时候,我们将再进行统一的修改。

司法解释理解与适用

第一条 【民间借贷的定义和适用范围的界定】

本规定所称的民间借贷，是指自然人、法人和非法人组织之间进行资金融通的行为。

经金融监管部门批准设立的从事贷款业务的金融机构及其分支机构，因发放贷款等相关金融业务引发的纠纷，不适用本规定。

【条文主旨】

本条是关于民间借贷的定义和适用范围的规定。

【条文理解】

一、我国关于民间借贷的规范演进

(一) 新中国成立前民间借贷概况

从古至今，"借债还钱"，在中国被视为天经地义。作为常见的社会经济现象，借贷在现实生活中司空见惯。但在中国古代，借贷经历了一个由原始的有无相济互助、到有借有还的借贷、再到有息借贷、高利贷出现的发展过程。[1] 借贷一词，最早在中国出现时，并不具有经济学上欠负债务的含义，据《说文解字注》载："贷，施也。谓我施人曰贷也。"[2] 所谓"施人"，就是无偿地给与他人之谓，这应是中国上古处于原始农村公社时期"贷"的概念。西周时期的借贷多以实

---

[1] 刘秋根：《试论中国古代高利贷的起源和发展》，载《河北学刊》1992年第2期。
[2] 《说文解字注》，(东汉)许慎撰，(清)段玉裁注，上海古籍出版社1988年版。

物为形式，一般无任何附加条件。商业的发展、城市经济的成长，金属货币的广泛流通，消费水平的提高，以及统治阶级各种物欲的膨胀，导致在西周时期以救济为主要功能的借贷，途经礼崩乐坏的春秋时代，到战国时代逐渐演变为以攫取高额利息为主要目的的高利贷。[①] 此时，"贷"的观念也在发生变化，"贷"越来越多地具有了"借"的内涵，甚或连在一起，称为借贷。周代后期的借贷已经分成了有息和无息两种。战国时期，生息的借贷已非常普遍，成为一种社会常态。根据《史记·货殖列传》对关中无盐氏记载："唯无盐氏出捐千金贷，其息什之。三月，吴楚平。一岁之中，则无盐氏之息什倍，用此富埒关中。"[②] 这说明一年期贷款利息高达10倍。高利贷成就了这些富商大贾们对财富的积聚，而财富积聚又反过来推动着高利贷的进一步发展。到了秦汉时期，国家已经开始立法对借贷牟利进行限制。从明朝开始，典当业高度发达，当时的当铺名称有十几种：解库、解铺、典库、典铺、解典库、解当铺、当铺、质库、质铺、印子铺等。主要典当经营者从官僚、地主转变为商人，主要业务为接当和放款，相当于现在的抵押贷款。明代除了典当业和私人放贷业之外，还出现了钱庄。明代的钱庄到了清代就演变为票号。到了民国时期，中国的借贷体系呈现出新旧交替的特征，而高利贷是民国时期最主要的借贷方式。作为现代金融机构主体的银行，冲击了钱庄、票号、当铺等传统金融机构的地位，再加上合作社、合作金库、农业仓库等其他新式金融机构的推广，钱庄、票号、当铺逐渐呈没落之势。

从上述对中国借贷历史演变的概述可知，先有无息借贷，再有生息借贷。生息借贷虽具有帮扶济困、互通有无的互助性，但生息借贷毕竟含有一定的剥削成分，虽然目前允许其存在，但应该加以限制。至于高利息的借贷，则会加大社会贫富差距，破坏社会正常的经济秩序，严重影响人民群众的正常生活，应该完全禁止。

---

① 徐祗朋：《周代借贷性质的演变》，载《松辽学刊》2000年第2期。
② 《货殖列传》出自《史记》卷一百二十九、列传第六十九。

（二）新中国成立后对民间借贷规范概述

新中国成立伊始，最高人民法院就从司法解释层面对借贷及其利息保护问题予以规定。早在1951年1月29日施行的《最高人民法院华东分院关于黄金借贷案件处理问题的解释》中就明确规定："借贷并非违反禁令，因此债务人仍应负清偿责任。"并在1952年11月27日施行的《最高人民法院关于城市借贷超过几分为高利贷的解答》中就城市借贷利息超过几分为高利贷的问题，明确表示："关于城市借贷利率以多少为宜的问题，根据目前国家银行放款利率以及市场物价情况私人借贷利率一般不应超过三分……"此处，对个人间的借贷仍以"私人借贷"相称，并未明确提出"民间借贷"这一名词。就我们收集的现有资料来看，最早提出"民间借贷"一词是在1981年5月8日颁布的《国务院批转中国农业银行关于农村借贷问题的报告的通知》中："当前主要是在农业银行领导下，充分发挥信用社的作用，使信用社起民间借贷作用。"结合上下文可知，此时的"民间借贷"还特指的是农村个人之间的借贷。而从司法解释层面而言，第一次明确提出"民间借贷"这一表述是在1991年《关于人民法院审理借贷案件的若干意见》（以下简称《借贷意见》，已废止）第6条："民间借贷的利率可以适当高于银行的利率，各地人民法院可根据本地区的实际情况具体掌握，但最高不得超过银行同类贷款利率的四倍（包含利率本数）。超出此限度的，超出部分的利息不予保护。"并且该司法解释在第1条还明确了民间借贷纠纷的范围："公民之间的借贷纠纷，公民与法人之间的借贷纠纷以及公民与其他组织之间的借贷纠纷，应作为借贷案件受理。"

随时我国社会经济发展水平逐步提高，民间借贷市场日益活跃。一些地方出现了与民间借贷相关的债务不能及时清偿、债务人出逃、中小企业倒闭等事件，对当地经济发展和社会稳定造成了较大冲击。为此，最高人民法院在2011年先后下发《全国民事审判工作会议纪要》（法办〔2011〕42号）和《最高人民法院关于依法妥善审理民间借贷纠纷案件促进经济发展维护社会稳定的通知》（法〔2011〕336

号），重点加强了对民间借贷证据认定、复利及高利贷、逾期利率、惩治与民间借贷相关的刑事犯罪、防范制裁虚假诉讼等几方面工作的指导。

高利率、不规范的民间借贷行为引发了大量民间借贷纠纷涌入法院，导致全国法院系统民间借贷案件逐年攀升，到2015年就已超过婚姻家庭案件，高居所有类型民事案件数量第一位。为缓解法院面临的民间借贷案件审判压力，统一裁判尺度，2015年最高人民法院颁布施行了《关于审理民间借贷案件适用法律若干问题的规定》（法释〔2015〕18号，以下简称2015年《民间借贷规定》）。与之配套，最高人民法院还下发了《最高人民法院关于认真学习贯彻适用〈最高人民法院关于审理民间借贷案件适用法律若干问题的规定〉的通知》，就司法解释适用中应注意的问题作出进一步要求。为了对金融借款合同与民间借贷合同进行区分调整，2017年8月4日颁布的《关于进一步加强金融审判工作的若干意见》中规定了："严格依法规制高利贷，有效降低实体经济的融资成本。金融借款合同的借款人以贷款人同时主张的利息、复利、罚息、违约金和其他费用过高，显著背离实际损失为由，请求对总计超过年利率24%的部分予以调减的，应予支持，以有效降低实体经济的融资成本。规范和引导民间融资秩序，依法否定民间借贷纠纷案件中预扣本金或者利息、变相高息等规避民间借贷利率司法保护上限的合同条款效力。"2018年8月1日，最高人民法院又颁布了《关于依法妥善审理民间借贷案件的通知》（法〔2018〕215号），针对社会上出现的披着民间借贷外衣，通过"虚增债务""伪造证据""恶意制造违约""收取高额费用"等方式非法侵占财物的"套路贷"诈骗等新型犯罪进行了针对性规定。2019年11月8日最高人民法院在《全国法院民商事审判工作会议纪要》（法〔2019〕254号，以下简称《民商审判会议纪要》）中则进一步明确："人民法院在审理借款合同纠纷案件过程中，要根据防范化解重大金融风险、金融服务实体经济、降低融资成本的精神，区别对待金融借贷与民间借贷，并适用不同规则与利率标准。要依法否定高利转贷行为、职业放贷行为的效力。"以上关于民间借贷的司法实务规范性文件演变过程清楚地表明了从对借贷、民间借贷和金融借贷三者之间不加区分,到有所分离,直至最后界限分明的过程。由此,我们可以基本得出一个结论:我国司法实务层面已经将借贷行为明确区分为金融借贷和民间借贷两种类型,各有其适用规则和利率标准。但有必要说明的是,上述结论目前尚未得到立法的明确认可。不管是《合同法》第十二章"借款合同"的规定,抑或是刚刚施行的《民法典》第三编"合同"第十二章"借款合同"都没有对借款合同主体作出任何资质限定,更没有对借贷合同作出上述金融借贷和民间借贷的区分,只是在《民法典》第680条第1款增加规定了"禁止高利放贷,借款的利率不得违反国家有关规定"的表述。

(三)修正本规定的背景

随着我国社会经济不断发展,企业和个人财富逐步积累,民间游资逐步增多,但由于投资与理财的渠道有限,限制了闲散资金的投向,产业资本逐步向金融资本进行转化的趋势明显。而正规金融机构和资本市场贷款程序繁多,难以满足中小微企业迫切的资金需求。与此同时,充裕的民间资金及其逐利的投资欲望则受限于狭隘的投资渠道。在此背景下,作为正规金融服务合理补充的民间借贷,因其所具有的手续简便、期限方式灵活、成本低廉、担保机制隐蔽、放款迅速,以及能够及时满足资金短期需求等特点而日趋活跃。民间借贷规模不断扩大,已成为广大民众获得生产生活资金来源、投资谋取利益的重要渠道。与此相适应,借贷主体也呈现出多元化和广泛性,由最初的大多发生在基于血缘、地缘关系的同乡、同行、亲朋好友等自然人之间的民间借贷,发展到了大量担保公司、合会、典当行、投资公司、小贷公司、财务咨询公司等法人、非法人组织等参与的借贷,甚至还有为数不少的非法放贷主体,如地下钱庄或者带有黑社会性质的职业放贷人。借款人也从生活困难或资金周转需要的个人扩展到融资经营的个体工商户、法人或非法人组织等。民间借贷由最初的基于生活消费性需求和简单的生产性需求而产生的借贷逐步转向了投资经营性借贷。

民间借贷主体、数额、数量等的不断增加与民间借贷固有风险迭加，造成了因民间借贷引发的纠纷与日俱增。但由于"民间借贷"并非一个真正法律意义上的概念，只是相对于正规金融机构借贷行为而约定俗成的一个称谓。故迄今为止，在法律层面尚无"民间借贷"这一法律术语出现，相应的规则体系也尚未完善。在2015年《民间借贷规定》颁布施行前有关民间借贷的规定只是散见于当时的《刑法》《民法通则》《合同法》《担保法》《物权法》，以及相关法律法规、规章文件、司法解释、司法文件、会议纪要等。有关民间借贷的范围界定、效力认定、权利义务和法律责任，以及法律适用等具体问题主要依靠最高人民法院的若干司法解释、指导意见及行政法规、规章、文件等，而这些司法依据又都是在不同时期为应对当时的形势需要而制定的，不仅在稳定性、延续性、确定性和系统性方面存在先天不足，而且在有关民间借贷的具体法律概念、法律属性等问题及其与金融诈骗、非法集资等行为的区分等诸多方面仍显模糊，欠缺一套明确、稳定、可行的具体操作规范。故及早制定司法解释成为解决当时民间借贷案件的首要任务、当务之急。在此背景下，最高人民法院于2015年颁布施行了专门规范民间借贷纠纷的司法解释。

2015年《民间借贷规定》正式施行以来，社会各界给予充分肯定和积极评价，普遍认为很大程度地统一了民间借贷案件裁判标准，对民间借贷市场的无序状态进行了有效规制。但随着我国社会经济不断发展，融资供求关系不断变化，民间借贷市场仍持续升温，导致全国法院受理此类案件的数量仍在增长。

自2015年起全国法院一审受理的民间借贷案件数量就已超过离婚案件数量，至今一直稳居案件量首位。2017年至2019年，全国法院共受理一审民间借贷案件分别为：1950260件、2172340件、2334499件，同比分别增长11.37%、11.39%、7.36%，呈现持续增长趋势。总量占合同类案件数的30%左右，占比排名第一。从每年的比例数据来看，民间借贷在合同纠纷中的占比基本在30%至35%区间浮动，总体呈现总量持续上涨，但同比增长减缓的趋势。这充分说明民间借贷纠纷在人民法院审理民商事案件中比例一直较为稳定且处于重要地位。以地域维度横向比较来看，2017年至2019年，全国受理民间借贷案件量最多的是浙江，共59.53万件，同比下降4,78%，其次为河南55.8641万件，再次为江苏51.36万件。分别同比增长19.21%和3.81%。3个省所受理的民间借贷案件占全国受理案件数量的约25.82%。而全国借贷案件量排名靠后的三个地区分别是：西藏、新疆和青海，案件量分别为5411件、14403件和18050件。分别同比上涨35.78%、10.48%和36.54%。

上述数据表明，民间借贷案件在地域上分布并不均衡，主要集中于经济发达地区和人口大省，呈由南北部向中部、自东向西逐步递减的情形。参与民间借贷主体的多元化，也进一步导致了借贷行为关系的复杂化，案件也呈现出多样化类型。

除了案件数量的增长之外，司法实践中也在不断反馈民间借贷案件中出现的新情况、新问题。此外，部分全国人大代表、全国政协委员、企业界代表、专家学者多次在两会期间或专门来电来函向我院反映民间借贷利率司法保护上限过高的问题。鉴于社会各界普遍认为有必要对2015年《民间借贷规定》进行修改，我院组织专门人员对相关问题进行认真调研，并先后赴江苏、浙江等民营经济发达的地区听取意见。经过广泛调研和征求意见，我院经慎重研究，决定启动该司法解释的修正工作。

2019年年底，我院起草修改《关于审理民间借贷案件适用法律若干问题的规定》（征求意见稿），并向全国人大常委会法工委、司法部、中国人民银行、银保监会四部门征求意见。在征求意见基础上形成规定讨论稿，提交我院党组会审议，并根据审议意见再次征求国内知名专家学者及全国人大代表、政协委员意见。在此基础上，提交最高人民法院审判委员会讨论后于2020年8月18日通过了《最高人民法院关于修改〈关于审理民间借贷案件适用法律若干问题的规定〉的决定》，进行第一次修正。本规定第一次修正的主要内容包括：（1）将原来规定的24%和36%的利率上限调整为一年期贷款市场报价利率

（LPR）的四倍；（2）将原来24%至36%的利率规定删除；（3）取消无约定情形下年利率6%的标准；（4）增加、完善职业放贷、高利转贷规定等。为了与《民法典》施行配套，2020年12月23日，最高人民法院审判委员会又对本规定进行了第二次修正，并于2021年1月1日起施行。本规定第二次修正主要体现在：一方面按照《民法典》的规定，对原有条文表述进行了相应修改；另一方面针对修正前后的利息保护问题进行了细化规定。与此同时，最高人民法院还在征求金融机关部门意见的基础上，于2020年11月9日通过了《最高人民法院关于新民间借贷司法解释适用范围问题的批复》（法释〔2020〕27号），明确将由地方金融监管部门监管的小额贷款公司等七类地方金融组织，从本规定适用对象范围中排除。由上，本规定从无到有，再到两次修正，是吸收社会各界意见后形成的最大公约数，应该更加符合当前中国社会经济发展的客观需要。

二、如何理解本规定中"民间借贷"的表述

正确规范界定民间借贷以与银行等金融机构借贷区分，成为本规定首先必须要解决的问题。这不仅涉及民间借贷法律关系主体范围，更涉及人民法院审理借贷案件时的规范选择及其适用。对此，国内外从不同的角度对民间借贷作出了各自不同的界定。

（一）国内外关于民间借贷的观点综述

我国学术和实务界对民间借贷的界定主要有以下几种观点：第一种观点认为，所有非官方的借贷行为都属于民间借贷范畴，主要包括：自然人、担保公司、合会、典当行、投资公司、小贷公司、财务咨询公司、企业法人、个体经营者、寄卖行、民间互助会等主体之间进行的借贷行为。第二种观点认为，民间借贷是民间信用的组成部分。除民间借贷外，民间信用还包括摇会、标会、抬会以及民间组织之间发行股票、债券甚至办理钱庄等形式。第三种观点认为，民间借贷有狭义和广义之分，狭义的民间借贷，仅限于自然人之间、自然人与法人及非法人组织之间的借贷行为；广义的民间借贷是指除金融监管部门

监管的商业银行金融借贷以外的借款法律关系。这是相对于国家和集体信贷而言的，在借贷主体、借款用途等方面都比狭义的民间借贷范围更为广泛。第四种观点认为，根据是否有中间机构，民间借贷可以分为原始形式和高级形式。原始形式是个人之间、个人与组织之间或组织与组织之间的直接借贷；高级形式则是通过借贷机构进行的间接借贷。第五种观点认为，民间借贷可以划分为四种模式，一是"一对一"借贷交易模式，即一个民间贷款机构向一个经济实体提供信贷服务；二是"多对一"交易模式，即一个经济实体向内部职工或社会个体集资的行为；三是"互助"模式，即各种带有合作、互助性质的基金会；四是"本外币互换"模式，即专门买卖外汇或者协助转移外汇出境的地下钱庄。

从国外的相关研究文献看，国外普遍使用"非正式金融"概念来替代我国法意义上的"民间借贷"。所谓非正式金融，泛指在银行业监管机关监督管理之外，由非正式金融机构参与实施的金融活动。主要有以下几种观点：第一种观点认为，非正式金融是指非正式金融机构参与的金融活动。这主要是从金融监管和非正式金融组织自身属性角度来定义民间借贷。关于非正式金融机构，世界银行将其分为三类：（1）非信贷机构；（2）专门处理个人与企业关系的金融交易机构；（3）在借贷双方之间完全提供中介服务的机构。这些非正式金融机构的最大特点就是其所从事的活动不直接受到国家设置的银行业监管机构的直接监督和控制。第二种观点认为，正式金融与非正式金融的区别在于交易执行时依靠的对象不一样。正式金融活动主要依靠的是法律体系规范和保障，而非正式金融活动主要依靠的是法律体系之外的习俗、惯例、道德等非强制性体系保障。第三种观点认为，非正式金融就是借贷双方和储蓄者之间存在着从简单信用安排到复杂金融中介机制的联系。非正式金融是基于未来现金承诺而制定的不以法定体系为依据并可追索的合同或契约，其外延大致包括了货币借贷、轮转基金、储蓄和信用合作社、钱庄、典当以及一些非政府组织，等等。从国外非正式金融主体类别来看，主要有美国的信用合作社、社区银行、存储贷款协会，德国的合作信用社，日本的轮转基金、区域性互助银行，印度的小额信贷组织、非职业放贷者、租赁公司、投资公司，等等。应该说，国外民间借贷的主体范围也较为广泛。

(二) 本规定采纳"民间借贷"表述的理由

从国内外对民间借贷界定的各种观点表述来看，尽管名称不同，内涵和外延也不尽相同，但都具有相同的本质内涵：民间借贷主要就是私人资金在社会各个领域内的融通过程，是没有经过官方金融机构注册的，游离于金融监管之外的私人资金融通活动。具体而言，民间借贷的资金融通活动都是在市场主体无法从正规金融机构获取金融服务的情况下，为应对正规金融服务的缺失，大量的私人资本基于逐利性作为补充进入金融市场，填补正规金融服务的缺失部分。因此，非官方性、非正规性和逐利性是民间借贷的本质属性。由于此类资金融通行为具有非官方、非正规性，具有典型的民间特性，故从便于统一认识和监管角度出发，确有必要给予这些表现形态各异的借贷行为一个统一明确的称谓和界定。定义是逻辑展开的起点。本条起草①过程中首先要解决的问题就是关于民间借贷行为内涵和主体范围的界定。

鉴于国内外一致认为，民间借贷活动具有非正规金融性，早在2015年《民间借贷规定》起草初期直至向社会各界征求意见的相当长一段时间内，一直使用的名称是"非金融机构借贷"。在本规定早期起草稿中，曾表述为：本规定所称的非金融机构借贷，是指非金融机构法人之间、其他组织之间、自然人之间以及他们相互之间进行资金融通的行为。但在当时法院内部讨论中，其中"非金融机构借贷"的表述引发了两种截然不同的意见：第一种意见认为，既然现行立法没有对此类民间的资金融通行为予以规定，而民间借贷更不是一个法律意义上的概念，故司法解释就不宜创设"民间借贷"这一法律名词，而应将其通过立法来规定。事实上，所谓"民间借贷"只是相对于国

---

① 由于司法解释是在2015年起草完成并颁布实施，而本次仅为对2015年《民间借贷规定》部分条文的修正，故本书中的"起草"表述，如无特别说明，都是针对的本规定修正前的条文。

家金融机构的借贷行为而言的一个通俗称谓。其本身所指称的主体范围不明确，法律依据也不充分，不宜作为司法解释的概念使用。由于制定司法解释的目的就是要将金融机构参与之外的所有借贷行为进行规范，故可以将金融机构之外从事借贷行为的法人、非法人组织和自然人全部纳入非金融机构的范围，没有必要用一个明确的名称统揽该类借贷行为。因此，以民间借贷的称谓对此类行为进行定义并作为司法解释的标题似有不妥。为慎重起见，可对此类金融机构之外的其他民事主体之间的融资行为客观描述为非金融机构借贷行为。另一种意见则认为，应当采用"民间借贷"的称谓。理由在于，一是民间借贷虽然不是法律意义上的概念，但是这个称谓已在我国有着悠久的历史和深厚的传统，在日常生活和审判实践中已经约定俗成，为社会所熟稔。二是因为对民间借贷的行为缺乏法律的明确规定，出现了规范缺失，故更需要通过司法解释对之明确界定，以弥补立法上的空白，统一社会认知和裁判标准，也更有利于对民间借贷行为进行规范管理。在听取多方建议的基础上，经过反复研究和慎重探讨，2015年《民间借贷规定》最终采纳了第二种意见：在标题和概念界定上使用了"民间借贷"的称谓。其主要理由如下：

1. 由我国现行金融机构类型划分决定

一般意义上，我国现有金融机构不仅包括商业银行、信用社、财务公司、信托投资公司、金融租赁公司，还包括由银保监会、证监会负责监管的银行业金融机构、证券公司、基金公司以及保险公司等准金融机构。如根据是否从事银行业务进行细分，则上述金融机构还可再分为：银行业金融机构和非银行业金融机构。银行业金融机构，是专指商业银行、城市信用合作社、农村信用合作社等吸收公众存款的金融机构，以及不吸收公众存款的政策性银行。而非银行业金融机构，是指由当时的原银监会批准设立并监管的金融资产管理公司、信托投资公司、财务公司、金融租赁公司等准金融机构。至于非金融机构，是对应上述金融监管部门设置的金融机构之外的所有依法成立的法人和非法人组织。按上述标准分类，我国的借贷市场主要由三部分组成：

银行业金融机构借贷、非银行业金融机构借贷和包括非金融机构及自然人的民间借贷。早期的民间借贷受制于社会经济发展水平，借贷关系中借款人主要是自然人，借款目的也以治病、就学等生活消费支出为主。相应地，1991年《借贷意见》以及相关的司法政策、行政规章，甚至刑法所规定的非法集资等破坏金融秩序罪等规定，其规范的也主要是自然人与自然人之间、自然人与法人、自然人与非法人组织之间的借贷纠纷。其中，自然人之间的借贷是民间借贷的主流。大量的民间借贷纠纷都是由自然人之间的借贷而引发或者与自然人有着密切的关联。而从形式上看，非金融机构借贷的称谓虽然与银行业金融机构借贷、非银行业金融机构借贷相互区分，但其文义仅指非金融机构的其他机构和组织，而不包括自然人之间的借贷。这显然与民间借贷的主要类型不相匹配。而采用民间借贷这一习惯用语则可与银行业金融机构借贷、非银行业金融机构借贷两个借贷市场进行区别。

2. 长期司法实践已对民间借贷的称谓形成共识

在最高人民法院2011年修正的《民事案件案由规定》第89条借款合同纠纷案由下专门列明了民间借贷纠纷作为三级案由，并与金融借款合同纠纷并列。这说明经过多年来各级人民法院审理大量的民间借贷纠纷案件审判实践，民间借贷的表述已被当时司法实务界和社会所认同。因此，使用民间借贷称谓可以降低司法适用成本。

3. 民间借贷这一称谓已被广为认同

目前的现状是民间借贷这一称谓在民间资金融通过程中已经约定俗成，在我国也有着久远的历史和深厚的传统，并为社会各界普遍认可，但现行立法却至今没有明确规定。因此，为了解决实务纠纷，更需要通过司法解释予以明确规范，以统一认识。1999年《合同法》颁布施行之前，我国的法律、行政法规和最高人民法院的司法解释历来是将金融机构作为出借人的借贷关系称为借款合同，而将自然人之间、自然人与法人之间的货币借用关系称为借贷合同关系，并用不同的法律规范予以调整。虽然《合同法》起草时，立法者结合我国实际情况和学术界大多数观点，最终将金融机构作为出借人的借款合同与民间借贷关系统称为借款合同。但是，毕竟民间借贷合同与金融机构作为出借人的借款合同两者间确有很大区别，且适用的法律法规也不完全相同。因此，2015年《民间借贷规定》亦采用"借贷"这一词汇，将自然人之间、自然人与法人、非法人组织之间，以及法人、非法人组织之间的借款合同称之为"借贷合同"，产生的法律关系称为"借贷法律关系"。本规定经两次修正仍然沿用这一称谓。

（三）如何理解本条中"自然人、法人和非法人组织之间"

如上所述，民间借贷行为的本质属性为非正规金融。因此，本规定所规范的民间借贷行为主体是所有非金融机构及其自然人。非金融机构通常即为金融机构之外的法人及其分支机构和非法人组织等。进而，本条第1款在界定民间借贷主体范围的同时，也从主体角度对本规定调整的民间借贷类型进行了列举：即自然人之间的借贷行为、自然人与法人之间的借贷行为、自然人与非法人组织之间的借贷行为、法人之间的借贷行为、法人与非法人组织之间的借贷行为、非法人组织之间的借贷行为。值得注意的是，由于本规定最初制定时，《民法典》尚未颁布，故本条中关于民间借贷主体表述的是"自然人、法人、其他组织"。这与《民法典》第2条"民法调整平等主体的自然人、法人和非法人组织之间的人身关系和财产关系"的规定有所不同，2020年8月，本规定第一次修正时，本条内容根据《民法典》的规定进行了相应修改，将"其他组织"修改为"非法人组织"。2020年12月第二次修正中，本条内容再无变动。下面按民间借贷主体不同，试逐一分析如下：

1. 自然人

从民间借贷历史溯源可知，最早的民间借贷就发生在自然人之间，是自然人基于个人或家庭日常生活、生产等需要，而在具有血缘、地缘等密切关系的亲朋好友之间进行的少量资金融通活动。当然，自然人之间的借贷不仅包括自然人之间，广义上还应当包括发生在家庭之间的借贷。随着社会经济的不断发展和进步，人类生产生活形态也开始发生重大变化，民间借贷的目的也从以往为满足个人或家庭日常基本生产生活需要而进行的借贷，演变为以生产经营、风险投资等获取高额利润为目的的借贷。此外，关于自然人，根据《民法典》总则编的编章结构可知自然人还包括个体工商户和农村承包经营户。因此，本条中自然人应作扩大解释，将个体工商户和农村承包经营户纳入进来。

2. 法人

鉴于自然人个体资金的有限性，民间借贷从自然人之间的借贷不断发展到自然人与法人、非法人组织之间进行借贷，民间借贷主体逐步走向多元化。对于借贷一方为自然人的民间借贷，长期以来的审判实践都认为，对自然人之间、自然人与法人、非法人组织之间发生的借贷行为没有违反法律、行政法规的强制性规定的，即可认定为有效民事法律行为。对此，早在1991年《借贷意见》第1条就规定，自然人之间的借贷纠纷、自然人与法人之间的借贷纠纷以及自然人与非法人组织之间的借贷纠纷，应作为借贷案件受理。据此，法人和非法人组织可以作为民间借贷的主体是毋庸置疑的。但是2015年《民间借贷规定》起草之前，司法实践一直认为，民间借贷行为的主体仅限于借贷关系的一方必须是自然人，而对法人之间、非法人组织之间及其相互之间的借贷行为的合法性始终持否定的态度。细究之，该范围并不包括企业间借贷。理由在于，为了维护正常金融市场秩序，应禁止无金融许可证的主体参与借贷，故当时的司法政策对企业与企业之间的借贷行为予以禁止。早在1986年4月28日最高人民法院下发的《关于转发经济审判工作的调查报告和经济纠纷案例的通知》中就通过典型案例之三明确："本案双方签订的借款协议违反国家金融管理制度，违反信贷集中于国家银行和企业间不准互相借贷的规定。参照《经济合同法》第七条第一款第一项的规定，协议应为无效。"针对当时实务中存在的利用联营方式规避企业间借贷禁止性规定的情形，1990年11月12日施行的《最高人民法院关于审理联营合同纠纷案件若干问题的解答》第4条明确规定："（二）企业法人、事业法人作为联营一方向联营体投资，但不参加共同经营，也不承担联营的风险责任，不论盈亏均按期收回本息,或者按期收取固定利润的,是明为联营,实为借贷,违反了有关金融法规,应当确认合同无效。除本金可以返还外,对出资方已经取得或者约定取得的利息应予收缴,对另一方则应处以相当于银行利息的罚款。"1996年3月25日施行的《最高人民法院关于企业相互借贷的合同出借方尚未取得约定利息人民法院应当如何裁决问题的解答》中"对企业之间相互借贷的出借方或者名为联营、实为借贷的出资方尚未取得的约定利息,人民法院应当依法向借款方收缴"的表述,再次表明了最高人民法院关于禁止企业间借贷的立场。特别是中国人民银行于1996年发布的《贷款通则》对人民法院裁判倾向影响很大。《贷款通则》第61条规定:"各级行政部门和企事业单位、供销合作社等合作经济组织、农村合作基金会和其他基金会,不得经营存贷款等金融业务。企业之间不得违反国家规定办理借贷或者变相借贷融资业务。"这些规定就当时来讲,对于维护金融秩序、防范金融风险发挥了重要作用,人民法院的审判工作也一直沿袭着将企业之间的拆借资金行为认定为无效的做法。但随着我国社会主义市场经济的不断发展,许多企业尤其是中小微企业在经营过程中存在着周转资金短缺、融资渠道不畅的发展瓶颈,企业之间拆借资金成为融资的重要渠道。实践中,企业之间的借贷活动大量存在。但为了规避企业之间资金拆借无效的规定,不少企业通过虚假交易、名义联营、企业高管以个人名义借贷实为企业之间借贷等方式进行民间融资,反而导致企业风险大幅增加。民间借贷市场秩序受到严重破坏。而且,在法律适用方面也存在矛盾。《合同法》颁布实施后,明确规定了只有违反法律、行政法规强制性规定的合同才认定无效。而现行法律和行政法规并没有对企业之间借贷予以明确禁止。同时,立法、司法和学术界对企业间借贷关系的合法性认识都已经发生了重大变化。从历年的"两会"人大代表提案和政协委员建议反馈情况来看,社会各界一致认为应对企业之间的借贷给予有条件地认可。这样既可满足企业自身经营的需要,推动经济社会的健康发展,更有利于民间借贷市场的规范化。故在2015年颁布的本条规定中,承认了企业间借贷的合法性。

这里需要注意的是，《民法典》已经将法人分为三类：营利法人、非营利法人和特别法人三类。根据《民法典》第76条的规定，以取得利润并分配给股东等出资人为目的成立的法人，为营利法人。营利法人包括有限责任公司、股份有限公司和其他企业法人等。毫无疑问，营利法人本身的设立目的就是参与市场经营，获取商业利益，当然属于本条规定的法人范畴。而非营利法人，则根据《民法典》第87条的规定，为公益目的或者其他非营利目的成立，不向出资人、设立人或者会员分配所取得利润的法人。非营利法人包括事业单位、社会团体、基金会、社会服务机构等。其中，具备法人条件，为公益目的以捐助财产设立的基金会、社会服务机构、依法设立的宗教活动场所等可根据《民法典》第92条的规定，经依法登记成立，取得捐助法人资格。虽然非营利法人设立目的不具有营利性，但其在日常运营中仍不排除有资金融通需求且具有独立财产可以作为一般责任财产。因此，其也属于本条所指法人范畴。至于特别法人，则根据《民法典》第96条的规定，包括机关法人、农村集体经济组织法人、城镇农村的合作经济组织法人、基层群众性自治组织法人。根据《民法典》第101条的规定，居民委员会、村民委员会具有基层群众性自治组织法人资格，可以从事为履行职能所需要的民事活动。未设立村集体经济组织的，村民委员会可以依法代行村集体经济组织的职能。根据上述条文，机关法人作为特别法人，其特别之处在于所有资金收支处理都应严格依据预算进行。而根据《预算法》第35条"经国务院批准的省、自治区、直辖市的预算中必需的建设投资的部分资金，可以在国务院确定的限额内，通过发行地方政府债券举借债务的方式筹措。除前款规定外，地方政府及其所属部门不得以任何方式举借债务"之规定，禁止机关法人以民间借贷方式向其他民事主体借款。至于居民委员会、村民委员会从事民间借贷的问题，根据《村民委员会组织法》第2条、第10条和第24条的规定，村民委员会是村民自我管理、自我教育、自我服务的基层群众性自治组织，村民委员会的工作职能为办理本村的公共事务和公益事业，调解民间纠纷，协助维护社会治安，向人民政府反映村民的意见、要求和提出建议。依据上述规定，村民委员会依法可以从事民间借贷行为。对于居民委员会，《城市居民委员会组织法》第 2 条、第 3 条和第 17 条规定，居民委员会是居民自我管理、自我教育、自我服务的基层群众性自治组织。由上述法条对居民委员会定性和任务以及工作经费和来源而言，居民委员会能否从事民间借贷尚需实践中进一步探索。

最后，由于本条第 2 款明确规定经金融监管部门批准设立的从事贷款业务的金融机构及其分支机构引发的借款纠纷，不适用本规定，故本条中的法人，应限定为非金融监管部门批准设立的法人。

3. 非法人组织

根据《民法典》第 102 条的规定，非法人组织是不具有法人资格，但是能够依法以自己的名义从事民事活动的组织。非法人组织包括个人独资企业、合伙企业、不具有法人资格的专业服务机构等。因此，《民法典》施行后，本条原表述中的"其他组织"实质指的就是"非法人组织"，包括个人独资企业、合伙企业、不具有法人资格的专业服务机构等。进而，本次修正也回应最新立法作出相应修改。

三、如何理解"经金融监管部门批准设立的从事贷款业务的金融机构及其分支机构"发放贷款的行为不适用本规定

（一）金融机构

根据国家金融监管部门提供的材料看，我国目前国有的金融机构的范围可分为三个层面：

1. 银行业金融机构

根据《银行业监督管理法》第 2 条第 2 款的规定，银行业金融机构，是指在中华人民共和国境内设立的商业银行、城市信用合作社、农村信用合作社等吸收公众存款的金融机构以及政策性银行。随着我国金融行业蓬勃发展，银行业金融机构的种类也在与日俱增。截至 2018 年，我国有 4588 家银行业金融机构，包含 22 种金融机构类型，

具体有开发性金融机构、政策性银行、国有大型商业银行、股份制银行、城市商业银行、民营银行、信托公司、消费金融公司、汽车金融公司、贷款公司、货币经纪公司等。但值得注意的是，2019年1月，银保监会颁布施行的《银行业金融机构反洗钱和反恐怖融资管理办法》第3条根据相应金融机构发展变化进一步细化规定，银行金融机构是指在中华人民共和国境内设立的商业银行、农村合作银行、农村信用合作社等吸收公众存款的金融机构以及政策性银行和国家开发银行。并将在中华人民共和国境内设立的金融资产管理公司、信托公司、企业集团财务公司、金融租赁公司、汽车金融公司、货币经纪公司、消费金融公司，以及经国务院银行业监督管理机构批准设立的其他金融机构明确排除在银行业金融机构之外。

2. 非银行业金融机构

广义上的非银行业金融机构（non-bank financial intermediaries），是指除中央银行、商业银行和专业银行以外的所有金融机构。主要包括公募基金、私募基金、信托、证券、保险、融资租赁等机构以及财务公司等。但在我国则范围有所限定。根据2020年3月23日颁布的《中国银保监会非银行金融机构行政许可事项实施办法》第2条的规定，非银行金融机构包括：经银保监会批准设立的金融资产管理公司、企业集团财务公司、金融租赁公司、汽车金融公司、货币经纪公司、消费金融公司、境外非银行金融机构驻华代表处等机构。

3. 金融机构

金融机构是银行业金融机构和非银行业金融机构的上位概念，范围最广。根据《金融违法行为处罚办法》第2条第2款的规定，金融机构，是指在中华人民共和国境内依法设立和经营金融业务的机构，包括银行、信用合作社、财务公司、信托投资公司、金融租赁公司等。包括了所有由金融监管部门批准设立并负责监管的金融机构。例如，银保监会批准设立并负责监管的有银行业金融机构、金融资产管理公司、信托投资公司、财务公司、金融租赁公司、汽车金融公司、消费金融公司、保险公司及货币经纪公司。由证监会负责批准设立并监管的有证券公司、基金公司等。

(二) 从事贷款业务的金融机构

根据《银行业监督管理法》第2条第1款的规定,"国务院银行业监督管理机构负责对全国银行业金融机构及其业务活动监督管理的工作。"第3款规定:"对在中华人民共和国境内设立的金融资产管理公司、信托投资公司、财务公司、金融租赁公司以及经国务院银行业监督管理机构批准设立的其他金融机构的监督管理,适用本法对银行业金融机构监督管理的规定。"据此,由国家金融监管部门专门批准设立并监督管理的金融机构及其分支机构,如依法从事贷款业务则具有官方性、特许性特征,不属于本规定中的民间借贷主体。

为进一步明确本规定的适用范围,本规定起草时的征求意见稿第2条第2款曾将本规定规范对象表述为"经政府金融主管部门批准设立的融资担保公司、融资租赁公司、典当行、小贷公司、投资咨询公司、农村资金互助合作社等非银行金融机构法人及其分支机构,通过担保、租赁、典当、小额贷款等形式进行贷款业务,引发的纠纷适用本规定。经政府金融主管部门批准设立的从事贷款业务的银行及其分支机构发放贷款引发的纠纷,不适用本规定"。后通过分析论证,根据社会各界特别是中国人民银行的建议,结合审判实践,本条第2款最终规定为:"经金融监管部门批准设立的从事贷款业务的金融机构及其分支机构,因发放贷款等相关金融业务引发的纠纷,不适用本规定。"通过该条款将国家银行业金融机构及其分支机构所从事的金融业务活动排除在司法解释的适用范围之外。可见,本条不仅从称谓的形式上明晰了民间借贷行为与国家金融监管机构的金融业务间存在的民间性和非正规金融的本质区别,更从借贷行为主体的适用范围上与金融机构进行了划分。将非银行业金融机构之外的法人、非法人组织、自然人以及他们相互之间因借贷引发的纠纷均纳入了司法解释的规范范畴,排除了国家金融监管部门设立的金融机构。这也是首次采取专门的司法解释方式对民间借贷这一历史悠久的行为给予明确界定和规范，开启了民间借贷的新篇章。

【审判实践中应注意的问题】

近年来，随着市场主体资金需求的增长，民间借贷利率持续走高，也因此引来了各类市场主体参与借贷活动。其中，不少市场主体本身属于金融机构，所实施的借贷行为是否属于本规定所规范调整的民间借贷范围，实务中争议较大。对此，试列举分析如下：

一、银行业金融机构依法从事贷款业务引发的纠纷，不属于民间借贷纠纷

一般而言，营业范围意义上的贷款业务是高度管制的行业，是金融监管部门的行政许可事项，即只有那些获得金融许可证牌照的特定机构方可开展。如果没有放贷资质而从事贷款业务，就会被认定为涉嫌从事"非法金融业务活动"，导致合同无效，甚至可能承担非法经营等刑事责任。相应地，由此引发的纠纷在《民事案件案由规定》中被定义为与民间借贷纠纷并列的金融借款合同纠纷。也即本条第2款规定的民间借贷纠纷的例外情形。其与民间借贷纠纷最大区别在于，出借人的营业范围包括金融监管部门特许其从事的贷款业务，故出借人可以经常从事贷款业务，甚至以之为主营业务。前已述及，银行业金融机构中依法有权发放贷款的主要有商业银行、农村合作银行、农村信用合作社以及政策性银行和国家开发银行等。虽然上述主体发放贷款的范围、对象有区别，但都是由金融监管部门批准设立，并取得了从事贷款业务的法定许可。故其都属于本条所定义的民间借贷的例外情形。

二、非银行业金融机构从事借贷活动引发的纠纷应区分对待

正如前述，非银行业金融机构，顾名思义，就是银行业之外的金融机构。过去有一个简单判断标准，即不是由原银监会监管的金融机

构。但是这种分类方式并不精准,因为除了从事保险业、证券业的金融机构分别由保监会、证监会监管之外,原银监会事实上也监管部分非银行金融机构。例如,金融资产管理公司、信托公司、企业集团财务公司、金融租赁公司、汽车金融公司、货币经纪公司、消费金融公司等。自2018年银监会、保监会合并成立银保监会后,则不能再以其监管机构不同简单划分,而应从其是否从事吸收公众存款业务并辅以所从事业务领域来区分银行业金融机构与非银行金融机构。

1. 从事证券或保险及其衍生业务的金融机构,如证券公司、保险公司、期货公司、公募基金、私募基金等,由于金融行业实行分业经营、区别监管,故这些机构因不从事银行业务,一般都没有得到从事贷款业务的许可,比如证券公司、基金公司、期货公司等都没有发放贷款的资质。因此,虽然这些机构满足本条第2款中"经金融监管部门批准设立"的要求,但依法没有从事贷款业务的资格,故不能满足本条第2款例外情形的规定。但是也有一些特殊情形,比如证券公司的融资融券,保险公司的保单质押贷款等本质上也具备贷款业务的特征,但是目前并没有法律予以明确。由上,从本条第1款和第2款体系解释角度,除了特殊情形之外,上述金融机构如参与借贷活动,目前也应归入本规定定义的民间借贷范畴,由本规定进行调整。

2. 由银保监会监管的其他非银行金融机构。例如,信托公司、企业集团财务公司、金融租赁公司、汽车金融公司、货币经纪公司、消费金融公司,这些非银行金融机构虽然属于银保监机构设立并监管,但也因不从事吸收公众存款业务,故被纳入非银行金融机构范围。其是否适用本规定,则取决于是否满足本条第2款中"从事贷款业务"。也即其经批准的经营范围是否包括发放贷款。如果是,则发放贷款属于其经审批的金融业务范围,不适用本规定。

3. 地方金融监管部门监管的金融机构。如小额贷款公司、融资担保公司、区域性股权市场、典当行、融资租赁公司、商业保理公司、地方资产管理公司等七类地方金融组织,这些金融组织都属于广义上金融监管部门批准设立的地方金融机构。从现实情况看,在这些机构中，小额贷款公司和典当行主要从事的就是贷款业务，而融资担保公司、商业保理公司、融资租赁公司、地方资产管理公司、区域性股权市场在经营过程中也可能涉及提供融资服务。关于这些地方金融机构从事放贷业务是否属于本规定调整对象的问题，在2015年本规定起草过程中，就有争议。当时的主流观点认为，当时这些机构都是地方政府或行业主管部门审批设立，并非中央金融监管部门监管对象，并不执行统一的利率、准备金率、放贷规模等方面的监管政策，日常业务监管并不规范，甚至有监管滞后、缺位现象。故其具备民间借贷特征，发生纠纷时，应适用本规定处理。但2015年《民间借贷规定》制定施行后，相关争议并未尘埃落定。

近年来，最高人民法院不断收到关于应明确上述七类地方金融机构不适用本规定，以免对消费金融业务带来冲击，减少普惠金融供给的建议和意见，而且各地法院也普遍反映本条第2款中金融机构的范围及认定标准应当明确。为此，我们在本次修正过程中，专程前往广东省、浙江省等地方法院就此问题进行专题调研，并征求了相关金融监管部门的意见。金融监管部门反馈意见认为，《中共中央、国务院关于服务实体经济防控金融风险深化金融改革的若干意见》（中发〔2017〕23号）已经明确，上述七类地方金融组织，由中央金融监管部门制定规则，地方金融监管部门实施监管。而《国务院办公厅关于全面推进金融业综合统计工作的意见》（国办发〔2018〕18号）也已将上述七类地方金融组织纳入金融业综合统计范围。据了解，目前中国人民银行正在起草的《地方金融监督管理条例》拟明确上述七类地方金融组织需经地方金融监管部门批准设立，接受地方金融部门监管。与此同时，司法部正在起草的《非存款类放贷组织条例》重点对小额贷款公司和典当行等非存款类放贷组织的业务作出规范。在此背景下，建议明确规定上述七类地方金融组织，不适用本规定。

几经斟酌，2020年11月9日，最高人民法院审判委员会第1815次会议通过了《最高人民法院关于新民间借贷司法解释适用范围问题的批复》，针对广东省高级人民法院的请示，批复如下："一、关于适用范围问题。经征求金融监管部门意见,由地方金融监管部门监管的小额贷款公司、融资担保公司、区域性股权市场、典当行、融资租赁公司、商业保理公司、地方资产管理公司等七类地方金融组织,属于经金融监管部门批准设立的金融机构,其因从事相关金融业务引发的纠纷,不适用新民间借贷司法解释。二、其它两问题已在修订后的司法解释中予以明确,请遵照执行。三、本批复自2021年1月1日起施行。"也即自2021年1月1日起,上述七类由地方金融机关部门监管的金融机构从事放贷业务引发的纠纷,不适用本规定调整。

第二条　【民间借贷案件起诉条件的规定】

出借人向人民法院提起民间借贷诉讼时，应当提供借据、收据、欠条等债权凭证以及其他能够证明借贷法律关系存在的证据。

当事人持有的借据、收据、欠条等债权凭证没有载明债权人，持有债权凭证的当事人提起民间借贷诉讼的，人民法院应予受理。被告对原告的债权人资格提出有事实依据的抗辩，人民法院经审查认为原告不具有债权人资格的，裁定驳回起诉。

【条文主旨】

本条是关于民间借贷案件起诉条件的规定。

【条文理解】

一、本条起草中的争议

由于民间借贷行为多发生在亲属之间、同学之间、同乡之间和朋友之间，故其表现形式多呈现出简易性或随意性。不签订书面借款合同或仅仅由借款人出具一张内容简单的借据、收据或欠条的情形较为常见。从司法实践反映的情况来看，一旦发生民间借贷纠纷，借贷双方往往很难举出充分证据证明其主张或抗辩。此时，人民法院是否应受理该案件在司法实践中素有争议：第一种观点认为，借据、收据、欠条等债权凭证是证明是否存在借贷关系的直接证据。如果当事人不能提交上述证据，则不符合《民事诉讼法》第119条第1项"原告是与本案有直接利害关系的公民、法人和其他组织"之规定，应认定不具备起诉条件，依法裁定不予受理，如案件已经受理则应裁定驳回起诉。第二种观点认为，借据、收据、欠条等债权凭证虽为证明借贷关系存在的直接证据，但即便没有这些债权凭证，当事人也可基于《民事诉讼法》规定的其他类型的证据，提起诉讼。例如，原告起诉时的陈述是法定证据形式之一的"当事人的陈述"，既然当事人提交了"当事人陈述"这一证据，则未经在案件实体审理过程中对该证据的质证，不能排除"原告与本案有直接利害关系"的可能性，故从保护当事人诉权出发，也应先受理案件。只有在实体审理中，不采信原告陈述的前提下，人民法院才能裁定驳回起诉。上述两种观点，各有其可取之处。本条第1款在起草过程中，几经权衡，最后规定："当事人向人民法院提起民间借贷诉讼时，应当提供借据、收据、欠条等债权凭证以及其他能够证明借贷法律关系存在的证据。"这里所指的借据、收据、欠条等债权凭证以及其他能够证明借贷法律关系存在的证据就是前文所指的起诉证据，也即可以在特定法院启动诉讼的证据。

除了当事人起诉时应提交的起诉证据类型方面的争议之外，民间借贷纠纷中，经常出现的一种情形是，当事人所持有的借据、收据、欠条等债权凭证上未载明债权人。由此，引发了司法实务中另一类争议：当事人持有没有载明债权人的借据、收据、欠条等债权凭证提起民间借贷诉讼时，人民法院是否应受理该案件？一种观点认为，债权凭证没有载明债权人时，不能证明提起民间借贷诉讼的当事人与本案有利害关系。进而，当事人因不具备《民事诉讼法》第119条第1项"原告是与本案有直接利害关系的公民、法人和其他组织"的要求，而应被裁定驳回起诉；另一种观点则认为，鉴于民间借贷行为多发生在亲朋好友之间，"一手给钱、一手立据、现场交接"，具有简易性、随意性特征，现实生活中确实存在不少债务人出具的借据、收据、欠条等债权凭证上不载明债权人的情形。进而，没有载明债权人的借据、收据、欠条等债权凭证虽然不能直接证明提起诉讼的当事人具备原告资格，但从民间借贷行为特点、当事人持有该债权凭证等事实出发，即便其持有的债权凭证没有载明债权人身份，至少可以作出该当事人为真正债权人的初步推定。而这种初步推定，就足以让人民法院立案受理该案件。本条起草过程中，我们反复斟酌了上述两种观点各自优劣，最终从立足民间借贷纠纷现状、保护当事人诉权出发，原则上采纳了上述第二种观点。本条在2015年《民间借贷规定》施行后，在2020年第一次修正中改动有两处：（1）将本条第1款中"起诉"改为"提起民间借贷诉讼"；（2）将本条第2款中"审理"改为"审查"。在2020年第二次修正中，本条没有修改。

二、如何理解"提起民间借贷诉讼时，应当提供借据、收据、欠条等债权凭证"

起诉是指原告认为自己的民事权益受到侵害，请求法院审判特定实体主张，对其民事权益予以司法救济的行为。民事诉讼实行不告不理的原则，原告起诉是引发诉讼程序的前提。但是仅仅有原告的起诉行为并不必然引发诉讼程序的开始，尚需具备一定的起诉条件。《民事诉讼法》第119条规定："起诉必须符合下列条件：……（四）属于人民法院受理民事诉讼的范围和受诉人民法院管辖。"另外，起诉原则上还应当提交书面起诉状。起诉状的内容和要求在《民事诉讼法》第121条和2015年《最高人民法院关于人民法院登记立案若干问题的规定》（以下简称《登记立案规定》）第4条中予以规定，两者表述上略有差异，但都要求起诉状记载下列事项："……（4）证据和证据来源，证人姓名和住所。"这里起诉状中所载证据主要包括证明具备上述起诉条件的证据。一般包括：（1）原告的身份证据和具有诉讼行为能力的证据；（2）诉讼代理人的代理权限证据；（3）作为诉讼请求基础的事实理由初步证据，这里的初步证据是指无需达到严格证明标准的证据，即当事人提出的证据，不能使法官形成内心确信，只能让其产生薄弱心证，相信事实大致如此，也称之自由证明或释明；（4）由法院主管和受诉法院有管辖权的证据；（5）被告存在且明确的身份证据，主要有原告身份证明复印件、营业执照或者组织机构代码证复印件、法定代表人或者主要负责人身份证明书、法人或者其他组织不能提供组织机构代码的，应当提供组织机构被注销的情况说明、授权委托书、代理人身份证明、具体明确的足以使被告或者被告人与他人相区别的姓名或者名称、住所等信息。

人民法院对起诉条件及其相应证据要求的立案审查早在1982年《民事诉讼法（试行）》第81条至第85条就有明确规定。此后，在历次《民事诉讼法》修改中均一脉相承。1997年4月21日最高人民法院颁布的《关于人民法院立案工作的暂行规定》，① 确立了人民法院内部立审分离制度，首次以规范性文件的形式对起诉受理阶段的有关事实问题提出证明要求，从而产生了"起诉证据"这一证据法学上的新课题。但在实务中仍有当事人在起诉或提出反诉时，不提交证明其符合起诉条件的相关证据。这无疑增加了人民法院审查立案的难度。为此，2001年《最高人民法院关于民事诉讼证据的若干规定》（以下简称2001年《证据规定》）第1条规定："原告向人民法院起诉或者被告提出反诉，应当附有符合起诉条件的相应的证据材料。"该条开宗明义，第一次对当事人起诉或反诉宣示了应当提供自己符合起诉条件的相应证据要求。2015年《最高人民法院关于适用〈中华人民共和国民事诉讼法〉的解释》（以下简称《民事诉讼法解释》）第208条规定实行立案登记，但仍需要当事人提供起诉材料并进行立案审查，决定是否立案。在同年施行的《登记立案规定》第6条则规定，当事人提出起诉的，应当提交证明当事人原被告资格、诉讼请求和争议事实的证据材料。可见，实行立案登记制后，人民法院仍应对当事人是否具备起诉条件进行立案审查，故当事人应提供相应证据材料。2020年施行的修正后的《最高人民法院关于民事诉讼证据的若干规定》（以下简称《证据规定》）第1条基本沿袭了2001年《证据规定》第1条的基本精神，即原告向人民法院起诉或者被告提出反诉，应当提供符合起诉条件的相应的证据。这里相应的证据就是起诉证据。所谓起诉证据是指用来证明当事人享有起诉权和由法院主管、受诉法院享有管辖

---

① 该规定根据《最高人民法院关于废止部分司法解释（第十三批）的决定》，已被《登记立案规定》代替。

权的证据材料。一般而言，起诉证据包含以下几层含义：

1. 起诉证据是当事人起诉时向人民法院提交的证据。在此强调了证据提出的诉讼阶段和时间，表明起诉证据是人民法院立案受理之前起诉人所提交的证据。

2. 起诉证据是指当事人为获得积极起诉后果而向人民法院提交的证据。这层含义侧重于举证的目的性，这里积极起诉后果构成了举证的直接目的。但要说明的是，积极的起诉后果有程序后果和实体后果之别，前者意味着起诉人的起诉被人民法院依法接受或受理，后者则是指实体期待权益的实现。起诉证据提交的目的显然首先体现为起诉的有效性和被法院立案受理。

3. 起诉证据是用来证明起诉人是否具有起诉权和受诉法院是否具有管辖权的证据。这是起诉证据区别于其他阶段诉讼证据的个性所在。正是由于证明对象上的特殊性，才使起诉证据具有独立意义。①

从其含义出发，可知起诉证据与诉讼中证据存在明显区别：（1）证据提交时间不同。起诉证据只能在立案阶段提出。而诉讼中证据，则既可以在立案阶段提交，也可以在诉讼期间提交。（2）证明对象不同。起诉证据的证明对象是起诉人享有起诉权和审查立案的人民法院具有管辖权等程序事实，而诉讼证据，既可以是程序事实，也可以是实体事实。（3）收集证据主体不同。起诉证据原则上只能由起诉人收集提交，而诉讼证据既可以由起诉人收集提交，也可以由被告方收集提交，甚至还可以由人民法院依法调查收集。（4）证据方法不同。起诉证据不包括鉴定意见和勘验笔录。这是因为两者都是产生于人民法院受理案件后行使审判权过程中，不符合起诉证据的提证时间和主体要求。（5）法律后果不同。起诉证据缺乏，人民法院将依据《民事诉讼法解释》第208条"人民法院接到事人提交的民事起诉状时，对符合民事诉讼法第一百一十九条的规定，且不属于第一百二十四条规定情形的，应当登记立案；对当场不能判定是否符合起诉条件

---

① 胡亚球：《论民事起诉证据》，载《法学》1998年第11期。

的，应当接收起诉材料，并出具注明收到日期的书面凭证。需要补充必要相关材料的，人民法院应当及时告知当事人。在补齐相关材料后，应当在七日内决定是否立案。立案后发现不符合起诉条件或者属于民事诉讼法第一百二十四条规定情形的，裁定驳回起诉"的规定，裁定不予受理或驳回起诉，不对案件进行实体审理；而诉讼证据缺乏，人民法院可以依据《民事诉讼法解释》第 90 条"当事人对自己提出的诉讼请求所依据的事实或者反驳对方诉讼请求所依据的事实，应当提供证据加以证明，但法律另有规定的除外。在作出判决前，当事人未能提供证据或者证据不足以证明其事实主张的，由负有举证证明责任的当事人承担不利的后果"的规定，判决驳回当事人诉讼请求。

过往司法实践中，除了证明符合起诉形式的证据之外，法院在立案审查时，还要审查是否同时提供了能证明诉讼请求和事实的证据。例如，《最高人民法院关于人民法院立案工作的暂行规定》是"起诉证据"最早的文件性依据，其第 9 条规定："人民法院审查立案中，发现原告或者自诉人证明其诉讼请求的主要证据不具备的，应当及时通知其补充证据。"但立案审查只限于程序审查，即只审查起诉证据能否表明当事人身份或者争议的事项是什么，并不审查证据事实本身，更不允许实体审查。换言之，审查起诉时法院不考察起诉证据与本案事实之间有多大程度的关联，更无须审查起诉证据对本案事实有多大的证明力。故不能要求当事人在起诉时就提供证明其诉讼请求的主要证据；否则，本规定中的举证时限制度、证据交换制度以及审理程序就失去了存在价值。① 故自从 2015 年立案登记制度改革之后，法院的审查则主要围绕是否具备起诉的形式条件进行，看原告起诉是否符合《民事诉讼法》第 119 条规定的形式起诉条件以及起诉状是否记载了《民事诉讼法》第 121 条规定的事项。符合条件的当场予以登记立案，不符合条件的予以释明。至于关于证明案件基本事实的证据（比如，原告请求被告返还借款 500 元，一般应当提供转账凭证、借条以及返

---

① 李国光主编：《〈最高人民法院关于民事诉讼证据的若干规定〉的理解与适用》，中国法制出版社 2002 年版，第 32 页。

还的约定等证据），在起诉阶段并非必须全部提供。在法院受理案件之后，法院会给原告、被告相应举证期，在举证期内原被告双方可再提供用以证明自己主张的证据。当然，原告也可在起诉阶段全部提交，不过这并非强制性规定。如果原告拒不依照本条提供符合起诉条件的相应证据，则应承担结果意义上的证明责任，即自行承担相应不利后果，人民法院可裁定不予受理。

具体到本条中，作为起诉证据的"债权凭证"主要列明了借据、收据、欠条等。其主要是靠其记载的出借人和借款人、借款金额、出借方式、借款期限、借款利息和逾期违约责任等事项来证明借贷关系存在。从证据的分类而言，其属于书证范畴。所谓书证，是指以文字、符号、图案等所记载和表述的思想内容来证明案件事实的证据。"书证"主要强调其记载内容对于待证事实的证明功能。书证在民事诉讼中是一种最普遍、最常见的证据，常见的有各种合同书、证明文件、单据、票证、来往函件、电文、图纸等。书证的特征表现在：一是必须以书面文件或其他物品为载体；二是以文字、符号、图形或其组合作为表达方式；三是以记载的内容来证明案件事实。前两点是书证借以形成的基础，后一点是书证的内部规定性，它们相结合才构成诉讼中的书证。书证的优点在于：一是其内容与待证事实间的关联直接、显著、易于判断，往往能起到直接的证明作用；二是其载体在物理上具有稳定性，便于维持书证的证明力；三是其形成通常都具有历史性，内容具有预先确定性。书证的上述特征和优点决定了书证在对事实的证明中具有较高的可信度。因此，在民间借贷纠纷中，载明借贷关系的债权凭证，一般都能证明持有人与该民间借贷纠纷有利害关系，人民法院应当受理。

但是，本条列明的债权凭证中能够直接证明存在借贷合意的只有借据和欠条。从语义解释角度进一步解读，一般能证明借贷合同中贷款人已履行提供借款义务的则只有欠条（当然，司法实务中，先打欠条、后未收到借款的情形也不罕见）。虽然收据能够证明借款人已经收到了款项，但就本质而言，其并非债权凭证，不能证明所收到的款项为借款，进而也就不能证明双方之间就成立民间借贷法律关系达成了共识，更不能证明贷款人提供借贷行为。由于民间借贷中大多数为自然人之间的借贷，而《民法典》第 679 条规定："自然人之间的借款合同，自贷款人提供借款时成立。"故，自然人之间的借贷，如果没有贷款人提供借款的行为，甚至都没有成立民间借贷合同。虽然从法律角度分析，上述凭证在证明是否存在民间借贷法律关系或贷款人提供借款的约定义务是否履行的问题上存在诸多瑕疵和不足，但鉴于当前人民群众法律素养参差不齐、民间借贷惯例地方化特征明显的现状，本条只是将借据、收据、欠条等债权凭证等作为能够证明借贷法律关系存在的证据作为初步证据（起诉证据）。因此，允许原告依据上述凭证等证明存在借贷法律关系的证据起诉，并不等于确认贷款人已经实际履行提供借款的义务，如被告否认借贷行为发生并作出合理说明时，原告则应进一步从借贷行为已经发生角度提供补强证据，否则就可以能因人民法院无法查明借贷事实是否发生，而承担举证不能的不利后果。对此，本规定第 15 条第 2 款规定："被告抗辩借贷行为尚未实际发生并能作出合理说明的，人民法院应当结合借贷金额、款项交付、当事人的经济能力、当地或者当事人之间的交易方式、交易习惯、当事人财产变动情况以及证人证言等事实和因素，综合判断查证借贷事实是否发生。"此外，本条第 1 款中除了列举借据、收据、欠条等债权凭证这些日常借贷中常见的书面证据（即证据法上的书证）之外，还针对民间借贷案件中当事人也有提交当事人陈述、证人证言、微信、手机短信、录音录像等来作为起诉证据的情形，规定了"以及其他能够证明借贷法律关系存在的证据"这一证据兜底条款。

这里有必要说明的是，本条除了第 1 款规定的民间借贷起诉证据之外，还在第 2 款增加了没有载明债权人的债权凭证可以作为起诉证据的情形。即本条第 2 款前半语段"当事人持有的借据、收据、欠条等债权凭证没有载明债权人，持有债权凭证的当事人提起民间借贷诉讼，人民法院应予受理"。诚然，司法实务中不排除原告是依据捡到的没有载明债权人的借据、欠条、收据，向债务人主张还本付息的情形。也即，没有载明债权人的债权凭证等证据的持有人不必然是该民间借贷关系的债权人。进而，人民法院在决定是否对该民间借贷纠纷立案时需要考量的就是如何理解《民事诉讼法》第119条中"原告与本案有直接利害关系"这一规定。一般来讲，所谓原告与案件争讼事实有直接利害关系主要是指：（1）自己依法所享有的合法权益受到不法侵害；（2）自己与别人发生了民事权利义务的争执；（3）与争议事实中所指向的诉讼标的有法律上的直接利害关系。为了证明其与本案有直接利害关系，当事人在起诉时只需提交证明争议存在的客观性和已然性的证据，而不要求这些证据能够支持其全部诉讼请求。具体到民间借贷纠纷案件中，当事人起诉时提交的证据应能证明其与相对人因借贷关系引发的争议已然存在，至于该证据能否支持当事人全部诉讼请求，则有待于案件进入实体审理后才能作出判断。相应地，作为证明借贷关系存在的债权凭证，一般应在内容上记载特定借贷关系所需的基本要素：出借人姓名或名称、借款人姓名或名称、借款金额、出借方式和还款时间等。但如果债权凭证上有借款人姓名或名称、借款金额却无出借人的姓名或名称时，则依据该债权凭证虽可判断可能存在借贷关系，但无法锁定特定债权人，自然也就无法确定债权凭证持有人是否与本案有直接利害关系。另一方面，基于民间借贷中当事人的法律素质、当事人之间密切关系、借款金额较小、借款紧迫情形等诸多因素影响，现实中民间借贷的债权凭证不载明债权人姓名或名称的情形并不罕见。依据日常生活经验和逻辑可知，没有载明债权人姓名或名称的债权凭证被非真正债权人持有的可能性很小，而持有该债权凭证后还提起民间借贷诉讼，妄图获得非法收益的情形更为罕见。故本条第2款规定人民法院应当受理持有没有载明债权人的债权凭证的当事人提起的民间借贷诉讼，是基于由当事人持有未载明债权人的债权凭证这一事实，一般可以推定出其与债务人之间存在民间借贷关系。一般而言，推定是借助一个特定的既存事实，推出另一相关事实存在的一定假设。在司法程序上对于推定的运用反映了不同事实之间的关系状态，这一关系状态受到因果关系法则的支配和影响。这种因果关系是包括时间先后次序在内的由一种现象必然引起另一种现象的本质联系。因此，据此原理适用推定，从所取得结果的概率上来说，绝大多数情况下都被证实是真实的，符合客观事物的发展规律，这是由事物发展的必然性和偶然性所决定的。当然，从证据证明力而言，其显然比第 1 款规定的起诉证据的证明力更为薄弱，但基于民间借贷市场现状和依法充分保护当事人诉权的审慎考虑，我们最后仍将其规定为起诉证据。此外，作为起诉证据，第 2 款的表述中并没有如第 1 款一样增加 "以及其他能够证明借贷法律关系存在的证据" 这一证据兜底条款。但司法实务中确有其他没有载明债权人但可以证明借贷法律关系存在的证据。例如，原告持有的被告发送的没有载明债权人但内容为借贷的微信或 QQ 聊天记录、手机短信等电子数据。所以，司法实务在适用本条时宜对没有载明债权人的起诉证据类型作扩张性理解。

这里需要说明的是，本条中的债权凭证并未明确要求是原件。根据《民事诉讼法》第 70 条的规定，在当事人提交债权凭证原件确有困难的情况下，人民法院可以根据书证原件的复制品认定案件事实。债权凭证原件的复制品包括副本、抄（节）录本、复印品、拓印品、照片、录像等。虽然债权凭证的复制品不一定能作为人民法院认定案件事实的依据，只有在通过人民法院的审核之后其才能被采纳，但这并不影响人民法院根据其载明的内容，对该复印件持有人的起诉立案受理。

最后，2015 年《民间借贷规定》最初制定时，第 1 款曾有 "出借人向人民法院起诉时" 的文字表述，但在本次修正中，有观点提出 "出借人向人民法院起诉时"，没有明确案由类型，只能通过该款后半段 "应当提供借据、收据、欠条等债权凭证以及其他能够证明借贷法律关系存在的证据" 的文字表述，推定该起诉针对的案由是借贷纠纷，但根据当时有效的 2011 年《民事案件案由规定》（法〔2011〕42 号）的规定，一级案由合同纠纷下的二级案由，也即第 89 个案由 "借款合同纠纷" 都存在需要提供 "能够证明借贷法律关系存在的证据"的问题，而该案由下辖的三级案由则有七个：（1）金融借款合同纠纷；（2）同业拆借纠纷；（3）企业借贷纠纷；（4）民间借贷纠纷；（5）小额借款合同纠纷；（6）金融不良债权转让合同纠纷；（7）金融不良债权追偿纠纷。① 因此，实务中，存在适用本条时由于条文本身表述不清所引发的案由混乱的问题，故有必要在本次修正中加以明确。鉴于本条第 2 款已经明确表述"持有债权凭证的当事人提起民间借贷诉讼的"，指明了起诉案由应为民间借贷纠纷，故本条第 1 款采取了与第 2 款表述保持一致的态度，即将"出借人向人民法院起诉时"修改为"提起民间借贷诉讼时"。

三、如何理解"被告对原告的债权人资格提出有事实依据的抗辩，人民法院经审查认为原告不具有债权人资格的，裁定驳回起诉"

正如前文所言，虽然根据日常生活经验，持有未载明债权人姓名或名称的当事人有很大几率是该借贷关系中的真正债权人，但毕竟这只是司法实践中推定的结果，并非不会被被告提出的相反事实推翻。事实上，当人民法院受理持有未载明债权人姓名或名称的债权凭证的当事人提起的民间借贷诉讼后，作为被告的债务人多会以各种事实与理由质疑当事人的原告资格。基于程序救济对等和权益平等保护的原则，本条第 2 款规定了被告可以在诉讼中对原告的债权人资格提出有事实依据的抗辩，并由此可能导致人民法院因此认定原告不具有债权人资格，从而裁定驳回起诉。

关于被告对当事人原告资格质疑的表述方式，起草过程中也经历了一个由反驳到抗辩不断变化的过程。早在 2013 年 11 月 8 日提交庭审判长联席会议的讨论稿中，当时的表述为"被告对原告的债权人资格提出异议并提供证据反驳"，后在提交审委会前的草稿中则表述为"被告对原告的债权人资格提出有事实依据的反驳"，但定稿则修改为

---

① 《最高人民法院关于修改〈民事案件案由规定〉的决定》（法〔2020〕346 号，第二次修正）第 103 个案由"借款合同纠纷"已将上述"（3）企业借贷纠纷"删除。

"被告对原告的债权人资格提出有事实依据的抗辩"。可见，被告对原告债权人资格的质疑方式应如何界定一直存在争议。

一般而言，反驳是指被告针对原告提出的诉讼请求和理由，从实体上和程序上、从事实上和法律上予以全部否定或者部分否定。反驳是被告依法享有的诉讼权利，也是被告在诉讼中经常采用的防御手段。其目的虽然也在于使原告的诉讼目的无法实现，但它并非向原告提出独立的诉讼请求。反驳也就是一种言辞上的辩驳，其会因原告撤诉而丧失存在意义。《民事诉讼法》第51条规定："原告可以放弃或者变更诉讼请求。被告可以承认或者反驳诉讼请求，有权提起反诉。"这是反驳的立法依据。司法实践中，反驳可表现为抗辩、否认等具体形式。所谓抗辩，则依实体法和程序法不同，而有所区别。实体法意义上的抗辩是当事人依据实体法相对规范而作出的反驳对方主张的行为。德国学者罗森贝克将实体法律规范分为基本规范和相对规范两大类：基本规范就是权利形成或产生规范，是当事人据以提出诉讼请求的实体法依据；相对规范即妨碍或消灭基本规范效力的实体法规范，包括权利妨碍规范、权利消灭规范及权利排除规范。例如，《民法典》第192条规定："诉讼时效期间届满的，义务人可以提出不履行义务的抗辩。诉讼时效期间届满后，义务人同意履行的，不得以诉讼时效期间届满为由抗辩；义务人已经自愿履行的，不得请求返还。"即为权利排除规范。而在诉讼法上，抗辩一词，迄今为止，尚未在立法中作为法律术语规定。但诉讼法理上，抗辩与自认、否认、沉默、不知的陈述并列，是被告针对原告所主张的请求原因事实的五种态度之一。也即，被告在承认原告所主张的请求原因事实基础上，向受诉法院主张的能够否认请求原因事实发生的法律效果的特定要件事实（抗辩事实）。其与否认的最大区别在于，抗辩承认原告的请求原因事实，而否认则认为原告的请求原因事实根本就不存在。从本质上而言，抗辩是被告针对原告所主张请求原因事实所提出的一种防御方法。细分之，根据抗辩作用不同，被告的抗辩大致可分为三种形态：权利障碍抗辩、权利消灭抗辩、权利拒绝抗辩。（1）权利障碍抗辩，乃指被告基于民事实体法中的权利障碍规定,向受诉法院提出的能妨碍原告所主张的请求原因事实之法律效果发生的抗辩。权利障碍抗辩的特征在于,若其成立,原告所主张的请求原因事实自始即不能产生相应的法律效果。如无民事行为能力人所实施的民间借贷行为。被告可主张自己或贷款人没有民事行为能力而导致民间借贷行为无效,从而免除高额违约金或利息的给付义务权利。(2)权利消灭抗辩,是指被告基于民事实体法中的权利消灭规定向受诉法院提出的原告所主张的权利虽一度或曾经发生但现在业已消灭的抗辩。权利消灭抗辩的特征在于,若其成立,原告所主张的请求原因事实之法律效果嗣后归于消灭。例如,民间借贷中,贷款人向借款人主张还本付息,而借款人则向贷款人出示后者签名的收据等借款已经清偿的证据。(3)权利拒绝抗辩,是指被告基于民事实体法中的权利排除规定向受诉法院提出的其享有阻止原告请求权行使的权利之抗辩。权利拒绝抗辩通常乃以民事实体法中的抗辩权为基础,其目的不是否定原告所主张的权利之存在,而只是暂时或永久性阻碍其有效行使。[①] 例如,民间借贷中,贷款人向借款人主张还本付息,被告则依据《民法典》第188条的规定,提出贷款人在借款到期后长达三年时间没有主张过还本付息,诉讼时效已经经过的抗辩。

与抗辩不同,所谓"否认",是指认为相对方主张的要件事实为假,且无需承担证明责任。这是因为如果要求否认一方当事人也承担证明责任,就会导致同一事实从正反两个方面要求当事人双方均承担证明责任的自相矛盾的情况。进而,当事实处于真伪不明时,法院可能会判处双方当事人都败诉。这显然是不合逻辑的。与否认相比,对相对方主张的事实,抗辩方不是说"不",否则就成立对相对方主张的否认。相对方抗辩时往往依据相对规范使得一个或数个对抗的反作用得以正当化。例如,民间借贷合同即为权利形成的依据,而民间借贷合同一方当事人是无民事行为能力的,则合同无效;又如,民间借

[①] 占善刚:《民事诉讼中的抗辩论析》,载《烟台大学学报》2010年第3期。

贷合同，债务已经履行的，借贷关系消灭；再如，民间借贷合同中债权人的债权已经超过诉讼时效的，法律不予保护等，就分别属于诉讼法上的权利障碍抗辩、权利消灭抗辩及权利拒绝抗辩。如果相对方希望适用相对规范，就要对其抗辩的事实承担证明责任。这里还需要注意的是，抗辩本身是当事人的一种防御行为，是对抗相对方主张的一种手段，它和当事人在诉讼中的角色无关。在民间借贷纠纷中，经常出现的情形是，原告诉请被告返还借款，被告则抗辩原告在订立借贷合同时无相应的民事行为能力，因此主张撤销合同；原告再抗辩其法定代理人行使了追认权；被告反抗辩在合同被追认之前，已经行使撤销权。可见，无论是再抗辩还是反抗辩都是以法律规范适用效果相对性为基础的，与当事人的诉讼角色无关。

具体到本条关于"被告对原告的债权人资格提出有事实依据的抗辩"这一表述，从文义解释而言，实质是被告认为原告并非案涉民间借贷中的债权人并提出了相应事实依据。也即，被告否认与原告之间存在案涉民间借贷法律关系。显然，这与诉讼法上所界定的抗辩前提是被告承认其与原告之间存在特定法律关系的通说相悖。从学理而言，这里的"有事实依据的抗辩"应为附理由的否认。只不过将一般意义上附理由的否认只需对理由作出合理说明作了进一步要求：还应当提出事实依据，即对其否认的理由还应举证证明。虽然本条该表述与否认作为消极事实，无需举证证明的一般认知有所不同。但这样规定，是在综合考虑民间借贷市场的现状、当事人冒名诉讼的概率、当事人诉权保护等诸多因素基础上的变通规定，更符合司法实践的需要。之所以不采单纯否认或典型意义上的附理由否认，是因为后两者势必要加大未载明债权人姓名或名称的持有人举证证明其为真正债权人的难度。显然，这是不符合本条通过推定放宽债权人认定标准的意旨的。换言之，被告要想否定未载明债权人姓名或名称的持有人身份，不能通过简单否认形式，而必须采用附理由否认并带有事实依据。

这里需要注意的是，如果被告提出了有事实依据的抗辩，则意味着原告提出的本证证明力被极大动摇。此时，原告应就其具有债权人资格这一事实提交补强证据。否则，人民法院就应根据《民事诉讼法解释》第108条第2款"对一方当事人为反驳具有举证证明责任的当事人所主张事实而提供的证据，人民法院经审查并结合相关事实，认为待证事实真伪不明的，应当认定该事实不存在"，也即，本条第2款规定的"人民法院经审查认为原告不具有债权人资格的，裁定驳回起诉"。这里有必要说明的是，关于人民法院经审查认为原告并非真正债权人的，是判决驳回其诉讼请求还是应裁定驳回起诉，在2015年《民间借贷规定》起草过程中对这一问题当时存有争议：主张使用裁定驳回起诉方式的理由是，《民事诉讼法》并未采纳诉讼要件理论，而是将原告的适格问题纳入起诉条件中，即原告必须与本案有直接利害关系。因此，如果原告不适格，应裁定驳回起诉。至于主张判决驳回诉讼请求的理由则是，由于我国司法实践中立案阶段对当事人的起诉只作形式上审查，原告是否为真正债权人，往往只能在审理阶段才能查清楚。这时再判决驳回原告诉讼请求既符合我国审判实践，也有利于对双方的争议作出明确、具体的评价和指引。反映到具体条文表述上，当时本条规定的表述经历了由判决驳回诉讼请求到裁定驳回起诉的变化：2013年10月专家论证会讨论稿为："被告对原告的债权人资格提出异议并提供证据证明，人民法院经审理认为原告并非真正债权人的，应当判决驳回其诉讼请求。"2013年11月，提请审判长联席会议讨论稿为："被告对原告的债权人资格提出异议并提供证据反驳，人民法院经审理认为原告并非真正债权人的，应当判决驳回其诉讼请求。"2014年1月，审委会审议稿为："被告对原告的债权人资格提出异议并提供证据反驳，人民法院经审理认为原告并非真正债权人的，应当裁定驳回起诉。"2014年3月，又修改为："被告对原告的债权人资格提出有事实依据的反驳，人民法院经审理认为原告并非真正债权人的，裁定驳回起诉。"几经研究，为保护原告诉权，最终选择了第一种处理方式。

最后，还需要补充说明的是，本条将借贷双方名称界定为"出借人"和"借款人",①而《民法典》第679条规定自然人之间的借贷,仍使用了"贷款人"这一名称。之所以本规定中借贷双方当事人的称谓,采用的是"出借人、借款人",以区别于借款合同中的"贷款人、借款人",主要考虑的是,借款合同中出借一方主要是金融机构,而金融机构发放贷款,依照中国人民银行的规定,一般都应收取一定利息,也即为有偿合同。而民间借贷有的是无偿,有的是有偿。并且,对于一般的自然人、企业或非法人组织如果也称为"贷款人"则和正规金融机构的称谓相混淆,容易使人产生任何主体均可从事金融放贷业务的误读。

四、如何理解"其他能够证明借贷法律关系存在的证据"

从司法实践情况来看,民间借贷纠纷案件中,当事人为证明存在借贷关系,所提交的证据多为借据、收据、欠条等债权凭证。显然,债权凭证都是通过其载明的内容来证明双方当事人之间存在借贷关系,性质上都属于书证范畴。所谓书证,是指以文字、符号所记录或表示的,以证明待证事实的文书,如合同、书信、文件、票据。但是司法实践中债权凭证的表现形式不仅限于本条已经列明的"借据、收据、欠条"形式,至少还包括转账凭证、债权债务结算单、债权债务汇总凭证、委托理财合同、债务重组协议、名为买卖实为借贷的合同等表现形式。

除了书证之外,根据《民事诉讼法》第63条之规定,民间借贷案件中证明借贷关系的主要证据类型还包括:(1)当事人的陈述;(2)视听资料;(3)电子数据;(4)证人证言等。相应地,上述证据都可能成为本条第1款中的"其他能够证明借贷法律关系存在的证据"。之所以本条第1款在规定了借据、欠条等债权凭证之外,还规定当事人可以提供能证明借贷关系存在的其他类型证据,其理据在于:一方面,要求当事人提交能够证明借贷法律关系存在的证据,有利于

---

① 在本规定中都一律使用"出借人"和"借款人"称谓。

防止个别当事人滥讼、方便人民法院查明案件事实；另一方面，借据、收据、欠条等债权凭证虽然是民间借贷关系中常见证据，但并不能涵盖民间借贷中所有借贷证据类型。从现实经济生活中民间借贷活动的具体表现形式来看，除了上述债权凭证，还有当事人陈述、视听资料、电子数据、证人证言等其他能够证明借贷法律关系存在的证据形式。因此，如果将起诉所需证据仅限制在上述债权凭证（也即书证）范畴，则难免挂一漏万，不利于人民法院查明案情，实现定分止争、案结事了。

【审判实践中应注意的问题】

司法实践中，人民法院在具体适用本条处理案件时，还应结合民间借贷纠纷特点，着重注意以下几点：

一、民间借贷纠纷中，如何认定原告的债权人资格

司法实践中，人民法院受理民间借贷纠纷案件后，对原告债权人资格进行有事实依据的抗辩是被告采用的常见诉讼策略之一。具体而言，被告对原告债权人资格的否认或抗辩往往沿着两个方向展开：

1. 对债权人继受取得主体资格的抗辩

从学理上而言，所谓继受取得，又称"传来取得"，是通过一定法律行为或其他法律事实，从原所有人那里受让所有权的所有权取得方式，主要包括买卖、互易、赠与、继承、遗赠、消费借贷等。在民间借贷纠纷中，被告对债权人继受取得主体资格的抗辩，主要表现为被告依据《民法典》第545条、第546条的抗辩。例如，被告主张当事人已约定该借款债权不得转让、债权转让未通知被告等。除此之外，还有在债权因继承而转让时，被告对原告继承人身份的抗辩等。此时，如果被告对债权转让效力或原债权提出抗辩的，人民法院可以追加原债权人为第三人（继承情形例外）。

2. 通过证明债权人另有他人而对持有未载明债权人的持有人的债

权人身份的抗辩

例如，通过提交证明债权人另有他人的相关证据来否认原告的债权人身份。如果在案件审理过程中，被告提交的事实依据足以为法院所认定抗辩成立，则人民法院应裁定驳回起诉。

二、偷录、偷拍等非法证据能否作为证明借贷关系存在的证据

在民间借贷关系中，由于出借人和借款人之间多为亲朋好友关系，双方在发生民间借贷行为时，如果借款金额较小，出借人通常都是采用现金给付方式，并且碍于情面可能也不会要求借款人与其签订借款合同或出具借据、收据、欠条等借款书面凭证。一旦出现借款人不按口头约定归还借款本金及利息，则出借人主张债权时，将可能面临没有书面证据证明借贷关系存在的困境。此时，出借人经常会通过不经借款人同意，私下录音录像等方式记录借款人自认已借款、借款数额、还款期限、约定利息等事项。显然，这种未经相对方同意录音录像取得的证据不具备证据的合法性特征，属于广义非法证据范畴。根据《民事诉讼法解释》第106条"对以严重侵害他人合法权益、违反法律禁止性规定或者严重违背公序良俗的方法形成或者获取的证据，不得作为认定案件事实的根据"之规定，非法证据只有在三种情形下，才不得作为认定民间借贷案件事实依据的规定：

（一）严重侵害他人合法权益的

如果当事人制作证据或收集证据的行为严重侵害人了他人的合法权益，那么该证据就不得被采纳作为认定案件事实的依据。这里要注意的是：（1）必须对他人合法权益造成了实际的侵害；（2）造成损害的程度要是严重的；（3）侵害的必须是他人的合法权益，其他非法的利益是不受保护的。因而，如果制作或收集证据的行为仅仅是侵害了他人的非法利益的话，不影响证据的采纳。

（二）违反法律禁止性规定的

所谓法律禁止性规定是指禁止某类行为的规范，其表述一般是

"不得""不可以""禁止"等,是相对于法律强制性规定而言的。具体到本条而言,如果当事人形成或调查收集证据的行为是违反法律的禁止性规定的,也就是说当事人的行为是被法律所禁止的但其却违背此不可为的义务,此时对该证据是不能够采纳的,人民法院不得将其作为认定事实的依据。

(三)严重违背公序良俗的

违背公序良俗的具体情形有如下几个方面:(1)违反人伦的行为;(2)违反正义观念的行为;(3)乘他人窘迫、无经验获取不当利益的行为;(4)极度限制个人自由的行为;(5)限制营业自由的行为;(6)处分生存基础财产的行为;(7)显著的射幸行为。这是非法证据排除的情形,主要是针对实践中出现的各式各样的虽严重违背公序良俗但却不构成违反法律禁止性规定的证据收集行为。应该注意的是,这里对违背公序良俗有程度上的要求即严重。

具体到偷录偷拍的证据是否能定位为非法证据予以排除,需要根据情况具体分析,有以下几点需要考虑:(1)案件性质、偷拍偷录的损害后果及其社会危害程度。如在公共场合的偷拍偷录行为的社会危害性,一般来说就小于在个人领域诸如住宅中进行偷拍偷录的社会危害性。(2)偷拍偷录的目的、动机以及主观过错程度。比如说当事人故意将偷拍偷录的照片视频发到网上,然后将网上的评论也作为支持其事实主张的证据,那么该照片或视频及其评论都不能被作为定案依据。(3)偷拍偷录手段和方式。比如用窃听器、望远镜全天候监控某人的住宅等。

第三条　【民间借贷合同履行地的确定】

借贷双方就合同履行地未约定或者约定不明确，事后未达成补充协议，按照合同相关条款或者交易习惯仍不能确定的，以接受货币一方所在地为合同履行地。

【条文主旨】

本条是关于民间借贷合同履行地确定的规定。

【条文理解】

本条主要是借鉴了《民法典》《民事诉讼法》《民事诉讼法解释》等法律、司法解释的规定，针对民间借贷合同双方当事人的义务履行均为给付货币义务这一特点，进一步统一了司法实践中对民间借贷纠纷合同履行地的认识。本条在2015年《民间借贷规定》施行后，在2020年8月的第一次修正中改动有一处：将本条中"有关"改为"相关"。在2020年12月的本规定第二次修正中，本条没有修改。在具体适用本条时，应着重从以下几个层面进行理解：

一、合同履行地的基本理论

合同履行地这一名词在民事实体法和民事程序法领域均有表述，但法律评价上却大有不同，下面从各自定义、特征、功能及其区分等角度作一简析：

（一）合同履行地的定义和特征

从民事实体法角度而言，合同履行是指合同的债务人全面地、适当地完成合同债务，使债权人实现其合同债权的给付行为和给付结果的统一。① 相应地，合同履行地则是指债务人应履行合同义务的具体地点。这里具体地点的确定取决于合同约定、交易惯例或法律、司法解释规定。实务中，合同履行地点具体包括：（1）具体明确的一个特定地点。例如，《民法典》第650条规定"供用电合同的履行地点，按照当事人约定；当事人没有约定或者约定不明确的，供电设施的产权分界处为履行地点。"（2）特定的一个地域范围。例如，《民法典》第809条"运输合同是承运人将旅客或者货物从起运地点运输到约定地点，旅客、托运人或者收货人支付票款或者运输费用的合同。"这里的起运地点、约定地点可以是某个车站、货场或更大的地点名称等。

一般而言，合同履行地主要有以下特点：（1）自治确定优先。合同自治是当事人意思自治在合同领域的具体体现。而合同履行地作为合同条款，当事人可以自由选择其具体内容，但前提是不违反效力性强制性规定和公序良俗。（2）法定顺序其次。实务中，如果当事人就履行地点没有约定或者约定不明确的，则可根据《民法典》第510条规定，协议补充。不能达成补充协议的，按照合同相关条款或者交易习惯确定。如果仍不能确定的，则可根据《民法典》第511条第3项规定，履行地点不明确，给付货币的，在接受货币一方所在地履行；交付不动产的，在不动产所在地履行；其他标的，在履行义务一方所在地履行。（3）履行地多样性。合同类型不同，则履行方式有异，合同履行地相应不同。这里的不同主要表现为：多个义务多个履行地点；一个义务多个履行地点；履行地点不明确等。

从程序法角度而言，合同履行地是确定合同纠纷管辖法院的依据之一。早在1982年《民事诉讼法（试行）》就规定了当事人可以选择合同履行地法院管辖案件的特殊地域管辖情形。但对程序法上的合同履行地如何确定，则在司法实务中分歧较大。作为平衡侧重保护被告利益的一般地域管辖的一种制度设计，合同履行地管辖这一特殊地域

---

① 崔建远：《合同法》（第三版），北京大学出版社2016年版，第120页。

管辖则更多考虑原告利益。对此，最高人民法院虽曾以各种批复、解答等形式，对各种不同类型合同的履行地作出相应解释，但都没有站在管辖角度，对程序法范畴内的合同履行地作出系统规定。直至2015年《民事诉讼法解释》第18条才对合同履行地的确定问题有了较为完整的一般性表述。根据该条规定，合同履行地的确定，首先应以双方当事人在合同中的明确约定为准；其次，如果当事人对合同履行地没有约定或者没有明确约定，则给付货币义务的履行，以接受货币一方所在地为履行地；交付不动产的，以不动产所在地为履行地；其他标的物，则以履行义务一方所在地为履行地；即时结清的合同，以交易行为地为履行地。从其表述内容而言，与上述《民法典》第511条规定基本一致。与此同时，其还规定没有约定或者约定不明确且尚未实际履行的合同案件，只能由被告住所地管辖。与此同时，该司法解释还在第19条、第20条分别规定了，财产租赁合同、融资租赁合同以租赁物使用地为合同履行地；网络买卖合同，通过信息网络交付标的的，以买受人住所地为合同履行地；通过其他方式交付标的物的，收货地为合同履行地。

（二）合同履行地的法律功能

由于民事实体法和民事程序法本身性质、功能等方面的根本差异，合同履行地在两个领域中的法律作用各有不同：

首先，实体法框架内的合同履行地的法律作用主要有以下几点：（1）合同履行地是判断合同当事人有无违约行为的依据。虽然不是所有合同都会明确约定合同履行地，但是根据《民法典》第510条、第511条、第627条等相关条款进行立法补充方式，仍可确定相应合同的合同履行地。既然合同履行地是合同的主要内容之一，那么合同一方是否按照约定或法定履行地履行合同义务，则成为判断合同一方是否存在违约行为的标准之一。（2）合同履行地是判断由谁承担合同履行风险的依据。合同履行风险一般是指合同履行中发生与缔约目的和当事人预期不符的不确定事件的可能性。例如，货物运输合同，承运人履行合同义务进行货物运输过程中，所遭遇的翻车、盗窃等货物灭失风险。一旦这些可能发生的合同履行风险变为现实损失，则合同双方可根据合同履行地作为确定双方之间损失承担的依据。例如，《民法典》第604条中规定，标的物毁损、灭失的风险，在标的物交付之前由出卖人承担，交付之后由买受人承担。这里的交付一般都是在合同履行地交付，这也可从《民法典》第607条第1款"出卖人按照约定将标的物运送至买受人指定地点并交付给承运人后，标的物毁损、灭失的风险由买受人承担"中的"指定地点"表述得到印证。(3) 合同履行地是认定合同价款或报酬的依据。根据《民法典》第470条规定，如同合同履行地，合同价款或报酬也是合同的一般性条款。司法实务中，虽然合同中一般都会约定合同的价款或报酬，但因各种主客观原因，当事人未在合同中约定价款或报酬或约定不明的情形并不罕见。对此，《民法典》第510条、第511条规定，当事人就有关合同价款或者报酬约定不明确的，可以协议补充、补充不成的，按照合同相关条款或交易习惯确定。如果仍不能确定的，则按照订立合同时履行地的市场价格履行。相应地，当时有效的《最高人民法院关于适用〈中华人民共和国合同法〉若干问题的解释（二）》[以下简称《合同法解释（二）》] 第19条规定，是否构成明显不合理的低价，人民法院应以交易当地一般经营者的判断，并参考交易当时交易地的物价部门指导价或者市场交易价，结合其他相关因素综合考虑予以确认。可见，特殊情形下，合同价款或报酬的确定，可以参考合同履行地的市场价格。(4) 合同履行地是合同履行费用大小和负担的依据。所谓合同履行费用是指合同当事人为履行合同义务而支付的必要费用。例如，标的物包装费、运输费等。合同义务履行完毕，则合同履行费用支出截止。而合同义务履行地点即为合同履行地。因此，合同履行地不同，则合同履行费用有异。故合同履行地的确定将直接影响合同履行费用大小的计算。关于合同履行费用负担主体的问题，《民法典》第511条第6项中规定，当事人就履行费用的负担不明确的，由履行义务一方负担。由于合同履行地不同，则合同当事人负担履行费用大小也不同。如合同权利方所在地为合同履行地，则合同义务方应负担履行费用；如合同义务方所在地为合同履行地，合同权利人应负担前往合同义务方所在地的履行费用；如果合同履行地在合同权利方所在地、义务方所在地之外的第三地，则合同义务方应承担将标的物送往履行地的费用。

其次，程序法意义上的合同履行地的法律作用主要是作为确定合同纠纷地域管辖的依据，以消解"原告就被告"一般地域管辖的弊端，平衡双方当事人参与诉讼上的便利。学理上，管辖法院的确定一般是为了方便当事人参与诉讼、方便人民法院审理案件。这里方便当事人参与诉讼主要是相对人民法院而言的，即不能为了一味追求让人民法院方便审理或其他原因，而让当事人为参与诉讼支付巨大成本。而方便人民法院审理案件，则是确定管辖法院时，应尽量保证案件处理的实体内容不至于因受理法院的不同而受到影响。例如，案件多寡不均、可能的地方保护主义、法院对特定类型案件的熟悉度等都是立法者在对管辖进行具体制度设计时应考量的因素。但细究而言，方便当事人参与诉讼在当事人各方内部而言，则多数情形下是此消彼长的关系。即，如果管辖的确定节约了一方当事人的诉讼支出，往往同时就意味着相对方诉讼成本的增加。因此，管辖的确定也意味着人力财力等资源耗费或负担作为诉讼成本在原被告双方当事人之间的分配。而有些情况下，这种成本的负担甚至会导致当事人一方放弃诉诸民事诉讼程序来寻求实体救济的努力。因此，把诉讼所需的成本及负担尽可能公平合理地分配给各方当事人，就成为管辖制度建构及具体程序设计时一种原理性的考虑或一个基本的出发点。管辖制度的这一基础确实是"为了方便当事人"，但复杂之处却在于必须考虑"究竟方便了哪一方的当事人"或"如何在双方当事人的便利上取得平衡"。我国的管辖制度中处理这个复杂问题的一个基本原则是"原告就被告"，但在此基础上还规定有种种其他规则来进行调整。① 这里的其他规则就包括合同纠纷中的"合同履行地"这一特殊地域管辖规则。根据

---

① 王亚新：《民事诉讼管辖：原理、结构及程序的动态》，载《当代法学》2016 年第 2 期。

《民事诉讼法》第23条规定，合同履行地可以作为确定管辖法院的依据。该法后续第24条、第25条、第27条等规定可被视为对保险合同纠纷、票据合同纠纷、运输合同纠纷等合同履行地的具体化。对管辖法院并未作出可由合同履行地法院管辖的规定。《民事诉讼法解释》第18条对合同履行地进行了一般意义上的细化，并在第19条、第20条对特定合同的履行地进行了特别规定。此外，在合同纠纷特殊地域管辖中增加"合同履行地"这一管辖法院确定依据，还可给当事人更多诉讼选择，一定意义上体现了当事人意思自治。

（三）合同履行地：实体法与程序法的异同

前文已述，程序法上的合同履行地借鉴了实体法上的合同履行地确认标准。因此，在合同履行地的确定相关文字表述上两者有相同之处，但仍存在诸多不同：首先，规范目的不同。实体法上合同履行地是指导合同当事人正确履行合同义务，促进合同的履行，确定违约行为、风险负担、履约费用、合同价款或报酬的重要依据，而程序法的规范目的较为单一，主要是为减少"原告就被告"一般地域管辖的弊端，平衡当事人之间在诉讼成本上的支出。其次，与合同关联性不同。实体法意义上的合同履行地，在解释上比较泛化，只要是合同债务人履行合同义务的地点，都可作为合同履行地，而不区分合同债务人在该地点履行的是合同主要义务抑或次要义务。例如，《民法典》第708条、第721条关于租赁物交付义务、租金给付义务的规定，就可能产生至少两个合同履行地。

但程序法意义上的合同履行地，从避免管辖争议出发，则相对固定且唯一。合同履行地一般都是能体现合同特征义务的特征履行地。学理上，称之为特征履行说。特征履行说认为，在双务合同中，当事人双方各须向对方履行义务，其中一方的义务通常是交付物品、提供劳务等，而另一方的义务则通常是支付金钱。通常认为，在这两种履行中，交付物品、提供劳务等的非金钱履行为特征履行，因为它们体现了各该合同的特征。根据特征履行理论，每一个双务合同中总有一方当事人的履行行为属于特征履行行为，这就将之作为确定合同履行地这种具有较强实践性问题的基础提供了可能。① 例如,《民事诉讼法解释》第 19 条规定的,租赁物使用地是财产租赁合同的唯一合同履行地。再次,合同履行地的法定补充顺序有别。先看实体法,《民法典》第 510 条、第 511 条规定,关于合同履行地的一般确定顺序为:合同约定、当事人补充约定、合同相关条款或者交易习惯、最后兜底方式为给付货币的,在接受货币一方所在地履行;交付不动产的,在不动产所在地履行;其他标的,在履行义务一方所在地履行。反观程序法,《民事诉讼法》第 23 条并未确定合同履行地的先后顺序标准。只是在其第 24 条、第 25 条分别规定了保险合同纠纷、票据纠纷的合同履行地分别为保险标的物所在地、票据支付地。但在《民事诉讼法解释》第 18 条则确立了合同履行地的一般顺序:合同约定、争议标的为给付货币的,接收货币一方所在地为合同履行地;交付不动产的,不动产所在地为合同履行地;其他标的,履行义务一方所在地为合同履行地。即时结清的合同,交易行为地位合同履行地。合同没有实际履行且双方当事人都不在合同约定的履行地,由被告住所地法院管辖。两相对比,程序法上的合同履行地比实体法上合同履行地少了两个顺位:当事人补充约定、合同相关条款或者交易习惯。与此同时,也增加了一个例外:在合同没有实际履行且双方当事人都不在合同约定的履行地的情形,则没有程序法意义上的合同履行地。

二、民间借贷合同履行地规范演进

从民间借贷现实情况来看,民间借贷的资金大多属于民间自有的闲散资金。这一资金的性质决定了民间借贷具有松散性、广泛性的特征。现实生活中,由于借贷关系的双方当事人之间又多有亲属关系或同事、同乡、同学等社会关系,在借贷形式上表现出简单性和随意性。不签订书面协议或仅仅由借款人出具一张内容简单的借据,例如,借据上仅写明借款金额和还款日期。一旦借贷双方事后发生纠纷,借贷

---

① 肖建国、刘东:《管辖规范中的合同履行地规则研究》,载《现代法学》2015 年第 5 期。

双方往往会在利息、违约责任等其他借贷事项上产生争议。而关于借款合同履行地的争议就是其中比较突出的一个。下面就此作一简析：

(一) 民间借贷合同履行地的立法溯源

关于借款合同履行地的确定问题，早在 1990 年颁布的《最高人民法院关于借款合同纠纷案件管辖问题的复函》(〔1990〕法经函字第 11 号) 就已指出借款合同的履行地应在收款人也即借款人所在地。1993 年颁布的《最高人民法院关于如何确定借款合同履行地问题的批复》①(法复〔1993〕10 号) 则明确表示，借款合同除当事人另有约定外，确定贷款方所在地为合同履行地。1998 年颁布的《最高人民法院关于如何确定委托贷款合同履行地问题的答复》(法明传〔1998〕198 号) 则规定委托贷款合同以贷款方 (即受托方) 住所地为合同履行地，但合同中对履行地有约定的除外。1999 年颁布的《合同法》第一次对合同履行地的确定问题作了系统规定。根据当时有效的《合同法》第 61 条②"合同生效后，当事人就质量、价款或者报酬、履行地点等内容没有约定或者约定不明确的，可以协议补充；不能达成补充协议的，按照合同有关条款或者交易习惯确定"之规定，借贷合同对履行地点可以约定，没有约定或约定不明确的，可以协议补充，不能达成补充协议的，按照合同有关条款或者交易习惯确定。该条内容基本被《民法典》第 510 条所继受。如果按照合同相关条款或者交易习惯仍无法确定合同履行地，则根据当时有效的《合同法》第 62 条③第 3 项之规定，履行地点不明确，给付货币的，在接受货币一方所在地履行；交付不动产的，在不动产所在地履行；其他标的，在履行义务一方所在地履行。该条基本内容同样被《民法典》第 511 条第 3 项所继受。特殊情形下，合同履行地由法律直接规定。例如，《民法典》第 650 条规定，供用电合同的履行地点，按照当事人约定；当事人没有约定或

---

① 该批复已被《最高人民法院关于审理民间借贷案件适用法律若干问题的规定》(法释〔2015〕18 号) 代替。
② 现为《民法典》第 510 条。
③ 现为《民法典》第 511 条。

者约定不明确的，供电设施的产权分界处为履行地点。由上可知，对借款合同履行地的确定经历了一个由借款人所在地到贷款人所在地再到接受货币一方所在地的不断认识深化过程。

由于合同履行地涉及标的物风险划分、违约认定、诉讼管辖等诸多对借贷双方实体利益、程序利益产生重大影响的事项，故虽然《民法典》已经就如何确定合同履行地作了详细规定，但从司法实践情况来看，民间借贷纠纷发生后，双方当事人仍在合同履行地问题上经常产生争议。

（二）本条内容的起草演变

有鉴于此，本条对如何确定合同履行地的问题作了明确规定。早在2013年10月的专家论证会讨论稿中，该规定表述为："借贷双方可以约定借款人住所地、出借人住所地或者与借贷行为有实际联系的地点作为合同履行地。未约定合同履行地，通过现金交付的，以出借人提供借款地作为合同履行地，提供借款地无法确定的，以出借人所在地作为合同履行地；通过银行转账、网上电子汇款等形式交付的，以出借人转出资金的账户所在地作为合同履行地；通过票据交付的，以票据上记载的付款地作为合同履行地，未记载付款地的，以付款人的营业场所作为合同履行地。"显然，这里在合同约定履行地之外，对未约定合同履行地的情形，采用的是根据履行方式的不同列举不同合同履行地的法定补充方式。在其后于2014年3月颁布的审委会初审稿中则表述为："借贷双方未约定合同履行地的，人民法院可以按照下列方式确定合同履行地：（一）通过现金交付的，以出借人（包括代理付款人）提供借款地作为合同履行地；（二）通过银行转账、网上电子汇款等形式交付的，以出借人（包括代理付款人）转出资金的账户所在地作为合同履行地；（三）通过票据交付的，以票据上记载的付款地作为合同履行地，未记载付款地的，以付款人（包括代理付款人）的营业场所作为合同履行地。通过以上方式仍无法确定合同履行地的，以出借人所在地作为合同履行地。"可见，审委会初审稿仍坚持了上述合同履行地确定方式，并在其基础上增加了，如仍无法确定合同履行地，以出借人所在地为合同履行地的兜底规定。之所以以出借人所在地为合同履行地，一是因为借款合同履行中，首先应是出借人将借款交付给借款人，履行作为出借人应承担的义务。与此同时，这也是当时有效的《合同法》第210条规定的自然人之间借款合同生效的标志，而民间借贷中大部分都是自然人之间的借贷；① 二是与司法惯例保持一致。因为早在1993年颁布的《最高人民法院关于如何确定借款合同履行地问题的批复》（1993年11月17日，法复〔1993〕10号）已规定，除当事人另有约定外，借款合同以出借人所在地为合同履行地。上述根据支付方式不同区分界定合同履行地的起草思路虽具体明确、针对性强，但并不能穷尽现实生活中所有货币交付方式。而且，其与后来施行的《合同法》第61条关于合同履行地一般性规定相比，少了协议补充和按照合同相关条款或者交易习惯确定的表述。为此，2015年3月，审委会送审稿第3条借鉴当时有效的《合同法》第61条的相关内容，对上述表述作了简化处理："借贷双方就合同履行地未约定或者约定不明确，事后未达成补充协议，按照合同有关条款或者交易习惯不能确定的，以出借人所在地作为合同履行地。"但在讨论中，有观点认为，民间借贷中，虽然出借人和借款人的履行义务标的物都是货币，但仍存在履行合同义务的先后顺序之别，可根据义务履行主体的不同分为两个阶段：第一阶段，是出借人按约定交付货币给借款人，借款人只有受领货币义务；第二阶段，是借款人按约定还本付息，交付货币给出借人，出借人只有受领货币义务。因此，在借款人不按约定还本付息，以出借人所在地为合同履行地并无不妥。但在出借人不按约定给付货币的情形，仍将出借人所在地作为合同履行地，则与《民事诉讼法》规定的被告住所地存在重合情形。也就不符合前述程序法上规定合同履行地是为了消解"原告就被告"一般地域管辖的弊端，平衡双方当事人参与诉讼上的便利的功能目的。而鉴于实体法上当时有效的《合同法》第62条规定的也是"接受货币一

---

① 现为《民法典》第679条，已修改为自然贷款人提供借款时成立。

方所在地"而非"出借人所在地"。而程序法上，2015年《民事诉讼法解释》第18条规定的也是"争议标的为给付货币的，接收货币一方所在地为合同履行地"，为保持与现有实体法和程序法表述的一致，2015年6月，最高人民法院审委会将本条确定为："借贷双方就合同履行地未约定或者约定不明确，事后未达成补充协议，按照合同有关条款或者交易习惯仍不能确定的，以接受货币一方所在地为合同履行地。"

由上可见，早期建议稿的思路基本都是通过类型化方式，根据给付方式的不同，分别规定合同履行地。虽然上述方式比较具体，但相对比较繁杂、零散，也不能穷尽现实中所有给付方式类型。为此，本条起草中，一直想设计一个高度概括、方便操作的法条来满足司法实践的需求。因此，我们在综合当时有效的《合同法》第61条、第62条关于合同履行地确定顺序基础上，完成了本条文内容的基本框架。为了与程序法衔接，我们还借鉴了《民事诉讼法解释》第18条第2款"合同对履行地点没有约定或者约定不明确，争议标的为给付货币的，接收货币一方所在地为合同履行地"的表述思路，通过将实体法规范程序化后，制定出本条规定。

三、如何理解本条中的合同相关条款或者交易习惯与合同履行地的关系

合同履行地又称债务清偿地，是债务人按约定应履行债务的具体地点。如果债务人不在约定履行地点履行债务，则一般不能达到债务清偿效果。在司法实践中，合同履行地的确定对合同各方当事人意义重大：（1）合同履行地关系到标的物风险的转移。当时有效的《合同法》第142条原则上确立了交付主义原则：标的物的风险在标的物交付之前由出卖人承担，交付之后由买受人承担。该规则后为《民法典》第604条承继。这里的交付取决于交付时间和交付地点，而履行地点就是交付地点。债务人是否依法依约在履行地点交付，则成为判断风险由谁承担的依据。（2）合同履行地关系到履行费用的分担。在

合同履行过程中，原则上债务人要自行承担前往履行地点的费用和其他成本。（3）履行地点关系到违约的认定。债务人没有在约定或法定履行地点履行债务，则通常会构成违约。反过来，如果债权人没有在约定时间到履行地点接受履行则构成受领迟延，亦为违约。（4）履行地点关系到给付义务内容的确定。例如，《民法典》第514条规定，以支付金钱为内容的债，除法律另有规定或者当事人另有约定外，债权人可以请求债务人以实际履行地的法定货币履行；5.履行地点关系到诉讼管辖。根据《民事诉讼法》第23条"因合同纠纷提起的诉讼，由被告住所地或者合同履行地人民法院管辖"之规定，合同履行地一旦确定，即意味着民事案件中的诉讼系属法院已经明确范围，这有利于当事人选择对其有利的法院提起诉讼。当然，在双务合同场合，这里所谓合同履行地可能存在复数。例如，在动产买卖场合，两个债务的履行地可能为同一地点：出卖人交付标的物的地点与买受人支付价款的地点都是出卖人的所在地。当然，也有两个债务的履行地不在同一地点的情形，例如，合同约定的出卖人交付标的物地点为A地，而约定的买受人给付货币或其他用于清偿的货物地点为B地。此时，如各自履行地点没有约定，按一般法定规则，则会得出两个履行地点。原则上，应以发生纠纷的债务的履行地为所谓合同履行地。接下来的问题是，发生纠纷的债务履行地点如何确定的问题。首先，合同履行地关涉合同双方当事人切身利益，故应尊重双方当事人意思自治，也即原则上依据双方当事人在协议中的约定。在双方当事人没有约定合同履行地或约定不明确的情形下，则可按照《民法典》第510条之规定，允许双方当事协议补充，不能达成补充协议的，按照合同相关条款或者交易习惯确定。

具体到民间借贷纠纷中，经常出现的一种情形是，借贷合同虽然没有约定合同履行地，但约定的关于案涉款项出借方式中已明确约定了款项交付给特定人或转入特定银行账户。相应地，借贷合同约定借款人归还案涉款项方式时，也可能会明确要求借款人将案涉款项归还给特定人或转入特定银行账户。此时，特定人接受款项时所在地或特定银行账户所在地即可作为合同履行地。至于交易习惯，通俗说来即是流通领域中人们长期反复实践所形成的通常做法，又称惯例。纵观理论界人们对交易习惯的各种表述，归纳起来主要是指在当时、当地或者某一行业、某一交易关系中，为人们所普遍采纳的，且不违反公序良俗的习惯做法。其法律特征如下：（1）交易习惯具有惯行性。（2）交易习惯具有实践性。（3）交易习惯具有地域性、行业性和特定交易的特殊性。（4）交易习惯具有抽象性。（5）受法律保护的交易习惯具有合法性。交易习惯作为民法法源，集中表现在当时有效的《合同法》中，目的是作为合同漏洞的填补和当事人真意的推定。这与《民法典》基本规定中第10条"处理民事纠纷，应当依照法律；法律没有规定的，可以适用习惯，但是不得违背公序良俗"的"习惯"有所不同。《民法典》第10条中的"习惯"更多是在法律没有明确规定的情况下才适用，属于制定法的补充，亦被称为习惯法，而当时有效的《合同法》第61条中的"交易习惯"则是纯粹的日常交易习惯，未必有普适性。

具体到民间借贷纠纷中，则应认定在合同履行地的确定问题上是否存在交易习惯。具体表现为：（1）通常采用且知道的做法。"通常采用"是指一定范围内一般采用。这里的范围包括空间地域范围、行业领域范围等。"知道"则应限缩解释为订立合同时知道，不包括订立合同后才知道的情形。而且，这里的知道除了明知情形还包括应知情形。具体到民间借贷中，即在民间借贷行为发生地或者民间借贷行业通常采用，且借贷双方订立合同时知道或者应当知道该习惯；例如，为确保放款安全，某地民间借贷行业惯例是由借款人亲自到出借人所在地领取借款。对此，借款人作为当地人，了解该运作模式。（2）当事人双方经常使用的习惯做法。司法实务中指借贷纠纷当事人双方经常使用的习惯做法。例如，借贷双方以往曾发生多次借贷关系，且都是由借款人到出借人所在地领取借款。这里应注意的是，当事人双方经常使用某种习惯做法可以和交易行为当地或者某一领域、某一行业通常采用的做法一致，也可以不一致。在一致的情况下，当事人也可以通过证明交易对方"知道或者应当知道"来主张该交易习惯；在不一致的情况下，则只能适用当事人双方经常使用的习惯做法来主张交易习惯。需要注意的是，如果仅仅在当事人先前的交易中出现过一次，一般不宜认定为交易习惯。除了交易习惯，本条还规定，有关条款也可作为确定合同履行地的依据。这本质上仍属于从合同文义解释角度推定当事人真实意思，与交易习惯并无二致。但其毕竟是他人对当事人关于合同履行地真意的推测，如与当事人已有明确约定不一致，则应以当事人明确约定为准。至于当事人没有明确约定，而根据合同有关条款和根据交易习惯得出的合同履行地并不一致时，应如何认定合同履行地的问题。由于两者都是立法者推定当事人真意的依据，故在作为裁判依据时，并无先后顺序之别。故在此情形，则应由法官结合其他证据进行综合分析后，予以确定。

四、如何理解本条中的"接受货币一方所在地为合同履行地"

如前所述，合同的履行地，依民事实体法和民事程序法不同而有区别。民事实体法中的合同履行地是确定履行费用负担、标的物风险承担、标的物所有权转移的依据之一。司法实践中，合同约定的双方当事人各自义务不同，相对应的履行地点则可能有异。特别是在合同当事人不只两方或同一个合同约定有多个给付义务时，可以存在多个合同履行地。具体而言，如果出现当事人没有约定且未达成补充协议，又不能依据有关条款或交易习惯确定的情形，合同履行地的确定则各国立法规定不一。从国内外立法情况来看，合同履行地的确定大致有以下几种模式：(1) 债务往取主义。所谓债务往取主义，是以债务人的住所地为合同履行地，典型国家有德国、法国、瑞士。(2) 赴偿债务主义。这是与债务往取主义相对应的，以债权人住所地为合同履行地，则称为"赴偿债务"。典型国家或地区有日本和我国台湾地区。(3) 送付债务主义。以将标的物送到债权人、债务人住所地或营业地以外第三人所在地的，称为"送付债务"。《民法典》第 11 条第 3 项在《合同法》规定基础上，继续保持了这一立场。这一规定符合如下原则：在存在合同履行地争议的场合，推定债务人承担最轻的债务。

至于《民事诉讼法》中的合同履行地，则主要与合同案件的诉讼系属、确定管辖法院有关，在《民事诉讼法》及其相应司法解释中并无系统规定。但就当前司法实践而言，民事诉讼领域中的所谓合同履行地，多以特征履行地为原则，实际履行地为补充。所谓特征履行地，是指只有首先确定反映特定合同特征本质的义务，才能确定其义务履行地。而该反映特定合同特征本质义务的履行地即为作为管辖依据的履行地。该原则尤其适用于双方都互负义务的双务合同。一般而言，具体合同中，不涉及货币给付的义务就是合同的特征本质义务。例如，在一般动产买卖合同中，出卖人在合同中的主要义务就是按约定交付动产，而买受人在合同中的主要义务就是给付货币。显然，将该动产交付给对方的义务就是买卖合同中的特征本质义务。至于实际履行地原则，则是在特征本质义务确定后，该义务是否实际履行，如何确定合同履行地。例如，《民事诉讼法解释》第18条第3款规定："合同没有实际履行，当事人双方住所地都不在合同约定的履行地的，由被告住所地人民法院管辖。"

具体到民间借贷合同纠纷中，关于合同履行地的确定，同样有民事实体法和民事程序法之别。在民事实体法视角而言，《民法典》第511条第3项已经规定，给付货币的，一般接受货币一方所在地为合同履行地。之所以确定接受货币一方所在地为合同履行地，是因为货币一般等价物的特性决定了债务人履行货币给付义务时可以选择现金、转账等多种履行方式。而债务人对履行金钱给付义务方式的选择一般对债权人债权的实现影响不大。故实践中，一般对债务人履行货币义务的方式不作限制。相应地，为平衡债权人和债务人之间的利益，在金钱债务场合，通常以债权人所在地为履行地点，又称"债务人找债权人"。该规定让债务人自由选择给付金钱的方式，并承担金钱传送途中的风险，故债权人对债务人给付金钱的方式无权干涉。在我国，对此亦有例外，例如，《票据法》第23条第3款规定："汇票上未记载付款地的,付款人的营业场所、住所或者经常居住地为付款地。"鉴于我国之前的《民法通则》《合同法》乃至刚施行的《民法典》等对给付货币义务履行地的确定一直坚持接受货币给付一方所在地标准,本条仍延续上述立法精神,将本条规定为"按照合同相关条款或者交易习惯仍不能确定的,以接受货币一方所在地为合同履行地。"具体而言,本条将特定情形下的合同履行地确定为"接受货币一方所在地"可从以下几个角度分析:

1. 民间借贷纠纷中的"接受货币一方所在地"与一般合同纠纷中的"接受货币一方所在地"有所不同。一般合同纠纷中,双方当事人对待给付义务的基本模式为一方当事人给付的是实物、劳务等非货币财产;另一方当事人则给付货币。因此,在该类合同中,"接受货币一方所在地"作为合同履行地时是特定的,即均为给付实物、劳务等非货币财产一方当事人所在地。但在民间借贷纠纷中则有所不同。由于民间借贷纠纷中双方当事人承担的给付义务所指向对象均为货币:出借人应履行的主要合同义务是将约定借款金额的货币交付给借款人;借款人应履行的主要合同义务则为按约定还款期限,将约定借款金额及其利息以货币形式交付给出借人。故民间借贷纠纷中所谓"接受货币一方所在地"存在两种可能:出借人所在地和借款人所在地。也即当双方当事人在案涉借款是否出借事项上产生争议时,以借款人所在地为合同履行地;当双方当事人在案涉借款及其利息是否归还事项上产生争议时,以出借人所在地为合同履行地。

2. 民间借贷合同履行过程中,给付货币一方应自行承担在接受货币一方所在地给付货币之前的履约费用和风险。根据民间借贷合同中"接受货币一方所在地"存在两重性特点,出借人和借款人均要承担在向对方所在地交付货币前所支出的履约费用。例如,采用现金给付方式时,出借人或借款人要自行承担前往对方所在地交付货币过程中产生的交通费用、住宿费用、安保费用和餐饮费用等。如采用银行转账、汇款方式,则应由出借人或借款人自行承担将约定借款转账或汇款至相对方所在地的费用。至于合同履行中的风险,则以接受货币一方所在地为界点，在给付货币一方按约定在接受货币一方所在地给付货币之前，由给付货币一方承担货币损失的风险；在此之后，则由接受货币一方自行承担货币损失风险。

3."接受货币一方所在地"是判断民间借贷纠纷中各方当事人是否违约的标准之一。正如前文所言，民间借贷关系中，根据双方当事人履行合同义务先后关系的不同，"接受货币一方所在地"依次为借款人所在地和出借人所在地。相应地，如果出借人未按约定在借款人所在地交付借款，则构成违约。反之，如果借款人未在出借人所在地归还借款及其利息，亦构成违约。

4."接受货币一方所在地"中的"所在地"应理解为订约时的债权人所在地。实务中，有一种观点认为，债务人履行给付货币义务时，只有在债权人接受货币时所在的地点进行给付，才可产生债务清偿的法律效果。理由是，如果在订约时的债权人所在地履行，则可能额外增加债权人接受货币给付所支付的成本。例如，居住在北京的张三出借款项给在上海的 A 公司，后 A 公司按约定还款时，张三已经搬至四川成都。此时，如将订约时的债权人所在地北京作为接受货币一方合同履约地，则张三还要回到北京接受货币。显然，这会增加张三的合同成本。但反过来如果将给付货币时债权人所在地作为合同履行地，则显然不符合债务人借款时的合同预期。毕竟债务人借款时，一般都会将自己履行还款义务的相关事项（包括还款地点）纳入缔约的考量。而这种考量都是建立在缔约时知道或应知的相关事项基础上。进而，超过其可预见的事项（例如，债权人缔约后搬离原所在地）所引发的后果，一般都不应由其承担。对此，相关立法也有类似规定。例如，《民法典》第 584 条对当事人违约损失赔偿范围作了"不得超过违约一方订立合同时预见到或者应当预见到的因违约可能造成的损失"的限定。此外，鉴于债权人之所以不在原缔约时所在地多数是因其个人原因所致。故根据自己行为自己负责的原则，应由其自行承担其事后个人行为导致的自身损失。

从民事诉讼法角度而言，则本条中"接受货币一方所在地"这一表述解决了民间借贷合同纠纷中长久以来在以合同履行地确定管辖方面的争议。从以往司法实践情况来看，由于民间借贷合同中双方当事人履行合同义务的表现形式都是给付货币，故很难适用前述特征履行地原则来确定合同履行地，从而也就无法根据合同履行地原则确定管辖法院。因此，关于民间借贷合同纠纷的合同履行地确定问题，多由司法解释直接规定。但由于对合同履行地的认识不一，前后司法解释之间也立场有异。例如，《最高人民法院关于借款合同纠纷案件管辖问题的复函》（〔1990〕法经函字第 11 号）中对借款合同纠纷案管辖问题的答复意见为：1. 借款合同签订地法院有管辖权；2. 借款合同的履行地法院有管辖权。在随后 1991 年《借贷意见》第 5 条中则指出，债权人起诉时，债务人下落不明的，由债务人原住所地或其财产所在地法院管辖。这条虽然没有明确债务人是指出借人还是借款人，但从上下文体系解释可知，似应指借款人，也即借款人原住所地或其财产所在地法院有管辖权。1993 年颁布的《最高人民法院关于如何确定借款合同履行地问题的批复》（法复〔1993〕10 号）则作了相反规定，借款合同除当事人另有约定外，确定贷款方所在地为合同履行地。1998 年颁布的《最高人民法院关于如何确定委托贷款合同履行地问题的答复》（法明传〔1998〕198 号）则规定委托贷款合同以贷款方（即受托方）住所地为合同履行地，但合同中对履行地有约定的除外。《民事诉讼法解释》第 18 条则借鉴当时有效的《合同法》第 62 条第一次将"接收货币一方所在地"规定为合同履行地。其主要理由为，从立法本意上看，两者是同一的。因为《民事诉讼法》没有对"合同履行地"一词另行作出特殊的规定，不适用《合同法》对合同履行地的规定，无法理依据。大多数观点在阐述如何确定合同案件的管辖时，明确指出，对履行地约定不明确的合同，应当根据《合同法》第 62 条的规定确定履行地。根据实体法理论，可将程序法的合同履行地定义为当事人根据合同约定或者法律规定履行合同义务的地点。要确定合同履行地管辖，首先要确定是否有合同约定，若没有合同约定，可根据当时有效的《合同法》第 61 条、第 62 条的规定进行确定。

这样一来，不论口头合同还是书面合同，也不论是否约定了合同履行地以及是否实际履行了合同，任何合同纠纷都有可能依据实体法的合同履行地确定管辖权。相应地，关于民间借贷纠纷中所谓"合同履行地"的确定标准才尘埃落定。最终，本条沿袭了《民事诉讼法解释》第18条的规定，将"接收货币一方所在地"作为合同履行地。

这里有必要说明的是，本次司法解释修改中，本条并没有作出实质性修改。仅将"按照合同有关条款或者交易习惯仍不能确定的"修改为"按照合同相关条款或者交易习惯仍不能确定的"，也即将"有关条款"修改为"相关条款"。这是因为《民法典》第510条规定"合同生效后，当事人就质量、价款或者报酬、履行地点等内容没有约定或者约定不明确的，可以协议补充；不能达成补充协议的，按照合同相关条款或者交易习惯确定。"为与《民法典》的表述保持一致，故对本条的文字表述作出了相应微调。

【审判实践中应注意的问题】

审判实践中，关于本条的适用除了要把握上述理解要点之外，还应注意以下问题：

1. 本条中"接受货币一方"的外延因民事实体法或民事程序法视角而有不同。民事程序法框架内的"接受货币一方"应是特指民事实体法上有权接受货币的出借人或借款人，而非现实中的实际收款人。从司法实践情况来看，不少民间借贷纠纷中，借贷双方约定或实际履行给付义务时的给付货币的人或接受货币的人并不是真正的出借人或借款人。故一旦产生纠纷，可能在确定管辖法院时，存在本条中"接受货币一方所在地"是以实际接受货币一方所在地还是合同相对方所在地的争议。我们认为，本条中"接受货币一方所在地"被用于确定法院管辖时，接受货币一方所在地应以合同相对方所在地为准。其理由在于：一方面，民间借贷纠纷中，与案件处理结果有利害关系的人应为出借人或借款人，而不是其指示交付的对象；另一方面，以合同相对方所在地为合同履行地，方便当事人诉讼。例如，在某民间借贷纠纷中，A 为出借人、B 为借款人，约定的代 B 接受货币的人为 C。A、B 均在同一地，而 C 则在异地。如将实际接受货币的 C 所在地确定为合同履行地，则根据《民事诉讼法》第 23 条"因合同纠纷提起的诉讼，由被告住所地或者合同履行地人民法院管辖"及《民事诉讼法解释》第 18 条第 2 款前半段"合同对履行地点没有约定或者约定不明确，争议标的为给付货币的，接收货币一方所在地为合同履行地"之规定，该案的管辖法院就有可能被确定在 C 所在地。显然，这不符合诉讼经济原则。这里要注意与之前最高人民法院于 1991 年《借贷意见》相区分。后者第 5 条则指出，债权人起诉时，债务人下落不明的，由债务人原住所地或其财产所在地法院管辖。这条虽然没有明确债务人是指出借人还是借款人，但从上下文体系解释可知，似应指借款人。显然根据新法优于旧法的基本原则，在借款人不按约定归还借款及其相应利息时，应按本条规定，出借人作为给付货币一方，可以选择以自己所在地为合同履行地，向其所在地法院提起诉讼。

民事实体法框架内的"接受货币一方"宜理解为借贷合同约定的现实中的实际收款人，而非指有权接受货币的借款人。诚如上文所言，民间借贷纠纷中存在大量的指示交付情形。也即，双方当事人经常约定由合同外的第三人接受货币。进而，双方当事人在履行各自义务时，应按约定在实际接受货币的第三人所在地履行。如果未在第三人所在地履行，则构成违约。因此，在民事实体法框架下判断接受货币一方所在地时，从实体法角度而言，接受货币一方所在地应以实际接受货币一方所在地为准，如果给付货币一方未按约定在指定的实际接受货币人所在地履行，则构成违约。例如，在某民间借贷纠纷中，A 为出借人、B 为借款人，约定的代 B 接受货币的人为 C。A、B 均在同一地，而 C 则在异地。如果 A 直接在 B 所在地向 B 交付货币，则与合同约定的将货币交付给 C 的履行方式不符，构成违约。

2. 民间借贷合同的管辖法院因民间借贷合同是否履行而有不同。对此，已废止的《合同法》第 210 条曾规定"自然人之间的借款合同，自贷款人提供借款时生效"。而《民法典》第 679 条作出了修改，规定的是"自然人之间的借款合同，自贷款人提供借款时成立。"故《民法典》施行后，自然人之间的借款合同，如贷款人未提供借款时则合同未成立。进而，民间借贷合同未实际履行将产生两种后果：一是自然人之间的借款合同，因出借人未按约定提供借款，而未成立；二是非自然人之间的借款合同签订即成立生效，不受合同是否实际履行的影响。对于前者而言，既然自然人之间的借款合同因出借人未按约定提供借款而未成立，那么就没有对双方当事人产生约束力。故此时在民事实体法上，合同履行地在哪里的法律意义不大。在民事诉讼法而言，根据《民事诉讼法解释》第 18 条第 3 款"合同没有实际履行，当事人双方住所地都不在合同约定的履行地的，由被告住所地人民法院管辖。"不管是否为自然人之间的民间借贷合同，只要双方住所地都不在合同约定的履行地的，则依据该款规定，应由被告所在地人民法院管辖。如果当事人双方住所地都在合同约定履行地，则被告住所地与合同履行地重合。此时，不管适用合同履行地还是被告住所地规则，都指向同一个地点。故在适用上并无争议。如果当事人一方在合同约定履行地，则按《民事诉讼法》第 23 条处理即可。如果民间借贷合同没有约定履行地或约定不明确的，则应该根据《民事诉讼法解释》第 18 条第 2 款规定，以接收货币一方所在地为合同履行地。此时，至少有一方当事人的住所地在接收货币一方所在地，故不属于上述第 18 条第 3 款调整范围。进而，在合同没有实际履行的情形下，仍可由接收货币一方所在地人民法院管辖。如果民间借贷合同已经开始实际履行，则在合同没有约定或没有明确约定合同履行地的情形下，则当然应依据《民事诉讼法解释》第 18 条第 2 款的规定，争议标的为给付货币的，由接收货币一方所在地人民法院管辖。有必要注意的是，关于本款中"争议标的"的理解在学界存在分歧：一种观点认为，应将争议标的理解为诉请义务。即通过原告的诉讼请求来确定合同的履行地。而另一种观点则认为，争议标的应从特征履行地角度定义。首先，关于争议标的的理解，作为民事诉讼中的争议标的，应理解为诉讼标的，即当事人所争议的民事实体法律关系或实体权利。具体到合同关系纠纷，即具体到个案的哪种类型或者性质的合同纠纷，也就是说争议标的的理解，涉及合同的类型或者性质，则也是特征义务说存在的根据。其次，即使将争议标的理解为原告的诉讼请求，其也离不开对诉讼标的的理解。因为原告的诉讼请求在个案当中都是建立在诉讼标的基础之上的具体的请求，诉讼请求不能脱离诉讼标的而存在。因此，诉请义务说中所谓的原告诉讼请求，在具体个案中其本身即是建立在合同的性质或者类型基础之上，不存在抽象的诉讼请求，诉讼请求直接与合同的性质或者类型相联系。因此，诉请义务说也需要考察合同的性质或者类型，这与特征义务说并不存在区别，两者之间的区别仅在于诉请义务说在考察合同性质或者类型后进一步考察的是原告的诉讼请求，而特征义务说考察的是合同的特征义务。① 虽然学界对该条款"争议标的"表述的理解分歧较大，但就笔者参与《民事诉讼法解释》起草时亲历该条款的修改及最终定稿情况而言，当时之所以在本条款中"给付货币的"前面增加"争议标的"的表述，主要是鉴于当时有效的《合同法》第62条已有类似表述，为与民事实体法作一区分，而冠以诉讼法领域特有"争议标的"一词，但并无传统上诉讼标的之意。事实上，给付货币也只是基于特定民事法律关系或民事权利，当事人一方向另一方所承担的约定义务。给付货币本身并不能表征一种民事法律关系或民事权利。因此，从司法实务角度而言，这里的"争议标的"应为合同约定的给付义务。事实上，如果不是为避免重复，《民事诉讼法解释》第18条第2款后半段"交付不动产""其他标的"前面本来也应增加"争议标的为"的表述。当然，倘若当时加上，也许理解上更容易趋于一致。此外，这里的"争议标的为给付货币"仅指合同约定履行义务的内容为给付货币，而不包括具有

---

① 刘文勇：《再论合同案件管辖规范中的合同履行地规则——〈民诉法解释〉第18条第2款规定的反思》，载《时代法学》2018年第4期。

给付货币外在形式，但是法律性质为侵权、不当得利或无因管理等非合同纠纷中，当事人主张以给付货币形式承担民事责任的情形。

3. 民间借贷合同的管辖法院不因民间借贷合同是否成立或有效而受影响。《民事诉讼法》第 23 条规定"因合同纠纷提起的诉讼，由被告住所地或者合同履行地人民法院管辖。"从文义解释角度而言，该条中的合同纠纷泛指涉及合同的债权债务纠纷，并未限定为有效合同纠纷。一般而言，合同成立是合同各方当事人就彼此间合同权利义务达成的意思一致。故合同是否成立，属于事实认定的范畴。而合同有效，则属于法律价值判断，是立法者基于社会公共利益和公序良俗等，对个体间通过合同进行的利益处分，是否赋予国家强制力保护所给出的答案。而民事程序法上的合同履行地，多通过特征履行地来确定，与合同本身是否成立、有效等没有必然关联。如果合同没有成立或者成立但无效，则只是产生民事实体法上的相应后果，而不会影响民事程序法上的合同履行地确认。故如果借款人以合同因出借人原因未成立或无效为由，主张出借人承担缔约过失责任，虽然其本质是损害赔偿责任，但仍应按合同纠纷处理，适用合同履行地规则。

4. 借款人在借款到期后非以货币形式履行还款义务产生争议时，仍应由原合同约定接受货币一方所在地法院管辖（即出借人所在地法院管辖）。司法实践中，经常出现借款人借款到期无法归还出借人的借款及利息而以非货币的实务财产进行清偿的情形。一般将这种以他种给付代替原种给付而使原债务消灭的行为称之为以物抵债。在出借人的借款债权已届清偿期，借款人经出借人同意后，以非货币财物清偿借款及其利息的情形，原作为接受货币一方的出借人变更为了接受实物给付的一方。换言之，一旦双方在该实物履行过程中发生争议，一方诉至法院则是否仍应由原接受货币一方的出借人所在地法院管辖可能存在争议：一种观点认为，此时已经没有了接受货币一方，无法依据本条确定合同履行地，故应依据地域管辖"原告就被告"的一般规则处理；另一种观点则认为，即便此时出借人由原合同约定的接受货币一方变更为接受实物的一方，但借款人该实物给付义务仍是基于原货币给付义务而衍生，故如果双方因此产生争议，则仍应适用民间借贷案由。我们更倾向于第二种观点：虽然从形式上看，借款人此时已没有给付货币义务，但这仅是其履行义务方式的变更，并不能改变民间借贷法律关系的性质。而且，这种履行方式的变更一般是由借款人在无力按约定给付货币时提出，对守约方而言，可能是一种不利益。故仍应适用本条，以原合同约定的接受货币一方所在地为合同履行地，从而将管辖法院确定在守约方出借人所在地。这里需要注意的是，如果借款人替代原货币给付义务的履行物为不动产时，则究竟是在出借人所在地法院管辖还是根据专属管辖规定，由不动产所在地法院管辖，本条未予明示，但从有利于查明案件事实、妥善处理纠纷出发，我们更倾向于由不动产所在地法院专属管辖。

第四条 【人民法院是否追加保证人参加诉讼】

保证人为借款人提供连带责任保证，出借人仅起诉借款人的，人民法院可以不追加保证人为共同被告；出借人仅起诉保证人的，人民法院可以追加借款人为共同被告。

保证人为借款人提供一般保证，出借人仅起诉保证人的，人民法院应当追加借款人为共同被告；出借人仅起诉借款人的，人民法院可以不追加保证人为共同被告。

【条文主旨】

本条是关于民间借贷纠纷中，人民法院是否追加保证人参加诉讼的规定。

【条文理解】

一、本条的社会及实践背景

随着社会经济的不断进步与发展，法制意识的逐渐增强，人们已经习惯了在订立商事合同或在民事交易中设立担保，由担保人为交易双方的交易安全提供担保并订立担保合同。作为担保人，无论是人的保证还是物的保证的提供者，也都明确地知道自己提供担保的行为所将带来的法律后果，当债务人不履行债务时，担保人则面临承担担保责任的现实风险。当担保纠纷诉诸诉讼救济时，通常情况下，债权人会将担保人与债务人一并作为被告进行诉讼。但债权人对自己债权的实现及确定债务人时有着自己的选择权，再加之担保人人数的设置并非唯一，可以设置若干个担保人，包括若干个保证人和若干个物保人，故在确定最终债务承担者进入诉讼时，债权人的选择会与法律的相关规定产生冲突。另外，在保证责任方式选择上，可以选择连带责任保证，也可以选择一般责任保证。有时还会因为债权人的疏忽，或者债权人与担保人的想当然意识，双方均未在合同中约定保证责任的方式。基于上述情况，债权人在起诉担保人时会出现很大的差异，这种不同必然会对审理程序产生影响，包括如何确定不同担保人的诉讼身份地位、事实查明、责任后果承担等。因此，当债权人没有把所有的债务人和担保人一并起诉的情况下，人民法院应当如何追加担保人参加诉讼，往往是一个难题。社会及司法实践的需求是制定该条司法解释的大背景。在司法实践中，当原告选择性地起诉主债务人或者担保人，如只起诉担保人不起诉主债务人，或者只起诉债务人不起诉担保人，或者只起诉部分担保人等的情况下，人民法院是否对没有被起诉的相关担保人或者债务人作为诉讼主体进行追加，将由人民法院依据本条的规定，根据案件的实际情况进行确定。本条分两款内容进行规定，是基于负有不同责任方式的担保人，即连带责任保证人和一般保证人的本质不同而作出规定。总体来说，无论原告针对上述不同方式的担保人选择哪些作为被告参加诉讼，将不能完全依据原告的选择，而还是要考虑到审判诉讼中对查明事实、确定责任的需要。特别是就一般保证的保证人而言，考虑到人们相对于连带责任保证而言对之还比较陌生，条文进行分别规定能使其更加清晰。该条对原告的起诉如何确定被告具有指导和引领作用。同时，指导人民法院审理案件的过程当中，如何全面确定诉讼主体。本规定制定时，存在诸多不同意见。对于本条第 1 款，反对观点认为如何确定被告是原告的自由选择，民事权利主体对自己权利的处置是有完全的自由和独立性的，特别是处置自己的民事权利或者选择实现自己民事权利的渠道，在不违背法律法规的规定，不损害国家和他人的利益，不违反公序良俗的前提下，任何机关、法人、团体、个人均是不能干涉的，同样，作为法律规定而言，也不能作出与上述自由意志相违背的规定。否则，就是对他人权利的一种立法和司法干预。选择哪些责任人为诉讼被告，法律应当充分尊重原告的决定，这也符合民事诉讼的不告不理原则。因此，当债权人只起诉主债务人时，对于没有被起诉的担保人，人民法院不应当追加其为被告，而不是本条中所说的"可以不追加保证人为共同被告"。对于本条的另外一层意思是，债权人只起诉保证人而没有起诉借款人的情况下，有观点认为也不必然要追究债务人作为被告。因为对于承担连带责任的保证人而言，根据连带责任的本意及法律规定，债权人对连带责任保证人是可以作出起诉选择的。连带责任的基础，是所有债务人中的其中一人，对于连带责任承担的所有债务承担全额的责任。故债权人可以就任何一个连带责任（保证人）主张其承担全部债务，所以也不需要追加主债务人为共同被告。至于需要主债务人进入诉讼以查清事实的问题，完全可以由担保人自行收集举证，因为担保人享有主债务人完全的抗辩权。造成上述不同观点的一个很重要原因，在于法律解释论及法律适用方法的缺失。对于立法和司法解释所使用的"可以"和"应当"在理解和适用上产生了极度的混乱，已经脱离曾经确定的"应当即为必须""可以即是选择"的基本概念。使得"应当"可以理解为"可以"，"可以"当作"应当"理解，有时甚至从体系解释上依据上下条文的衔接也很难理解立法本意。对于本条第 2 款的不同意见在于，作为一般保证其特点是保证人享有先诉抗辩权，那么债权人首先起诉债务人并执行债务人的财产不能够满足债权时，才能起诉一般保证人，如果债权人没有起诉主债务人而直接仅起诉保证人，就应当驳回债权人的起诉。如果一并追加主债务人，就成全了债权人对债务人和保证人的"同时诉讼"，灭失了保证人的先诉抗辩权。当然除非在征得保证人的同意的情况下，才可以对主债务人一并追加审理。

本条解释的法律依据是《民法典》第 686 条关于保证责任方式的规定，即一般保证和连带责任保证。首先，《民法典》第 688 条规定："当事人在保证合同中约定保证人和债务人对债务承担连带责任的，为连带责任保证。连带责任保证的债务人不履行到期债务或者发生当事人约定的情形时,债权人可以请求债务人履行债务,也可以要求保证人在其保证范围内承担保证责任。"该条含义表明债权人起诉保证人或债务人是没有顺序限制的,连带保证的债权人可以仅以主合同债务人为被告提起诉讼,也可以以连带保证人为被告提起诉讼,债务人与保证人处于相同的法律地位,债权人拥有实体上的选择权。其次,《民法典》第687条中规定:"当事人在保证合同中约定,债务人不能履行债务时,由保证人承担保证责任的,为一般保证。一般保证的保证人在主合同纠纷未经审判或仲裁,并就债务人财产依法强制执行仍不能履行债务前,有权拒绝向债权人承担保证责任",这就是通常所说的保证人的先诉抗辩权,即一般保证的债权人在请求保证人履行保证债务之前,应当首先按照法定程序向主合同债务人主张债权,并且只有当主债权纠纷经过诉讼或仲裁,并就主债务人的财产强制执行仍不足以受偿时,才能向保证人主张。但是该条又规定当发生下列情况时,一般保证的保证人不享有该先诉抗辩权:一是债务人下落不明,且无财产可供执行,二是人民法院已经受理债务人破产案件,三是债权人有证据证明债务人的财产不足以履行全部债务或者丧失履行债务能力,四是保证人书面表示放弃先诉抗辩权。也就是说并非债权人原因而不能向债务人主张权利的时候,一般保证人不能以先诉抗辩权抗辩债权人的起诉。这里简单回顾一下关于一般保证诉讼规定的历史沿革,1992年《最高人民法院关于适用〈中华人民共和国民事诉讼法〉若干问题的意见》第53条中规定"债权人仅起诉保证人的,除保证合同明确约定保证人承担连带责任的外,人民法院应当通知被保证人作为共同被告参加诉讼"。2000年《最高人民法院关于适用〈中华人民共和国担保法〉的解释》(以下简称《担保法解释》)第125条中规定"一般保证的债权人向债务人和保证人一并提起诉讼的,人民法院可以将债务人和保证人列为共同被告参加诉讼"。上述司法解释将债权人对一般保证人和对债务人的诉设置为共同诉讼。本条规定的司法解释依据更多的来源于《民事诉讼法解释》第66条规定,即"因保证合同纠纷提起的诉讼,债权人向保证人和被保证人一并主张权利的,人民法院应当将保证人和被保证人列为共同被告。保证合同约定为一般保证，债权人仅起诉保证人的，人民法院应当通知被保证人作为共同被告参加诉讼；债权人仅起诉被保证人的，可以只列被保证人为被告"。由此可以看出，本规定是按照这个思路一脉相承的。

二、本条的具体理解

针对本条文如上所说，一般保证和连带责任保证适用的条件是不同的，当其作为诉讼参与人进行定位时，区分对待也是显而易见的。

本条第1款第一种情形是保证人提供连带责任保证时，出借人仅起诉借款人，人民法院可以不追加保证人为共同被告。该表述主要精神是原则上不追加保证人，因为出借人没有将保证人作为共同被告起诉一定有其客观原因，如出借人和保证人关系密切、有求于保证人而不敢得罪保证人，还有的情况是出借人认为借款人有足够的偿还能力或者借款人已经提供了物的担保或者其财产已被出借人查封、扣押、冻结等，因此，无论出于何种情况，出借人只起诉借款人的，人民法院可以向出借人释明，出借人坚持不追加的，人民法院没有必要追加保证人为共同被告。因为放弃担保是担保权人的权利，司法不能替权利人做主。除非有特殊情况，案件的审理涉及借款人与保证人在签订本案保证合同背后的利益交换所可能产生的诉讼，如互保案件，追加保证人为共同被告将会有利于减少在另案中保证人对债务人的不同抗辩。这种例外在适用时要严格审查。

本条第1款第二种情形是保证人提供连带责任保证，出借人只起诉保证人的，人民法院可以追加借款人为共同被告。该条追加借款人为共同被告的"必须度"提高了许多。从理论上讲，债权人对于连带责任人，可以任选其中之一作为被告，所以这种选择是出借人的权利，按理不应做过多的干预，但作为保证责任的连带，保证人与借款人是主从债务关系，因此，只审从债务而不审主债务，将会留下"后遗症"。就像前条所说，出借人如何选择债务人作为被告，一定有其应有的目的。现实当中最多的情况是，债务人无力偿还债务，或者债务人的诚信已经使债权的实现更加困难，为了不至于因债务人的原因拖延诉讼，出借人在综合考虑诉讼时间成本和诉讼利益的关系的情况下作出选择。当然，对出借人的这一做法人民法院还要根据案件的实际情况进行审查，以判定是否存在查清事实的需要。出借人起诉主张所依据的事实、理由，保证人不予认可，并以债务人的身份进行抗辩，如债务的减少和消灭、债权人和债务人串通损害担保人的利益等，如果缺少主债务人参与诉讼，将对查明事实产生困难，故应当追加借款人为被告。接下来的问题是如果决定追加，应当在诉讼的哪个阶段进行追加，因为很多内容涉及法院进入审理程序之后才能确认判断的，在立案阶段作为立案的法官没有时间也很难确定是否必须追加，立案法官只能向出借人进行释明，以提醒出借人是否基于疏忽而没有起诉另一债务人。在进入审理阶段后无论是证据交换，还是审理过程中人民法院也可以再次向出借人释明，此次释明的理由可以结合到本案案情是否真的需要追加另一债务人，如果确实需要，人民法院可以依职权追加。追加保证人或债务人为共同被告的优点在于能够通过一个诉讼，准确地界定各当事人的权利、义务，以免保证人在日后承担责任的追偿时发生不必要的另行纠纷。

对于是否追加借款人为诉讼参与人，还应当考虑以下要素。不追加借款人为被告的弊端有：首先，如果案件不追加借款人将会产生一旦判决保证人承担担保责任，而保证人又没有以债务是否存在为抗辩，此后，当保证人向债务人追偿时，借款人若以不存在债务为由对抗保证人的追偿，不仅将产生新的诉讼，还会影响原有判决的既判力。实践当中经常遇到的一种情况，就是主债务人以诉讼时效做抗辩，如果在缺少债务人参加的诉讼中，债务人一旦以对主债权人的诉讼时效已经超过对承担了担保责任的担保人进行抗辩，是司法实践中处理的难题。根据《民法典》第694条第2款的规定，连带责任保证的债权人在保证期间届满前请求保证人承担保证责任的，从债权人请求保证人承担保证责任之日起，开始计算保证债务的诉讼时效，也即在连带责任保证中，债权人向债务人主张权利的，债务人诉讼时效中断，而担保人诉讼时效不中断。这说明向连带责任的担保人主张必须单独进行，原因是担保债务是从债务，是否选择担保人承担责任是债权人的权利。而相反，并没有规定在担保期限内向担保人主张权利，以及进入诉讼时效后的主张，是否导致对主债务的诉讼时效中断，无明确的法律规定，有观点认为从基本道理讲无论是何种方式的担保人，不论其是否进入诉讼，对债权人承担权利后，都有权向主债务人追偿，那么主债务人是最终责任的承担者，在这个过程当中，作为连带责任的担保人，无论是担保期限还是诉讼时效均没有超过的情况下，债权人的权利并未因此丧失胜诉权，只要有一方承担责任，就可以满足债权人的这一愿望或请求，当债权人锁定担保人的时候，担保人就应当在承担责任后向主债务人享有直接的追偿权而不需要再通过诉讼，一旦主债务人对债权人享有有效的抗辩事由，则造成担保责任的最终落实的困难，因此，出借人起诉担保人为被告的时候，还是要尽可能追加债务人为被告，以免造成不必要的麻烦，增加当事人诉累。

　　本条第 2 款第一种情形是保证人提供一般保证，出借人仅起诉保证人的，在出借人同意追加借款人的情况下，人民法院应当追加借款人为共同被告。关于一般保证责任的保证人的诉讼地位。一般保证人仅为第二顺序债务人。①《民法典》规定一般保证的保证人享有先诉抗辩权，即债权人首先要对主债务人提起诉讼或仲裁，且通过执行主债务人的财产也不能偿还的情况下才能够起诉保证人，否则保证人可依此抗辩不承担保证责任。换言之，如果不对主债务的承担情况进行确定，就无法判定债务人实际上能够承担多少还款责任，担保人应当承担多少责任也无从判定，审判是无法进行的。该规定是出于对保证人利益的保护而制定的。但先诉抗辩权是一般保证人享有的实体权利而非诉讼权利，该权利不能抵制债权人对其提起的诉讼。在民间借贷中，债权债务关系相对明确，为避免因驳回出借人诉讼请求而加大诉讼成本，并避免出借人对一般保证人的权利因保证期间届满而丧失。本条

---

① 曹士兵：《中国担保诸问题的解决与展望》，中国法制出版社 2001 年版，第 115 页。

规定人民法院追加借款人为被告，避免了通过两个诉讼解决一笔债务的问题，有助于减轻当事人诉累，这种处理方式已经得到长期司法实践的适用，更为高效便捷，且未损害当事人的实体权利。但如果债权人仅起诉一般保证人，且不同意追加主债务人参加诉讼，人民法院应当驳回债权人对一般保证人的起诉。需要注意的是，对于出借人把借款人和保证人一并提起诉讼的，人民法院将借款人和保证人列为共同被告的同时，还应当在判决中明确在对借款人财产依法强制执行后仍不能履行债务时，由保证人承担保证责任。

本条第2款第二种情形是保证人提供一般保证时，出借人仅起诉借款人，人民法院可以不追加保证人为共同被告。该规定精神与连带责任保证的规定相类似，出借人只起诉借款人的，没有必要追加一般保证人为共同被告。

关于几类特殊担保主体的追加问题，需引起注意。公司的分支机构作为保证人时，应当追加分支机构及其法人作为共同被告。分支机构对外承担保证责任需要经公司股东（大）会或董事会决议。分支机构在未经授权的情况下以自己的名义对外担保，担保行为无效。无效的担保合同如果债权人无过错，责任应当由分支机构的法人承担。债权人有过错的，如疏于审查分支机构的担保是否经公司决议程序，是否与分支机构串通等，应当承担相应的后果，企业法人的责任可以是部分免除或者全部免除。当债权人与分支机构串通由分支机构提供担保时，企业法人不应承担担保责任。分支机构承担的责任无论是合同有效的保证责任，还是无效的赔偿责任，都先以分支机构管理的财产承担，不足部分由企业法人承担。法人及其分支机构作为两个责任主体，虽规定了责任承担顺序，但作为被告追加应当一并追加。当金融机构的分支机构作为担保人时，因为相关法律已经给予了作为分支机构独立的诉讼主体地位，因此，对其因保证而追加为当事人时，则没有必要追加金融机构。关于企业的职能部门对外提供担保时，若需追加担保人为被告，则以其法人为被告，不能够追加职能部门为被告。

【审判实践中应注意的问题】

1. 关于反担保人的诉讼地位。在保证合同签订过程中，保证人为了使自己的保证责任履行后能够得到偿还保障而要求主债务人或者主债务人指定的第三人为其提供反担保。当反担保的提供者为主债务人时，则不必为其单设诉讼地位。当反担保是由第三人提供，如果被追偿则面临其在原判决中因没有参与诉讼而无法抗辩，如原判决中的担保责任是否应当承担。虽然从理论上讲反担保人并不享有对债权人的抗辩权，但因没有参加诉讼，并不真正了解案件的诉讼以及担保责任的承担是否真实，反担保人的利益就没有诉讼保护的渠道。当主债务人没有偿还能力，当原判决内容是因主债务人及担保人抗辩不利，乃至于虚假抗辩，这将导致反担保人失去抗辩机会。所以在实践当中，如果征得各方当事人同意，也不排除可以将反担保人作为第三人进行追加。

2. 负有监督责任的第三人的诉讼地位。负有监督责任的第三人向债权人保证监督专款专用的，由于其未尽监督义务而导致资金流失的，其应对流失资金承担赔偿责任。虽然第三人并非完整意义上的担保人，但对其不尽监督义务所引起的后果，对债权人的权利则具有了担保性质。所以当债权人起诉第三人时也应当将主债务人列为被告。

3. 保证人与物权担保人并存的诉讼地位。当保证与担保物权并存时，应当将保证人和物权担保人作为共同的担保人对待。需要强调的是物的担保人只在所提供物的价值范围内与人保保证人承担连带担保责任。

4. 主债务约定仲裁，而担保通过诉讼解决的情形。当主债务按照双方的约定进行仲裁，而对担保债务是通过诉讼解决时，两者如何衔接。特别是一般保证人作为被告时，应当根据仲裁裁决的情况，无论在仲裁裁决之前作出判决还是仲裁裁决之后作出判决，虽不能追加债务人为被告，都应当标明担保债务的偿还顺序。当债权人怠于履行仲裁裁决并超过强制执行期限时，诉讼判决也就失去了承担责任的前提。担保责任虽有判决，但是可以免除，也就是不能强制执行。

5. 债权转让和债务转让。当主债权转让或主债务转让时担保责任如何处置。债权转让，担保权随之相应的转让，此时只需通知担保人即可。而债务转让需应征得担保人同意，否则担保人可以免责。因此在审查债务转让情况时，一定要着重审查是否征得了担保人的同意。是否追加担保人为诉讼当事人则根据上述分析而定。

6. 管辖法院的确定。关于在追加上述相关被告时所涉及的管辖权问题，当债权人和担保人一起提起诉讼时，是以被告人即主债务人所在地确定管辖法院。当债权人只起诉担保人而最终又将主债务人追加为被告时，因为管辖的法院已经确定，当主债务人和保证人的居住地不一致时，既然人民法院已经受理了出借人对于担保人的诉讼，即便将主债务人追加为共同被告，也不宜将管辖法院进行变更。关于主合同和担保合同选择管辖的法院不一致的，应当根据主合同确定管辖，是指主债务人和担保人同时作为被告起诉的，因两个合同约定管辖的法院不一致而适用主合同确定管辖地的情况。

第五条 【发现犯罪嫌疑的案件的处理】

人民法院立案后,发现民间借贷行为本身涉嫌非法集资等犯罪的,应当裁定驳回起诉,并将涉嫌非法集资等犯罪的线索、材料移送公安或者检察机关。

公安或者检察机关不予立案,或者立案侦查后撤销案件,或者检察机关作出不起诉决定,或者经人民法院生效判决认定不构成非法集资等犯罪,当事人又以同一事实向人民法院提起诉讼的,人民法院应予受理。

【条文主旨】

本条是关于发现犯罪嫌疑的案件如何处理的规定。

【条文理解】

一、本条的背景及要解决的问题

近年来,以民间借贷为主要形式的民间融资蓬勃兴起,在一定程度上弥补了正规融资的不足。但与此同时,由于民间借贷手续的不规范,社会诚信系统不健全,以及资金需求旺盛导致的民间借贷利率在整体上不断攀升,许多企业却在实体经济困局下经营困难、利润大幅下滑等诸多原因,因未按约定偿还借款而引发的民间借贷纠纷案件也节节攀升。而此类案件往往与非法吸收公众存款、集资诈骗、非法经营等案件交织在一起,出现由同一法律事实或相互交叉的两个法律事实引发的、一定程度上交织在一起的刑事案件和民事案件,即刑民交叉问题。刑民交叉问题主要包括刑民程序的协调与实体责任的确定两个方面的问题。其中，程序协调的重点在于诉讼模式的选择，即民事诉讼程序和刑事诉讼程序，已成为司法实践中亟需解决的重点问题。本条就是针对民间借贷行为本身涉嫌非法集资犯罪的情形应如何处理作出的规定。

民间借贷民事纠纷与集资诈骗类经济犯罪交叉案件的审理中，适用先刑事后民事的处理方式就意味着从一种程序切换到另一种程序。如何处理好刑事诉讼程序与民事诉讼程序的协调、衔接问题，是司法实践中的重点与难点。由于我国法律对刑民交叉案件的处理没有作出明确具体规定，审判实践中不同法官在理解上的差异及处理方法上不尽一致，这种现象在全国范围甚至是同一地区的司法领域都并不鲜见。对于民间借贷行为本身涉嫌非法集资犯罪的诉讼程序问题，基本一致的认识是，应当先通过刑事侦查、起诉和诉讼程序认定案涉行为是否构成犯罪。但在此种情形下，应当作出裁定驳回起诉还是中止审理，则存在不同观点。一种观点认为，民间借贷行为本身涉嫌非法集资等犯罪的，应根据《最高人民法院关于在审理经济纠纷案件中涉及经济犯罪嫌疑若干问题的规定》（以下简称《经济纠纷案件涉及犯罪嫌疑规定》）第11条的规定，裁定驳回起诉，将有关材料移送公安机关或检察机关。另一种观点则认为，《经济纠纷案件涉及犯罪嫌疑规定》第11条的规定不尽合理，民间借贷案件本身涉嫌犯罪，由民事审判部门来判断是否构成刑事犯罪嫌疑，并作出驳回起诉的裁定，可能造成"以刑阻民"的情况，因此，不应采取驳回起诉的方式，而应中止诉讼，待公安机关或者检察机关查明案件事实后，再根据不同情况处理：如果犯罪成立，则可以等刑事诉讼判决生效后区别情况确定是否恢复审理或者驳回起诉；如果犯罪不成立，则直接恢复诉讼，无需再让当事人另行起诉，以减少当事人讼累。第二种观点认为应当中止诉讼的主要法律依据就是《民事诉讼法》第150条第1款第5项的规定，即本案必须以另一案的审理结果为依据，而另一案尚未审结的，中止诉讼。对此，我们认为，《民事诉讼法》第150条第1款第5项规定适用的情形是另一案的审理结果对本案有预决性，必须待另一案确定后，本案才能审理。也就是说，本案纠纷仍符合《民事诉讼法》第119条规定的起诉条件，属于民事诉讼的受案范围，因此，应当作为民事案件通过民事诉讼程序加以审理，只是由于本案的审理必须以刑事案件的侦查、审理结果为前提，故应裁定中止诉讼。而民间借贷行为本身涉嫌非法集资等犯罪的情形则与此不同，此时纠纷的性质因民间借贷行为本身涉嫌经济犯罪而可能不再属于民事纠纷案件的范畴，而所谓的"纠纷"可能实质上就是犯罪，故此时已不再符合《民事诉讼法》第119条规定的起诉条件，同时，为节约司法资源，更有效地维护当事人利益，避免民、刑判决发生冲突，裁定驳回起诉，并将整起案件移送公安、检察部门处理。

"先刑后民"是我国处理刑民交叉案件的一个重要的司法方法，但在法律层面，除了《民事诉讼法》第150条第1款第5项规定的中止诉讼外，并无其他关于刑民交叉案件程序处理的法律规定，对于经济行为本身涉嫌犯罪的程序处理，主要依据是最高人民法院关于经济纠纷与经济犯罪处理问题的相关司法解释。早在1985年8月、1987年3月，最高人民法院、最高人民检察院和公安部两次联合下发了《关于及时查处在经济纠纷案件中发现的经济犯罪的通知》[①]和《关于在审理经济纠纷案件中发现经济犯罪必须及时移送的通知》[②]，明确规定人民法院在审理经济纠纷案件中，发现涉嫌经济犯罪时应当及时移送侦查机关处理。1997年12月最高人民法院发布的《关于审理存单纠纷案件的若干规定》（以下简称1997年《存单纠纷规定》）则专门针对存单纠纷案件中的刑民交叉问题的处理作了规定。1998年4月21日，在总结经验的基础上，最高人民法院发布了《在审理经济纠纷案件中涉及经济犯罪嫌疑若干问题的规定》（以下简称1998年《经济纠纷案件涉及犯罪嫌疑规定》），该司法解释是目前为止对刑民交叉问题

---

① 本通知已被《最高人民法院、最高人民检察院关于废止1980年1月1日至1997年6月30日期间制发的部分司法解释和司法解释性质文件的决定》废止。

② 同上。

最为全面的规定，首次明确了以是否"同一法律事实""同一法律关系"作为区分不同类型刑民交叉案件处理方式的标准，即刑、民分属不同法律事实的，刑民并行；刑、民属于同一法律事实的，先刑后民。该规定第 11 条规定："人民法院作为经济纠纷受理的案件，经审理认为不属经济纠纷案件而有经济犯罪嫌疑的，应当裁定驳回起诉，将有关材料移送公安机关或检察机关。"该条明确规定了人民法院将有经济犯罪嫌疑的案件误当民事经济纠纷案件受理后的处理方式，就是驳回民事起诉，将其移送公安机关或检察机关侦查及审查起诉。2014 年最高人民法院、最高人民检察院、公安部出台《关于办理非法集资刑事案件适用法律若干问题的意见》（以下简称《办理非法集资案件意见》），其第 7 条规定再次重申了这一处理原则，即"对于公安机关、人民检察院、人民法院正在侦查、起诉、审理的非法集资刑事案件，有关单位或者个人就同一事实向人民法院提起民事诉讼或者申请执行涉案财物的，人民法院应当不予受理，并将有关材料移送公安机关或者检察机关。人民法院在审理民事案件或者执行过程中，发现有非法集资犯罪嫌疑的，应当裁定驳回起诉或者中止执行，并及时将有关材料移送公安机关或者检察机关。公安机关、人民检察院、人民法院在侦查、起诉、审理非法集资刑事案件中，发现与人民法院正在审理的民事案件属同一事实，或者被申请执行的财物属于涉案财物的，应当及时通报相关人民法院。人民法院经审查认为确属涉嫌犯罪的，依照前款规定处理。"

二、非法集资犯罪的内涵和外延

对于非法集资，尽管该名词被广泛使用，甚至国务院和最高人民法院在多份文件和司法解释的标题中也都将其作为一个专有名词来使用，但非法集资并非刑法上的一个独立罪名，而通常是对该类型行为的统称。

对于如何界定非法集资犯罪，最高人民法院 1996 年制定的《关于审理诈骗案件具体应用法律的若干问题的解释》①中就规定："'非法集资'是指法人、其他组织或者个人，未经有权机关批准，向社会公众募集资金的行为。"实践中反映，将非法集资的定义落脚在未经有权机关批准，存在诸多局限性和不确定性，越来越难以满足新形势下打击新型非法集资活动的需要。为此，最高人民法院于 2010 年 12 月 13 日公布了《最高人民法院于关于审理非法集资刑事案件具体应用法律若干问题的解释》（以下简称《非法集资案件解释》），从法律要件和实体要件两个方面对非法集资进行了界定，即：非法集资是违反国家金融管理法律规定，向社会公众（包括单位和个人）吸收资金的行为。

成立非法集资需同时具备非法性、公开性、利诱性、社会性四个特征，即：未经有关部门依法批准或者借用合法经营的形式吸收资金；通过媒体、推介会、传单、手机短信等途径向社会公开宣传；承诺在一定期限内以货币、实物、股权等方式还本付息或者给付回报；向社会公众即社会不特定对象吸收资金。具体而言：

1. 所谓非法性特征，是指违反国家金融管理法律规定吸收资金，具体表现为未经有关部门依法批准吸收资金和借用合法经营的形式吸收资金两种。2019 年 1 月 30 日，最高人民法院、最高人民检察院、公安部出台《关于办理非法集资刑事案件若干问题的意见》，明确"人民法院、人民检察院、公安机关认定非法集资的'非法性'，应当以国家金融管理法律法规作为依据。对于国家金融管理法律法规仅作原则性规定的，可以根据法律规定的精神并参考中国人民银行、中国保险监督管理委员会、中国证券监督管理委员会等行政主管部门依照国家金融管理法律法规制定的部门规章或者国家有关金融管理的规定、办法、实施细则等规范性文件的规定予以认定。""未经有关部门依法批准"主要表现为以下四种情形：一是未经有关部门批准；二是骗取批准欺诈发行；三是具有主体资格，但具体业务未经批准；四是具有主体

---

① 本解释已被《最高人民法院关于废止 1980 年 1 月 1 日至 1997 年 6 月 30 日期间发布的部分司法解释和司法解释性质文件（第九批）的决定》废止。

资格,但经营行为违法。"借用合法经营的形式吸收资金"的具体表现形式多种多样,实践中应结合《中国人民银行关于进一步打击非法集资等活动的通知》等关于非法集资行为方式的规定加以具体认定。

2. 所谓公开性特征,是指通过媒体、推介会、传单、手机短信等途径向社会公开宣传。首先,公开宣传是公开性的实质,而具体宣传途径可以多种多样。实践中常见的宣传途径有媒体、推介会、传单、手机短信、标语、横幅、宣传册、宣传画、讲座、论坛、研讨会等形式。其次,公开宣传不限于虚假宣传。实践中的非法集资活动通常会以实体公司的名义进行虚假宣传,但因其风险控制和承担能力有限,且缺乏有力的内外部监管,社会公众的利益难以得到切实保障,法律仍有干预之必要。故尽管非法集资往往都有欺骗性,但欺骗性并不属于非法集资的必备要件。

3. 所谓利诱性特征,是指集资人向集资群众承诺在一定期限内以货币、实物、股权等方式还本付息或者给付回报。利诱性特征包含有偿性和承诺性两个方面内容。首先,非法集资是有偿集资,对于非经济领域的公益性集资,不宜纳入非法集资的范畴;其次,非法集资具有承诺性,即不是现时给付回报,而是承诺将来给付回报。回报的方式,既包括固定回报,也包括非固定回报;给付回报的形式,除货币之外,还有实物、消费、股权等形式;具体给付回报名义,除了较为常见的利息、分红之外,还有所谓的"工资""奖金""销售提成"等。

4. 所谓社会性特征,是指向社会公众即社会不特定对象吸收资金。社会性是非法集资的本质特征,禁止非法集资的集资活动重要目的在于保护公众投资者的利益。社会性特征包含两个层面的内容:一是指向对象的广泛性;二是指向对象的不特定。集资类犯罪构成要件中,被告人的单个借款合同行为即"一对一"不构成犯罪,只有达到一定量后才发生质变,即"一对多"才构成犯罪。也就是说,在民间借贷行为,借款人签订借款合同的民事行为即使满足了犯罪构成中"未经批准或借用合法经营的形式、向社会公开宣传、承诺还本付息或回报"等要素，但如果未达到"向社会不特定对象"集资的程度，则并不会构成非法集资犯罪。对于社会性特征，还要考虑的因素是：一是集资参与人的抗风险能力。生活中有很多种划分人群的标准，如年龄、性别、职业、肤色、党派、宗教信仰等，但这些分类标准与非法集资中的社会公众的认定并无关系。法律干预非法集资的主要原因是社会公众缺乏投资知识，且难以承受损失风险。集资对象是否特定，应当以此为基础进行分析判断。二是集资行为的社会辐射力。对象是否特定，既要求集资人的主观意图是特定的，通常还要求其具体实施的行为是可控的。如果集资人所实施行为的辐射面连集资人自己都难以预料、控制，或者在蔓延至社会后听之任之，不设法加以阻止的，同样应当认定为向社会不特定对象进行非法集资。

《刑法》中涉及非法集资犯罪的罪名共计七个，分别是《刑法》第160条规定的欺诈发行股票、债券罪，第174条第1款规定的擅自设立金融机构罪，第176条规定的非法吸收公众存款罪，第179条规定的擅自发行股票、公司、企业债券罪，第192条规定的集资诈骗罪，第224条之一规定的组织、领导传销活动罪以及第225条规定的非法经营罪。其中，擅自设立金融机构（商业银行）可以视为非法集资的准备行为，或者说是广义上的非法集资行为；非法吸收公众存款，欺诈发行股票、债券，擅自发行股票、债券，组织、领导传销活动，擅自发行基金份额募集基金构成非法经营这五个罪名属于《刑法》上处理非法集资犯罪的主体罪名；在五个主体罪名中，非法吸收公众存款罪名具有基础性意义，属于非法集资犯罪的一般法规定，其他四个罪名则属特别法规定；集资诈骗罪是非法集资犯罪的加重罪名。在上述这些罪名中，与民间借贷行为关联最为密切的是第176条规定的非法吸收公众存款罪和第192条规定的集资诈骗罪。

根据《非法集资案件解释》第2条的规定，实践中，涉嫌构成吸收存款罪的常见行为有：（1）不具有房产销售的真实内容或者不以房产销售为主要目的，以返本销售、售后包租、约定回购、销售房产份额等方式非法吸收资金的；（2）以转让林权并代为管护等方式非法吸收资金的；(3) 以代种植（养殖）、租种植（养殖）、联合种植（养殖）等方式非法吸收资金的；(4) 不具有销售商品、提供服务的真实内容或者不以销售商品、提供服务为主要目的，以商品回购、寄存代售等方式非法吸收资金的；(5) 不具有发行股票、债券的真实内容，以虚假转让股权、发售虚构债券等方式非法吸收资金的；(6) 不具有募集基金的真实内容，以假借境外基金、发售虚构基金等方式非法吸收资金的；(7) 不具有销售保险的真实内容，以假冒保险公司、伪造保险单据等方式非法吸收资金的；(8) 以投资入股的方式非法吸收资金的；(9) 以委托理财的方式非法吸收资金的；(10) 利用民间"会""社"等组织非法吸收资金的。

至于集资诈骗罪，基于非法占有目的是成立集资诈骗罪的法定要件，是区分集资诈骗罪与其他非法集资犯罪的关键所在，《非法集资案件解释》第4条列举了实践中常见的"以非法占有为目的"的表现形式，即：(1) 集资后不用于生产经营活动或者用于生产经营活动与筹集资金规模明显不成比例，致使集资款不能返还的；(2) 肆意挥霍集资款，致使集资款不能返还的；(3) 携带集资款逃匿的；(4) 将集资款用于违法犯罪活动的；(5) 抽逃、转移资金、隐匿财产，逃避返还资金的；(6) 隐匿、销毁账目，或者搞假破产、假倒闭，逃避返还资金的；(7) 拒不交代资金去向，逃避返还资金的。

需要指出的是，对于民间借贷行为是否构成犯罪的侦查和认定问题，属于公安机关、检察机关以及人民法院的刑事审判部门的职权范围，人民法院的民事审判部门无法在民事诉讼中进行精确判断，故只要经初步审查，发现可能符合非法集资类犯罪的构成要件，即应根据本条规定处理。

三、触发刑民程序选择的"同一性"标准

由上所述，根据最高人民法院发布的几个司法解释，对于发现涉嫌犯罪后应如何处理，应遵循"同一性"标准加以审查。但上述司法解释的规定并不统一，采取了"同一法律事实""同一法律关系"或

者"同一事实"等不同标准,① 在表述上也存在一定瑕疵,故实践中难以形成严谨一致的判断标准,导致在适用上存在混乱。

实务中对于"同一法律事实""同一法律关系"标准多有诟病,有观点认为,"同一法律事实"和"同一法律关系"的表述,从法理上看并不严谨,刑、民法律关系的构成有重大区别,即使两者由同一客观行为而产生,仍然属于性质完全不同的两种法律关系。法律事实因法律规范所产生,刑民法律规范不同,两种法律事实的构成内容必然不同,只可能出现两者部分重叠或关联程度紧密与否。即便是同一客观事实,也可以引起不同法律关系的发生,不能一概而论。② 也有观点认为,所谓法律关系是一定的法律规范在主体之间形成的权利与义务关系,法律事实则是法律规范所规定的能够引起法律关系产生、变更或消灭的现象。由于同一法律事实可能引发不同的法律关系,再者因刑事证据与民事证据的取证方式不同,在民事认定属于不同法律事实的行为,刑事诉讼中可能认定为属于同一法律事实,这就导致在司法实践的具体操作中,上述适用标准仍可能出现分歧。③

我们认为,上述观点有一定道理。同一法律事实或同一法律关系不存在刑民交叉的问题。法律事实,是指法律规定的、能够引起法律关系产生、变更和消灭的现象;法律关系是指被法律规范所调整的权利与义务关系。两者的共同特点都是经过法律规范调整的结果,也就是说法律事实、法律关系都是站在法规范的视角进行审视所形成的自然事实或生活关系。而不同的法规范对同一自然事实进行调整,其所形成的法律事实或法律关系有可能是不同的。如自然意义上集资人向集资参与人借贷,民法上评价为民间借贷的民事法律事实或民事法律关系,刑法上评价为非法吸收公众存款的刑事法律事实或刑事法律关系。因此,同一法律事实或同一法律关系不可能产生刑民交叉问题,

---

① 《经济纠纷案件涉及犯罪嫌疑规定》中以"同一法律事实""同一法律关系"为标准,《办理非法集资案件意见》中以"同一事实"为标准。
② 叶永青:《集资类案件中刑民交叉问题的处理》,载《法制与社会》2013年第2期。
③ 黄飞燕:《经济犯罪与经济纠纷交叉案件审理的若干程序性问题探讨》,载《法制与经济》2013年第1期。

以此作为判断刑民程序选择的标准并不科学，故本条规定没有再采用"同一法律事实"或"同一法律关系"的表述，而是基本上吸收了《办理非法集资案件意见》所确立的"同一事实"标准，在表述上直接着眼于"行为"或"事实"本身。这是因为刑民交叉问题之所以会产生，就是因为同一行为或事实同时符合刑法与民法的某项规定，或者说是刑法与民法均对同一行为或事实进行调整，因而产生了交叉、竞合。而这里的同一行为或事实应当为自然意义上的同一行为或事实。

实践中，认定两者的同一性进而确定适用本条之规定，主要应当看案件性质是否清楚。民间借贷行为涉嫌构成刑事犯罪，导致案件性质属于民事纠纷还是刑事犯罪存疑，需在刑事程序和民事程序之间作出权衡取舍，这是审查是否应适用本条规定所需要考虑的最重要因素。因为此时，对于涉嫌犯罪的行为已经难以仅停留在民事诉讼层面，而是应当移交刑事程序处理。

四、人民法院发现民间借贷行为本身涉嫌非法集资等犯罪后的具体处理方法

人民法院发现民间借贷行为本身涉嫌非法集资等犯罪后，主要应采取的措施是：针对当事人，作出驳回起诉的裁定；针对刑事案件侦查机关，将涉嫌非法集资等犯罪的线索、材料及时加以移送。

（一）关于裁定驳回起诉

驳回起诉，是指人民法院依据程序法的规定，对已经立案受理的案件在审理过程中，发现原告的起诉不符合法律规定的民事案件受理条件，因而对原告的起诉予以拒绝的司法行为。驳回起诉所要解决的是立案受理后具有程序意义上的诉权问题，它针对的是不符合法律规定的民事案件受理条件的起诉，主要适用的情形有：

1. 主体不适格。主体不适格既包括原告主体不适格，也包括被告主体不适格。应当以当事人是否是所争议的民事法律关系（即本案诉讼标的）的主体，作为判断当事人适格与否的标准。在某些例外的情况下，非民事法律关系或民事权利的主体，也可以作为适格的当事人。

原告必须是有诉讼权利能力且与案件存在着法律上的利害关系的公民、法人或其他组织，被告必须是侵犯原告民事权益或与原告发生民事权益争议的被请求的相对人。否则，只要有一方当事人不适格，人民法院就应依法裁定驳回起诉。

2. 被告不明确。原告起诉时必须明确指出被告是谁，即被诉称侵犯原告民事权益或者与原告发生民事争议而由人民法院通知应诉的人。如果没有明确具体的被告，诉讼程序就无从进行，人民法院也无法对案件进行审理。

3. 没有具体的诉讼请求、事实和理由。原告起诉时必须明确指出要求人民法院保护其民事权益的内容，对被告实体权利请求的内容，以及提出诉讼请求的事实依据和理由，这些都是起诉中的核心内容。倘若原告起诉时没有具体的诉讼请求、事实和理由，人民法院就只有驳回其起诉。

4. 不属于人民法院受理民事诉讼的范围。原告提起的诉讼应当属于人民法院行使审判权的范围，否则人民法院无权对案件进行审理。例如，涉及城镇企业（已经参加社会保险统筹）缴纳基本养老、医疗、失业、工伤、生育保险的案件，涉及大面积土地调整或者群体性利益的重新分配的农业承包合同纠纷、追索土地征用补偿费的案件。

5. 受案后发现属于刑事犯罪、行政诉讼受案范围的。人民法院在审理民事纠纷案件中，认为不属于民事纠纷案件而有经济犯罪嫌疑的，应当裁定驳回起诉，并将有关材料移送检察机关或者公安机关；认为不属于民事纠纷案件而属于行政诉讼受案范围的，应当裁定驳回起诉，告知原告另行提起行政诉讼。

6. 原告向人民法院起诉时未声明有仲裁协议，受理案件后，被告在答辩期内以双方当事人曾自愿达成书面仲裁协议应向仲裁机构申请仲裁为由提出管辖权异议，人民法院审查属实后应当裁定驳回起诉，告知原告向仲裁机构申请仲裁，但仲裁协议、仲裁条款无效、失效或者内容不明确无法执行的除外。

7. 人民法院受理案件后，发现双方当事人所争议的是劳动争议，依据劳动仲裁前置原则，应当裁定驳回起诉，告知原告向劳动争议仲裁委员会申请仲裁。人民法院受理劳动争议案件后，发现劳动争议仲裁委员会仲裁的事项不属于人民法院受理的案件范围，裁定驳回原告的起诉。

8. 判决不准离婚和调解和好的离婚案件，判决、调解维持收养关系的案件，没有新情况、新理由，原告在6个月内又起诉，人民法院受理后才发现的，应当依法裁定驳回起诉。

9. 对判决、裁定以及发生法律效力的案件，原告又以同一事实、理由起诉的，人民法院受理后才发现的，依法裁定驳回起诉，但从程序上撤诉、因证据不足判决驳回诉讼请求的除外。赡养费、扶养费、抚养费案件，裁判文书发生法律效力后，因新情况、新理由，一方当事人再行起诉要求增加或者减少费用的，人民法院应当作为新案处理。

根据《民事诉讼法》第154条的规定，人民法院对驳回起诉适用裁定的方式，人民法院依法裁定驳回起诉的，当事人不缴纳案件受理费。当事人对驳回起诉的裁定不服，可以在裁定书送达之日起10日内向上一级人民法院提起上诉。如果二审法院审理后认为原告的起诉符合条件，则裁定撤销原审裁定，指令一审法院进行审理。被裁定驳回起诉后，原告再次起诉的，只要符合《民事诉讼法》规定的条件，人民法院就应当依法受理。

（二）关于移送有关涉嫌犯罪的线索、材料

《刑事诉讼法》第110条规定："任何单位和个人发现有犯罪事实或者犯罪嫌疑人，有权利也有义务向公安机关、人民检察院或者人民法院报案或者举报……公安机关、人民检察院或者人民法院对于报案、控告、举报，都应当接受。对于不属于自己管辖的，应当移送主管机关处理，并且通知报案人、控告人、举报人；对于不属于自己管辖而又必须采取紧急措施的，应当先采取紧急措施，然后移送主管机关……"因此，人民法院在发现民间借贷行为本身涉嫌非法集资等犯罪时，依法负有将有关材料移送侦查机关处理的义务。需要进一步强调的是，我们认为，在审理民间借贷案件时，只要发现涉及民刑交叉的情形,无论是否系民间借贷行为本身涉嫌非法集资犯罪,均应向侦查机关移送有关涉嫌犯罪的线索、材料,即使涉嫌犯罪的行为与民间借贷案件有关联但非同一事实,在仍然继续审理民间借贷案件的同时,人民法院也应及时将涉嫌非法集资等犯罪的线索材料移送侦查机关。

实践中,民间借贷民刑交叉案件的移送,主要有两种情况:一是人民法院发现后主动移送;二是公安机关发现后要求人民法院移送。

对于人民法院发现后主动移送,《经济纠纷案件涉及犯罪嫌疑规定》有所涉及,但对具体操作规程没有明确规定,比如,人民法院移送案件时使用什么法律文书,是否应将已经查封、冻结的涉案财物同时移交公安机关等。程序规则的缺失,导致实践中人民法院在移送案件时经常会遇到一些问题,如有的案件,在人民法院移送公安机关后,公安机关长期不予答复,也不予立案侦查,导致一些被害人告状无门。对此,我们认为,实践中,人民法院移送案件时,应当注意以下事项:(1)应当将犯罪线索移送给对依法该类犯罪享有侦查权的侦查机关。(2)应制作专门的《涉嫌犯罪线索移送函》,并附上民事案件起诉状、案件线索涉及的有关材料。(3)应当制作移送回执,要求公安机关或检察机关在接到移送材料后,在移送回执上签字或者盖章。(4)移送函中一般宜载明建议公安机关或检察机关在接受移送材料后审查决定是否立案后将有关情况通知移送案件的人民法院的期间。(5)公安机关或检察机关审查后予以立案的,人民法院应将已经查封、冻结的涉案财物移送公安机关或检察机关,由公安机关或检察机关变更冻结、扣押手续。

对公安机关或检察机关要求人民法院移送案件的,《经济纠纷案件涉及犯罪嫌疑规定》《公安机关办理经济犯罪案件的若干规定》中有一些规定,但也缺乏明确、具体的程序规则,这使得司法实践中操作起来存在诸多问题。例如,一些法院对公安机关的来函长期不予答复,导致公安机关立案拖延,延误侦查时机等。对此,我们认为,实践中应当注意以下事项:(1)人民法院接到公安机关或检察机关的来函和案件材料后,应签收回执,注明收到日期。(2)人民法院应当自签收之日起 10 日内审查完毕，并决定是否将案件移送公安机关或检察机关，如果决定全案移送的，应及时裁定驳回起诉。（3）人民法院经审查后认为应当移送，但来函的公安机关或检察机关没有管辖权的，应在审查期限届满之日起 5 日内，移送给有管辖权的公安机关或检察机关。（4）人民法院移送案件时，应将已查封、冻结的涉案财物一并移送公安机关或检察机关，由公安机关或检察机关在立案后变更为刑事冻结、扣押手续。

五、当事人再行起诉的处理

审理民商事案件奉行"一事不再理"的原则。所谓一事不再理，是指法院的裁判文书生效后即具有法律上的效力，当事人不得就同一事实、同一诉讼标的再行起诉。其含义包括两个方面：（1）当事人不得就已经向法院起诉的案件，再重新起诉。（2）判决生效之后，就产生既判力，当事人不得就双方争议的法律关系，向本法院和其他法院再行起诉。即对当事人而言，判决确定后，当事人受到判决拘束，不得再就该判决内容另行起诉，对法院而言，判决确定后，非经法定程序，法院不得作出与该判决相矛盾的其他裁判。从法院角度讲，就是不得再受理。"一事不再理"中的"一事"，就是"同一件事情"或"同一事实"，由于"一事"引发的纠纷，经过法院的实体处理，就得到了终局解决，其后，针对该事实再向法院请求处理，法律予以禁止。

但是，法律并非一概禁止法院对"一事"再行受理，有些情形下当事人可以就同一事实再次进行起诉，人民法院对此受理不违反"一事不再理"原则。在本条第 1 款规定的情形下，当事人的起诉系因民间借贷行为本身涉嫌犯罪而被裁定驳回，如前所述，其原因在于当事人起诉时不符合《民事诉讼法》规定的起诉条件，而在公安或者检察机关作出不予立案决定书，或者立案侦查后作出撤销案件决定书，或者检察机关作出不起诉决定书，或者经人民法院审判后判决认定不构成非法集资等犯罪并且判决生效的，则本条第 1 款规定的起诉条件之障碍已经经过法定程序予以消除，故此时原告再以同一事实起诉的，不适用一事不再理的原则，人民法院应予受理。

【审判实践中应注意的问题】

在适用本条时，应注意对非法集资与民间借贷的区分。当前，理论上对两者的区分有不同认识：有观点认为，区分两者应当从吸收资金的对象以及是否具有扰乱金融秩序的后果来看，非法吸收公众存款罪其借贷范围具有不特定的公众性并扰乱金融秩序，具有民间借贷不会造成的严重社会危害性。① 有观点认为，应当从借款目的或用途进行区分，如借款主要用于生产经营的，为合法借贷融资行为，如借款后用于货币经营或金融信贷业务的，才是法律所禁止的非法吸收公众存款行为。② 还有观点认为，应当借鉴英国的做法，将长期或多次以非固定期限的还本付息方式的吸收资金的行为界定为非法吸收公众存款行为，对于偶然发生的借贷行为，应当视为合法民间借贷。③

我们认为，民间借贷行为和非法吸收公众存款行为的最根本区别在于是否向不特定的人借贷。民间借贷行为是机构或个人向特定的公民借款的行为，比如，行为人向单位内部的职工或亲友之间的借贷。《民法典》合同编第十二章规定，建立在真实意思基础上的民间借款合同受法律保护。非法吸收公众存款行为是指未经中国人民银行批准，向社会不特定对象吸收资金。

---

① 万云峰等：《非法吸收公众存款罪探讨》，载《人民司法》2004年第2期。
② 谢望原、张开骏：《非法吸收公众存款罪疑难问题研究》，载《法学评论》2011年第6期。
③ 彭冰：《非法集资活动的刑法规制》，载《清华法学》2009年第3期。

第六条 【犯罪嫌疑的处理】

人民法院立案后,发现与民间借贷纠纷案件虽有关联但不是同一事实的涉嫌非法集资等犯罪的线索、材料的,人民法院应当继续审理民间借贷纠纷案件,并将涉嫌非法集资等犯罪的线索、材料移送公安或者检察机关。

【条文主旨】

本条是关于与民间借贷不属于同一事实但有犯罪嫌疑的案件处理的规定。

【条文理解】

一、民刑交叉的类型化和价值功能

民刑交叉是一个长期困扰法学理论和司法实践的疑难问题。民法与刑法的不同价值功能,决定了民刑交叉非但不是两者应然效果的简单相加,相反却导致了民、刑两种责任发生反应造成效果限缩,弱化了各自本应发挥的作用。

在民间借贷案件中,这种情况尤其普遍:人民法院立案后,出借人请求借款人返还本息的,借款人往往主张自己的行为涉嫌犯罪,甚至去公安机关"自首",声称自己的行为构成非法吸收公众存款罪,要求人民法院将案件移送公安、检察机关;有的出借人在立案起诉后,认为人民法院即使判决其胜诉了,恐怕也很难执行,遂以借款人的行为构成犯罪为由,主张撤回起诉,又到公安机关申请刑事立案;有的法院认为借款人涉嫌刑事犯罪，尤其是涉嫌非法吸收公众存款罪或者集资诈骗罪，欲将民间借贷案件移送公安、检察机关，而众多的出借人则一起到法院为借款人声张，称借款人不构成犯罪，请求法院继续审理民间借贷纠纷案件。如此种种怪异现象，不一而足。实际上，这种现象的背后，折射出如何看待民型交叉下的程序选择与处理。

民刑交叉也称为"刑民交叉""刑民交错""刑民交织""刑民结合"。作为一种法律研究对象的表述，并不是一个严谨的法律概念。目前学界已有论文或者专著均固守大陆法系传统学术范式，无一例外地为它创设或照搬出一个个概念化表述，然而大多难逃挂一漏万的结局。事实上，单就民刑交叉的内涵而言，尚远未形成共识。

梳理学界对民刑交叉的类型描述，大致可概括为四种：

第一种是同一行为既侵犯了刑事法律关系，同时又侵犯了民事法律关系，从而导致两种法律关系相互关联的民刑交叉。这种交叉主要表现为规范竞合的情形。[①] 从某种程度而言，"规范竞合的实质就是责任竞合"。[②]

第二种是同一行为难以确定侵犯的究竟是民事法律关系还是刑事法律关系，因而产生的民刑交叉。这种现象在实践中表现为公、检、法三机关对同一案件的性质却产生不同认识，有的认定为民事案件，有的认定为刑事案件，有时发生争相管辖的积极冲突，有时发生相互推诿的消极冲突，"由此形成了民刑交叉案件的一种特殊表现形式"。[③]

第三种情形是同一行为人实施了几个不同行为，分别侵犯了具有关联性的刑事法律关系和民事法律关系从而引起的民刑交叉。

第四种情形是不同行为人实施了相同行为，但由于行为人的个体

[①] 理论界往往把这种既侵犯刑事法律关系而适用刑事法又侵犯民事法律关系而适用民事法的现象称为"规范竞合"。所谓规范竞合，是指同一事实符合数个规范的要件，致使数个规范都能得到适用的法律现象。换言之，在杀人、伤害、盗窃、诈骗、故意毁损财物等案件中，一个行为可能既构成侵权行为又构成犯罪行为，而在发生规范竞合时，侵权责任和刑事责任是可以同时并用的。参见王利明主编：《民法·侵权行为法》，中国人民大学出版社1993年版，第16页。

[②] 江伟、范跃如：《刑民交叉案件处理机制研究》，载《法商研究》2005年第4期。

[③] 赵崀：《刑民交叉案件的审理原则——相关司法解释辨析》，载《法律适用》2000年第11期。

差异造成对行为的法律评价有所不同而产生的民刑交叉。

结合理论与实务界的观点，我们认为，民刑交叉案件是指民事案件与刑事案件在法律事实、法律主体方面存在完全重合或者部分重合，从而导致案件的刑事、民事部分之间在程序处理、责任承担等方面相互交叉和渗透。正是由于案件法律事实产生了交叉（重合或者部分重合），根据不同的法律规范，产生了不同的法律责任（刑事责任和民事责任），涉及完全相同或者部分相同的主体承担，需要两种不同的诉讼程序（通过刑事诉讼运用公权力进行制裁和通过民事诉讼对私权利进行救济）来实现权利救济，才产生案件的交叉问题。

近代以降，随着市场经济的不断发展以及国家社会的渐进成熟，法律调整的社会关系日趋多元复杂，"在调整对象上也逐渐发生重合，出现了相互融合的趋势。"① 在调整方式上，这种融合同样得以极度伸张，突出表现在刑事责任民法化、② 民事责任刑法化。③ 拉德布鲁赫甚至预言，"刑法发展的极为遥远的目标……是没有刑罚的刑法典。"④ 在我国，已经废止的《合同法》第52条将公法规范引入作为评价合同效力的标准，《民法典》第153条进一步予以明确，即为这一融合趋势的突出表征。

然则，在我们看来，民法与刑法的融合尽管能够更加充分发挥法律的不同功能，给受害人提供更加周延的保护，但是，民刑交叉的蓬勃兴起，同样也不可避免地产生了民法与刑法相互磨合、作用相互销

---

① 朱铁军：《刑民实体关系论》，华东政法大学2009年博士学位论文。

② 刑法民法化的发展趋向，从我国《刑法》的发展即可得到印证。1. 从罪的角度看，我国《刑法》逐步收缩调整的范围，许多原属刑法调整的行为转由民法进行调整。如刑法修正案将投机倒把罪名取消。2. 从责的角度看，惩罚与补偿的实现相冲突时，新刑法的价值取向是补偿。如《刑法》第36条第2款规定，承担民事赔偿责任的犯罪分子，同时被判处罚金，其财产不足以全部支付的，或者被判处没收财产的，应当先承担对被害人的民事赔偿责任。3. 从刑的角度看，罚金、没收财产等财产刑大幅度扩大和强化适用。如《刑法》第34条规定，罚金作为附加刑可以独立适用。

③ 民事责任刑罚化主要体现为，在民事责任中汲取了刑法惩罚性的元素，在多部民商事立法中引入了惩罚性赔偿制度。

④ ［德］拉德布鲁赫：《法学导论》，米健、朱林译，中国大百科全书出版社1997年版，第95页。

蚀的后果。实践中许多民刑交叉的案件，其效果非但不是两者应然效果的简单相加，以更好地维护公共秩序和私体权益，相反，却导致了民、刑两种责任发生反应造成效果限缩，弱化了各自本应发挥的作用，至少产生了以下不良后果：

1. 减损了刑罚的打击力度。比如，按照《最高人民法院关于审理交通肇事刑事案件具体应用法律若干问题的解释》（法释〔2000〕33号）第2条第1款第3项规定，对于交通肇事造成公共财产或者他人财产直接损失，负事故全部或者主要责任的行为人，若无能力赔偿数额在30万元以上的，均应认定构成交通肇事罪，承担刑事责任；反之若有能力赔偿的，则不以犯罪论处，只须承担民事赔偿责任。此即实务中所称的"罚了不打"。这一规定实际上确立了一个刑法适用所从未有过的规则，即刑事案件中行为人的刑事责任，在一定条件下可以转换为仅承担相应的民事赔偿责任。

2. 弱化了民法的功能。比如，按照《刑法》第36条规定，由于犯罪行为而使被害人遭受经济损失的，对犯罪分子除依法给予刑事处罚外，并应根据情况分别判处赔偿经济损失。而根据《刑事诉讼法》的规定，被害人只能对被告人的犯罪行为遭受的物质损失有权提起附带民事诉讼，而精神损害并不在赔偿范围之列。此即实务界所称的"打了不罚"。

3. 降低了诉讼效率。无论是民事诉讼还是刑事诉讼，都需要及时解决矛盾，如果诉讼过程过分迟延，不仅对刑事案件的被告人构成不当侵害，对民事案件的被害人而言，如果诉讼迟延，同样有可能使其权益得不到实现。就目前司法实践而言，许多刑事案件的被害人往往因为犯罪嫌疑人逃匿而"殃及池鱼"，导致民事权益难以获得保障，不仅如此，由于民事与刑事的交叉，使得相关法律事实的认定、法律责任的适用更加复杂，这也加剧了诉讼拖延。绝大多数情况下，刑事案件、民事案件、民刑交叉案件的诉讼效率呈逐步降低的趋势。

刑民交叉的实体问题在于分析刑民两种不同的法律责任，尤其是刑事责任对民事责任有什么样的影响或"挤压"；刑民交叉的程序问题则是当存在一定交叉关系的法律事实分别引起刑事与民事两种法律责任时，如何协调刑事与民事两大程序之间的分野。刑事诉讼与民事诉讼各有其功能与价值，在适用这两种的程序审理交叉案件时，两种程序之间将形成一定的冲突。具体而言，这种冲突关系包括：当刑事诉讼程序正在进行时，能否同时进行民事诉讼程序？当民事诉讼程序提起之时发现有刑事犯罪嫌疑，是否一概不予受理？当民事诉讼程序进行之中发现有刑事犯罪嫌疑，是否必须移送案件，中止审理？当刑事诉讼程序与民事诉讼程序的结果存在一定的相互影响时，应当谁先谁后？

按照本条的规定，当事人以民间借贷纠纷起诉到人民法院，人民法院认定符合起诉条件并予以立案，之后又发现与民间借贷案件虽有关联但不是同一事实的涉嫌非法集资等犯罪的线索、材料的，人民法院应当继续审理民间借贷案件，但是，应当将涉嫌犯罪的线索或者材料移送给侦查机关予以侦查。

二、"先刑后民"原则的确立及反思

（一）"先刑后民"原则的内容

"先刑后民"既不是民事诉讼的法定原则，也不是刑事诉讼的法定原则。当民事与刑事交叉时，应当如何确定两者的顺序，尽管没有任何法律对此作出规定，但自20世纪80年代初期开始，我国司法实践形成了一种习惯性做法，成为解决刑民冲突的约定俗成的原则——"先刑后民"。"先刑后民"理念早已深入人心，直到今天，还仍然深深地影响着民事诉讼程序和刑事诉讼程序的进行。

"先刑后民"[①] 的内容包括位阶上的刑事优先和位序上的刑事优先。所谓位阶上的刑事优先，是指刑事判决的效力在位阶上应高于民

---

① 限于篇幅，有关"先刑后民"的模式本文不再作介绍，可参见江伟、范跃如：《刑民交叉案件处理机制研究》，载《法商研究》2005年第4期；赵子强、袁登明：《刑民交叉案件的诉讼模式问题研究》，载《法律适用》2009年第2期；刘森、张松：《试论刑民交叉案件的先刑后民处理模式》，载《人民司法·应用》2012年第5期。

事判决，民事判决不能约束刑事判决，相反，刑事判决的内容要对民事判决的内容发生拘束力，即使民事判决已经作出并已生效，刑事判决依然可以将其推翻。所谓位序上的刑事优先，是指在程序上刑事法律关系的确定应当优先于民事法律关系。当民事诉讼起诉时发现涉嫌犯罪的，法院不予受理；民事诉讼过程中发现有犯罪嫌疑的，应中止民事案件的审理，同时将其移送公安、检察等侦查部门；当刑事程序正在进行之时，不得单独提起相应的民事诉讼，只能提起刑事附带民事诉讼，单独的民事诉讼必须在刑事程序终结之后方得提起。

（二）相关司法解释规定

1. 1985年8月19日最高人民法院、最高人民检察院、公安部发布的《关于及时查处在经济纠纷案件中发现的经济犯罪的通知》规定："各级人民法院在审理经济纠纷案件中，如发现有经济犯罪，应按照1979年12月15日最高人民法院、最高人民检察院、公安部《关于执行刑事诉讼规定的案件管辖范围的通知》，将经济犯罪的有关材料分别移送给有管辖权的公安机关或检察机关侦查、起诉……"这是我国最早规定"先刑后民"的法律规范文件。

2. 1987年3月11日，最高人民法院、最高人民检察院、公安部发布的《关于在审理经济纠纷案件中发现经济犯罪必须及时移送的通知》，又作了进一步的规范："人民法院在审理经济纠纷案件中，发现经济犯罪时，一般应将经济犯罪与经济纠纷全案移送，依照刑事诉讼法第五十三条和第五十四条的规定办理。如果经济纠纷与经济犯罪必须分案审理的，或者是经济纠纷案经审结后又发现有经济犯罪的，可只移送经济犯罪部分。对于经公安、检察机关侦查，犯罪事实搞清楚后，仍需分案审理的，经济纠纷部分应退回人民法院继续审理。"我国司法实践中"先刑后民"原则最终得以正式确立。

3. 1997年12月11日，1997年《存单纠纷规定》第3条第2款规定："人民法院在受理存单纠纷案件后，如发现犯罪线索，应将犯罪线索及时书面告知公安或检察机关。如案件当事人因伪造、变造、虚开存单或涉嫌诈骗，有关国家机关已立案侦查，存单纠纷案件确须待刑事案件结案后才能审理的，人民法院应当中止审理。对于追究有关当事人的刑事责任不影响对存单纠纷案件审理的，人民法院应对存单纠纷案件有关当事人是否承担民事责任以及承担民事责任的大小依法及时进行认定和处理。"上述规定重申了"先刑后民"原则，但又强调，民事案件中止审理的前提是"确须待刑事案件结案后才能审理的"。这一规定可以看作是对机械适用"先民后刑"原则作了一定程度的纠正。

4.1998年4月21日，最高人民法院发布的1998年《经济纠纷案件涉及犯罪嫌疑规定》第1条规定："同一公民、法人或其他经济组织因不同的法律事实，分别涉及经济纠纷和经济犯罪嫌疑的，经济纠纷案件和经济犯罪嫌疑案件应当分开审理。"第10条规定："人民法院在审理经济纠纷案件中，发现与本案有牵连，但与本案不是同一法律关系的经济犯罪嫌疑线索、材料，应将犯罪嫌疑线索、材料移送有关公安机关或检察机关查处，经济纠纷案件继续审理。"第11条规定："人民法院作为经济纠纷受理的案件，经审理认为不属经济纠纷案件而有经济犯罪嫌疑的，应当裁定驳回起诉，将有关材料移送公安机关或检察机关。"这是最高人民法院对"先刑后民"司法处理方式作出的最为全面的规定，并正确区分了民事法律关系与刑事法律关系，"解决了长期以来人们普遍认为当出现经济纠纷与经济犯罪交叉时，应当一概将经济纠纷予以移送的问题。"① 然而，由于难以界定上述规定中"不同法律事实""同一法律关系"的内涵，导致实务中各级法院和公安机关在处理涉及民刑交叉案件的管辖问题上，大都适用上述第11条规定，而第11条规定最容易产生"先刑后民"的解读。由此，"先刑后民"又成为司法机关处理民刑交叉案件的首选准则。

5.2014年3月25日，《办理非法集资案件意见》，其中第7条"关于涉及民事案件的处理问题"规定："对于公安机关、人民检察院、人民法院正在侦查、起诉、审理的非法集资刑事案件，有关单位

---

① 徐艳阳：《刑民交叉问题研究》，中国政法大学2009年博士学位论文。

或者个人就同一事实向人民法院提起民事诉讼或者申请执行涉案财物的，人民法院应当不予受理，并将有关材料移送公安机关或者检察机关。人民法院在审理民事案件或者执行过程中，发现有非法集资犯罪嫌疑的，应当裁定驳回起诉或者中止执行，并及时将有关材料移送公安机关或者检察机关。公安机关、人民检察院、人民法院在侦查、起诉、审理非法集资刑事案件中，发现与人民法院正在审理的民事案件属同一事实，或者被申请执行的财物属于涉案财物的，应当及时通报相关人民法院。人民法院经审查认为确属涉嫌犯罪的，依照前款规定处理。"作为"两高一部"发布的处理非法集资刑事案件的规范性文件，又秉持了"先刑后民"立场。

　　从世界范围看，无论是大陆法系国家，还是英美法系国家，"先刑后民"原则几乎很少为立法或司法所采纳，甚至不是一个学术研究的课题。在我国的历史上，长期有着"重刑轻民"的悠久传统，并且当国家利益、集体利益和个人利益发生冲突时，国家和集体利益是公权力首当其冲保护的对象。因而，"先刑后民"作为一项有中国特色的司法制度，其存在的现实必然性也就不足为奇了。直至今天，这一制度仍然发挥着举足轻重的作用。

　　有论者指出，"先刑后民原则的价值基础，首先是在价值上刑事诉讼较之民事诉讼更具社会意义；其次是在技术上，刑事诉讼较之民事诉讼更能全面揭示案件事实。作为一项具有普适性的司法原则，先刑后民的价值基础并非旨在彰显公权优先的价值理念，而是重在刑、民程序冲突的理性解决。"[①] 然而，也有学者历数了"先刑后民"的种种弊端。陈兴良教授将机械适用"先刑后民"原则的弊端归纳为三点：一是"先刑后民"容易被某些司法机关利用，成为干涉经济纠纷的一个借口；二是"先刑后民"容易被当事人恶意利用，以达到"以刑止民"的目的；三是"先刑后民"容易使司法资源成为某些当事人实现个人目的的手段。尽管"先刑后民"这种制度的生成具有时代背

---

①　万毅：《先刑后民原则的理论困境及其实践破解》，载《上海交通大学学报（哲学社会科学版）》2007年第2期。

景和历史必然性，但范式化的理解在理论和实践中产生了消极影响，需要反思。

1. 从价值功能而言，公权与私权应受平等保护。刑事诉讼较之民事诉讼更具社会意义的观点具有一定的代表性。犯罪被认为是破坏社会秩序、损害社会公共利益的行为，刑事诉讼以追诉犯罪为目的，因此，刑事诉讼的最终目标是保护社会公共利益。民事诉讼以保护权利为目的，旨在恢复私人之间被破坏的民事法律关系。从这个角度而言，刑事诉讼代表社会公共利益而民事诉讼代表私人利益是可以成立的。因此，所谓刑事诉讼较之民事诉讼更具社会意义，隐含的意思仍然是社会公共利益优于或先于私人利益。进言之，其背后的思想仍然是"作为社会公共利益代表的公权力优于或先于作为私人利益代表的私权利。"然则，"平衡公权与私权，兼顾公益与私益，这是保障人权和建设法治国家的必须，是在立法、执法和司法实践中均需坚持的理念。"① 公权优先的法律思想在现代社会已经受到广泛批判，公权与私权平等保护②甚至私权优先保护已经成为共识。

2. 从证明标准而言，刑事程序能动用一些民事程序所不具备的侦查手段，刑事诉讼的证明标准高于民事诉讼，这确是客观事实，但以此作为刑事程序优先于民事程序的理由，恰恰是误解了侦查手段和证明标准的意义。刑事程序之所以能动用较为丰富的侦查手段，这是揭露事实、打击犯罪的需要，而实行严格的证明标准，则更多的是保障人权的需要，防止在证据存疑的情况下出现冤假错案。无论刑事诉讼还是民事诉讼，都不以追求客观真实为目的，所追求的是（也只能是）法律真实。只不过，由于刑事程序所能动用的侦查手段以及严格的证明标准，刑事诉讼所中所展示的法律事实更接近客观事实。民事

---

① 姜明安：《公权与私权平衡是一个法治原则》，载《理论导报》2008年第3期。
② 我国《民法典》确立了物权平等保护原则。其第207条规定，国家、集体、私人的物权和其他权利人的物权受法律平等保护，任何组织或者个人不得侵犯。这一规定是《民法典》民法平等保护原则在物权编中的具体化。党的十八届三中全会通过的《中共中央关于全面深化改革若干重大问题的决定》指出：国家保护各种所有制经济产权和合法权益，保证各种所有制经济依法平等使用生产要素……同等受到法律保护……

诉讼实行优势证据规则，一方面是对当事人举证能力的信任，另一方面也是对当事人举证义务的激励，背后隐含的理论基础则是对个人理性的充分信赖，在私人之间的较量中凭借占据优势的证据自然可以获得胜诉的结果。因此，刑事诉讼应当是对民事诉讼的一种帮助，而不应是一种妨碍。刑事程序中公权力所查明的事实可以成为民事程序当事人的证据，当事人借此可更容易获得胜诉结果。但如果无需公权之相助，[①] 当事人本人足以提出占优势的证据，又何需固守刑事优先的传统思维呢？就此而言，"先刑后民"原则的背后是对个人理性的怀疑，烙上了"法律家父主义"的印记。

3. 从判决结果而言，刑民分离的情况下，对于同一案件，刑事判决和民事判决可能出现不一致甚至相互矛盾，这是支持"先刑后民"论者一个有力的理由。刑事判决和民事判决不一致无非两种情况，其一是民事诉讼认定的事实在刑事诉讼中认定为不存在，例如，民事诉讼认为甲的行为构成诈骗，从而合同可撤销，但刑事诉讼则认为甲不构成合同诈骗罪。其实从既判力的角度，民事判决认定的事实不能约束刑事判决，所以这是完全正常的。其二是民事判决认定不存在的事实而刑事判决却认定存在，例如，甲公司请求确认与乙公司的合同无效，理由是乙公司通过向甲公司的签约代表行贿而订立的合同。民事诉讼认定行贿事实无法认定。后甲公司的签约代表被抓获，交代了曾接受乙公司贿赂的事实，被判处受贿罪。所谓民事判决与刑事判决的矛盾，最严重的无非就是这一种。但是，民事诉讼以当事人主义为原则，因当事人举证不足而遭致败诉，这一后果自应由当事人自行承担。法院依据证据规则裁判并无过错。再者，对于败诉的当事人而言，亦并非毫无救济手段，其完全可以以刑事判决为新证据申请再审。所以，这种刑事判决与民事判决相互矛盾的担忧过分夸大了两种程序之间的抵牾，实属杞人忧天。

[①] 比如，甲将乙打成重伤后逃逸，刑事诉讼立案后一时无法将甲抓获。但是甲打伤乙的事实有监控录像、目击证人、医院的诊断等证据证明，在民事诉讼中，乙完全可以凭借自己的举证获得胜诉。在这种情形下，民事诉讼根本就不需要等待刑事程序的进行或结束。

4. 从权利保护而言,"先刑后民"不利于对受害人实施权利救济。首先,诉权是公民享有的一项法定权利,《民事诉讼法》第119条规定了起诉的法定条件,就意味着只要当事人的起诉符合《民事诉讼法》规定的法定条件,法院均应当受理,而不能以案件涉嫌犯罪为由拒绝裁判。不予受理或者驳回起诉是对当事人诉权的公然侵犯。反对的观点则认为,通过刑事追缴、追赃、退赔程序同样可以保护受害人的民事权益,不需要另行提起民事诉讼。实际上,这种观点并不切合实际。当前司法实践中,相当一部分案件犯罪嫌疑人即使归案了但赃款赃物早已挥霍一空所剩无几,且无论是追赃还是追缴都仅限于因犯罪行为获得的赃物,对受害人的损失而言很难全额补偿。其次,民事诉讼能够提供更周全的救济。即使受害人通过赃款赃物的退赔仍然不能完全弥补损失,但民事判决之后犯罪嫌疑人的其他合法财产如不动产、动产以及其他财产性权利(如股票、债券、知识产权等)均可以作为被强制执行的标的物,用以作价补偿;或者即使犯罪嫌疑人没有其他合法财产,只要受害人通过民事诉讼获得了胜诉的民事判决,则对于犯罪嫌疑人将来通过劳动或者其他合法途径取得的财产或收益,仍然可以作为强制执行的标的物。从这一角度讲,公安、检察机关通过刑事程序救济受害人显然远不及民事诉讼的途径更周延、更全面和更长远。再次,允许受害人在刑事程序终结后再提起民事诉讼,同样有可能实质性地损害其合法权益。一方面将受害人的诉权从时间上予以限制、推延,在法律上没有依据;另一方面,由于涉嫌犯罪案件正处于侦查起诉阶段,受害人的民事诉讼法院又不受理,由于一些刑事案件久侦不破或者久审不决,导致相应的民事权益长期无法得到保护,甚至可能超过民事诉讼时效而造成无法挽回的损失,这就违背了基本的权利保护理念。最后,"先刑后民"政策的适用,某种程度上剥夺了受害人程序性选择权,使得被害人不得不选择附带民事诉讼。然而,我国附带民事诉讼赔偿范围与单独的民事诉讼获得的赔偿并不完全相同,例如,刑事附带民事诉讼不允许提起精神损害赔偿,必然导致受害人的合法权益不能得到法律完整、有效的维护,甚至还有可能对受害人造成二次伤害。

此外,"先刑后民"还存在容易为地方保护主义大开方便之门;为某些人恶意利用国家司法资源提供了理论根据,用以实现个人不正当利益;① 等等。这些现象学界已有论述,在此不赘。

三、"刑民并行"原则的确立

"先刑后民"原则作为处理刑民程序交叉冲突的基本方式之不足已如上述,但是,这是否就意味着应当完全加以扭转,改以"先民后刑"作为处理刑民程序冲突的原则?② 从刑民责任的相互关系、两大程序的价值与功能以及司法实践情况来看,"先民后刑"实属矫枉过正。应以"刑民并行"作为处理刑民程序冲突的基本原则,"先刑后民"或"先民后刑"均为该原则的例外。

(一)刑民责任的并行

刑事责任是指行为人因其犯罪行为所应承受的,代表国家的司法机关根据刑事法律对该行为所作的否定评价和对行为人进行的谴责的责任。刑事责任"包含对犯罪行为的非难性和对犯罪人的谴责性,具有法律性与社会性、必然性与平等性、严厉性与专属性",③ 民事责任则是"指民事主体确定的违反民事义务或者在法律有特别规定的情况下得强制承担的法律后果"。④ 民事责任包括侵权责任、违约责任等,都是一方民事主体向另一民事主体所承担的私法上的责任。刑事责任

---

① 关于"先刑后民"原则的缺陷和弊端,还可参见陈兴良:《关于先刑后民司法原则的反思》,载《北京市政法管理干部学院学报》2004年第2期;朱千里、赵春秀:《从先刑后民到先民后刑:刑事被害人权益有效救济的理念与规则》,载《建设公平正义社会与刑事法律适用问题研究——全国法院第24届学术讨论会论文集》(上册),人民法院出版社2012年版,第586页;何帆:《刑民交叉案件的司法处理方式——以合同纠纷和合同诈骗为例》,载http://www.cqlsw.net/apply/xingshi/20090805210633_2.html。

② 主张"先民后刑"的文章有:曾粤兴:《民刑诉讼关系的辩证思考》,载《甘肃政法学院学报》2008年第5期;朱千里、赵春秀:《从先刑后民到先民后刑:刑事被害人权益有效救济的理念与规则》,载《建设公平正义社会与刑事法律适用问题研究——全国法院第24届学术讨论会论文集》(上册),人民法院出版社2012年版,第586页。

③ 张明楷:《刑法学》(第二版),法律出版社2003年版,第380~381页。

④ 刘保玉、周彬彬:《民事责任与义务的界分问题再思考》,载《政法论丛》2009年第4期。

与民事责任由不同的法律所导出,彼此之间并行不悖。一个行为同时引起刑事责任与民事责任的,刑事责任的承担并不影响其所应承担的民事责任,反之亦然。

值得说明的是,2017年最高人民法院制定的《最高人民法院关于常见犯罪量刑指导意见》第三部分"常见量刑情节的适用"之第8条规定:"对于退赃、退赔的,综合考虑犯罪性质,退赃、退赔行为对损害结果所能弥补的程度,退赃、退赔的数额及主动程度等情况,可以减少基准刑的30%以下;其中抢劫等严重危害社会治安犯罪的应从严掌握。"第9条规定:"对于积极赔偿被害人经济损失并取得谅解的,综合考虑犯罪性质、赔偿数额、赔偿能力以及认罪、悔罪程度等情况,可以减少基准刑的40%以下;积极赔偿但没有取得谅解的,可以减少基准刑的30%以下;尽管没有赔偿,但取得谅解的,可以减少基准刑的20%以下。其中抢劫、强奸等严重危害社会治安犯罪的应从严掌握。"概而言之,也即,犯罪人事后积极退赃、退赔以及赔偿被害人经济损失的,可以适当减轻其刑罚。退赃、退赔、赔偿经济损失均属于民事责任的承担,这是否意味着承担民事责任的情况对刑事责任有所影响?所谓量刑情节,是反映罪行轻重以及行为人的人身危险程度,从而影响刑罚轻重的各种情况。"只有当某种事实情况反映罪行轻重以及行为人的人身危险程度时,才能影响量刑(只有个别是基于政策或者人道主义的理由)。"[1] 例如,犯罪未遂、犯罪中止、防卫过当、避险过当等均反映了罪行上的相对较轻,因而属于法定量刑情节。自首、立功则反映了犯罪人面对法律制裁时的积极态度,人身危险性此时已大为降低,故而也属于法定量刑情节。犯罪后的态度,也可反映行为人的人身危险程度,例如,有的人犯罪后坦白悔罪,积极退赃退赔,主动赔偿损失,也有的人负隅顽抗,隐匿赃物,拒不赔偿。显然,后者的人身危险性更大,改造难度更大,因此在量刑时也自然应当有所区别。故而,犯罪人事后积极退赃退赔、赔偿损失之所以能

---

[1] 张明楷:《刑法学》(第二版),法律出版社2003年版,第442~443页。

影响量刑，并非民事责任影响了刑事责任，而是犯罪人的上述行为反映了人身危险性的下降，故而作为酌定量刑情节予以考虑。总的说来，刑民责任是并行不悖的，这是"刑民并行"的首要前提。

（二）刑民体系的自洽

从诸法合体到各自分立，体现了法律发展与发达的过程。其中，公法与私法的划分是整个法律体系界分中最为重要的部分。规范国家与人民关系的公法（含刑法）与规范私人之间关系的私法，原则上互不隶属，自成体系。支配私法的原则是私法自治。对此，我国台湾地区学者苏永钦曾形象地描绘道："如果把我们的法律体系当成一个社区从上空俯瞰，民法典就会像一个典雅的中古城堡，立刻映入眼帘。城墙上高竖'私法自治'的大旗，迎风招展。处于鳞次栉比、风格各异的现代建筑中，显得十分不搭调，但来到社区近观，却只见穿着入时的人们在古堡和公寓大厦间进进出出，全无窒碍。"①

然而，民法从其诞生之日起就不是一个独立存在的王国，代表着民意和公权力的国家经常出于种种理由，诸如民生、公平、正义、发展、安全、环境、消费等名目，不断地蚕食着民法。可以说，"生活在民法中的人，始终都受着民法自治规范和国家强制规范的双重限制。如何协调来自内外的各种限制与自由，是民法永远面临的难题。"② 尽管如此，公法对私法的介入应有一定的程序、方式和限度，防止公法规范的不当干预，是民法时刻需要警惕的问题，在这方面，我国曾有过深刻的教训。在我国，由于私法精神的长期缺位，大量公法上的强制性规定涌入私法领域并直接影响着对私法行为的效力评价，"违法＝无效"的观念根深蒂固，司法审判中的合同无效率居高不下，甚至曾达到全部合同纠纷案件的40%～50%。③

---

① 苏永钦：《走入新世纪的私法自治》，中国政法大学出版社2002年版，第3页。
② 谢鸿飞：《论法律行为生效的适法规范——公法对法律行为效力的影响及其限度》，载《中国社会科学》2007年第6期。
③ 孙鹏：《论违反强制性规定行为之效力——兼析〈中华人民共和国合同法〉第52条第5项的理解与适用》，载《法商研究》2006年第5期。

尽管公法总有侵入私法的"冲动",但私法还是应当尽量维持自身的领地,捍卫私法自治的空间。公法规范要进入私法,必须沿循特定的管道。由于这一管道是为私法量身定做设置的,因此,经由该管道进入的公法规范与其他私法规范一起,构成私法自身体系的自洽。换言之,经由特定的管道引入公法规范所得出的评价,正是私法自身自洽的体系所得出的评价。例如,对合同效力的评价,只能依据《民法典》;合同无效的法律依据,必然也只能是《民法典》第153条。

因此,公法与私法的关系主要是公法介入私法的限度。如上所述,民法是一个自洽的体系,刑法同样是一个自洽的体系自不待言。刑民体系的自洽,是"刑民并行"的理论基础。

(三)"刑民并行"的现实基础

刑民交叉可分为法律事实竞合型与法律事实牵连型。所谓竞合型刑民交叉,是指同一法律事实分别引起刑事责任和民事责任。例如,因杀人行为同时引起刑事责任和侵权责任。所谓牵连型刑民交叉,是指不同的法律事实分别引起刑事责任和民事责任,但彼此之间存在牵连。例如,甲公司向乙借款,乙借出款项后,甲公司法定代表人将其挪作己用,构成挪用资金罪。有学者认为,对于法律事实竞合型,应以"先刑后民"为原则,以"先民后刑""刑民并行"为例外;对于法律事实牵连刑,则应以"刑民并行"为原则,以"先刑后民""先民后刑"为例外。① 然而,我们并不赞同这一观点。

刑民交叉案件最多、最常见的是犯罪与侵权的交叉以及犯罪与合同的交叉。就犯罪与侵权的交叉而言,犯罪与侵权的交叉一般是竞合型刑民交叉。首先,犯罪属于性质最为严重的侵权,受害人自可向犯罪人(侵权人)提起侵权之诉。对此,前文已经指出,如果受害人自身所能提出的证据已经足够证明其主张,那么实在是没有理由一律采取"先刑后民",否则,在犯罪人迟迟无法抓获的情况下固守"先刑

---

① 毛立新:《刑民交叉案件的概念、类型及处理原则》,载《北京人民警察学院学报》2010年第5期。

后民"反而损害了受害人的利益。其次，在侵权法的体系下，很多时候犯罪人往往并非是唯一的责任主体，例如，如果犯罪行为是在履行职务过程中作出，那么可能存在雇主的替代责任；如果是在某一特定场所所为，则可能存在其他主体违反安全保障义务的责任；如果是共同犯罪，则还存在其他为抓获的人或其他不承担刑事责任的人（例如，未成年人）的侵权责任等。对除犯罪人之外的其他责任主体提起民事诉讼，其他责任主体承担责任的基础往往也并非犯罪行为而是其他法律事实（如安全保障义务之违反），因此，这类案件更应采取"刑民并行"。

就犯罪与合同的交叉而言，诈骗类犯罪一般被认为是竞合型刑民交叉①，前已指出，诈骗类犯罪与合同交叉时，合同属于可撤销合同。如果受害人可以举证证明对方欺诈的事实，提出了撤销合同、返还财产、赔偿损失的诉讼请求自然应当获得支持。相反，如果固守"先刑后民"，因诈骗事实迟迟无法查清而无法启动民事诉讼程序，同样将损害受害人的利益。犯罪与合同的牵连型交叉，例如，前述非法吸收公众存款罪与民间借贷合同、集资诈骗罪与民间借贷合同，这些犯罪行为一般都是单方所实施的，与对双方行为作出评价的合同效力并无重要影响，坚持"刑民并行"并无什么不妥。

可见，司法实践中绝大多数案件其实是（或应当是）实行"刑民并行"的。这恰恰是"刑民并行"的现实基础。

（四）作为例外的"先刑后民"及"先民后刑"

有关这一问题，将在下一个条文中详细论述，此处不赘。

【审判实践中应注意的问题】

如何理解涉嫌犯罪的行为与民间借贷案件有关联但不是同一事实？

---

① 但笔者认为这并不妥当，一方当事人的诈骗行为仅仅引起刑事责任，而引起民事责任的是双方的合同行为。也即，引起刑事责任和民事责任的并非同一法律事实。

在本规定的第 5 条第 1 款中明确规定，如果民间借贷行为本身涉嫌非法集资犯罪，则应当裁定驳回起诉，并将涉嫌非法集资犯罪的线索、材料移送公安、检察机关。司法实践中，借款人的借款行为本身就有可能构成非法吸收公众存款罪、集资诈骗罪等。在这种情况下，应当不审理民事案件，而直接移送侦查机关。但是，如果借款人或者出借人的行为涉嫌犯罪，但该行为与民间借贷有牵连，却又不是借贷行为本身的，如何处理？例如，借款人为筹集到借款而私刻了某单位公章，并以私刻的公章在担保人一栏中盖章。借款人私刻公章的行为显然涉嫌犯罪，且这一行为的目的是为了能够让出借人相信有担保人从而能够顺利地出借款项。这种私刻公章的行为与民间借贷即属于有关联，但本身不是借贷行为，其私刻公章的行为并不是借贷行为的一个不可或缺的组成部分，因此，对于民间借贷纠纷，人民法院应当继续审理，而就私刻公章涉嫌犯罪的问题，人民法院可以将有关犯罪线索材料移送给侦查机关，或者告知当事人向侦查机关控告或者报案。还需要注意的问题是，移交犯罪线索材料不仅适用于人民法院在审理民间借贷案件时主动发现，如果当事人主动提交了涉嫌犯罪的线索、材料的，同样适用本条规定。

第七条　【民事程序中止处理的原则和条件】

民间借贷纠纷的基本案件事实必须以刑事案件的审理结果为依据,而该刑事案件尚未审结的,人民法院应当裁定中止诉讼。

【条文主旨】

本条是关于人民法院在处理民间借贷纠纷案件中,在该案件与刑事案件发生关联时,对民事程序予以中止处理原则和条件的规定。

【条文理解】

本条沿用了 2015 年《民间借贷规定》第 7 条的内容,文字上略作修改。一是在"民间借贷"之后增加"纠纷"二字;二是"以刑事案件审理结果"修改为"以刑事案件的审理结果",以完善表述。

审判实践中,民间借贷纠纷案件背景复杂,成因众多,乱象迭出,许多借贷行为牵涉到刑事犯罪问题,往往出现民事案件与刑事案件审理工作的交叉重叠,即我们通常所说的刑民交叉问题。对于出现了刑民交叉问题的民间借贷案件,按照什么样的顺序进行处理,理论界一直存有争议。审判实务中的做法也不尽相同。

一、刑民交叉的内涵及类型

刑民交叉的概念和内涵,法律并无明确规定,理论界存在不同观点。一种观点认为,刑民交叉是指某些案件所涉及的法律关系错综复杂,常常出现在民事和刑事上相互交叉或牵连、相互影响的案件;另一种观点认为,刑民交叉是指不同行为分别侵犯了刑事法律关系和民事法律关系或者侵犯的法律关系一时难以确定是刑事法律关系还是民事法律关系的现象。

刑民交叉案件的类型,根据通说,大致可分为竞合型刑民交叉案件和牵连型刑民交叉案件,二者区分的标准主要是看民事行为与刑事犯罪行为是否具有同一性。如果民事行为本身就是犯罪行为或犯罪行为的必要组成部分,则两种行为具有同一性,属于竞合型刑民交叉案件,如非法吸收公众存款犯罪案件中,吸存人从出借人处吸存借款的行为既是民间借贷行为,同时也是非法吸收公众存款的犯罪行为;如果民事行为与犯罪行为不是同一行为,也不属于犯罪行为的必要组成部分,则二者不具有同一性,属于牵连型刑民交叉案件。牵连型刑民交叉案件依据构成要素交叉牵连的不同情形,可以分为三种情形:一是行为主体交叉型,即犯罪行为人与民事行为人为同一主体。如张某通过非法吸收公众存款的方式筹集资金,然后又将筹集的资金转借贷给某房地产公司赢利,则张某既是非法吸收公众存款犯罪行为主体,也是与房地产公司之间民间借贷关系的出借人。二是行为内容交叉型,即行为内容均为民事法律事实和刑事法律事实的组成部分,如贾某挂靠一房地产公司进行经营活动中,伪造该房地产公司公章、以该公司名义对外担保借款用于个人经营活动,贾某伪造、使用房地产公司公章的行为既是其个人伪造公章犯罪的刑事法律事实,也是以房地产公司名义对外担保借款关系的民事法律事实的组成部分。三是行为对象交叉型,即犯罪行为对象与民事行为对象是同一对象。如李某与王某之间存在民间借贷关系,借款到期后李某多次催告王某还款无果后,伙同他人将王某从家中约出后将其非法拘禁三日并通知其家人还款,王某既是非法拘禁犯罪行为的对象,也是民间借贷关系的借款人。

二、刑民交叉案件的审理顺序

对于刑民交叉案件的审理,英美国家采取的是刑事和民事程序互不干涉的方式,即对刑事案件和民事案件采取分开处理的平行诉讼模式,刑事诉讼和民事诉讼一分为二,不产生相互依附关系。大陆法系国家通常采用的是附带式的诉讼模式，受害人可以视情选择三种方式来满足其保护自身权益的意愿，但受害人一旦选定，就不允许再撤销。一是在刑事案件中附带民事诉讼程序；二是在刑事案件的裁判结果尚未形成前单独提起民事诉讼；三是在刑事案件裁判结果生效后，再向法院提起独立的民事诉讼。

我国对刑民交叉案件审理顺序，根据相关司法解释规定和审判实践经验，可以概括为以下三种：

1. 先刑后民。即在案件出现刑民交叉的情况时，先审理刑事案件，等刑事案件处理完毕后，再根据刑事案件处理的情况，对民事案件作出适当处理，或者在刑事程序中根据刑事案件审理情况附带审理民事案件。采用先刑后民的方式进行案件审理，有利于发挥刑事侦查在查明案件事实方面的优势，有利于维护公共秩序和公共利益。

2. 先民后刑。即在刑民交叉的情况下，先审理民事案件，民事审判优先于刑事审判。此类情况比较典型的出现在知识产权类型的刑民交叉案件中。在此类刑民交叉案件中，首先要通过民事程序对知识产权的权属或侵权行为成立与否进行确认，才能进一步从刑法上对侵权行为是否构成犯罪进行衡量和认定。

3. 刑民并行。即当案件出现刑民交叉时，刑事审判程序与民事审判程序同时进行，二者相互独立，分别进行，无先后顺序或优先性。刑民并行的适用前提是刑事案件和民事案件的审理程序相互之间没有影响，结果上也不会出现矛盾。

三、民间借贷刑民交叉案件的审理顺序

《经济纠纷案件涉及犯罪嫌疑规定》在传统的先刑后民的处理刑民交叉案件模式基础上确立了刑事、民事案件可以分别受理、审理的原则，并且首次明确以是否同一法律事实、同一法律关系作为区分不同类型刑民交叉案件处理方式的标准，即刑、民案件分属于不同法律事实的，适用刑民并行的处理方式；刑、民案件属于同一法律事实的，则适用先刑后民的处理方式。本规定结合民间借贷案件审判实际，规

定了民间借贷刑民交叉案件的三种处理方式。（1）民间借贷行为本身涉嫌非法集资等犯罪的，应当裁定驳回起诉，并将涉嫌非法集资等犯罪的线索、材料移送公安机关或者检察机关。公安机关或者检察机关不予立案，或者立案侦查后撤销案件，或者检察机关作出不起诉决定，或者经人民法院生效判决认定不构成非法集资犯罪，当事人又以同一事实向人民法院提起诉讼的，人民法院应予受理（本规定第5条规定）。（2）人民法院立案后，发现与民间借贷纠纷案件虽有关联但不是同一事实的涉嫌非法集资等犯罪的线索、材料的，人民法院应当继续审理民间借贷纠纷案件，并将涉嫌非法集资等犯罪的线索、材料移送公安机关或者检察机关（本规定第6条规定）。（3）民间借贷纠纷的基本案件事实必须以刑事案件的审理结果为依据，而该刑事案件尚未审结的，人民法院应当裁定中止诉讼（本条规定）。上述第一、第三种方式是先刑后民的处理方式，第二种则属于刑民并行的方式。由此可见，对于民间借贷刑民交叉案件，我国是根据案件的不同情形，分别采用先刑后民、刑民并行的处理方式。

本条规定的是当民间借贷案件出现了刑民交叉情况，而民事案件处理又必须以相关刑事案件审理结果为依据，应当裁定中止民事案件审理。依据本条规定裁定中止诉讼，必须同时具备以下三个条件：

1. 民间借贷案件的基本事实无法查明。所谓基本事实，又称为主要事实或要件事实，一般是指对裁判有实质性影响，用以确定当事人主体资格、案件性质、具体权利义务和民事责任等主要内容所依据的事实。基本事实是裁判案件的基础，基本事实存在瑕疵或无法证明，法院无法裁判。而一般对裁判不构成实质性影响的其他事实，不足以影响裁判的作出，不能成为中止民事案件审理的理由和根据。

2. 与民事案件关联的刑事案件已进入审理阶段。如果刑事案件未进入审理阶段，则不符合本条规定的情形。审判实务中，经常有民事案件审理中，一方当事人或案外人提出已向刑事侦查部门报案，有关侦查机关已经向当事人出具立案通知书，甚至对案涉当事人采取了一定的刑事强制措施的情况。对于此种情况，应当如何处理，是否需要等待刑事案件处理结果，审判实践中存在争议且各地的做法不一。我们认为，对于此种情况，主要还是看民事案件的基本事实是否能够查清，或者说立案的刑事案件对民事案件的基本事实认定是否会构成实质性影响。如果民事案件的基本事实根据现有证据能够查清并作出认定，刑事案件结果不影响民事案件基本事实的认定，则无需中止民事案件诉讼。这样做，可以防止一些当事人意图借助刑事立案拖延民事诉讼的情况发生，及时有效地保护债权人的合法权益。当然，如果刑事案件的处理结果对民事案件的基本事实认定构成实质性影响，法院应分别不同情形依法作出适当处理，即对于民事案件基本事实需要等待刑事案件处理结果作为依据的，裁定中止诉讼；对于民事行为本身涉嫌犯罪的，应裁定驳回起诉并向侦查机关移送相关线索和材料。

3. 民事案件需查明的基本事实必须以刑事案件审理结果为依据。此处的刑事案件"审理结果"不仅包括刑事判决主文，而且包括刑事判决中对有关事实、行为甚至过错的查明和认定，对提起附带民事诉讼的还包括附带民事诉讼部分的赔偿等。民事案件以刑事案件的审判结果为依据的案件主要有以下几类情形：一是刑事案件的犯罪嫌疑人与民事纠纷的当事人发生竞合，并确有必要追究犯罪嫌疑人刑事责任。二是民事纠纷和刑事案件基于相同的事实，虽然责任主体并不发生竞合，但民事事实的查清和民事责任的确定须以刑事案件处理结果为依据。三是刑事案件和民事案件基于不同的事实，但不同的事实之间存在关联，同时民事案件事实的认定和被告民事责任的承担须以刑事案件认定事实为依据。如张三伪造甲公司印章与李四签订借款合同，款项借到后供自己挥霍，李四追款不成，李四起诉甲公司，而甲公司刑事告诉张三伪造公司印章罪正在审理，则甲公司是否需承担还款责任须待张三伪造印章罪是否成立。

【审判实践中应注意的问题】

审判实践中适用本条规定，应注意以下几个问题：

1. 当事人在起诉前已进行刑事告诉的不影响民间借贷纠纷案件立案。对于原告的起诉是否予以立案，应当按照《民事诉讼法》第119条规定的起诉条件进行审查，只要原告的起诉符合该条规定的条件，人民法院即应当予以登记立案，不能以原告在起诉前已进行刑事告诉或国家有关部门已启动刑事追诉程序为由，对原告的起诉不予立案。民事案件受理后，如果民事案件处理确须以刑事案件的审理结果为依据，否则民事案件的基本事实无法查清的，可以裁定中止诉讼；发现确实涉嫌犯罪的，应当裁定驳回起诉。

2. 裁定中止民事案件审理无须经过开庭程序。开庭是查明案件事实的重要形式，案件一般只有经过当事人在庭上陈述、答辩、举证、质证等，才能对基本事实作出认定，《民事诉讼法》也规定所有证据必须经过法庭出示、质证才能采信为定案的根据。因此，对需要中止的诉讼一般需经过开庭，但开庭不是法院查明案件事实的唯一途径，尤其是二审审理中，二审法院经过阅卷、调查和询问当事人，对没有提出新的事实、证据和理由的案件，合议庭认为不需要开庭的，可以不开庭审理。因此，开庭不是适用本条规定中止民事案件审理的必经程序。

3. 中止后有新的证据证明民事案件基本事实无须以刑事案件审理结果为依据的，应当恢复审理民事案件。适用本条规定中止民事案件审理的主要原因是民事案件基本事实认定须以刑事案件审理结果为依据。案件中止审理后，当事人补充提供新的证据能够证明民事案件基本事实，且可以明确刑事案件处理结果对民事案件基本事实认定不构成实质性影响的，则中止审理的原因已不复存在，故应当恢复民事案件审理。

4. 关于与中止民间借贷纠纷案件审理相关的证据材料的调取问

题。民间借贷纠纷案件审理中，常常出现当事人提出与案件有关的部分事实已有刑事告诉或刑事案件审理，但因民事案件与刑事案件的处理不是同一法院、同一部门，故无法取得有关的证明材料，因而申请法院调取的情况。对此，审理民间借贷纠纷案件的法院应当根据案件审理需要，依据《民事诉讼法》第64条的规定，按照当事人提供的线索与有关单位联系，调取相关证据材料，以查明案件是否属于需要中止审理的情形。

第八条 【出借人起诉担保人的"民刑交叉"处理原则】

借款人涉嫌犯罪或者生效判决认定其有罪，出借人起诉请求担保人承担民事责任的，人民法院应予受理。

【条文主旨】

本条是关于借款人涉嫌或构成刑事犯罪时出借人起诉担保人的"民刑分离"司法处理原则的规定。

【条文理解】

本条承继了2015年《民间借贷规定》第8条的规定，仅作了文字的调整。

随着经济社会的发展，我国从资本穷国逐渐变成资本大国，民间借贷引发的问题日益受到广泛关注。在审判实践中，存在着大量的民间借贷纠纷案件都与非法吸收公众存款犯罪和集资诈骗犯罪等刑事案件交错的情况。在这种情况之下，如何来协调处理刑事案件和民事案件是人民法院处理民间借贷纠纷中比较重要的一个问题。《办理非法集资案件意见》。按照此意见，人民法院在审理民事案件中如果发现有非法集资的犯罪，应当要将案件移送公安机关或者检察机关。2015年《民间借贷规定》第5条及修正后的本规定第5条，对这个问题进行了重申，规定："人民法院立案后，发现民间借贷行为本身涉嫌非法集资犯罪的，应当裁定驳回起诉，并将涉嫌非法集资等犯罪的线索、材料移送公安或者检察机关。"但是，在审理非法集资的案件过程中，可能会涉及担保人的担保责任问题，能否因一部分当事人的非法集资犯罪就认定整个合同无效，担保人的担保责任也没了，当事人起诉担保人的，人民法院能不能作为民事案件受理，过去在审判实践中有争议。2015年《民间借贷规定》第8条确立了借款人涉嫌或构成刑事犯罪时出借人起诉担保人的"民刑分离"司法处理原则，这条原则对保障出借人的利益发挥了重要作用，此次修正本规定时，我们对这一司法处理原则予以保留。

借款人与出借人缔结借款合同，由第三人提供担保，本属典型的民事法律关系，但因借款人涉嫌犯罪或者生效判决认定其有罪，案件的法律事实产生了刑事和民事的交叉，根据刑事和民事法律规范，分别产生了刑事和民事两种不同的法律责任，涉及完全相同或者部分相同的主体承担，需要通过刑事诉讼运用公权力进行制裁与通过民事诉讼对私权利进行救济，这就产生了民间借贷纠纷中的民刑交叉问题。

对于民刑交叉案件的内涵与外延，截至目前仍没有一个完全统一的认识。早在十年前，最高人民法院就已着手研究制定民刑交叉问题司法解释，但迟迟未能成稿，可见这一问题的复杂性。目前，审判实践中对民刑交叉案件的判断标准，一般是以案件所涉及的法律事实、法律关系、法律责任为根据的：（1）就法律事实而言，民事案件与刑事案件的法律事实应系同一法律事实或法律事实部分相同。（2）就法律关系而言，只有同时涉及两个法律关系即民事法律关系和刑事法律关系的案件，才有可能体现民刑交叉的问题，才能构成民刑交叉案件。原则上讲，刑事法律关系与民事法律关系本身就是不同的，此处法律关系的交叉，主要是指法律关系的主体，即诉讼主体或者责任主体的交叉，即案件刑事部分的犯罪嫌疑人、被害人与案件民事部分被告、原告应当完全相同或者部分相同。（3）就法律责任而言，指同一法律事实基于不同的法律部门的法律规定以及损害后果的多重性，而应当使责任人向权利人承担多种内容不同的法律责任形态。

民刑交叉案件的处理程序，是一个十分棘手的问题。理论界对该问题仁者见仁，智者见智，有的认为一律应当先刑后民；① 有的认为先刑后民与现代法治理念不符，应当实行先民后刑；② 还有的认为应当根据具体情况分别适用刑事优先、民事优先或者民刑并行。③ 1985年8月19日发布的《最高人民法院、最高人民检察院、公安部关于及时查处在经济纠纷案件中发现的经济犯罪的通知》和1987年3月11日发布的《最高人民法院、最高人民检察院、公安部关于在审理经济纠纷案件中发现经济犯罪必须及时移送的通知》表明，在改革开放初期，司法机关处理民刑交叉案件坚持"先刑后民""刑事优先"原则。1997年《存单纠纷规定》和1998年《经济纠纷案件涉及犯罪嫌疑规定》，都明确了经济纠纷与经济犯罪可以分开审理的基本原则。目前，我国民刑交叉案件的司法处理程序大体可分为"先刑后民""先民后刑"和"刑民分离"三种模式。在以往的司法实务中，只要与犯罪行为有关，通常便不再将合同纠纷作为民事案件处理，而直接移送有关部门，通过刑事诉讼程序对犯罪行为人的刑事责任和对被害人的经济损失救济进行"一揽子"解决，而对合同效力及合同责任基本不考虑。对于非法集资犯罪，人民法院一般以非法集资形成的借款合同是非法合同为由，不受理非法集资活动引发的民事诉讼。④ 近年来，随着民事权利保障的勃兴，有法官和学者主张从民事法律的视角来评判此类合同效力。

借款人涉嫌犯罪或者被生效刑事判决认定为犯罪，最为典型的就是借款人涉嫌非法集资的问题。非法集资并非一个确定的犯罪名称，而是包括了非法吸收公众存款、集资诈骗罪等犯罪名称。在民间借贷涉嫌刑事犯罪的案件中，较多表现为数个借款行为叠加后转化为非法

---

① 参见曾亚杰：《略论司法实践中"先刑后民"原则的理解与执行》，载《湖南省政法管理干部学院学报》2001年第6期。
② 参见陈兴良：《关于先刑后民司法原则的反思》，载《北京市政法管理干部学院学报》2004年第2期。
③ 参见薛进展：《刑事优先原则适用与限制的具体途径》，载《法学》2006年第2期。
④ 崔永峰、李红：《非法吸收公众存款犯罪中民间借贷合同效力认定》，载《中国检察官》2012年第1期；姚辉：《民间借贷的法律规制》，载《政治与法律》2013年第12期。

吸收公众存款罪、集资诈骗罪等犯罪的情形。以非法吸收公众存款罪为例，非法吸收公众存款的犯罪行为通常以民间借贷的合法形式表现出来。非法吸收公众存款罪的刑事法律事实是数个"向不特定人"借款行为的总和，从量变到质变。非法吸收公众存款犯罪的嫌疑人向他人借款时，往往由第三人提供担保，且多为连带责任保证。第三人为单个借款债务提供担保，是基于意思自治的合同行为，单个借款行为并不侵犯刑事法律规范，且担保关系发生在贷款人与第三人之间，故单个借款行为叠加后构成刑事犯罪，不应牵连第三人为单个借款行为提供的担保，第三人与贷款人之间的担保法律关系还应认定为独立于刑事法律关系的单纯民事法律关系。集资诈骗罪、非法吸收公众存款罪的设立，是站在社会公共利益及市场秩序的立场，对当事人意思自治的适度干涉与调整。如何在合同意思自治原则与非法集资犯罪所保护的金融秩序法益之间找到一个平衡点，是妥善处理民间借贷民刑交叉问题的核心和关键。

针对借款人涉及刑事犯罪时出借人起诉担保人的纠纷，本规定承继了2015年《民间借贷规定》采取的"民刑分离"的程序处理模式，即借款人涉嫌犯罪或者生效判决认定其有罪，出借人起诉请求担保人承担民事责任的，人民法院应予受理。主要有以下考虑：

1. 单个的民间借贷担保行为与非法集资等犯罪是否存在冲突仍不无疑问。单个的借款行为仅仅是引起民间借贷这一民事法律关系的民事法律事实，并不构成非法吸收公众存款、集资诈骗的刑事法律事实，因为非法吸收公众存款等犯罪的刑事法律事实是数个"向不特定人借款"行为的总和，从而从量变到质变。换言之，合同与犯罪二者所评价（或适用）的对象并非一致，前者针对的是单个借款担保行为，后者则旨在评价向数个"不特定人借款"的行为。第三人为单个借款债务提供担保，是基于意思自治的合同行为，单个借款担保行为并不侵犯刑事法律规范，且担保关系发生在贷款人与第三人之间，故单个借款行为叠加后构成刑事犯罪，不应牵连第三人为单个借款行为提供的担保，第三人与贷款人之间的担保法律关系还应认定为独立于刑事法律关系的单纯民事法律关系。

2. 刑法规范一般不直接调整私法行为，其中的强制性规定只是对某类犯罪行为进行规制，本身并不规定私法行为的效力，故刑法规范中的强制性规定往往不能直接援引作为确定合同效力的依据，需结合其他规范加以解释。而就实际效果看，如果单以借款行为事后被认定为集资犯罪，就推翻前面一切民事法律行为的效力，最终会抑制民间融资的健康发展。民间借贷合同的效力需要通过审理案件确定。但即便借款人涉嫌犯罪或者已经被认定有罪，从民事诉讼程序的角度，出借人仍然有权以担保人为被告提起民事诉讼。担保人以借款人涉嫌犯罪主张不承担民事责任的，应从实体而非程序上行使抗辩权。

3. 借款人涉嫌或构成刑事犯罪时出借人起诉担保人的民间借贷纠纷，若刑事介入较深，民事介入较浅，出借人原本希望以介入较浅的民事或其他途径解决纠纷，但刑事程序介入后，出借人的主导地位不得不让位于介入的国家司法机关，从而丧失了其应有的选择权。[①] 而且，刑事程序的前置介入，确有可能在一定程度上构成对出借人民事权利救济的阻碍，有的借款人、担保人会利用"以刑止民"的方式拖延民事诉讼，尤其在一些没有最终侦破或者犯罪嫌疑人逃逸，或者因其他种种原因迟迟得不到审理的刑事案件中，由于刑事程序的阻滞，出借人的民事权利往往无法得到满足，或者权利行使的成本加大。因此，刑事优先原则的适用，有可能导致社会整体利益的保护与出借人个人利益保护之间的冲突与失衡。"刑民独立、并行为主"应为审理此类纠纷的基本原则。

【审判实践中应注意的问题】

1. 借款人已在刑事案件中被判非法吸收公众存款罪，而在民间借贷纠纷案件审理中发现法律事实涉嫌应被追究而未被追究的犯罪行为

---

① 参见杨亚民、包文炯：《刑事优先原则适用现状的考量》，载《法学》2006年第2期。

的，应如何处理？此种情况下，以往法院会依法裁定驳回起诉，将有关材料移送公安机关或检察机关。但公安机关或检察机关往往不会接受材料再次启动刑事程序，原告也不愿意通过刑事途径解决，若裁定驳回起诉，可能会造成债权人的权利无法得到救济，故继续审理效果更好。

2. 集资诈骗中被告（借款人）已经被判刑，被害人（出借人）以民间借贷纠纷为由向人民法院起诉要求借款人或担保人承担民事赔偿责任的，法院能否受理？刑事判决主文已经明确责任罪犯退赔，但在罪犯不主动履行的情况下，受害人的权利如何得到保障，是起诉民事赔偿还是直接申请强制执行刑事判决？对上述问题，在司法实践中，除诈骗类犯罪案件刑事判决必须写明追赃之外，其他案件刑事判决一般不涉及追赃，而且即使涉及追赃的，一般也不会去执行，故被害人的合法权益通过刑事诉讼不能得到充分保护是客观存在的。因此，在刑事判决未涉及追赃或者虽然涉及追赃但被害人未获全部退赔的情况下，对被害人以民间借贷纠纷为由提起的民事诉讼，应予以受理。但关于未获退赔的事实，需要原告（出借人）提供初步证据。

3. 借款行为本身涉嫌非法集资犯罪的情况下，保证人向出借人承担保证责任后，可否向借款人提起民事诉讼追偿？依据本规定第 5 条、第 8 条的规定，此种情形下，出借人向借款人提起诉讼的，人民法院应当裁定驳回起诉，但出借人可请求保证人承担民事责任。保证人承担民事责任后，可否向借款人追偿，再提起民事诉讼，存在很大争议。一种观点认为，使用借款并从中受益的是借款人而非保证人，基于权利义务对等原则，最终承担义务的应是借款人。若不允许保证人向其追偿，保证人又不是刑事案件的被害人，其不能通过刑事案件的退赔程序受偿，其利益无法保障，这对保证人不公平。因此，保证人承担保证责任后，有权向债务人追偿。另一种观点认为，保证人所担保的主债权是基于借贷行为所产生的，在借贷行为本身涉嫌非法集资犯罪的情形下，借款行为成为犯罪行为的构成部分，出借人成为被害人，其对借款人的主债权已转化为在退赔程序中按比例受偿的权利。而保证人向借款人追偿的基础仍然是此借款行为，因此不宜再通过民事程序审理追偿权诉讼，否则和允许出借人直接提起民间借贷诉讼无异。我们认为，上述两种观点皆有道理，从理论上讲，后一种观点更有利于坚持处理的同一性，也更接近本规定第5条起草的本意，但如何保障保证人的追偿权确实值得考虑，需要探索刑民衔接的新思路，如能否扩大刑事退赔的范围，将已承担担保责任的保证人加入司法登记范围，和其他被害人一起按比例平等受偿等。

第九条 【自然人之间借款合同成立时间】

自然人之间的借款合同具有下列情形之一的,可以视为合同成立:

(一)以现金支付的,自借款人收到借款时;

(二)以银行转账、网上电子汇款等形式支付的,自资金到达借款人账户时;

(三)以票据交付的,自借款人依法取得票据权利时;

(四)出借人将特定资金账户支配权授权给借款人的,自借款人取得对该账户实际支配权时;

(五)出借人以与借款人约定的其他方式提供借款并实际履行完成时。

【条文主旨】

本条是关于自然人之间借款合同成立时间的规定。

【条文理解】

根据《民法典》第119条、第502条的规定,依法成立的合同,对当事人具有法律约束力。依法成立的合同,一般自成立时生效。借款合同是《民法典》规定的一类典型的有名合同,借款合同的成立及生效时间,对于确定当事人的权利义务关系具有重要意义。《民法典》第679条规定:"自然人之间的借款合同,自贷款人提供借款时成立。"本法根据《民法典》第679条规定,考虑到自然人之间借款合同款项交付的多样性,列举了几种常见的交付方式,进而明确了自然人之间借款合同的成立时间。

本条是对2015《民间借贷规定》第9条的修正，2015年《民间借贷规定》第9条规定："具有下列情形之一，可以视为具备合同法第二百一十条关于自然人之间借款合同的生效要件：（一）以现金支付的，自借款人收到借款时；（二）以银行转账、网上电子汇款或者通过网络贷款平台等形式支付的，自资金到达借款人账户时；（三）以票据交付的，自借款人依法取得票据权利时；（四）出借人将特定资金账户支配权授权给借款人的，自借款人取得对该账户实际支配权时；（五）出借人以与借款人约定的其他方式提供借款并实际履行完成时。"上述规定主要是以当时有效的《合同法》为依据制定的，2021年1月1日，《民法典》即将正式施行，为与《民法典》精神、原则、条文保持一致，确保《民法典》的正确实施，我们对2015年《民间借贷规定》第9条进行如下修正：一是删除"合同法第二百一十条"并相应调整了文字表述顺序；二是将"合同生效"修改为"合同成立"；三是进行文字精简，删除第二项中"或者通过网络贷款平台"的表述。

一、关于"自然人之间的借贷"的理解

民间借贷根据参与主体的不同，可以分为自然人之间的借贷、自然人与法人或者非法人组织之间的借贷、法人或者非法人组织相互之间的借贷。在《合同法》制定之时，我国自然人之间的借贷多为生活消费之目的或者为解决燃眉之急，贷款人一般出于友情帮助提供无息或低息借贷，此种借贷方式并不违反法律、行政法规的强制性规定，因此为我国法律所认可和保护。

随着经济的发展，民间借贷主要的内生动力已经由改善生活需求转变为生产经营投资需求，而中小微企业融资难、融资贵的现状曾一度催生民间借贷乱象，民间借贷市场出现职业放贷人群体。职业放贷人是指未经批准，以经营性为目的，通过向社会不特定对象提供资金以赚取高额利息，擅自从事经常性贷款业务的法人、非法人组织和自

然人。① 需要明确的是，职业放贷人与自然人之间的民间借贷合同效力应如何认定？有的观点认为，职业放贷行为一定程度上缓解了中小企业融资需求，职业放贷人的放贷行为，不宜简单认定为无效。我们认为，职业放贷人所持有的资金量非常庞大，其以对外放贷为业，靠赚取利差牟利。这些人了解市场风险，具有与放贷相关的知识和经验，其行为与职业放贷机构并无本质区别，均属于商事行为，而非一般的民事行为。根据商法基本理论，商事行为应当申领牌照，接受有关部门的监管和引导。如我国香港特别行政区《放债人条例》规定："任何人经注册都可以从事放债业务，放贷的利率、金额、期限和偿还方式由借放款双方自行约定，但利率不得超过规定的年息上限6厘以上。"目前，我国规范性法律文件明确对从事金融放贷业务主体资质作出了严格限制，比如，《银行业监督管理法》第19条规定，"未经国务院银行业监督管理机构批准，任何单位或者个人不得设立银行业金融机构或者从事银行业金融机构的业务活动。"银保监会、公安部、市场监管总局、中国人民银行联合发布的银保监发〔2018〕10号《关于规范民间借贷行为维护经济金融秩序有关事项的通知》第3条要求："严格执行《中华人民共和国银行业监督管理法》《中华人民共和国商业银行法》及《非法金融机构和非法金融业务活动取缔办法》等法律规范，未经有权机关依法批准，任何单位和个人不得设立从事或者主要从事发放贷款业务的机构或以发放贷款为日常业务活动。"此外，职业放贷人往往与黑恶势力勾连，危害国家金融市场秩序和社会和谐稳定。刑事上明确打击的违法犯罪行为，民事上必须予以否定性评价。② 对此，我们认为，职业放贷行为，违反《银行业监督管理法》等法律的强制性规定，扰乱金融市场秩序，侵害人民群众合法权益，因此，职业放贷人与自然人之间的民间借贷行为，应认定为无效。

---

① 最高人民法院民二庭编著：《全国法院民商事审判工作会议纪要理解与适用》，人民法院出版社2019年版，第339页。

② 最高人民法院民二庭编著：《全国法院民商事审判工作会议纪要理解与适用》，人民法院出版社2019年版，第340页。

二、关于"合同成立"与"合同生效"的理解

合同的成立，是指当事人经由要约、承诺，就合同的主要条款达成合意，即合同当事人意思表示一致而建立合同关系，表明合同订立过程的完结。根据《民法典》第483条规定，承诺生效时合同成立。合同成立要件有二：一是要有两个或两个以上的当事人；二是当事人的意思表示一致。但是，在实践性合同中，仅有当事人的意思表示尚不能成立合同，还须有物的交付。应当说意思表示一致是合同成立的法律要件。

合同的生效，是指已经成立的合同在当事人之间产生一定的法律约束力，并产生预期的法律后果。合同成立后，能否发生法律效力，能否产生当事人所预期的法律后果，非合同当事人意思所能完全决定，只有符合生效条件的合同，才能受到法律的保护。合同生效有着与合同成立完全不同的法律要件，包括适用于一般合同生效的普通要件和适用于某些特殊合同生效的特别要件。普通要件有：当事人具有相应的民事行为能力、意思表示真实、合同内容合法且不违背公序良俗。特别要件除具备普通要件的内容外，还须具有：附生效条件或期限的合同，条件的成就或期限的到来；法律、法规规定应办理批准、登记等手续的合同，手续的完成等，在上述情况下，合同虽已成立，但却可能因各种原因而未能生效或自始无效。因此，合同成立与生效的区别是一个不争的事实。

（一）合同成立与生效的区别

合同成立，是指订约当事人就合同的主要条款意思表示达成一致。合同成立属于当事人意思自治的范畴，因此，大多数情况下，只要当事人对合同的主要内容达成意思一致，足以认定当事人之间成立了某种合同法律关系的，就应当认定合同成立，当然，实践合同在意思表示一致的基础上，还需要标的物的交付。但是，无论是诺成合同，还是实践合同，合同是否成立的确认权属于当事人，故在法律和行政法规规定或者当事人约定应采用书面形式的情形下，如果法律、行政法

规的规定系倡导性规范，则尽管当事人未采用书面形式但其也可以以一方履行合同主要义务、对方予以接受的方式认可合同成立。合同生效，是指依法成立的合同具备生效要件，完全发生法律效力。合同生效与合同成立不同，合同生效属于国家对合同的效力进行价值判断和效力评价的范畴，体现了国家干预原则。对于不具备法定生效要件的合同，由于当事人的意志不符合国家意志，故其不能发生订立合同当事人预期的法律效果，当事人不能依据自由意志对法定生效要件加以变更和排除。当然，尽管合同生效体现了国家干预原则，但由于合同自由是合同法的基本原则，因此，在合同生效领域，仍允许当事人对生效要件进行约定，但其前提是不能违反法律和行政法规的效力性强制性规定，不能违背公序良俗，不能损害他人合法权益。合同生效系以合同成立为前提，如果合同未成立，当然也不可能发生效力。依法成立的合同，对当事人具有法律约束力。当事人应当按照约定完备合同的生效要件，在其尚未具备生效要件时，其未完全发生法律效力，不存在违约责任的承担问题；而"合同生效以后当事人必须按照合同的约定履行"，否则应承担违约责任。

对于合同"成立"与"生效"，诚如目光敏锐的学者指出："合同成立制度与合同效力制度是各自独立又相互联系的两个概念。一方面，两者之间存在密切的联系，因为当事人订立合同旨在实现合同所能产生的权利和利益，这就要求合同应当对当事人具有约束力，以满足当事人的利益需求。特别是对那些依法成立且符合法定生效条件的合同而言，一旦成立就已产生法律效力。两者之间的这种密切的联系，常使人认为合同成立即为合同生效。但另一方面，两者又是不同的。合同的成立是合同订立的完结，旨在说明合同的形式，而合同生效是指合同的效力，旨在说明业已形成的合同是否具有适法性。"具体而言，合同成立与合同生效的区别在于：

1. 合同关系所属的阶段不同。合同成立属于合同订立阶段，是要约和承诺阶段的终结，不存在合同义务和合同责任问题；而合同生效是在合同订立终结后，开始实现合同目的，开始履行合同义务，处于履行阶段，因而存在必须履行义务及违约责任等问题。

2. 反映的内容不同。合同成立与生效是两个不同性质、不同范畴的问题。合同成立属于合同的订立范畴，解决的是合同是否存在的事实问题，是对合同的事实上的判断。而合同生效属于合同的效力范畴，解决的是已经存在的合同是否符合法律规定，是否条件成就或期限届至而具有法律效力的问题，是对合同的法律价值判断。

3. 体现的原则不同。合同成立要件体现合同自由原则，赋予当事人广泛的自主权，合同是否成立，只能从当事人的意思表示判断，不应夹杂着国家对合同的态度。法律的任务是为判断合同是否存在提供一些标准，这些标准是客观的，任何人依据这些标准，对合同是否成立都能作出同一的评判，这是合同成立制度的价值所在。合同生效要件体现的则是国家干预原则，由国家对合同的约束力予以干预。如果合同的内容不符合法律规定的生效要件，那就意味着合同当事人的意志不符合国家意志，自然不能取得当事人预期的法律效果。合同成立强调当事人合意，体现意思自治原则，只要具备意思表示一致这一基本事实，合同即告成立。合同生效强调立法者对合同关系的评价，体现国家对合同的干预，不仅要求意思表示一致，而且要求意思表示的真实性、自主性和合法性。

4. 作用不同。合同成立制度的主要作用在于判定合同是否存在；合同效力制度则在于规定已经存在的合同是否被赋予国家强制力为后盾的拘束力。

5. 解释的适用不同。合同成立与否在某些情况下可以适用合同的解释方法使之成立，鼓励当事人积极从事交易，减少交易成本。而对合同的效力而言，则不存在适用合同解释方法使无效合同转化为有效的可能性。

6. 时间上有差异。合同成立是合同生效的逻辑前提，合同只有在成立之后才谈得上进一步衡量其是否生效的问题。考察合同的生效，首先必须考察合同是否成立。合同虽已成立，但是否生效有待于进一步的判断。

总之，合同经过要约与承诺阶段即成立，但只有在法律规定的生效要件具备时，合同才得以生效。合同生效的起始时间依赖于合同的成立，合同成立是合同生效的前提。

（二）合同生效与未生效

关于合同生效，《民法典》第502规定："依法成立的合同，自成立时生效，但是法律另有规定或者当事人另有约定的除外。依照法律、行政法规的规定，合同应当办理批准等手续的，依照其规定。未办理批准等手续影响合同生效的，不影响合同中履行报批等义务条款以及相关条款的效力。应当办理申请批准等手续的当事人未履行义务的，对方可以请求其承担违反该义务的责任。依照法律、行政法规的规定，合同的变更、转让、解除等情形应当办理批准等手续的，适用前款规定。"此外，《民法典》第158、159、160条还分别规定了附条件的合同、附期限的合同，对合同生效的时间作出了其他规定。

合同未生效，是指已经成立的合同尚未具备生效要件，不具有完全的法律拘束力。合同未生效与合同无效不同。合同未生效只是合同尚不具备法定或者约定的生效要件，尚没有完全发生法律效力，并非表明其一定具有无效事由应作出否定性的价值评断。在其不存在无效事由且具有可以完成生效要件的可能性的情形下，可以通过促使法定或者约定和生效要件完备的方式使其生效。而绝对无效合同是"当然、自始、绝对、确定、永久"无效的合同，即使当事人有使其生效的意愿，但由于其存在无效的法定事由，故不能由当事人的自主意志和行为去变更、补正合同的效力。

有学者对于未生效合同的法律后果区分情形进行了分析：合同未生效不是终局的状态，而是中间的、过渡的形式，会继续发展变化。演变的结果可能有：（1）未生效的合同具备有效要件，但不具备生效要件。此类合同已经具有当事人必须遵守的拘束力，只是尚无履行的效力。附停止条件的合同在条件尚未成就场合，附始期的合同在始期尚未届至场合，均属此类。（2）未生效的合同在某个阶段具备了生效要件，转化为合同生效，发生了当事人所期望的法律效果，进入履行的过程。(3)未生效的合同在某个阶段出现并存在无效的原因,成为确定无效的合同。(4)未生效的合同一直没有具备生效要件,也没有出现无效的原因。第二种情形由履行和违约责任制度解决,第三种情形由无效和缔约过失责任甚至罚没制度管辖,第一种情形可能发展为第二种情形,也可能演变为第三种情形。第四种情形的后果最为复杂,需要较为详细讨论。如果当事人各方都不积极促成合同生效,也不撕毁合同,那么,合同既不生效履行,当事人也不负缔约过失责任,更无违约责任的产生。如果当事人任何一方明确告知对方不再遵守合同,或者以自己的行为表明,即使合同届时具备生效要件,也不履行合同,那么,在对方当事人没有依法促成合同生效的情况下,缔约过失责任成立,有过错的一方向对方赔偿信赖利益的损失。该观点详细分析了未生效合同的不同发展方向,对合同效力以及责任形式进行了规定,较为详尽。关于不具备生效要件合同的处理,学理通说认为,过错方应承担缔约过失责任,缔约过失责任的责任方式为赔偿损失。但在存在着可以办理有关手续、完成生效要件且当事人有此诉求的情形下,如果只判令过错方承担赔偿损失的责任,而不能判令当事人办理生效手续使合同生效,则有违合同未生效的基本法理,也纵容了不诚实信用一方拒不办理生效手续的不诚信行为,有损相对人的合法权益。尽管合同生效制度体现了国家对合同自由的干预,但该干预不能否定合同自由,因此,在可以促使合同生效成就的情形下,我们应遵循依据当事人的自由意志、尽量促使当事人完成生效条件的原则去处理未生效合同,以最大限度实现当事人订立合同的目的,促进社会财富的增加。但在无法完成生效要件的情形下,则只能判令有过错的当事人承担赔偿损失和相关费用的赔偿责任。正是基于这样的思路,我们认为,因尚不具备法定生效要件而未生效的合同,当事人应承担缔约过失责任,该责任方式有两种:一是人民法院可以根据案件的具体情况和当事人的请求,依据《民法典》第502条规定,判决相对人办理有关手续;二是赔偿该当事人的信赖利益损失并承担相关费用。

三、关于自然人之间借款合同性质

(一) 诺成合同与实践合同

根据合同的成立是否以交付标的物为条件,合同可以分为诺成合同与实践合同。所谓诺成合同,是指当事人一方的意思表示一旦经对方同意即能产生法律效果,即"一诺即成"的合同。此种合同的特点在于,当事人双方意思表示一致,合同即告成立。实践合同又称要物合同,是指除当事人双方意思表示一致外,还须交付标的物才能成立的合同。在这种合同中,仅凭双方当事人的意思表示一致,还不能导致合同成立,还必须有一方实际交付标的物的行为,才能产生法律效果。①

诺成合同与实践合同的区分,乃沿袭罗马法而来。但在今天,意思自治已得到现代私法的普遍承认,诺成合同"因其对意思自由的完美体现,将'信用'提高到一个新的保护高度,已成为合同的通例甚至同义语"。而实践合同,尽管亦为近现代诸多大陆法系国家民法所继受,然而,自近代自然法学者开始,其存在的合理性及其价值颇受质疑与批判,以至于现代民法学说大多认为,传统的实践合同中各种合同有着不一样的社会与经济功能,这些功能并没有一致性;从技术结构而言,各种合同中的"交付"也各自产生不同效力。将如此不同的各种合同以"交付"作为连结点凑合成一个类别其实并没有令人信服的理由。同时,尊重当事人的意思自治,当事人之间对于合同的生效时间另有约定的,从其约定。根据合同自由原则,应允许当事人对传统的实践合同约定当事人达成合意即可成立合同,而无需标的物之交付。

自然人间的借款合同是实践合同,它不是在双方达成协议时成立,而是自贷款人提供的贷款被借款人接受时成立。因此,协议达成后,

---

① 王利明:《合同法研究(第一卷)》(第三版),中国人民大学出版社2015年版,第26页。

贷款提供前，贷款人可以将允诺撤回，借款人无权要求法院强制贷款人履行诺言，提供贷款。立法规定自然人之间的借款合同是实践合同，主要原因在于因为金融机构为主体的借款合同一般标的数额较大、订立合同的手续复杂、严格，需要遵守有关法律、行政法规及规章的各种规定。同时，这类合同往往需要设定担保，如果作为主合同的借款合同不是诺成性即成立，那么，作为从合同的担保合同也无法成立。因此，金融机构借款时，贷款人与借款人达成书面协议，借款合同即为成立。而自然人之间借款一般都属于互助性质的，无息的情况较为普遍，当事人在借款合同中关注的是借款这一事实能否被证明，因而对合同的形式并不注意。大多数情况是一手交钱，另外再写一个借据，其形式比较简单。即使当事人采用了书面形式，贷款人不支付借款的，也不宜要求其必须交付，否则会给出借人增加过重的责任。因此，规定自然人之间的借款合同自贷款人交付借款时成立，有利于确定当事人的权利义务，减少纠纷发生。立法者对自然人之间的借款合同规定了要物性要件，对贷款人的利益特别地加以保护，是无偿、互助性借款合同的必然要求。这样规定的目的是充分保护贷款人的利益。贷款人没有义务必须将贷款提供给借款人，是否提供贷款属于贷款人的自由。贷款提供之前，贷款人可能由于自己的财产状况发生变化，或者对于借款人的信用产生疑虑，或者基于其他原因，可以通过撤回允诺，以免遭受损失。因此，《民法典》第679条实质上是要保护贷款人利益。至此，我们可以梳理出一个环环相扣的关系链条：无偿互助的借款合同贷款人的利益保护需要反悔权作为放款自由的要物性要件。一言以蔽之，贷款之提供除了可以引起还款义务之外，在其被设定为要物性要件时，的确还可以发挥赋予贷款人"反悔权"的作用。

（二）自然人之间借贷合同性质之讨论

值得讨论的是，理论界对于自然人之间的借款合同的实践性一直在进行反思。反对将自然人之间的借款合同为实践合同的观点认为，自然人之间借款合同规定为实践合同并不见得合理。理由如下：其一，限制私法自治、契约自由。"私法自治始终还是支撑现代民法的基础",合同作为当事人规划安排自己未来风险的方式,具有相对性,其仅事关双方当事人的私益,此故有契约自由与合意主义之所求。因此,除非合同事关公益或第三人利益,否则,国家实难寻获足够充分正当的理由去强制介入私人自治领域。正如约翰·密尔所言:"只要不对他人作出损害,人们可以对自己的生活作出自由选择。"然在要物合同,立法特以物的交付作为合同成立的法定强制要件,以此去更多关注和保护当事人一方的私益。此完全管制的方式实有越俎代庖之嫌疑,以"家父主义"式的思维去想象每个个体应被监护的精神状态,其妥当性很值得怀疑。因为,每一个个体都是自身利益的最佳判断者,每个人都会有不同的偏好,"很多偏好是内生的,或者是偶然的",而现代社会所强化的知识分工特性不可避免地使"所有个人知识皆以分散、不完全的方式存在",故立法者绝非全知全能,其无力去替代当事人就个案作出合理判断。因此,以"物的交付"作为合同成立的管制要件,不仅未必能保护当事人,更可能限制当事人的自治空间,在某种程度上"剥夺了当事人依个案情况进行规划的可能性"。

其二,破坏"有约必守"的民法法则。私法自治使得私人得依其理性判断去选择、参与市民生活,而参与者对于参与所导致的结果的承担,则是题中应有之义。"承担是参与的必然逻辑。唯参与是自由的、自主的,故而结果便只能归于参与者"。因此,有约必守成为现代社会的一个基本法则,其"并不是具体法律制度才提出的一种要求,而是渊源于道德,因为约定作为人类的一项道德行为是具有约束力的。所以,有约必守是人与人之间、国家与国家之间形成任何一种并非仅仅以权力关系为基础的秩序的先决条件"。而在要物合同,于完成物之交付前,当事人之间单纯的合意无以成立合同,其中一方当事人得以不交付物而毁约,"这种制度设计必然导致当事人因此可以漠视契约的道德约束功能","有约必守"观念的神圣性因此遭到破坏。毕竟,"有约必守"原则自应包含"对心甘情愿者不存在不公正"的含义。因此,是否须强调"物的交付"作为合同成立的一般性管制要件,而完全否弃单纯合意的拘束效力,殊值深思。其三,不利于保护合同相对方的信赖利益。要物合同的规则设计，实质上相当于赋予利益出让方单方毁约权，而其规则前提应在于认为此中受益方无信赖利益或其利益不值得保护。但事实显非如此，法律切不可完全无视受益方于此可能存在的法益。特以借贷合同为例，借用人至少存在如下信赖利益：(1) 因相信出借人会交付借用物，而放弃与其他主体就同类合同的缔结机会而失去的机会利益；(2) 因相信出借人会交付借用物，而就借用物作出进一步预先处分而可能取得的利益。如相信出借人会借款若干而与第三方签订买卖合同，若出借人不付款，将使借用人无力付款，构成对第三人的违约。此在信用经济日益发达，交易链条渐趋复杂的今天，殊值关注。因此，要物合同的规则设计本旨在赋予利益出让方更多的合同自由，以平衡其单纯受损的地位，但却以完全牺牲受益方可能存在的信赖利益为代价，此似乎有矫枉过正而陷入另一种失衡状态之嫌。① 其四，不符合比例原则的要求。根据合同自由原则，合同借当事人合意即可成立并原则上具有法律效力，若要对此创设例外，应有其所欲达成的立法目的，并有其实质理由。"国家为更高的价值或公益而为强制或干预时，应有正当理由。"不仅如此，强制或干预的措施、程度应与所欲达致的目的保持一致，此为比例原则的当然要求。实践合同往往与无偿合同相关，将自然人之间借款合同定性为实践合同是基于该合同无偿性的考虑。在无偿的借款合同中，通过严格借款合同的成立要件，使贷款人在合意达成后交付标的物前能有机会考虑斟酌是否成立借款合同，借警告功能的发挥，以保护贷款人的利益。然而，并非所有自然人之间的借款合同均为无偿合同，自然人之间的借款合同为有偿合同更为普遍。将有偿借款确认为实践合同则难以提供正当理据。在有偿的借款合同，实行借款合同的要物性，势必会损害借款人的利益。若借款合同的成立需要践行交付借款的要件，则在达成借款合意后，亟需融资的借款人无任何依据可请求贷款人交付借款，只能够痴痴等待贷款人主动交付借款，难以达成欲成立借款

---

① 郑永宽：《要物合同存在现状及价值反思》，载《现代法学》2009 年第 1 期。

合同的目的。此时，即使借款人遭受损失，也只能要求贷款人承担缔约过失责任而已，此对借款人殊为不利。综上，有观点认为，应当从我国的立法情况出发，即根据合同自由原则，应允许当事人约定成立诺成的借款合同，即自然人之间在订立借款合同时可以约定，当事人达成合意即可成立借款合同。此时，该合同无须贷款人提供贷款即可有效成立。

四、关于自然人之间借款合同成立的时间

在司法实践中，出借人将所借款项交付给借款人的方式多种多样，对于交付时间认识不完全相同，因此对合同成立的时间判法不一。为统一裁判尺度，本规定针对自然人借款实践中主要的几种交付方式，规定了相应的合同成立时间。实际上，无论交付方式如何不同，由于借款合同的合同目的的实现在于能够取得对于所借款项的控制权，自然人之间的借款合同作为实践合同应当以借款人取得所借款项的实际控制权为准。司法解释的上述规定主要也是考虑了这一因素，区分了具体情形，即以现金交付的，自借款人收到借款时成立；以银行转账、网上电子汇款等形式交付的，自资金到达借款人账户时成立；以票据交付的，自借款人依法取得票据权利时成立；出借人以将特定资金账户支配权授权给借款人等方式交付的，自借款人取得对该账户实际支配权时成立；出借人以与借款人约定的其他方式交付的，以实际履行完成时成立。上述五种情况基本上涵盖了司法实践中自然人之间交付款项的具体情形。

（一）以现金方式交付

对于现金交付，在司法实践中一般不持异议，即从借款人收到借款时成立。

（二）以电子资金转账方式支付

电子资金转账是民间借贷法律关系中一种常见的交付方式。电子资金转账是指以各种电子工具为手段访问银行账户，向银行账户中存

款、从银行账户中取款和进行银行存款转账的一种转账方式。① 电子资金转账是计算机在支付结算领域的应用，具有无纸化、交易便捷、全程留痕等特点，银行转账、网上电子汇款是主要的电子资金转账类型。随着互联网支付的发展，目前，除了银行业金融机构外，具备相应资质的第三方支付机构也可开展互联网支付业务，这种依托互联网的支付方式，本质也属于电子资金转账支付。

通过电子资金转账形式支付款项的，有时资金汇出与资金到账存在时间差，这种情况下，资金汇出时借款人并未取得所借款项的控制权，其不能使用支配资金，故本规定明确采用此种方式交付的，自资金到达借款人账户时合同成立。

需要注意的是，本次修正删除了"或者通过网络贷款平台"的表述。这是因为，中国人民银行、工业和信息化部、公安部、财政部、原国家工商总局、原国务院法制办、原中国银行业监督管理委员会、中国证券监督管理委员会、原中国保险监督管理委员会、原国家互联网信息办公室于2015年7月18日联合下发《关于促进互联网金融健康发展的指导意见》，意见指出，个体网络借贷是指个体和个体之间通过互联网平台实现的直接借贷。在个体网络平台上发生的直接借贷行为属于民间借贷范畴，受合同法、民法通则等法律法规以及最高人民法院相关司法解释规范。个体网络借贷要坚持平台功能，为投资方和融资方提供信息交互、撮合、资信评估等中介服务。个体网络借贷机构要明确信息中介性质，主要为借贷双方的直接借贷提供信息服务，不得提供增信服务，不得提供非法集资。据此，网络贷款平台的定位为信息中介机构，自然人之间通过网络贷款平台达成借贷合意以及交付资金，仍然属于以电子资金转账方式支付的民间借贷，为精简表述，明确网络贷款平台定位，本规定作出上述修正。

（三）以转让特定资金账户支配权的方式交付

有的当事人将特定资金账户支配权授权给借款人管理支配，这意

---

① 刘志光：《电子资金转账的法律问题研究》，载《金融电子化》2000年第5期。

味着借款人有权对账户内的资金行使占有和处分权。因此,借款人取得对该账户支配权时,借贷合同成立。

(四) 以票据形式交付

票据权利是证券权利,一般情况下,取得和行使票据权利,以持有票据为前提。但是,票据权利的取得并不完全等同于票据取得,有些情形下,虽然持票人持有票据,但并不能够享有票据权利,只有持有票据并具备相应的法律要件,才能取得票据权利。对票据权利取得要件的研究,对票据立法的完善及司法实践中合理协调相关当事人的权利具有非常重要的意义。以票据行为取得票据时,除具备一般要件外,还应具备相应的特殊要件,此种特殊要件总体上讲是指某一特定票据行为的有效要件。

票据是一种无因证券,票据关系是一种形式关系或抽象关系,最初通过由出票人发出票据、收款人取得票据这种票据授受的形式而产生,至于当事人授受票据的原因或实质交易内容,不属于票据关系的内容,授受票据的原因或实质交易在票据授受之前就存在,票据关系则只能发生在票据接受之后。票据的无因性是世界上绝大多数国家的票据立法及票据法理论中普遍公认的制度,也是保障票据流通、促进票据功能发挥、使票据在社会经济生活中有其存在价值的支柱,任何与票据无因性根本抵触的制度都违背票据制度的宗旨。根据票据无因性的原理,票据关系与基础关系的效力是分离的,票据关系一经形成就与基础关系相分离,基础关系是否存在、是否有效,原则上对票据关系不发生影响。就票据关系的内容本身而言,只是持票人享有票据权利,票据债务人承担票据责任,并不包含持票人向出票人、背书人、承兑人等票据债务人承担对应票据义务的内容。

以票据行为取得票据是票据使用实践中的普遍形态,包括因出票取得和因票据转让取得,票据转让取得包括背书转让和直接交付转让。在以票据行为取得票据时,只有票据行为有效,持票人才能取得票据权利,对于某一具体票据行为而言,其有效要件包括以下几个方面:一是票据行为的形式要件。形式要件又包括记载事项和交付,其中出票行为的记载事项是票据权利取得的一般要件。而出票中的交付与票据转让中的交付以及背书转让的记载事项则是以票据行为取得票据时持票人取得票据权利的特殊要件；二是票据行为的实质要件。包括行为能力与意思表示，其中真实的意思表示又包含在以合法手段取得票据这一票据权利取得的一般要件之中，即因欺诈、胁迫等手段实施票据行为的，属于以不合法的手段取得票据。在票据上签章实施票据行为的人具有行为能力是以票据行为取得票据权利的特殊要件。需要说明的是，法人或非法人组织在票据上签章实施票据行为，不存在无行为能力的问题。三是签章的真实性。持票人从出票人或背书人处取得票据，只有出票人或背书人的签章是真实的，才能取得票据权利，因此签章的真实性也是以票据行为取得票据权利的特殊要件。①

（五）当事人约定以其他方式交付

《合同法》尊重当事人的意思自治，如果当事人就交付方式另有约定的，只要不违反法律、行政法规的禁止性规定，不违背公序良俗，不损害他人合法权益，应当从其约定。有观点认为，现行法上虽然规定自然人之间的借款合同为要物合同，但这并不能妨碍当事人双方按照契约自由原则，自愿在本金提供之前就订立诺成性的借款合同。这时，"本金的提供"便不再作为要物性合同的成立要件了，而是基于当事人的意思，一变而为诺成性合同项下的义务。与要物的借款合同相比，诺成的借款合同在法律上意味着：贷款人放弃了原来可以拥有的反悔权，并且将自己在要物合同下的"放款的自由"，变成了诺成合同下"放款的义务"。贷款人法律地位的如此改变，不能由法律随意地进行推定，而只能建立在当事人明确无误的意思表示的基础上。为此，双方订立书面合同较为安全。需要指出的是，在现行法律规定的框架内，这种观点改变了法律对于借款合同诺成性的规定，因而是不可取的。当事人另行的约定只能是对于借款提供方式的特殊约定，而非改变借款合同的性质。当事人约定其他借款提供方式的，从其约

---

① 吕来明：《票据权利取得的要件与对价问题》，载《商法研究》2001年第4期。

定，但借款合同的成立时间仍然为款项实际交付之时。

【审判实践中应注意的问题】

借款合同签订后，出借人没有履行将所借款项交付借款人的义务，双方当事人能否要求解除合同。我们认为，因为涉案争议合同系自然人间的借款合同，属法定实践性合同，以款项交付为成立条件，既然款项并未实际交付，那么合同即未成立生效。根据通说，合同解除系指于合同成立生效后，因当事人一方之意思表示或双方之协议，使因合同产生之权利义务归于消灭之行为。理论上于合同成立生效前或合同已经双方当事人履行其给付义务后，不可能发生解除合同之情形。合同解除需以合同成立并生效为条件，故一方要求解除该合同，缺乏合同有效成立的基础条件，其无法请求解除合同，但可根据诚实信用原则要求对方承担缔约过失责任。

第十条 【企业间借贷合同的效力】

法人之间、非法人组织之间以及它们相互之间为生产、经营需要订立的民间借贷合同，除存在民法典第一百四十六条、第一百五十三条、第一百五十四条以及本规定第十三条规定的情形外，当事人主张民间借贷合同有效的，人民法院应予支持。

【条文主旨】

本条是关于企业间借贷合同效力的规定。

【条文理解】

一、企业间借贷独立于民间借贷的传统认识

企业间借贷合同，是指企业之间订立的，由一方向另一方给付货币，另一方在约定的期间内归还相应货币，同时可能还要支付一定利息的合同。一方是金融机构的借贷合同，因要纳入正规金融体系，由特别法予以调整。本条所规定的是属于非金融机构的法人、非法人组织对外发生的借贷，本条所指的法人、非法人组织均是根据本规定第1条所限定的民间借贷司法解释规范的法人和非法人组织范围，一般包括企业法人和非企业法人，也包括非法人组织。实践中法人、非法人组织之间的民间借贷主要是指企业之间民间借贷，按照本条规定既包括法人之间的民间借贷，也包括非法人组织之间以及它们相互之间的民间借贷。本条关于企业之间借贷效力的规定是本规定的重要内容之一。

1991年，最高人民法院颁布的《借贷意见》中规定，民间借贷案件是指自然人之间的借贷纠纷、自然人与法人之间的借贷纠纷，以及自然人与其他组织之间的借贷纠纷。《最高人民法院关于如何确认公民与企业之间借贷行为效力问题的批复》也作了类似规定，均将此视为正常民间借贷。① 因此，司法实践中，一般将自然人之间、自然人与非金融机构企业之间的借贷作为民间借贷处理，非金融企业之间的借贷并不在民间借贷之列。最高人民法院2011年颁布的《民事案件案由规定》也将民间借贷纠纷和企业借贷纠纷并列为借款合同纠纷项下的四级案由，从这里似乎能够看出，企业借贷纠纷不同于民间借贷纠纷。但是，从金融监管角度来看，民间借贷应当是一种相对于正规金融来讲，属于非正规的金融活动。需要注意的是，2020年12月29日修正的《民事案件案由规定》已经将企业借贷纠纷这一四级案由删除，实质上将企业借贷纠纷纳入民间借贷纠纷的范畴。因此，民间借贷既包括自然人之间的生活消费性借贷，也包括企业之间的生产经营性借贷。就企业间的借贷而言，既包括小额贷款公司与企业之间的借贷，也包括企业之间的资金拆借行为。实务中之所以将企业之间借贷纠纷独立于民间借贷纠纷处理，究其原因，除了主体上的特殊性外，主要的原因应该在于对借贷关系效力认定上两者存在重大区别。自然人之间的借贷是典型的民间借贷，在认定借贷行为的效力上，只要双方当事人意思表示真实，不违反强制性规定，即可认定有效；自然人与企业之间的借贷也属于民间借贷，无论是自然人作为出借人还是企业作为出借人形成的借贷，只要企业借贷行为不构成非法集资、向社会公众发放贷款等违反法律、行政法规行为的，一般应当认定有效。而企业之间的借贷行为则长期以来为我国法律政策所禁止，虽然现实

---

① 《最高人民法院关于人民法院审理借贷案件的若干意见》第1条规定，"公民之间的借贷纠纷，公民与法人之间的借贷纠纷以及公民与其他组织之间的借贷纠纷，应作为借贷案件受理"，即从是否属于"借贷案件"上就将企业之间的借贷排除在外；《最高人民法院关于如何确认公民与企业之间借贷行为效力问题的批复》规定，"公民与非金融企业（以下简称企业）之间的借贷属于民间借贷。只要双方当事人意思表示真实即可认定有效。但是，具有下列情形之一的，应当认定无效……"即以涉及公民与非金融企业间的借贷合同有效为原则。

生活中企业之间相互拆借资金的现象非常普遍,但大都是为了规避企业之间借贷无效的规定,而通过企业法定代表人之间借贷作掩护完成的。实践中还存在着许多种形式的变相企业借贷,如以联营形式借贷、以投资形式借贷、以补偿贸易形式借贷、以存单形式借贷、以委托理财形式借贷,还有以买卖国库券、买卖企业债券或者签订购销合同等形式借贷。

二、司法实践中对于企业间借贷的不同处理

对于企业间借贷效力,司法实务中存在不少争议,各地的具体做法不同,不同时期也有不同变化。主要有以下三种裁判方式:

(一)无效认定,严格处理

1990年《关于审理联营合同纠纷案件若干问题的解答》[①] 规定,企业法人、事业法人之间,明为联营,实为借贷的合同,"违反了有关金融法规,应当确认合同无效"。1996年《最高人民法院关于企业相互借贷的合同出借方尚未取得约定利息人民法院应当如何裁决问题的解答》[②] 规定,对企业之间相互借贷的出借方或者名为联营、实为借贷的出资方尚未取得的约定利息,人民法院应当依法向借款方收缴。1996年《最高人民法院关于对企业借贷合同借款方逾期不归还借款的应如何处理的批复》规定,企业借贷合同违反有关金融法规,属无效合同。上述三个司法解释否定了企业之间借贷的效力,认为"企业借贷合同违反有关金融法规,属无效合同"。这里的"有关金融法规"当时应当是指《贷款通则》,《贷款通则》第61条规定,企业之间不得违反国家规定办理借贷或者变相借贷融资业务。后来出台的《非法金融机构和非法金融业务活动取缔办法》和《商业银行法》等行政法规和法律,通过对非法金融活动的取缔,间接地认定了企业间借贷合

---

① 本解答已被2020年12月29日公布的《最高人民法院关于废止部分司法解释及相关规范性文件的决定》(法释〔2020〕16号)废止。

② 本解答已被2019年7月8日公布的《最高人民法院关于废止部分司法解释(第十三批)的决定》(法释〔2019〕11号)废止。

同无效。《非法金融机构和非法金融业务活动取缔办法》第5条规定，未经中国人民银行依法批准，任何单位和个人不得擅自设立金融机构或者擅自从事金融业务活动；第2条规定，任何非法金融机构和非法金融业务活动，必须予以取缔。《商业银行法》第81条第1款规定，未经国务院银行业监督管理机构批准，擅自设立商业银行，或者非法吸收公众存款、变相吸收公众存款，构成犯罪的，依法追究刑事责任；并由国务院银行业监督管理机构予以取缔。由于相关法律、行政规章于企业间借贷设定了诸多禁止性规定，因此对于企业借贷的处理，按照上述最高人民法院司法解释的意见，在认定合同无效后，借款方应当归还本金，双方当事人约定的利息应当收缴，如果双方当事人对借款利息未约定，按同期银行贷款利率计算，同时还要加倍支付迟延履行期间的利息。在20世纪90年代的司法实践中，人民法院一般均认定企业间借贷合同无效。

（二）无效认定，灵活处理

1999年《合同法》施行后，司法实践中仍然坚持企业借贷合同无效的观点。合同无效的理由除了因"违反法律、行政法规的强制性规定"外，实践中还有适用《合同法》以"损害社会公共利益""以合法形式掩盖非法目的"为由认定合同无效。但在作出无效认定本金返还的处理后，各级法院已很少按照上述收缴利息和罚款的法律后果进行裁判，开始灵活处理借款利息问题。有的对约定的利息不予保护，而更多的是把按同期银行贷款利率或者存款利率计算的利息作为资金占有期间的损失来处理。

（三）审慎认定，可以有效

近年来，法院对企业之间借贷的司法理念发生一些变化，一般能调解的调解解决，当事人申请撤诉的也允许撤诉，对企业借贷行为采取了适度宽容且谨慎保护的态度。实务中无效认定的情形虽然存在，但部分法院开始有限度地承认企业借贷的效力，认为企业之间以自有资金临时调剂行为，并不违反法律或社会公共利益，因此认定企业间借贷合同有效,进而认定作为从合同的担保合同也有效。① 不过,这种处理方式因其突破了传统理念,很少有法院采用此种处理模式。

总体来看,在《民法典》施行之前的司法实践中,基本上将企业之间的借贷或变相借贷合同确认为无效合同。而本条规定:法人之间、非法人组织之间以及它们相互之间为生产、经营需要订立的民间借贷合同,除存在《民法典》第 146 条、第 153 条、第 154 条以及本规定第 13 条规定的情形外,当事人主张民间借贷合同有效的,人民法院应予支持。本条规定改变了过去一段时间内认定企业借贷无效的做法,从而为企业间正常的资金拆借提供了合法保护的空间和依据。

三、企业之间相互借贷的现实性分析

资金是企业的血液。根据资金的来源,可以将企业融资分为两类:一是内部融资(也称内源融资),即将自己的资金积累(留存盈利和折旧)转化为投资的过程;二是外部融资(也称外源融资),即吸收其他经济主体的资金,使之转化为自己投资的过程。外部融资又可分为股权融资(Equity Financing)和债权融资(Debt Financing)。② 企业属性的千差万别、规模的大相径庭,使得各企业对于资金的需求也不尽相同,融资的难易程度也不尽一致。

(一)中小企业融资困境下企业间借贷更受"青睐"

在我国,虽然市场化程度有了一定发展,但中小企业融资难的问题仍然存在。就我国当下而言,中小企业想从银行贷款是比较困难的。但是随着市场经济的发展,中小企业也会进入一个长期的发展阶段,其对资金的需求也会相应扩大。在银行贷款难的情况下,中小企业无法得到银行层面的资金支持,于是开始"抱团取暖",通过其他金融机构或民间中介组织完成资金拆借,民间借贷也因此而产生发展。中小企业资金需求与银行贷款难的矛盾决定了民间借贷在我国将会长期存在。

---

① 林晨、金赛波主编:《民间借贷实用案例解析》,法律出版社 2015 年版,第 96~98 页。
② 施天涛:《公司法论》,法律出版社 2005 年版,第 195 页。

从最高人民法院民间借贷司法解释调研小组"建立和完善我国民间借贷法律规制的报告"中可以看出,调研数据显示,向其他企业借贷在企业民间借入资金来源中占 61.74%,成为中小企业借贷资金的主要来源。① 另有数据显示,我国"中小企业"(特指全年营业额低于人民币 3 亿元的企业)中,有外部融资的,其资金总和来自工农中建四大国有银行贷款者,占 54.52%;来自其他股份制商业银行贷款者,占 7.19%;来自企业间资金借贷和商业信用者,占 7.74%;来自城市商业银行借款者,占 8.63%;来自农村信用社者,占 6.58%;通过担保公司取得贷款者仅占 2.29%;其中来自企业间资金借贷的为 7.74%,构成企业外部融资的重要组成部分。②

(二) 无序的企业间借贷对社会经济造成负面影响

投资渠道狭窄以及收益率低,客观上造成企业借贷行为"虽禁不止",形成了事实上的地下融资暗流。目前我国企业间借贷具有以下几个特点:一是借贷主体复杂,既有国有企业、集体企业又有三资企业、股份制企业和私营企业;二是借款形式多样,既有直接借贷的形式,也有联营、加工承揽、补偿贸易的形式;三是借贷目的各异,大多数企业间的借贷属于解决资金不足和充分发挥企业闲置资金作用的调剂余缺行为,但也有少数出借方则是以牟取利益为目的,借入方借款是为了从事非法活动;四是借贷资金来源不同,有的企业间借贷的资金是企业不可挪作他用的资金,如流动资金,银行贷款等,有的企业间借贷的是企业闲置的预算外资金和税后留利等。③

鉴于企业间借贷的上述特点,加上我国金融和法律体系的相对不健全,企业间借贷游离于国家金融体系之外,如未受到有效监管,有

---

① 杜万华、张颖新等:《建立和完善我国民间借贷法律规制的报告》,载《人民司法·应用》2012 年第 9 期。

② 数据来源于工业和信息化部牵头,中国人民大学社会学系分别在 2006 年和 2009 年完成的两次全国中小企业融资状况调研。参见苗大雷、王水雄:《金融危机下民间金融发展与中小企业融资困境应对——基于两次全国中小企业融资调查的实证分析》,载《郑州大学学报(哲学社会科学版)》2010 年第 5 期。

③ 顾秦华、李后龙:《试论企业间借贷行为的效力认定》,载《法学评论》1994 年第 2 期。

可能影响到国家宏观调控效果,主要表现在:

1. 企业间借贷扩大了国家信贷规模,造成大量资金短时期集中流向所谓的"高利"行业,给信贷专项管理制度带来冲击,造成资金失控,从而造成市场秩序的紊乱,增加国家宏观调控的难度。

2. 借贷利率不利于资金的监督使用和加强企业的经济核算,出借企业无法行使银行对借入企业的监督职能,对出借的资金要承担较多的风险,甚至影响企业扩大再生产。

3. 企业间借贷往往利率偏高,而且缺乏规范化的契约方式,有些企业甚至经常经营借贷业务或靠转接银行贷款牟取高利或借款用于非法活动,导致扰乱金融秩序或引起经济纠纷等不良后果出现。①

(三)"囚禁"企业间相互借贷的反思

非正规金融具有降低风险、有效配置资源、动员储蓄、便利交易和加强监督管理等功能,通过推进技术创新促进了经济增长。② 企业间借贷是我国民营中小企业的重要资金来源,填补了正规金融借贷的缺口,Meir Kohn 在研究英国工业革命前的金融制度时甚至发现,正规金融的出现都是从非正规金融的行列中逐渐演化而成的。③ 企业间借贷为中小企业发展提供了足够的资金,促进了非国有经济的发展。同时,企业间借贷加剧了金融市场的竞争,促进了金融市场完善和经济机制改革的继续。再次,企业间借贷使得企业闲置资金和其他企业的资金缺口相互补充,资金得到了重新配置,提高了货币资源的使用效率。现阶段,企业间借贷对我国经济有无可替代的积极作用。

此外,从计划经济时代延续下来的制度上严令禁止不仅没有消除企业间借贷行为的发生,我国企业间借贷近年来甚至出现愈演愈烈的势头。没有一种正规金融服务体系能覆盖经济生活的方方面面,而现

---

① 杜万华、张颖新等:《建立和完善我国民间借贷法律规制的报告》,载《人民司法·应用》2012 年第 9 期。

② Levine R:"Financial Development and Economic Growth: Views and Agenda", Journal of Economic Literature, 1977, pp. 688 – 726.

③ Mein K:"Finance before the Industrial Revolution – An Introduction", Department of Economics, Dartmouth College, Working Paper, 1999, pp. 99 – 101.

实中企业间存在的巨大借贷需求，催生了一系列间接的借贷运作模式，以求达到"曲线救国"的目的。例如，实践中常见的委托贷款、委托理财、自然人替身、存单形式和联营形式等借贷形式，实属应对禁止性政策的无奈之举，这些模式中大部分也是游离于合法与非法边缘，尚无有效的法规和制度进行规制，极有可能演变为威胁金融安全的"定时炸弹"。因此，我们应当对企业间借贷的现状进行反思，重新探讨企业间借贷合同的效力。

四、企业之间相互借贷的合法性分析

（一）对企业间借贷效力的再认识

《民法典》施行之前，我国调整企业借贷的立法众多，且渊源层次复杂，这些立法之间并不十分协调，其间既有理论依据的差异，也有实质内容的不同。关于企业间借贷合同的效力，审判实践中一直存在不同认识。法律依据的缺失，导致在实践中不同法院会援引不同法律条文认定无效：有的法院认为，直接以借款合同形式表现出来的企业间借贷因违反国家有关金融管理法规而无效；[1] 有的法院认为，《贷款通则》的效力层次较低应以《合同法》第52条第4项之规定认定其无效；[2] 有的法院直接以违反《民法通则》第58条第1款第5项关

---

[1] 北京市第一中级人民法院（2002）一中民初字第8282号判决书："关于《借款合同》的效力。因杰诺仕公司属非金融机构，其不具备发放贷款的经营范围，因此其与深圳卢堡公司签订的借款合同，违反了我国有关金融法规，应确认无效。"重庆市第四中级人民法院（2010）渝四中法民终字第391号民事判决书："2009年10月29日飞渝公司签章向鹏达公司出具借款30万元借条的行为，在飞渝公司与鹏达公司之间形成了借款合同关系。根据《贷款通则》第61条'企业之间不得违反国家规定办理借贷或者变相借贷融资业务'，及最高人民法院关于对企业借贷合同借款方逾期不归还贷款的应如何处理问题的批复'企业借贷合同违反有关金融法规，属无效合同'之规定，该借款合同属于无效合同。"

[2] 重庆市第一中级人民法院（2005）渝一中民初字第540号判决书："原、被告均属非金融机构，其相互间的资金拆借行为扰乱了国家金融秩序，不利于国家对金融市场的有效监管，从而损害了社会公共利益""应属无效"，并根据《合同法》第52条第（4）（5）项之规定，作出了判决。

于"违反法律或者社会公益"的规定而确认无效。①

1. 对于《非法金融机构和非法金融业务活动取缔办法》的评析。该办法中并未明确禁止"企业间借贷",而且其所称之"借款"行为并非同一概念,不应混淆金融业务和一般借款行为的区别。企业间借贷并不属于银行法律中所指的"贷款"业务,借款对象根本不具备银行贷款业务中借款对象的广泛性和不特定性。商法理论认为,企业的经营业务是其持续的、目的范围内的事业,企业通过反复进行营业活动实现其追求利益的目的,企业间借贷行为本质上应当属于合同行为,在关于企业间借贷行为效力问题上,该办法并无适用的余地。

2. 对间接禁止企业间借贷的法律、行政法规的评析。间接禁止企业间借贷的法律、行政法规中,《现金管理暂行条例》只是针对现金管理,不能一概否定企业之间资金借贷关系的效力;《储蓄管理条例》《商业银行法》《银行业监督管理法》等相关规定的实质是禁止任何主体未经金融监管机构批准从事"金融机构的业务活动或者带有金融性质的业务活动",其规范对象不是相关主体,而是相关的行为,即不论行为是否发生于企业之间,只要性质相符即在禁止之列,所以,这些规定不能解释同是借贷关系,为何个人与企业之间、个人与个人之间的借贷可以得到保护,而企业与企业之间的借贷却应被禁止。再者,作为金融机构业务的"贷款"一般具有三个特征:第一,公众性,贷款对象是不特定的社会公众;第二,经营性,以发放贷款为营业目的,并获取利润;第三,特许性,需要批准。而这些都是正常的企业间借贷所不具备的。

3. 对于最高人民法院司法解释的评析。认定借贷合同无效的观点植根于计划经济时代我国经济和金融的发展状况,依据的是1981年颁布的《经济合同法》,上述最高人民法院有关借贷的司法解释是对

---

① 海南省高级人民法院(2005)海南民初字第1号判决书:"原告北京市综合投资公司物资经销公司为非金融企业,其向被告海南电缆厂出借资金的行为违反了有关金融法规,故双方所签订的协议应属无效",并依照《民法通则》第58条第1款第(5)项、第61条第1款和第84条的规定作出了判决。

《经济合同法》的解释。随着我国改革开放的深入，经济社会的发展，《经济合同法》已经废止，《民法典》施行后，1999年《合同法》废止，《民法典》合同编对无效合同的认定更加慎重，立法理念是进一步缩小无效合同的范围，因此上述司法解释已经没有用武之地，理应废止。2019年最高人民法院已废止《关于企业相互借贷的合同出借方尚未取得约定利息人民法院应当如何裁决问题的解答》。为配套做好《民法典》实施工作，最高人民法院已对《民法典》相关司法解释进行了清理，根据2020年12月29日发布的《最高人民法院关于废止部分司法解释及相关规范性文件的决定》，《最高人民法院关于审理联营合同纠纷案件若干问题的解答》被废止。

4. 对于1999年《合同法》第52条规定以及《民法典》第144条、第146条、第153条、第154条的评析。1999年《合同法》第52条第5项规定，违反法律、行政法规强制性规定的合同无效。而后最高人民法院出台的《关于适用〈中华人民共和国合同法〉若干问题的解释（一）》（以下简称《合同法解释（一）》）①认为，确认合同无效的根据，只有全国人大及其常委会制定的法律和国务院制定的行政法规，其他行政规章不得作为确认合同无效的依据。这样的规定是非常合理的，我们必须对法律的效力层级有明确的要求，才能避免不恰当的合同无效性认定。可见，国家对无效合同的干预主要在于其违法性。《合同法解释（二）》②第14条更是明确规定："合同法第五十二条第（五）项规定的'强制性规定'，是指效力性强制性规定。"可以肯定的是，效力性强制性规范的要件必定严格于取缔性强制性规定。而目前我国对于企业借贷合同无效的判断依据主要来自理应废止的司法解释以及相关的部门规章，认定企业间借贷行为无效没有坚实的法律基础。至于《合同法》第52条第4项规定的是合同不能违反公共利益，

---

① 本解释已被2020年12月29日公布的《最高人民法院关于废止部分司法解释及相关规范性文件的决定》（法释〔2020〕16号）废止。

② 本解释已被2020年12月29日公布的《最高人民法院关于废止部分司法解释及相关规范性文件的决定》（法释〔2020〕16号）废止。

具体到民间借贷的行为，就要分析民间借贷是否损害了公共利益。公共利益应当是社会全体成员的利益，民间借贷行为并没有给普通老百姓的生活或利益带来威胁，无论从道德层面还是实际操作层面，企业借贷的范围仅限于有资金需求的群体，而这些群体通过企业借贷可以缓解资金紧张，企业借贷恰好体现了其利益的诉求。故而在《民法典》施行之前不能根据1999年《合同法》第52条规定认定企业借贷违法。《民法典》施行后，原规定于1999年《合同法》第52条的相关规定被分散编纂到《民法典》总则编"民事法律行为"一章，主要包括第144条、第146条、第153条以及第154条。上述规定是关于民事法律行为效力的规定，民间借贷合同作为典型的民事法律行为，自然应适用上述规定。第144条规定无民事行为能力人实施的民事法律行为无效，同时根据《民法典》规定，不满八周岁的未成年人以及不能辨认自己行为的成年人为无民事行为能力人，而本条系关于企业之间从事借贷行为的规定，企业不存在有无民事行为能力的问题，但企业在从事借贷行为的过程中，必须通过具体的个人办理有关事务，因此相关的办理人员有无民事行为的能力对于企业间借贷合同的效力存在重大影响，比如企业的法定代表人或代理人如在签订民间借贷合同时为无民事行为能力状态，则该企业与相对方订立的民间借贷合同无效。第146条、第154条是关于虚伪表示以及恶意串通的规定，涉及民事法律行为效力这一民法基本理论问题，比较抽象，因此司法实践中的应用相对比较少，有待理论及实践中深入研究，但是一般认为可以用来解决让与担保、虚构借款事实等问题。第153条是关于违反法律、行政法规的强制性规定的民事法律行为无效的规定，以及违背公序良俗的民事法律行为无效的规定，是对1999年《合同法》第52条第4项、第5项的继承，将原用于判断合同效力的规定扩张适用至所有的民事法律行为。对于企业间借贷合同的效力而言，如前所述，判断合同的效力仍应当以法律、行政法规中的效力性强制性规定为准，《民法典》第153条虽然没有明确违反法律、行政法规的强制性规定为效力性强制性规定，但该条第1款后一句"但是，该强制性规定不导致该民事法律行为无效的除外"实质上并未否认效力性、强制性制定的适用，故与《合同法》司法解释的有关理念是一脉相承的。

因此，《民法典》施行后，在我国现行法律体系下，认定企业间借贷合同无效并无明确的法律和行政法规层面的依据。同时，相关行政法律法规过于原则，甚至相互冲突，缺乏统一的指向性，立法可操作性差，已不足以对企业间借贷行为进行良好的引导和规制，给实体经济健康发展带来了严重损害。因此，司法实践中，对于企业间民间借贷合同效力的判断，应当以《民法典》的相关规定作为认定合同效力的依据。

（二）处理企业间借贷的态度变化及趋势

基于民间借贷规模的不断扩大以及当前制度安排的失效，央行及立法、司法机关对企业间借贷的态度也悄然出现了一些变化。

1. 金融监管方面

20世纪90年代，《贷款通则》中规定了委托借款，试图将民间借贷纳入正规金融体系中。[①] 委托借款可以利用民间资金发展经济，为企业盈余资金找一条合法的融通渠道，也使得政府能对民间借贷予以监控。但由于民间资金所有人由此得到的利益太小，风险却自行承担，最终委托贷款并未成为民间资金借贷的主要渠道。经常被援引用于认定企业间借贷无效的《贷款通则》也已在变革之中。2003年，中国人民银行和银监会公布了《贷款通则》的征求意见稿，建议将现行《贷款通则》第61条的规定予以删除。2008年之后，《贷款通则》的修改再次提速，民间借贷是否合法化、如何规范民间借贷也是讨论的重点之一。

2005年，时任中国人民银行副行长的吴晓灵在银监会、中国人民银行与世界银行组织的微小企业融资国际研讨会上进行总结发言时指

---

① 《贷款通则》第7条第2款将委托借款作为一个贷款种类，规定："委托贷款，系指由政府部门、企事业单位及个人等委托人提供资金，由贷款人（即受托人）根据委托人确定的贷款对象、用途、金额期限、利率等代为发放、监督使用并协助收回的贷款。贷款人（受托人）只收取手续费，不承担贷款风险。"

出："为了让民间借贷有正常的途径，不要让他们扰乱金融秩序，我们应该引导民间金融的发展。如果我们允许民间放债，最好也立一个《放债人条例》，根据这个办法来规范民间金融。"2008年，中国人民银行倡导制定的《放贷人条例》已报国务院审批，但目前一直处于停滞状态。

2008年，银监会与中国人民银行联合发布《关于小额贷款公司试点的指导意见》，允许民间资本通过组建小额贷款公司的方式向其他企业放贷。虽然小额贷款公司只能用自有资金对外放贷，在经营上要受到严格限制，但在格局上突破了企业间不得相互借贷的禁令。

2. 立法方面

1999年《合同法》施行之前，借款合同适用的是1981年颁布的《经济合同法》，其中第24条规定："借款合同，根据国家批准的信贷计划和有关规定签订"，1993修正后修改为"借款合同，应当遵守国务院有关规定"。《合同法》实施后，第十二章对借款合同作了规定，没有把借贷行为界定为金融业务，也没有对借款人和贷款人的主体资格进行限制，贷款方并未完全局限于金融机构。此外，《合同法》规定了合同无效的法定条件，进一步缩小了无效合同的法定范围，尊重当事人的意思自治，尽量维持合同的效力。《民法典》施行后，《合同法》废止，但对《合同法》第十二章借款合同予以保留，对于企业间借贷合同没有作与《合同法》不同的规定。因此，《合同法》关于企业间借贷合同效力的理念在《民法典》施行后仍然可以继续采用。

此外，《公司法》第148条规定："董事、高级管理人员不得有下列行为：……（三）违反公司章程的规定，未经股东会、股东大会或者董事会同意，将公司资金借贷给他人或者以公司财产为他人提供担保。"也就是说，在遵守公司章程，经过股东会、股东大会或者董事会同意的前提下，公司可以将资金借贷给他人。该规定中的"他人"并没有限制为自然人，一般应解释为自然人、法人以及非法人组织。在税收征管方面，税法并未对企业间借贷予以全面否定，相反在依法征税。国家税务局曾于1995年发布《关于印发〈营业税问题解答

（之一）〉的通知》，其中第 10 条规定："不论金融机构还是其他单位，只要是发生将资金贷与他人使用的行为，均应视为发生贷款行为，按'金融保险业'税目征收营业税。"

3. 司法方面

2000 年，《最高人民法院关于云南省昆明官房建筑经营公司与昆明柏联房地产开发有限公司建筑工程承包合同纠纷一案的复函》中指出："不应以当事人约定了带资承包条款，违反法律和行政法规的规定为由，而认定合同无效。"2001 年 11 月，最高人民法院专门征求过有关部门意见，建议放开企业间借贷。最高人民法院的理由主要有三个：（1）企业间借贷普遍存在；（2）《合同法》并没有明确禁止；（3）既然民间借贷已经放开，再继续禁止企业间借贷，对企业不公平。① 2004 年，《最高人民法院关于审理建设工程施工合同纠纷案件适用法律问题的解释》（以下简称《建设工程施工合同解释》）第 6 条规定："当事人对垫资和垫资利息有约定，承包人请求按照约定返还垫资及其利息的，应予支持……"有人认为该条实际上确认了以垫资为表现形式的企业借贷合同的合法性。2011 年，最高人民法院向各级人民法院发出《关于依法妥善审理民间借贷纠纷案件促进经济发展维护社会稳定的通知》，对民间借贷案件受理、借贷利息、司法措施等问题作出要求，同时，结合调研情况向有关国家机关和主管部门发出了一系列司法建议，其中就包括规范和有条件放开企业间借贷活动，尽快制定完善相关法律法规，有条件承认企业间借贷的合法性。由此可以看出，司法活动对于企业间借贷合同效力的态度逐渐在发生变化，本条规定在法律规定的范围内承认企业间借贷合同效力，事实上亦反映了金融监管活动以及立法活动在这一问题上的新举措、新认识。

---

① 龙翼飞、杨建文：《企业间借贷合同的效力认定及责任承担》，载《现代法学》2008 年第 2 期。

五、企业之间相互借贷的经济性分析

（一）企业间借贷是企业产权的重要内容

我国建设社会主义市场经济体制的一个重要方面是建立现代企业制度，而企业产权制度则是现代企业制度的核心。所谓产权，按照西方经济学家的理论是指一种通过社会强制而实现的对某种经济物品的多种用途进行选择的权利，是以出资者所有权为基础的各种行为性权利的综合体系，它包括占有权、支配权、收益权、处分权、转让权等。① 企业产权是指企业法定主体对客体所拥有的财产权利的总和。②

企业产权的核心是企业的经营管理权。企业通过其具体的经营活动以求利润的实现，这种目的性根植于投资欲望和动机。在这种动机的驱使下，企业会充分调动自身拥有的一切资本（包括金钱资本和实物资本）尽可能寻求最有效的投资渠道，以获取更多的收益。

经营管理权，是指企业进行上述生产经营活动时依法享有的权利。对于企业来讲，经营管理权应是最基本的一项权利。它包括产、供、销、人、财、物各个方面，主要包括经营方式选择权、生产经营决策权、物资采购权、产品销售权、人事劳动管理权、资金支配使用权、物资管理权等。③ 企业对自己的资金享有完整意义上的自主权，对企业资金可以自由的支配使用，正是企业经营管理权的应有之义。企业对资金的自主权，主要包括以下几个方面：（1）企业自主筹资权；（2）企业自主投资权；（3）企业资金调动权；（4）企业利润分配和支配权。④ 企业自主筹资权和自主投资权是企业对自己所有的资产进行再投资的重要方式。自主筹资权是指企业可以根据经营需要，决定是否通过发行股票、发放债券等方式筹集资金；自主投资权是指企业可

---
① 祖月、姜德水：《试论我国法人产权制度之完善》，载《当代法学》1995年第5期。
② 赵守国：《企业产权基本理论初探》，载《西安联合大学学报》1999年第1期。
③ 杨紫烜、徐杰主编：《经济法学》，北京大学出版社2001年版，第32页。
④ 解沧所：《对"两则"中有关企业理财自主权问题之浅见》，载《现代企业》1995年第12期。

以根据自身意愿，决定是否以及以何种方式在何种时间进行何种投资。如果将企业拟人化，筹资权和投资权就是企业作为"人"的理财权。由此观之，企业间借贷实际上是企业筹资及投资自主权的具体体现，是企业应当享有的正当权利。作为一种市场交易行为，只要该借贷行为不与法律禁止性借贷规定相冲突，就应当予以认可。正如亚当·斯密所言，每一个人，在他不违反正义的法律时，都应听其完全自由，让他采用自己的方法，追求自己的利益，以其劳动及资本和任何其他人或者其他阶级相竞争。企业间借贷是企业"以自己的方法追求自己的利益"，是正当的竞争行为，也是企业自主权的重要组成部分，不能任意被剥夺。

只有承认企业的这种自主权，才能从真正意义上将企业的发展交由市场竞争决定。充分参与市场竞争是企业发展的关键，也是经济健康发展的必然要求。如果一味对企业间借贷予以禁止和限制，会限制企业的自由发展和经营模式创新，从长期来看，不利于经济整体的繁荣。过去我们对企业借贷的限制过多，现在已经是时候"还政于企"，让其自主经营、自负盈亏了，政府现在需要考虑的不应当是该不该承认企业间借贷，而应该考虑如何使用正确的监管手段，帮助企业间借贷良性发展。

（二）企业间借贷是法人人格完整的体现

现代企业从本质上讲是一种独立的具有营利性的经济组织，它以生产、流通、服务等经营活动为主要业务，满足人们和社会的需要，以此来实现企业的社会价值和经济价值。不管是法人企业还是非法人企业，作为一个组织整体，在法律上具有完整的人格权。而法人人格完整最重要的表现是可以独立地支配自己所拥有的财产（包含货币等资金），[①] 企业如果没有独立人格，没有可供其独立支配、自由处置的财产上的所有权，就不可能成为真正的市场主体并参与市场交易。因

---

① 黄维娜、胡辉：《略论企业间借贷行为的认定及立法趋势》，载《湖北经济学院学报》2007年第5期。

此，要使企业成为市场主体，必须使企业成为法人实体，而企业被赋予法人资格的前提条件和物质基础就是企业具有独立的财产并且对其财产依法享有独立支配的权利，这种依法独立支配财产的权利就是企业财产所有权。原来由个别投资者分散行使的财产支配权转而成为法人团体集中统一行使的财产支配权，这可以说是法人财产权制度的最基本初衷，也是法人财产权最主要的部分。① 否定企业对自有资金的出借权，无疑是对企业法人财产权的否定，进而否定企业的法人地位，否定企业的独立人格。我们现在谈到的企业法人产权制度，就是承认企业具有独立的法人地位，并拥有出资者投资形式的企业法人财产，使企业能独立地支配和运用法人财产权进行经济活动并相应承担民事责任的制度。② 允许企业间进行借贷是企业法人人格独立的体现和必然要求，法人产权制度的施行和完善是建立现代企业制度的前提要求。

我国《中小企业促进法》对于中小企业融资问题也多有提及。按照该法的相关表述，国家今后对于中小企业实行"积极扶持、加强引导、完善服务、依法规范、保障权益的方针，为中小企业创立和发展创造有利的环境"。③ 国家应当逐步采取行之有效的各种举措，切实拓宽中小企业各种融资路径和渠道，为中小企业的生存发展创造各种有利因素和条件，并且通过修改法律的方式允许企业之间互相融通资金。企业间借贷是金融机构借贷的有益补充，对其采用完全禁止的态度是不可行的，出于经济发展及转型的需求，我国市场经济需要中小企业进一步蓬勃发展，企业间借贷市场开放是经济发展的必然诉求。随着经济金融形势的变化，解禁企业间借贷已成必然趋势，这既是现实情况的需要，也有着经济、法律方面的理论依据和重要意义。

（三）禁止企业间借贷是转型经济时期的无奈选择

禁止企业间借贷具有很强的政策性，是特殊经济时期的产物。过去强调对企业间借贷加强管理，主要是由于当时国有企业总体负债率

---

① 李冬梅、朱光伟：《论法人财产权》，载《当代法学》1995年第3期。
② 祖月、姜德水：《试论我国法人产权制度之完善》，载《当代法学》1995年第5期。
③ 《中小企业促进法》第3条。

超过90%,"无法区分企业借出的是信贷资金还是自有资金"是禁止企业间借贷的初衷。① 再者,资金是生产要素之一,在短缺经济时期,要素市场上主要表现短缺的是资金,在这种情况下,国家需要控制资金总量和流向,所有借贷关系都要通过金融机构办理。概括起来,禁止企业间借贷的理由主要有:(1)资金短缺,各种基金会、标会、高利贷市场等地下经济盛行,非法借贷关系扰乱金融市场;(2)在存贷款利率管制的情况下,管制利率低于市场利率,受信贷配额限制,能够从金融机构获得贷款的,在利益驱使下,会借机转贷牟利;(3)较长时期里,企业间"三角债"侵蚀了信用基础,而许多三角债就是因资金借贷形成的。

企业间借贷特别是中小企业间的借贷,之所以长期以来保持着旺盛的生命力,是因为存在着巨大的现实需求。改革开放后,国民经济格局的变化,非公有制经济的发展,再加之企业改革的深化,都导致企业生产发展资金需求的剧增。当内部资金不能满足需求时,企业就必然选择外部融资,但与之对应的是金融管理体制的落后、金融歧视政策、银行信贷手续繁杂拖沓等,使得非公有制经济(多为中小企业)从银行融资困难,② 同时我国的社会融资体系又迟迟不能建立和完善,难以为企业融资提供银行贷款之外的正规渠道,故大量中小企业不得不转向民间借贷。

随着我国市场经济的发展,上述情形已然发生了巨大的变化。一方面,非公有制经济迅速发展,另一方面,企业资本来源日益多元化,企业特别是民营企业、外资企业和上市公司的资产负债率已经很低,其资金主要为自有资金,这种情况下再继续严格禁止企业间借贷,"实际上是侵犯了企业应有的合法权益。"③

当然,允许企业之间融资,绝非意味着可以对企业之间的借贷完全听之任之、放任自流。应当说,解禁并非完全放开,对其完全放开

---

① 《企业间借贷:管还是不管》,载《经济日报》2003年11月26日。
② 参见陈勇峰:《解禁企业间借贷的法律思考》,载《法学论丛》2011年第3期。
③ 参见陈勇峰:《解禁企业间借贷的法律思考》,载《法学论丛》2011年第3期。

也未必就是理性的。正如著名经济学家麦金农所指出，"对一个高度受抑制的经济实行市场化，又如在雷区行进；你的下一步很可能就是你的最后一步。"因此，在解禁的同时，我们认为，应当在适度干预原则和安全与效率相统一原则的指导下，对企业间借贷进行相应的法律规制。有关这方面的内容将在其他条文中详细阐述。

【审判实践中应注意的问题】

一、对适用相关法律法规和司法解释的梳理

本规定已经对企业间借贷行为进行了相应规制，首先就应当对企业间借贷的合法性予以明确。《民法典》施行后，最高人民法院通过梳理现有的关于企业间借贷行为的法律规范，对相关司法解释进行了清理并废止了若干司法解释，在今后的司法实践中不能再适用这些已被废止的司法解释。

1.《最高人民法院关于审理联营合同纠纷案件若干问题的解答》中涉及企业间借贷内容的条款，因与上位法《民法典》和《公司法》的规定冲突，且与本规定相冲突，已被废止。

2. 1991年《借贷意见》在2015年《民间借贷规定》制定时已被废止，其所规范的民间借贷主体范围当然不能再继续适用。《最高人民法院关于企业相互借贷的合同出借方尚未取得约定利息人民法院应当如何裁决问题的解答》与本规定存在冲突，2019年在本规定修正之前已被废止。

3.《最高人民法院关于对企业借贷合同借款方逾期不归还借款的应如何处理的批复》因与本规定的立法精神、宗旨和原则不相符合，因而也不应再适用。且该批复所援引的《最高人民法院关于审理联营合同纠纷案件若干问题的解答》已被废止，故该批复事实上没有继续适用的法律基础。

二、应当区分借贷目的和资金来源，进行不同规制

参与企业借贷的主体，有的是出于自身资金需求，有的是出于借由资金放贷赚取利润为目的。对于这两类不同的借贷，应当采取不同的规制方式。前者是为生产经营的需要的普通企业借贷行为，因此，并不需要作过多的规制，只要对借贷程度和借贷规模予以适度管控即可。而后者出于盈利的目的从事企业间借贷，存有较大的风险和投机性，出现问题后对国家整体经济秩序的影响也要大于普通企业借贷，在规制时需要特别注意以下两点：

1. 企业的资金是自有资金还是非自有资金。企业间借贷可以分为自有资金借贷和非自有资金借贷。自有资金企业间借贷，企业对合同标的有完全所有权，对其处分只要满足自愿、平等、真实的原则，就应当予以认可。非自有资金企业间借贷，由于出借资金并不属于企业，对其有效性的认定应当从合同性质入手。如果企业从银行等金融机构取得的信贷资金，又转贷给其他企业牟取利益，借款人事先知道或者应当知道，或者企业将向其他企业所借或者向本单位职工集资取得的资金进行转贷牟取利益，借款人事先知道或者应当知道的，此类企业间借贷应当认定无效。对此，将在其他条文中详述。

2. 如果企业知道或应当知道作为借款人的企业借款的用途是为了用于犯罪或者从事其他违法活动，企业仍然提供贷款的，则该企业间借贷也应当认定无效。这点也将在其他条文中评述。

三、应当注意企业是否从事经常性放贷业务

尽管本规定对企业从事经常性借贷引起的民间借贷合同的效力并未作出规定，但在制定本规定过程中，有一种观点认为，企业从事经常性放贷业务所签订的民间借贷合同应当认定无效。我们赞同这一观点。企业以借款、放贷为业务，具有经常性、经营性、对象不特定性等特征。正常的企业间借贷一般是为解决资金困难或生产急需偶然为之，不能以此为业。因为作为生产经营型企业，如果以经常放贷为主

要业务,或者以此作为主要收入来源,则有可能导致该企业的性质发生变异,质变为未经金融监管部门批准从事专门放贷业务的金融机构,这将严重扰乱我国金融市场,扰乱金融秩序,造成金融监管紊乱。因此,如果企业从事经常性放贷,依据《银行业监督管理法》《商业银行法》等法律规定,未经国务院银行业监督管理机构批准,任何单位或者个人不得设立银行业金融机构或者从事银行业金融机构的业务活动,否则即视为"非法金融业务活动"。这种行为损害了社会公共利益,必须对从事经常性放贷业务从效力上作出否定性评价。

然而,认定企业是否从事经常性放贷并非一件简单的事情,无论是从举证证明责任的承担,还是事实认定方面,都存在相当程度的困难。毕竟,货币是种类物,要认定企业往外放贷的钱究竟是从银行信贷而来,还是从其他企业所借,抑或是在单位内部集资所得,都有相当大的难度,这也是司法解释为何最终没有将列为无效理由的重要原因。但是,这并不能作为以此肯定企业的上述行为有效的理由。如果当事人能够举出充分证据,证明企业从事经常性放贷业务,则应当认定其放贷行为无效。对于如何认定企业是否从事经常性放贷业务,我们认为,不宜作出"一刀切"的规定,而是应当结合企业的注册资本、流动资金、借贷数额、一年内借贷次数、借贷利息的约定、借贷收益占企业所收入的比例、出借人与借款人之间的关系,等等,通过自由裁量权的行使,综合认定企业是否构成经常性放贷业务。

四、应当强化对企业间借贷的监控

民间借贷发展好了,有利于经济整体的繁荣;走错方向,则容易为社会金融体系带来混乱和麻烦。因此,应当尽快建立企业间民间借贷监测网络。

1. 在构建监测网络时,应充分考虑到地区、行业和企业规模的差别,设置相应的检测标准,及时对外公布监测结果,构建企业借贷的信用监测体系,进一步保证借贷安全性和可靠性。

2. 除了对直接借贷双方的监测,还应加强为借贷提供担保、信息中介等相关公司的监测，全方位监控整个企业间借贷的过程，保证每个参与者的合法权益，同时避免违法犯罪行为的发生。建立完善的担保体系，使投资者有完善的风险承担和退出机制。

3. 从财务角度规范企业间的借贷。为防止利用借贷名义逃税等问题，加大对会计信息失真现象的治理力度，重点打击会计界存在的"假凭证、假账、假报表、假审计、假评估"等现象。逐步推行财务会计信用等级评定制度，按照统一的评定标准、程序，评出财务会计信用等级，据此进行分类管理，实行财会信用与享受信用挂钩，为企业间借贷行为提供决策的"参照坐标"。①

4. 应当加快建立中小企业信用征信制度。中小企业由于其缺乏信用管理制度、资金匮乏，因此在我国违信行为主体中，中小企业占最大的比重。当前应加快建立我国的中小企业信用征信制度，预防合同诈骗和违约行为。

---

① 王晓云：《对放松企业间借贷行为金融管制的财务思考》，载《甘肃农业》2006年第2期。

第十一条 【单位内部集资的效力】

法人或者非法人组织在本单位内部通过借款形式向职工筹集资金，用于本单位生产、经营，且不存在民法典第一百四十四条、第一百四十六条、第一百五十三条、第一百五十四条以及本规定第十三条规定的情形，当事人主张民间借贷合同有效的，人民法院应予支持。

【条文主旨】

本条是关于企业内部集资效力的规定。

【条文理解】

企业内部集资是指法人及非法人组织通过向其内部职工公开集资并按期还本付息的行为，包括面向单位内部职工进行的负债式融资和股权式融资的一种方式。随着社会主义市场经济体制的建立和企业转换经营机制的推行，许多企业和自负盈亏的单位面临着越来越激烈的市场竞争，"融资难、融资贵"可以说是长期困扰我国经济的焦点问题。2015年以来，国务院实施了以降成本为核心内容的供给侧改革，期望能有效降低企业融资成本。但在实践中，部分民营企业特别是中小民营企业没有足够稳定和长期的资金来源，阶段性资金短缺的现象仍普遍存在。和融资渠道类型众多的大型企业相比，中小企业往往只能借助于自身内部积累，自然难以有效满足企业资金需求。在"经济新常态下"，经济增速逐渐下降的过程中，国家货币政策也会更加稳健，中小企业的贷款投入规模也会因为银行信贷额度偏紧而更为缩减。同时，因中小企业经营不稳定且管理薄弱，银行又不了解此类企业的发展潜力和资信状况，为了避免各种风险，银行对中小企业也越来越"惜贷"，并不愿冒险投放资金。在新的时期，中小企业在各方面都需要更多的资金，国家政策对于中小企业的发展也一直采取大力扶持的态度，出台了不少中小企业融资方面的积极政策。2015年《民间借贷规定》的出台，从法律层面引导和扶持民间融资的规范性和合法性，也解决了中小企业面临的诸多融资难题。随着我国经济发展的不断深入，互联网技术不断升级，在金融领域创新出的互联网金融，为企业的融资渠道带来了新的机遇。例如，中小企业可以通过股权众筹平台发布创意项目来吸引投资者的目光，等等。在传统融资模式上的各种探索，机遇与风险都是并存的。现阶段，通过向内部职工集资的办法来筹集企业发展所需资金，仍然是不少企业重要的选择。此类融资方式，因资金的用途内部员工比外部人员有更多了解，除了具有短期、高息的特点，有时还带有一定的福利性质，对职工具有较强的吸引力；同时企业或单位的发展与职工的利益直接相关，内部职员对企业或单位具有一定的感情和责任，所以在企业或单位内部筹集资金的方式更容易实现。有的职工甚至会向亲朋好友借款再出借给单位。但借款期满后，企业或单位不能按约还本付息的情况也不少见，由此引发纠纷，诉诸法院。

2015年《民间借贷规定》订立本条是在《最高人民法院关于如何确认公民与企业之间借贷行为效力问题的批复》[①] 基础上，明确了企业或单位内部集资合法性的情形，使得这一类型的民间借贷走出了法律的模糊地带，有了其相应的合法依据。企业或单位向内部职工集资，只要满足两个条件，是可以作为借贷行为认定为有效的。这两个关键的条件：一是集资对象限于企业或单位内部职工；二是集资资金用于单位内部的经营活动。

此次修正司法解释，对该条文内容予以保留，条文表述上为与即将实施的《民法典》保持一致，将原条文的"其他组织"修改为"非

---

① 该批复已被2019年7月8日发布的《最高人民法院关于废止部分司法解释（第十三批）的决定》（法释〔2019〕11号）予以废止。

法人组织";将所援引的法律依据也做了相应调整。

一、对企业内部集资行为由民事法律予以规制的现实意义

（一）相关法律规制在我国的发展历程

企业内部集资作为民间借贷的一种形式，国家对其法律规制与不同时期国家金融政策紧密相关。建国初期至改革开放前，国有金融绝对垄断。社会主义三大改造完成后，公有制取得了绝对地位，城市经济活动主体以国营企业为主导、以集体企业为补充，为了保证正规金融的资金，除亲友间互助性的资金融通之外，民间金融往往被等同于高利贷而遭到打击。对于农村信用合作社，当时也谨防高利贷现象，几乎所有非正式金融活动都被界定为高利贷行为，予以取缔。个人和企业只能将钱存入正规的金融机构，并被迫接受国家规定的远低于市场均衡价格的利率水平。这一时期，非正式金融的存在，也仅是以个人之间友情互助性质的借贷形式出现，其活动范围与规模相当狭小。民间金融组织则被定性为非法金融组织，其所从事的活动为非法活动，此阶段民间金融基本消失，也不存在所谓的企业内部集资。

十一届三中全会以后，民营经济得到初步发展，随着企业生产规模的扩大，融资额度的需求不断增加，由于政府管制有所松动，使得民间金融得到前所未有的发展。这一阶段法律规范的特点如下：

一方面，承认民间借贷的合法地位。1986年颁布的《民法通则》第90条规定："合法的借贷关系受法律保护。"1988年《最高人民法院关于贯彻执行〈中华人民共和国民法通则〉若干问题的意见（试行）》（以下简称《民法通则意见》）第121条、第122条，区分出了公民之间的生产经营性借贷和生活性信贷，明确了"公民之间的生产经营性借贷的利率，可以适当高于生活性借贷利率"。该规定为那些从事生产经营的公民提供了借贷的法律依据。1991年，最高人民法院发布并实施的《借贷意见》中首次出现"民间借贷"的提法，并对民间借贷利率作出了规定，"利率最高不得超过同类贷款的四倍，超出部分的利息不予保护"。

另一方面，对非法集资行为进行管制。由于国家经济的快速发展，企业为了寻求自身发展，乱集资事件开始大量涌现。为了抑制这种现象，1989年国务院发布了《国务院关于加强企业内部债券管理的通知》（国发〔1989〕21号），中国人民银行为贯彻该通知发布了《关于加强企业内部集资管理的通知》（银发〔1989〕174号），实行企业内部集资统一管理，规定分级审批的管理制度，对企业内部集资开始了限制。1992年至1993年，因经济发展过热，此时诸如长城机电"沈太福"乱集资事件开始大量出现，随后出现的"无锡邓斌非法集资案"，融资额更是高达32亿元。1993年，国务院相继出台了《关于坚决制止乱集资和加强债券发行管理的通知》（国发〔1993〕24号）和《关于清理有偿集资活动坚决制止集资问题的通知》（国发〔1993〕62号），对有偿集资活动进行清理整顿，极大地限制了企业的集资行为。1995年颁布了《商业银行法》①，其中第79条第1款规定："未经中国人民银行批准，擅自设立商业银行，或者非法吸收公众存款、变相吸收公众存款的，依法追究刑事责任；并由人民银行取缔。"确立了行政取缔与刑事惩罚双重法律规制的模式。全国人大常委会于1995年6月30日发布并实施了《关于惩治破坏金融秩序犯罪的决定》，其中第7条确立了非法吸收公众存款罪，第8条确立了集资诈骗罪。并在1997年《刑法》中将相关内容悉数接受。1999年，最高人民法院公布的《关于如何确认公民与企业之间借贷行为效力问题的批复》指出，企业以借贷名义向职工非法集资、企业以借贷名义非法向社会集资、企业以借贷名义向社会公众发放贷款和其他违反法律、行政法规的行为无效。此后，最高人民法院又于2004年印发了《关于依法严厉打击集资诈骗和非法吸收公众存款犯罪活动的通知》。至此，关于"非法集资"行为的管制实现了全方位布控。

2011年，温州民间借贷危机发生后，企业资金链断裂、老板跑路自杀等新闻屡见报端，民间借贷以最为惨烈的方式从过热走向冷却。

---

① 该法已分别于2003年和2015年进行修正，目前适用的是2015年修正的《商业银行法》。

显然，没有法律规约，民间借贷处于无序状态是温州民间借贷出现危机的重要原因。2012年，温州金融改革综合试验区设立，2014年3月实施的《温州市民间融资管理条例》作为全国首部金融方面地方性法规和首部专门规范民间金融的法规，引起了各方关注。而《温州市民间融资管理条例实施细则》更将民间借贷的范畴进一步细化，直指自然人之间、自然人与非金融企业和其他组织之间的借贷，并首次将企业内部集资与合会、农村资金互助会的资金互助等情形列入民间借贷的范畴。这些情形说明了我国的金融管制理念已经发生了转变。

与此相适应，最高人民法院自2010年起，针对民间借贷问题也出台了一系列规范性文件。2011年起实施的《非法集资案件解释》列举了11种非法吸收存款行为，确立了8种"非法占有为目的"的情形，并强调具体问题具体分析，行为人部分非法集资行为具有非法占有目的的，对该部分非法集资行为所涉集资款以集资诈骗罪定罪处罚；非法集资共同犯罪中部分行为人具有非法占有目的，其他行为人没有非法占有集资款的共同故意和行为的，对具有非法占有目的的行为人以集资诈骗罪定罪处罚。可以说，对于非法集资行为的司法认定进入到专业化的阶段。

（二）对企业集资行为进行民事法律规制的必要性

尽管由于各种原因，企业集资受到过严格管制，甚至严厉打击，但可以说，中国的企业集资从未完全消失过。据抽样调查统计，在房地产开发、生产加工等行业，80%以上的中小企业都发生过集资，60%以上的中小企业要依靠集资生存和发展；在宏观政策调控的2004年，依赖于集资生存和发展的中小企业几近100%。随着国家经济体制的不断改革，中小企业逐渐发展成为我国国民经济的重要组成部分，在GDP中所占比重日益上升。企业为了谋求可持续发展，只有通过产业升级和技术革新来实现，而生产工具和生产技术的改造和升级需要大量资金来实现。自2014年李克强总理在达沃斯论坛开幕式上提出，要在960万平方公里土地上掀起"大众创业""草根创业"的新浪潮，形成"万众创新""人人创新"的新势态，中小企业迅猛发展，成为我国经济组织中重要组成部分。中小企业在推动我国经济发展、提高经济效率、促进社会稳定、刺激消费需求、扩大就业、缩小收入差距、推动技术创新以及维持市场结构等方面都扮演了重要的角色。到2018年9月18日国务院下发《关于推动创新创业高质量发展打造"双创"升级版的意见》，国家大力倡导"大众创业，万众创新"，要求"大力发展直接融资市场"，使得中小微企业的发展得到了进一步的激发，而我国金融市场的过分管控使中小企业融资难成为常态。企业内部集资从很大程度上弥补了正规金融在资金配置方面的缺陷，尤其对解决中小企业资金困难起到了重要作用。而从立法层面看，有关企业内部集资的规定大多是和非法集资相关联作出的，而且是从管控和限制角度进行规制，对面向社会不特定对象的非法集资的认定和处理都比较明确，但是对企业内部集资的认定和管理则处于法律的边缘。正因如此，涉及"集资"，监管部门就基本处于不审批、不出事不管、不控告不管的"三不"态度，使得集资广泛的"非合法化"存在。2015年《民间借贷规定》对单位内部集资合法性的情形作出明确规定，解决了长期以来单位内部集资政策边缘化和法律盲区问题。通过几年的发展来看，互联网金融尚在探索阶段，想要长远发展下去，需要完善的地方还太多。虽然中小企业的融资渠道在国家政策的支持下有了进一步的扩大，但资金短缺、融资贵融资难仍是阻碍中小企业健康发展的因素。企业内部融资方式，不管是债权式融资还是股权式融资，都还是很多企业在发展中常常采取的方式。因此，对于这一类型的借贷行为进行法律规制，在今后一个时期都有着十分的必要性。

二、企业内部集资行为的合理性、合法性论证

（一）合理性分析

我国的民间融资有其存在的现实土壤，企业内部集资有其存在的客观合理性。内部集资是企业融资的重要渠道之一。长期以来，资金短缺是制约我国中小企业发展的"瓶颈"因素，正规的金融部门基于成本收益和风险的考虑，不能或不愿意为中小企业提供贷款。而这些

中小企业的发展需要大量资金，同时得益于经济的发展，民间也积累了大量的自有资金，急需寻求投资方向。企业内部集资对象为企业内部员工及分支机构成员，故成为企业尤其是中小企业快速、高效缓解资金缺口的有效方法之一，企业内部集资有其先天优势：（1）企业内部集资较社会集资风险更具可控性，出借人对于相关信息和风险往往有较为充分的了解，对于潜在的风险也能客观看待，具有一定的承受能力。（2）企业内部集资主要是为了解决企业发展所需资金，有利于企业的发展和稳定，有利于职工的利益。因与单位和职工利益攸关，出借人有一定主观积极性和稳定性。（3）企业内部集资必须用于企业生产经营活动，取之于企业职工、用之于企业，是此类集资行为得以正当化、合理化的重要依据。不作为非法集资处理的一个重要前提是，出借人必须严格限定在本企业内部，为非法吸收公众存款而将社会人员接纳为企业工作人员，继而向他们吸收资金的，不属于企业内部集资。

（二）合法性分析

1. 我国《宪法》明确规定保护公民的合法财产权，财产权包括公民对财产的所有权和使用权。将自己合法拥有的资金用于民间借贷，属于对合法财产行使使用权，应受法律保护。

2.《合同法》第十二章明确规定了建立在真实意思基础上的民间借款合同受法律保护，强调了民法意思自治的基本原则。

3. 从1991年发布的《借贷意见》第6条规定来看，民间借贷的利率可以在超过银行同类贷款利率的四倍以下的范围内适当高于银行的利率，这是对符合条件的民间借贷的法律保护。1999年发布的《最高人民法院关于如何确认公民与企业之间借贷行为效力问题的批复》指出，企业以借贷名义向职工非法集资、企业以借贷名义非法向社会集资、企业以借贷名义向社会公众发放贷款和其他违反法律、行政法规的行为无效。该规定没有明确企业内部集资的合法情形，但通过"企业以借贷名义向职工非法集资"的规定，可以推导出是有"合法"情形存在的。所以说，其企业内部的合法集资，并没有受到法律的禁止。2015年《民间借贷规定》正是基于以上法律依据，其企业内部集资条款又进一步对合法的内部集资作出了全面规定。生产性企业在自身的生产资金短缺时，在本企业内部职工中以债券形式或负债形式筹集资金，确实有利于企业自身发展，间接利于本企业职工的合法权益。但如若缺少相关法律要件，擅自在企业内部职工中以借贷形式筹集资金，以现金、实物等作为利息，到期还本付息的行为，则被认定为企业内部非法集资行为。可见，企业内部集资行为实质处于合法与非法的临界状态，非法吸收公众存款或者变相吸收公众存款与合法民间借贷的界限在司法实践中往往是很难区分的。因此，企业内部集资如果被理解为企业与职工之间正常的借贷关系，应属合法的民间借贷行为。

【审判实践中应注意的问题】

企业内部集资合法与非法的界限

（一）非法集资

非法集资具有以下特点：（1）集资者不具备集资的主体资格，未经有关部门依法批准。包括没有批准权限部门批准的集资、有审批权限的部门超越权限批准的集资。（2）承诺在一定期限内给出借人还本付息。还本付息的形式既有以货币形式，也有实物形式和其他形式。（3）向社会不特定的对象筹集资金。这里"不特定的对象"是指社会公众，而不是指特定少数人。四是以合法形式掩盖其非法集资的实质。

非法集资的种类。"非法集资"归纳起来主要有以下几种：（1）通过发行有价证券、会员卡或债务凭证等形式吸收资金；（2）对物业、地产等资产进行等份分割，通过出售其份额的处置权进行高息集资；（3）利用民间会社形式进行非法集资；（4）以签订商品经销等经济合同的形式进行非法集资；（5）以发行或变相发行彩票的形式集资；（6）利用传销或秘密串联的形式非法集资；（7）利用果园或庄园等开发的形式进行非法集资。

（二）非法吸收公众存款、集资诈骗

1998年7月，国务院第247号令颁布了《非法金融机构和非法金融业务活动取缔办法》，该办法第3条第1款规定："本办法所称非法金融机构，是指未经中国人民银行批准，擅自设立从事或者主要从事吸收存款、发放贷款、办理结算、票据贴现、资金拆借、信托投资、金融租赁、融资担保、外汇买卖等金融业务活动的机构。"第4条规定："本办法所称非法金融业务活动，是指未经中国人民银行批准，擅自从事的下列活动：（一）非法吸收公众存款或者变相吸收公众存款；（二）未经依法批准，以任何名义向社会不特定对象进行的非法集资；（三）非法发放贷款、办理结算、票据贴现、资金拆借、信托投资、金融租赁、融资担保、外汇买卖；（四）中国人民银行认定的其他非法金融业务活动。前款所称非法吸收公众存款，是指未经中国人民银行批准，向社会不特定对象吸收资金，出具凭证，承诺在一定期限内还本付息的活动；所称变相吸收公众存款，是指未经中国人民银行批准，不以吸收公众存款的名义，向社会不特定对象吸收资金，但承诺履行的义务与吸收公众存款性质相同的活动。"实践中，非法或变相吸收公众存款是民间借贷的规模化效应。如，借款人向社会上大量的不特定对象借款（吸收存款的另一种模式），双方签订借款合同，借款人承诺在一定期限内还本付息的行为等。虽然民间借贷是双方当事人共同的意思表示，但是，由于借款对象较为宽泛，侵犯了商业银行向不特定对象吸收资金这一项业务的专营权，存在扰乱金融秩序的可能性，因此，可能被认定为非法或变相吸收公众存款。而集资诈骗的主观目的在于非法占有，即完全以虚假的信息获取资金，双方当事人意思表示不真实。

（三）企业内部集资

企业内部集资属于员工与所在企业（非银行金融机构）在双方当事人意思表示真实的情况下的行为。与非法吸收公众存款不同，民间借贷主要为"一对一"的借款模式，行为指向特定对象。即使在一个借款人向多数人借款的情况下，每一笔借款也都是独立存在的。企业内部集资往往与民间借贷中的个人与企业借贷相类似。这种类似民间借贷的企业内部集资，一般不具有很大的融资规模。具体来讲：

1. 既向单位内部职工集资又向社会公众集资的，不应认定为合法集资。因为集资对象既包括本单位的人员，也包括外单位的人员，说明此类吸收资金的行为针对的是不特定对象。如果将两种情形予以区分，将本单位人员的集资区别认定为单位内部的合法集资，显然不符合主客观统一的原则。比如，在某纺织实业有限公司非法吸收公众存款案件中，该公司吸收存款的对象有三类：第一类是非本公司职工；第二类是存款人非本公司职工，但通过公司职工存款，其中包括有夫妻关系者；第三类是公司职工。我们认为，尽管该纺织公司吸收存款的对象可以分为三类，但是其吸收资金针对的是不特定对象，无论是否本单位职工存款都符合其主观意愿。而且，因为整个吸收存款行为是在同一个犯意支配下统一进行的，应当按照主客观相一致原则进行，将所有资金统一认定为非法吸收公众存款的数额，而没有必要按照存款人是否属于单位职工进行人为的区分。

2. "单位内部"应限定指单位内部的职工，如果出现"名义出资人"与"实际出资人"不符的情形，即表面上"出资人"都是单位内部职工，但由于某种原因（如单位给职工施加压力、职工的亲友见有利可图主动要求参与等）导致大量资金来源于非单位职工，此种情形需要结合主客观情况进行综合判断。实践中此类特殊集资的例子很多。（1）以内部人名义转借。如，某县属医院因购买大型医疗设备需要资金，受银行信贷规模影响未能获得足够资金，便通过其内部职工募集缺口资金，但由于该企业长期通过内部集资方式扩大设备投入，致使企业内部职工无力或者不愿意再投入，而最终以内部职工名义在社会集资，而给出资人的债权凭证却是以其内部职工为债权人的收据凭证。（2）通过掮客募集后借入。这部分掮客主要是私营企业主或高层管理人员的亲属或者朋友，通过这些人在各自工作圈及生活圈内进行宣传，然后直接以其个人的名义借款后，转借给企业使用。如某民营建材企业，即通过公司经理的亲属、同学等在各自工作的单位以高于银行两倍的利息，募集资金上百万元，常年周转使用。（3）以准备上市为名义集资。如在新加坡上市的某制药公司，为达到在内地 A 股市场上市的要求，向本公司职工每人集资 10 万元，并承诺在预期的三年内上市后转为股份，结果在一个月内募集了 2000 万元资金。但据调查，该企业内部职工中除高管人员参股外，绝大多数是社会公众以其职工名义参与的。这些特殊的"内部集资"就是在利用法律对"特定少数人"的非禁止性，来规避审查与监管，从而达到内部集资的目的。在判断此类名义出资人与实际出资人不符的内部集资是否合法的时候，如果单位主观上对此是明知的，那么该种集资就具有社会性，就有一定的违法性，不应认定为单位内部的合法集资。

3. 将社会人员吸收为公司工作人员，继而向他们吸收资金，不属于单位内部集资。实践中，一是通过公开招聘，在聘用同时即表明了向应聘人员筹集资金的意思表示，集资参与者参与集资的同时即成为公司的员工，比如"万里大造林案"等多存在此种情形，此种以传销方式实施的非法吸收公众存款，不能认定为内部合法集资。二是先将社会人员聘为单位员工，之后再向其吸收资金，此种情形具有一定的隐蔽性。以某果蔬加工有限公司非法吸收公众存款案为例，该公司通过设立连锁超市，聘用超市经理和代理人员，采取推广公司高科技产品，发展"促销员"、招聘"业务员"等手段，先以公司的名义与群众签订协议书，使其成为公司的"促销员""业务员"后，再以公司名义向"促销员""业务员"借款，开具借款借据再返款。除返还本金外，每月还以发工资和付借款利息的形式返利。

4. 非出于单位自用目的的集资不属于单位内部集资。用于单位生产经营活动是认定单位内部集资合法的重要前提。取之于单位职工，用之于单位，是此类集资行为得以正当化、合理化的重要依据。一是单位和职工利益攸关；二是较社会集资其风险更具可控性。以刘某非法吸收公众存款案为例，某区科协副主席张某（另案处理）以搞人体科学研究和开发美容产品申请专利需要经费为名，以某科贸公司名义口头和书面委托某学院总务处代为集资，双方约定期限为一年，年息为 20%。时任总务处处长的被告人刘某即安排工作人员夷某、赵某以总务处名义向本单位职工集资 65 万元。张某以"某科贸公司"名义从总务处"借"走 460500 元。刘某改任学院培训服务中心主任，又安排工作人员杨某以培训服务中心名义向本单位职工集资，张某又以"某科贸公司"名义先后从该院培训服务中心"借"走 493064.50 元。审理法院认为，某科贸公司委托在前，吸收、提走、使用资金在后，总务处、培训服务中心集资目的明确，故判决被告人刘某犯非法吸收公众存款罪。我们认为该判决意见是正确的，本案也可以视为是科贸公司与刘某共同非法吸收公众存款。

当然，在处理此类纠纷中，也不能因为单位内部集资的情节恶劣就认定为非法吸收公众存款行为。只要符合以单位内部职工为限、集资资金用于单位生产经营活动的集资行为就不属于非法吸收公众存款。比如，某市场建设管理服务中心为开发某市场，通过调出城关至乡下网点上班的威胁方式，以 1.5% 的月利率，对 300 余名员工进行高息集资。本案虽以调动职工工作岗位相威胁，情节固然恶劣，但仍然属于有效的单位内部集资，而不是非法吸收公众存款行为。

第十二条 【涉嫌犯罪的民间借贷合同效力及担保人的民事责任】

借款人或者出借人的借贷行为涉嫌犯罪,或者已经生效的裁判认定构成犯罪,当事人提起民事诉讼的,民间借贷合同并不当然无效。人民法院应当依据民法典第一百四十四条、第一百四十六条、第一百五十三条、第一百五十四条以及本规定第十三条之规定,认定民间借贷合同的效力。

担保人以借款人或者出借人的借贷行为涉嫌犯罪或者已经生效的裁判认定构成犯罪为由,主张不承担民事责任的,人民法院应当依据民间借贷合同与担保合同的效力、当事人的过错程度,依法确定担保人的民事责任。

【条文主旨】

本条是关于涉嫌犯罪的民间借贷合同效力及担保人民事责任的规定。

【条文理解】

本条规定借款人或者出借人的借贷行为涉嫌犯罪,或者已经生效的裁判认定构成犯罪,所涉民间借贷合同并不当然无效,确立了以下原则:(1)突出对权利人、债权人的合法权益保护原则;(2)遵守法律、法规和司法解释规定的强制性效力原则;(3)法律、法规和司法解释没有明文规定为无效的,一般不宜认定为无效。

传统观点认为,借款人在向社会公众借款时有犯罪的故意和行为,或者出借人在出借款项时有贪污受贿等犯罪行为，因此所涉及的民间借贷合同只能认定无效。尤其是在刑事领域，这种观念根深蒂固，且具有很强的诱致性和传导力。从"刑民合一"到"刑民分立"，刑法与民法作为两大基本实体法，在伴随着社会发展的法治进步过程中，各自从不同侧面对社会生活发挥着广泛而深远的调节功能。

刑法（应当）打击一切具有严重社会危害性的犯罪行为，因为这类行为危害国家利益和社会公共利益。刑法规范的基本模式是禁止，保护的对象是整个国家与社会。正因如此，刑事法律关系才被视为是犯罪人与国家之间的法律关系。从而，刑法所保护的法益——国家利益与社会公共利益，必然是宏大而抽象的。例如，诈骗行为之所以被规定为犯罪，是因为这不仅仅侵犯了他人的财产权，更是破坏了财产秩序与交易秩序——一种更细化的社会公共秩序。

与此不同，民法以个人与个人之间的平等和自决（私法自治）为基础，调整的是个人与个人之间的关系。在法不禁止的范围内，个人享有充分的行动自由，不过不得妨碍他人同样的自由。因而对合同条款效力的判断，不仅要考虑合同当事人的利益，而且还要考虑与合同存在利害关系的第三人的利益。但是，为避免不当干预进而损害私法自治下的行动自由，在对双方的合同损害第三方（国家、集体和个人）的利益而加以干预时，这里的"利益"应当是具体的利益，而非宏观、抽象的利益。例如，买卖双方串通，故意签订低价合同（黑白合同）以图逃税，损害了国家的税收利益；招投标双方串通投标，侵害了其他竞争主体的缔约机会等。

刑民交叉案件所涉及的民事法律关系是基于行为人的民事行为和经济活动形成的，行为人之间基于合同的约定或依照法律的规定，产生特定的权利义务关系。但在履行合同的过程中，一方有违法行为的一面涉嫌了刑事犯罪，是其单方行为引发的另一法律关系即刑事法律关系。处理这一法律关系时，即使责任人受到刑事责任追究，因其侵犯国家公权力而受到的惩罚后果，并不影响其与对方已形成的合同义务。在刑民交叉法律关系的处理上，不能以涉嫌犯罪或者已经生效的刑事案件的判决认定构成犯罪及刑事责任的追究来对抗、否认和免除起诉民事部分案件的民事责任。民事责任产生的原因之一即是合同，该合同效力不必然无效，因为这是两个完全不同的法律关系，由此对合同效力的审查必须依据法律、法规和司法解释明文规定，更不能以刑事裁判判处了责任人的刑事责任从而作出驳回民事权利人的民事权益请求的裁判。

犯罪行为与民事合同的牵连、交叉与叠加，必然产生一个很现实的理论问题，即如何评价民事合同的效力？这是刑民交叉中最为重要的法律实体问题。涉嫌犯罪的民事案件在司法实践中屡见不鲜，这一类刑民交叉案件往往最为复杂、疑难。然而，现有法律并未作出明确规定，由此导致案件处理上混乱不堪，不同地区、不同法院乃至同一法院的不同法官对此在法律适用上极不统一。尤其是在民间借贷案件中，一方犯罪，另一方主张民间借贷合同无效的情形，这在审判实践中最常见，但因没有相应的法律依据而处理结果迥异。本条规定将涉嫌犯罪与民事合同的效力交织规定，这在我国是以司法解释的形式对民刑交叉时民事合同效力如何认定作出的尝试性规定，因而具有划时代的意义。实践中，民间借贷涉及的罪名最为常见的是集资诈骗罪、贷款诈骗罪、非法吸收公众存款罪等。本条规定的"并不当然无效"，意味着民间借贷合同可能有效，也可能无效。然而，什么情况下民事合同有效，什么情况下属于无效？这正是本条需要解决的问题。

在民间借贷中，行为人的行为涉嫌犯罪，主要集中在诈骗类犯罪、违反市场准入犯罪以及以合同形式掩盖非法目的的其他犯罪。以下通过这几种犯罪行为与民间借贷的关联和交叉，试图说明两者之间究竟属于何种关系。

一、诈骗类犯罪对民间借贷合同效力认定的影响

诈骗类犯罪从客观方面上看，有的通过编造引进资金、项目等虚假理由，使用虚假证明文件或担保等方法骗取贷款；有的以非法占有为目的，使用诈骗方法非法集资。这些现象在民间借贷中非常多见，

犯罪嫌疑人往往通过此类手法骗取钱财，而签订民事合同又是其中的重要环节。

涉诈骗类犯罪行为与民事合同交叉时，梳理有关民事合同效力的论述，理论界大致有如下几种观点：

第一种观点认为，涉合同诈骗罪成立，相关民商事合同当然无效。刑事上构成诈骗罪，行为人的行为即构成损害国家利益的欺诈行为，应认定合同无效。

第二种观点认为，合同诈骗罪成立，合同并不因一方当事人缔约时的诈骗行为构成犯罪而当然无效，而属于可撤销合同。

第三种观点认为，应区别情况认定合同的效力：一是以合同相对人或其工作人员是否参与犯罪为标准进行划分，合同相对人或其工作人员参与犯罪活动构成犯罪的，对该单位与合同相对人之间签订的合同认定无效；合同相对人或其工作人员没有参与犯罪的，对该单位与合同相对人之间签订的合同不因行为人构成刑事犯罪而认定无效。二是以权利人是否先向公安机关报案为标准进行划分，权利人先行向公安机关报案，则认定相对方涉嫌诈骗罪，在刑事追赃不足以弥补损失后另行提起民事诉讼的，不能认定基于诈骗行为签订的民事合同有效；若权利人未报案而是直接提起民事诉讼，若其不行使撤销权，可认定基于诈骗行为而签订的合同有效。

《民法典》第153条第1款规定："违反法律、行政法规的强制性规定的民事法律行为无效。但是，该强制性规定不导致该民事法律行为无效的除外。"该条规定中的"强制性规定"，是指"效力性强制性规定"。我们认为，涉合同的诈骗犯罪存在着有所牵连但截然不同的两个行为——诈骗行为与合同行为。诈骗行为是合同一方当事人所实施的以签订合同为手段、以骗取财物为目的的行为；合同行为则是双方当事人意思表示一致的情况下（尽管合同一方因被欺诈而作出了不真实的意思表示）共同实施的行为。易言之，诈骗行为是单方行为，合同行为是双方行为。刑法的聚焦点是诈骗行为，所评价的是该行为是否严重到触犯刑律需施以刑罚处罚的程度；民法的着眼点则在于合同行为，所评价的是该行为是否是当事人真实的意思表示一致的结果，是否应赋予该行为以私法上的效力。如果按照缔约手段与缔约结果的划分，刑法关注缔约的结果，但最终落脚点在于缔约的手段是否构成犯罪；民法关注缔约的手段，但最终落脚点则在于缔约的结果是否具有效力。

由于评价视角、评价对象的不同，对于刑民交叉案件，刑法和民法得出有所不同的结论是自然的。道德谴责论认为，刑法与民法最大的区别在于道德上的谴责。这种道德上的谴责与刑事有罪宣告相伴随，但并不伴随不利的民事裁判。刑事上的制裁给不法行为者烙上了道德上的污名，再多的赔偿也不能纠正。缔约一方的诈骗行为侵害国家利益，并不意味着缔约双方的合同行为也损害国家利益。合同行为是否侵害国家利益，评价的对象是合同本身（标的和内容等）。也因此，诈骗行为构成犯罪与合同行为有效（或可撤销）并不存在逻辑矛盾，因为两者根本就不是针对同一对象而作出的。那么，针对不同对象而得出的不同评价，就不存在逻辑上的矛盾。

由此，当事人一方的诈骗行为，从民法视角观察，无非属于性质更加严重的欺诈。当欺诈行为的程度与结果超过了刑法容忍的限度，就陷入刑罚的调整范畴，但这并不影响民法视野下该行为仍然被认定为欺诈。认定欺诈类合同为可变更、可撤销合同，更具理论与实践意义，详言之，一是有利于保护权利人的权益，权利人既可以选择合同有效并且继续履行合同，也可以选择变更或者撤销合同；二是有利于追究行为人的违约责任，如果认定合同无效，则违约责任也就失去了逻辑前提；三是有利于体现私法领域意思自治的基本原则，毕竟，签订合同时双方当事人是自愿的。不过，实务中债权人选择行使撤销权的毕竟极少，绝大多数希望借款合同认定有效，毕竟，可撤销合同的法律后果与有效合同的违约后果，对债权人的保护程度不可同日而语。

由此，对于涉嫌诈骗犯罪的民间借贷，进一步引申到与犯罪行为有关的其他民事合同，其效力并不当然受犯罪与否的影响。存在犯罪行为，民事合同仍有可能有效；不存在犯罪行为，民事合同也有可能因为恶意串通损害他人利益而无效。从这个意义上讲，本条规定采用了"民间借贷合同并不当然无效"的表述倒也恰如其分，符合上文法理理论及司法实践的需要，就其理论深度而言，无疑具有一定的创新。尤其是在我国"涉犯罪的合同当然无效"的观点流行泛化的情况下，司法解释作出这样的规定确有必要，至少对于打破合同当然无效论有一定之功，促使人们从民法的视角看待合同的效力，以民法的思维判断合同的效力，而非简单地以刑法思维定向取代，以单方的犯罪行为代替双方的合同行为。

二、以合同形式掩盖非法目的的排除适用

有一种观点认为，涉合同类诈骗行为应当毫无疑问地被定性为以签订合同的形式掩盖诈骗的非法目的，当然是绝对无效的情形，没有任何有效可能性探讨的余地。我们认为，此种观点不仅具有较大的代表性，同时还具有很大的迷惑性。要分析这种似是而非的观点，首先必须弄清楚何为"以合同形式掩盖非法目的"。

通说认为，所谓以合同形式掩盖非法目的，是指当事人实施的行为在形式上是合法的，但在缔约目的和内容上是非法的。这种行为又称为隐匿行为，当事人故意表现的形式或故意实施的行为并不是其要达到的目的，也不是其真实的意思，而只是希望通过这种形式和行为掩盖和达到其他非法目的。以合同形式掩盖非法目的的行为具有如下特点：一是行为就其外表来看是合法的；二是作为一种表象的合同行为，其被掩盖的是一种非法的隐匿行为；三是当事人明知或者应当知道其隐匿行为与外表行为不一致，具有主观规避法律的故意。还有论者指出，以合同形式掩盖非法目的的行为本质上为脱法行为，行为人故意采取法律具体文义规定所未禁止的迂回和异常的行为方式，使行为表面上不违反法律的强行性规定，实际上使其行为避开了对其不利的法律适用。在民间借贷司法实践和具体实例上，名为联营实为借贷，或者名为买卖实为借贷的行为是被列举最多的典型。无论是联营合同还是买卖合同，表面上看都是合同，但它们均掩盖了借贷行为性质的借贷事实。

综合学者论述以及相关实例，对于认定"以合同形式掩盖非法目的"，我们似乎可以得出这样一种结论，即以合同形式掩盖非法目的中的"目的"，应当是合同双方的共同目的，而非单独哪一方的目的；绝大多数情况下，这一共同目的是双方通谋的结果，至少也是双方共同明知或理应知道的，这点理应成为"以合同形式掩盖非法目的"的一个重要特征。以合同形式掩盖非法目的中的"目的"之所以应是合同双方的共同目的，其原因在于合同是双方行为，是双方意思表示一致的结果，双方外在表现的合同行为之下掩藏着的是另一合同目的，并且正是这一目的行为才是双方真正意欲实施的。但因为这一目的本身非法，所以双方才"曲线救国"式的订立了形式上合法的合同，使得被掩盖的行为披上了合同外衣，具有形式合法的外观。概言之，以合同形式掩盖非法目的的合同，其本质是以形式合法掩盖实质非法的合同。以赠与合同为例，在受赠人不知情的前提下，赠与人为逃避法院强制执行而成立赠与合同，该赠与人的动机非法，但这种赠与并不是发生在赠与人与受赠人通谋或合意的情况下（如果赠与人与受赠人通谋，则可以双方恶意串通损害第三人利益为由主张该赠与行为无效）。相反，该赠与行为是有效的，因为受赠人并不知情，其不符合恶意串通，当然，由于该赠与合同损害了债权人的利益，债权人可以行使撤销权。但在撤销前，该赠与行为不得以合同目的非法为由被认定为无效。

总之，以签订合同的形式实施诈骗，如果仅仅是合同一方的目的而非双方的共同目的，并不属于"以合同形式掩盖非法目的"的情形，在效力认定上也得不出合同无效的结论。那种想当然地认为实施诈骗而签订的合同自然无效的观点，正是没有弄清楚这一点。推而广之，集资诈骗、强迫交易、敲诈勒索等行为构成犯罪，与此相关的民事合同"并不当然无效"，同样属于可撤销合同。

三、违反市场准入类犯罪对民间借贷合同效力的影响

民法以意思自治为原则，在法不禁止的情况下，民事主体可以自

由地开展各类民事活动，但为了保护交易安全，同时增强政府对市场经济的监管能力和宏观调控能力，对于市场经济活动（商事活动）法律规定了严格的市场准入制度，未获得相应市场主体资格的，不得从事相应的市场活动，否则被视为无照经营行为。任何情况下，无照经营首先是一种违反行政法、应受行政处罚的行为。当然，是否构成犯罪，则需要进一步分析该行为是否严重破坏市场经济秩序，是否严重危害市场经济发展。不过，对于实行许可制的行业或领域而言，未经许可而从事相关活动，本身便是对市场管理秩序的严重破坏，因而成为刑法关注的重点，其中具有典型代表意义的罪名包括擅自设立金融机构罪，非法吸收公众存款罪，擅自发行股票、公司、企业债券罪等。纵观这几个罪名，之所以构成犯罪，最为关键的因素为未经国家有关主管部门批准。

其实，在这几个罪名之上还有一个更上位的一般性罪名——非法经营罪。非法经营罪被公认为"口袋罪"，原因就在于作为该罪兜底条款的"其他严重扰乱市场秩序的非法经营行为"具有高度的抽象性和概括性，致使一系列单行刑法、司法解释以及判例频频将刑法列举之外的经营行为纳入非法经营罪中。因此，非法经营罪的"口袋化"引发了学界争议和实务困惑。

以民间借贷为例，一方行为构成非法吸收公众存款罪，由于这一类犯罪被界定为违反市场准入制度类犯罪行为，而此类犯罪行为又与民商事合同交叉，由此，犯罪嫌疑人与众多被吸收存款的公众主体单独签订的一个个借贷合同的效力如何？非法吸收公众存款罪的成立，是否意味着相应的借款合同当然无效？这在实践中也是争议较多的。

就非法吸收公众存款罪而言，要开展吸收公众存款的市场活动，首先必须获得国家主管机关（主要指银保监会）的批准。《刑法》第176条是从禁止的角度加以规定的，从法律规范的角度，该条规范表达的意思是：任何主体要吸收公众存款，需经国家主管机关批准；未经批准非法吸收或者变相吸收公众存款的，以非法吸收公众存款罪定罪处罚，其他非法经营类的刑法规范亦与此相似。我们认为，行为人构成非法吸收公众存款罪或者非法经营罪，但其与社会公众之间签订的民间借贷合同不应认定为无效。具体理由分析如下：

1. 结合最高人民法院有关指导意见可以清楚地看出，公法规范所规制的是当事人的市场准入资格，而非该种类型的合同。因此，这一类规范在民法上属于管理性强制规定，而非效力性强制规定。一方当事人的行为违反市场准入制度构成犯罪的，只是合同一方违反了管理性强制性规定，双方之间签订的民间借贷合同本身仍然是有效的。

2. 之所以当事人的行为违反市场准入制度构成犯罪，而与此相关的民间借贷合同仍然有效，是因为该行为是由一方缔约主体单独实施，而非双方主体共同实施的。刑法所评价的正是该当事人单独实施的非法经营行为（犯罪行为），而民法评价的则是双方当事人之间具体的合同行为。

3. 非法经营类犯罪的构成是多个非法经营行为叠加的结果。就非法吸收公众存款罪而言，该罪的构成同样也是由若干个民事借款行为的叠加从而导致发生由量变到质变。具体到每一笔借贷业务，均是在当事人自愿情形下发生的，并没有损害国家、集体、公共利益或者第三人利益，因而都是合法有效的。申言之，作为微观构成的单个民间借贷合同放在《民法典》第144条、第146条、第153、第154条视域下审查，由于都没有违反上述条文中任何一项无效情形的规定，因而都是有效的；而将所有借贷合同聚合形成一个整体，因其达到了刑罚规范或制裁的程度，作为宏观的、整体的吸收公众存款行为构成了犯罪，两者并行不悖。

4. 作为合同相对方的债权人在行为人非法吸收公众存款中一般并无过错，其利益更应受到保护；相反，如果认定双方之间的借贷合同无效，无过错方的利益恰恰有可能会受到损害。以非法吸收公众存款为例，合同中往往约定了较高的利息，如果认定合同无效，犯罪人只归还本金和占用资金期间的利息损失，却免除了归还事先约定的较高利息的合同义务，其反而获得了额外利益。这对于保护无过错的合同相对方而言，是极其不利的，也不符合民法的公平理念。可喜的是，司法实践中已有类似判例予以佐证。

本条第 2 款规定，担保人以借款人或者出借人的借贷行为涉嫌犯罪或者已经生效的裁判认定构成犯罪为由，主张不承担民事责任的，人民法院应当依据民间借贷合同与担保合同的效力、当事人的过错程度，依法确定担保人的民事责任。这一款的规定是在第 1 款规定的基础上的深化和延伸。司法实践中，大量的民间借贷合同都存在着提供担保的情形，一旦借款人或者出借人构成犯罪，担保人往往会以借贷行为构成犯罪为由，主张不承担担保责任。实际上，民间借贷合同是主合同，担保合同是从合同，作为民间借贷的主合同无效，担保合同当然无效。本条第 1 款确定的主题是，借贷行为构成犯罪，民间借贷合同并不当然无效，如果主合同有效，担保合同则有可能有效。

【审判实践中应注意的问题】

担保人责任的具体承担问题

1. 民间借贷合同有效的

在民间借贷合同有效的情况下，担保合同的效力更多地取决于担保行为本身。而担保合同的相关效力认定，同样要以《民法典》第 144 条、第 146 条、第 153 条、第 154 条的规定予以认定。如果民间借贷合同有效且担保合同有效，担保人应当承担担保责任；如果民间借贷合同有效而担保合同无效，担保人有过错的，担保人与借款人对出借人的本金与利息损失，承担连带赔偿责任；出借人、担保人有过错的，担保人承担民事责任的部分，不应超过借款人不能清偿部分的 1/2。

需要注意的是，如果民间借贷合同有效，但出借人与借款人对民间借贷合同的本金、利息作了变动，但没有经保证人同意的，如果民间借贷合同的变动是减轻借款人的债务的，保证人应当对变动后的民间借贷合同承担保证责任；如果民间借贷合同的变动加重了借款人的债务的，则保证人对加重借款人债务的部分不承担保证责任。

2. 民间借贷合同无效的

如果作为主合同的民间借贷合同无效，根据主合同无效则从合同无效的原则，担保合同当然无效。在这种情况下，担保人应否承担民事责任要根据担保人是否有过错予以确定。如果担保人无过错的，则担保人不承担民事责任；如果担保人有过错的，则担保人承担民事责任的部分，不应超过债务人不能清偿部分的1/3。

第十三条 【民间借贷合同无效的具体情形】

具有下列情形之一的，人民法院应当认定民间借贷合同无效：

（一）套取金融机构贷款转贷的；

（二）以向其他营利法人借贷、向本单位职工集资，或者以向公众非法吸收存款等方式取得的资金转贷的；

（三）未依法取得放贷资格的出借人，以营利为目的向社会不特定对象提供借款的；

（四）出借人事先知道或者应当知道借款人借款用于违法犯罪活动仍然提供借款的；

（五）违反法律、行政法规强制性规定的；

（六）违背公序良俗的。

【条文主旨】

本条是关于民间借贷合同无效的具体情形的规定。

【条文理解】

本条在 2015《民间借贷规定》第 14 条的基础上做了部分修改，包括以下几个方面：一是增加第 3 项"未依法取得放贷资格的出借人，以营利为目的向社会不特定对象提供借款的"应认定无效情形，旨在对职业放贷行为的明确禁止。二是对于套取金融机构信贷资金转贷的和以向其他企业借贷、向本单位职工集资，或者以向公众非法吸收存款等方式取得的资金转贷的几种情形，删除了原条文"借款人事先知道或者应当知道的"规定，旨在降低民间借贷合同无效的认定标准，加重出借人对资金来源的举证责任。三是将第1项中的"信贷资金"改为"贷款",避免在对该条适用时产生歧义,同时删除了转贷前的"高利"二字。四是分别删除原条文第4项中的"社会"一词和第5项中"效力性"一词,进一步规范条文表述。五是根据《民法典》的表述将第2项"企业"改为"营利法人"。六是将原条文第4项、第6项顺序做了调整,与《民法典》保持一致。

合同效力的法律规定集中体现了国家对某类行为的态度,本条规定了民间借贷合同无效的具体情形,反映了国家对民间借贷活动的管控和规制,为民间借贷活动划出了界限。超出界限的民间借贷行为,不仅不被法律所认可,而且行为人还要因其违法的性质和程度不同而承受不同的法律后果和责任。

一、民间借贷活动法律规制的简要回顾

民间借贷作为一种经济现象,早在西周时期即已出现。《周礼》记载:"凡民之贷者,与其有司辨而授之,以国服为之息。"意思是凡百姓需要借贷,可与官府相关部门商定给予,百姓以国服事之税的标准来偿付利息。唐代国内商业及对外贸易繁荣,形成了中国最早的金融市场,有提供抵押借贷的质库,有提供普通借贷的公廊。以后各朝各代,民间借贷都是社会经济生活中不可缺少的部分。传统意义上的民间借贷,因主要属于自然人间的互助,历来是受到保护的,但政府一直对民间借贷活动予以规制。新中国成立后,特别是改革开放以来,我国对民间借贷活动的法律规制总体上呈现不断变化、逐步完善的过程,大致可分以下几个阶段:

(一)只认可公民之间借贷合法性阶段

该阶段,我国随着改革开放不断推进,经济发展对资金的需求不断扩大,民间借贷活动也随之活跃起来,数量不断增多,规模不断扩大,但法律法规只认可公民之间借贷活动的合法性,对非金融机构法人、其他非法人组织之间的借贷活动的效力则不予认可。

1. 1981年印发的《国务院关于切实加强信贷管理严格控制货币发

行的决定》(已失效)第5条中规定:"一切信贷活动必须由银行统一办理,任何地方和单位不许自办金融机构,不许办理存款贷款业务,不许自行贷款搞基本建设。"1986年,国务院印发的《银行管理暂行条例》(已失效)第4条规定:"禁止非金融机构经营金融业务。"

2. 1986年出台的《民法通则》第90条规定,合法的借贷关系受法律保护,而《民法通则意见》第121~125条只对公民之间借贷予以了规定,体现的主要是生活性借贷的规制,但其中第122条提及公民之间生产经营性借贷的利率可以适当高于生活性借贷利率,为民间借贷走向生产经营和商业活动提供了空间。《民法通则》及其司法解释中虽没有对民间借贷活动无效问题作出具体规定,但从其只提及保护公民之间的借贷活动来看,当时对公民与非金融机构法人及其他有关组织之间的借贷活动持不支持态度。

(二)认可公民之间、公民与非金融机构法人及其他组织之间借贷活动合法性阶段

该阶段,民间借贷的资金进一步向生产经营领域流动,对促进生产、发展经济起到了重要作用,企业及其他经济组织向公民借贷用于生产经营的情况已较为普遍。为了适应经济发展需求,我国将民间借贷主体的限制有所放开,逐步确认公民与非金融机构法人及其他非法人组织之间借贷活动的合法性,但对非金融机构法人及其他非法人组织之间借贷活动的合法性仍然不予认可。

1. 1990年印发的《最高人民法院关于审理联营合同纠纷案件若干问题的解答》第4条第2项规定:"企业法人、事业法人作为联营一方向联营体投资,但不参加共同经营,也不承担经营风险责任,不论盈亏均按期收回本息,或者按期收取固定利润的,是名为联营,实为借贷,违反了有关金融法规,应当确认合同无效。除本金可以返还外,对出资方已经取得或者约定取得的利息应予收缴,对另一方则应处以相当于银行利息的罚款。"该解答第一次明确规定了企业间借贷合同无效。1991年,最高人民法院经济审判庭在《关于刘水清与钟山县钟潮塑料工艺制品厂之间是否构成联营关系的复函》中对上述规定再次

予以了强调。

2. 1991年《借贷意见》第一次明确规定民间借贷的范围是公民之间、公民与法人之间、公民与有关组织之间的借贷纠纷，未将非金融机构法人、其他组织之间及其相互之间的借贷活动作为民间借贷的组成部分。该意见明确规定，民间借贷利率可以适当高于银行利率，各地根据地区实际情况具体掌握，但最高不得超过同类贷款利率的四倍，超过此限度的，超出部分的利息不予保护。此规定既鼓励了自然人的财富向生产经营领域的流动，又适当限制了高利贷，对当时较为活跃的民间借贷活动起到了规范作用。该意见还明确规定了两种无效情形：一是一方以欺诈、胁迫或乘人之危违背对方真实意思表示形成的借贷关系；二是出借人明知借款人是为了进行非法活动而借款。

3. 1996年，最高人民法院在《关于对企业借贷合同借款方逾期不归还借款的应如何处理的批复》中再次强调："企业借贷合同违反有关金融法规，属无效合同。"

4. 1996年，中国人民银行发布《贷款通则》，该通则第61条明确规定："各级行政部门和企事业单位、供销合作社等合作经济组织、农村合作基金会和其他基金会，不得经营存贷款等金融业务。企业之间不得违反国家规定办理借贷或者变相借贷融资业务。"

5. 因为司法实践中对企业借贷合同违反的金融法规并不明确，1998年最高人民法院曾就此问题专门向央行征求意见，央行在向最高人民法院经济审判庭作出的《关于对企业间借贷问题的答复》中称，根据《银行管理暂行条例》第4条的规定，禁止非金融机构经营金融业务。借贷属于金融业务，因此非金融机构的企业之间不得相互借贷。……企业间订立的所谓借贷合同（或借款合同）是违反国家法律和政策的，应认定无效。

6. 1998年，国务院发布《非法金融机构和非法金融业务活动取缔办法》，该办法第4条、第5条明确规定禁止和取缔非金融机构和其他组织未经中国人民银行批准擅自从事金融活动，如非法吸收或变相非法吸收公众存款、向社会不特定对象进行非法集资以及非法发放贷款、办理结算、票据贴现、资金拆借、信托投资、金融租赁、融资担保、外汇买卖及央行认定的其他非法金融活动。

（三）逐步有条件认可非金融机构法人、其他组织之间民间借贷活动效力阶段

该阶段，随着我国金融机构贷款活动的进一步规范、严格，企业特别是中小微企业因难以满足从金融机构贷款所需的条件，往往只能通过民间借贷方式获取生产经营的周转资金，这从客观上有力促进了民间借贷活动的迅速发展。民间借贷的主体也不断拓展，企业之间进行资金拆借的情况已十分普遍。虽然法律上对企业之间借贷行为的效力仍不予认可，但实践中企业之间特别是中小微企业之间为了生存和发展需要，往往不得不相互"抱团取暖"。鉴于此，为了改善企业经营环境，适应经济发展需求，国家法律和政策对企业之间借贷效力的规定也开始逐步松动，从一律不认可企业间借贷效力，逐步发展到有条件认可其效力。

1. 1999年，最高人民法院作出《关于如何确认公民与企业之间借贷行为效力问题的批复》（已失效），该批复肯定了非金融企业对自然人进行借贷活动的合法性，但同时规定，企业以借贷名义向职工非法集资，非法向社会集资，向社会公众发放贷款以及其他违反法律、行政法规的行为无效，将企业向自然人借贷限定为特定的范围，不能向一般不特定的社会公众发放贷款。至此，企业对外民间借贷有所松动，不是一律认定为无效，而是"只要双方当事人意思表示真实即可认定为有效"。

2. 1999年，《合同法》颁布，《合同法》设专章规定"借款合同"，根据该章规定内容，并不禁止自然人与非金融机构企业及其他组织之间的借贷活动。在合同无效问题上，较之于《民法通则》，《合同法》第52条作了较大修改，自然人借贷合同无效中"有关欺诈、胁迫、乘人之危引起的无效"等规定不再适用。《合同法》虽然没有明确禁止非金融机构企业及其他组织之间的借贷活动，但基于之前行政法规及司法解释的规定，司法实践中对于企业之间借贷合同的效力

在《合同法》实施后相当长的一个时期内仍然不予认可。但现实生活中，企业之间相互拆借资金的现象非常普遍。为了规避法律政策关于企业之间借贷无效的规定，企业之间借贷往往都是以企业法定代表人之间借贷，以联营、投资、补偿贸易、签订循环购销合同等形式实现的。

3. 2006 年出台的《银行业监督管理法》第 19 条规定："未经国务院银行业监督管理机构批准，任何单位或者个人不得设立银行业金融机构或者从事银行业金融机构的业务活动。"对于该条规定的理解，有观点认为有禁止非金融机构企业从事民间借贷活动的倾向。但笔者认为，该条规定虽然明确禁止非金融机构企业从事金融业务活动，但并不必然从中读出禁止非金融机构企业从事民间借贷活动的意思，因为从事正常的民间借贷活动与从事金融机构业务活动并非同一概念。

4. 2015 年《民间借贷规定》的出台正式从法律上确认了法人之间、其他组织之间以及它们相互之间的民间借贷合同的合法性。其第 11 条规定："法人之间、其他组织之间以及它们相互之间为生产、经营需要订立的民间借贷合同，除存在合同法第五十二条、本规定第十四条规定的情形外，当事人主张民间借贷合同有效的，人民法院应予支持。"

（四）法律对民间借贷活动规制进一步完善阶段

该阶段，随着经济社会发展，改革开放不断深入，民间借贷活动迅猛发展，这一方面为经济社会发展起到了十分重要的资金融通作用，另一方面也出现了诸多问题，乱象丛生，严重扰乱了经济金融秩序和社会秩序。有的利用非法吸收公众存款、变相吸收公众存款等非法集资资金发放民间贷款；有的套取金融机构信贷资金，再高利转贷；有的面向在校学生非法发放贷款，发放无指定用途贷款，或以提供服务、销售商品为名，实际收取高额利息（费用）变相发放贷款；有的以故意伤害、非法拘禁、侮辱、恐吓、威胁、骚扰等非法手段催收贷款，等等。为了规范民间借贷行为，维护经济金融秩序，防范金融风险，切实保障人民群众合法权益，打击金融违法犯罪活动，国家有关部门相继出台了一系列法律和政策规定。

1.2018年4月，为规范民间借贷行为，维护经济金融秩序，防范金融风险，切实保障人民群众合法权益，打击金融违法犯罪活动，中国银行保险监督管理委员会、公安部、国家市场监督管理总局、中国人民银行联合下发了《关于规范民间借贷行为 维护经济金融秩序有关事项的通知》，进一步强调："未经有权机关依法批准，任何单位和个人不得设立从事或者主要从事发放贷款业务的机构或以发放贷款为日常业务活动。""民间借贷中，出借人的资金必须是其合法收入的自有资金，禁止吸收或变相吸收他人资金用于借贷。"同时，强调要严厉打击各类与民间借贷有关的金融违法犯罪活动。

2.2018年8月，针对民间借贷纠纷案件数量出现爆炸式增长，社会上不断出现披着民间借贷外衣，通过"虚增债务""伪造证据""恶意制造违约""收取高额费用"等方式非法侵占财物的"套路贷"诈骗等新型犯罪，这严重侵害了人民群众的合法权益，扰乱了金融市场秩序，影响社会和谐稳定等情况，最高人民法院下发了《关于依法妥善审理民间借贷案件的通知》，要求各级法院在审理民间借贷纠纷案件中，要加大对借贷事实和证据的审查力度，在案件审理中除对借据、收据、欠条等债权凭证及银行流水等款项交付凭证进行审查外，还应结合款项来源、交易习惯、经济能力、财产变化情况、当事人关系以及当事人陈述等因素综合判断借贷的真实情况。要切实提高对"套路贷"诈骗等犯罪行为的警觉，加强对民间借贷行为与诈骗等犯罪行为的甄别，发现涉嫌违法犯罪线索、材料的，要及时按照《经济纠纷案件涉及犯罪嫌疑规定》和2015年《民间借贷规定》等法律、法规和司法解释处理。要依法严守法定利率红线，对于各种以"利息""违约金""服务费""中介费""保证金""延期费"等突破或变相突破法定利率红线的，应当依法不予支持。

3.2019年7月，最高人民法院、最高人民检察院、公安部、司法部联合出台《非法放贷意见》，规定对违反国家规定，未经监管部门批准，或者超越经营范围，以营利为目的，经常性地向社会不特定对象发放贷款［2年内向不特定多人（包括单位和个人）以借款或其他名义出借资金10次以上］，扰乱金融市场秩序，情节严重的单位和个人，依照《刑法》第225条第4项的规定，以非法经营罪定罪处罚。该意见对于遏制民间借贷活动中的乱象，特别是非法职业放贷行为起到了较好的震慑作用。

4. 2019年11月，最高人民法院出台《民商审判会议纪要》。该纪要第52条规定："民间借贷中，出借人的资金必须是自有资金。出借人套取金融机构信贷资金又高利转贷给借款人的民间借贷行为，既增加了融资成本，又扰乱了信贷秩序，根据民间借贷司法解释第14条第1项的规定，应当认定此类民间借贷行为无效。人民法院在适用该条规定时，应当注意把握以下几点：一是要审查出借人的资金来源。借款人能够举证证明在签订借款合同时出借人尚欠银行贷款未还的，一般可以推定出借人套取信贷资金，但出借人能够举反证予以推翻的除外；二是从宽认定'高利'转贷的标准，只要出借人通过转贷行为牟利的，就可以认定为是'高利'转贷行为；三是对该条规定的'借款人事先知道或者应当知道的'要件，不宜把握过苛。实践中，只要出借人在签订借款合同时存在尚欠银行贷款未还事实的，一般可以认为满足了该条规定的'借款人事先知道或者应当知道'这一要件。"第53条规定："未依法取得放贷资格的以民间借贷为业的法人，以及以民间借贷为业的非法人组织或者自然人从事的民间借贷行为，应当依法认定无效。同一出借人在一定期间内多次反复从事有偿民间借贷行为的，一般可以认定为是职业放贷人。民间借贷比较活跃的地方的高级人民法院或者经其授权的中级人民法院，可以根据本地区的实际情况制定具体的认定标准。"

5. 2020年5月出台的《民法典》设专章规定了借款合同，并专门规定了借款利息不得预先扣除，禁止高利贷。《民法典》第670条规定："借款的利息不得预先在本金中扣除。利息预先在本金中扣除的应当按照实际借款数额返还借款并计算利息。"第680条第1款规定："禁止高利放贷，借款的利率不得违反国家有关规定。"

6. 2020年8月，本规定修正出台。一是大幅降低了民间借贷利率的司法保护上限，从修正前的最高保护36%降低至最高保护不超过同期LPR的4倍。修正后的本规定第25条第1款规定："出借人请求借款人按照合同约定利率支付利息的，人民法院应予支持，但双方约定的利率超过合同成立时一年期贷款市场报价利率四倍的除外。"二是进一步完善对民间借贷合同的效力规定。一方面，坚决否定职业放贷合同效力。另一方面，对套取金融机构信贷资金转贷的和以向其他企业借贷、向本单位职工集资，或者以向公众非法吸收存款等方式取得的资金转贷的几种情形，删除了原条文"借款人事先知道或者应当知道的"的规定，降低了此类民间借贷合同无效的认定标准，扩大了此类民间借贷合同无效的范围。

二、有关非金融机构法人、非法人组织间借贷效力规制的特殊考虑

2015年《民间借贷规定》施行前，我国长期实行金融机构法人、非法人组织间（主要是企业间）借贷无效的司法政策，这对整顿金融市场秩序、防范和化解金融风险产生过积极的影响。但在我国市场经济不断深入发展完善的背景下，这种"一刀切"的做法，明显不适应我国经济发展的新形势。为了更好地促进中小企业的发展，有效缓解"融资难""融资贵"难题，对利益相关企业之间基于友好合作、战略发展需要等目的，以自有闲置资金开展的非经常性、非经营性借贷，因有利于企业自身经营和市场经济发展，亦不损害社会公共利益、扰乱金融秩序，应予适当放开。但如果完全放开企业间借贷，则等同于放弃了银行业务的准入门槛，势必影响金融市场及金融体系的稳定和安全，故对企业间借贷还是应坚持保护和规范并重，有限制条件地承认企业间的借贷效力，以实现企业自主经营与金融管制之间的有效平衡。

三、关于禁止职业放贷问题

关于职业放贷，2015年《民间借贷规定》制定时，未将其纳入规

制,一是考虑职业放贷行为在审判实践中比较难以界定;二是考虑当时《放贷人条例》草案已形成,其中对自然人、法人等放贷人应持牌照分类经营,并根据利率、贷款对象、用途等设置了不同监管要求。但《放贷人条例》至今仍未出台,职业放贷现象近年来却愈演愈烈。为此,2019年7月,最高人民法院与最高人民检察院、公安部、司法部联合制定了《非法放贷意见》,其中第1条规定:"违反国家规定,未经监管部门批准,或者超越经营范围,以营利为目的,经常性地向社会不特定对象发放贷款,扰乱金融市场秩序,情节严重的,依照刑法第二百二十五条第(四)项的规定,以非法经营罪定罪处罚。前款规定中的'经常性地向社会不特定对象发放贷款',是指2年内向不特定多人(包括单位和个人)以借款或其他名义出借资金10次以上。贷款到期后延长还款期限的,发放贷款次数按照1次计算。"2019年11月出台的《民商审判会议纪要》第53条规定:"未依法取得放贷资格的以民间借贷为业的法人,以及以民间借贷为业的非法人组织或者自然人从事的民间借贷行为,应当依法认定无效。同一出借人在一定期间内多次反复从事有偿民间借贷行为的,一般可以认定为是职业放贷人。民间借贷比较活跃的地方的高级人民法院或者经其授权的中级人民法院,可以根据本地区的实际情况制定具体的认定标准。"本规定此次修正,充分参考借鉴了以上司法解释和司法政策性文件关于"职业放贷人"的规定,在本条中增加第3项,对职业放贷行为予以界定,明确规定职业放贷合同无效。

四、关于套取金融机构贷款转贷的理解

本条第1项修正前的规定是"套取金融机构信贷资金又高利转贷给借款人,且借款人事先知道或应当知道的",现修改为"套取金融机构贷款转贷的"。除为了规范表述,将"信贷资金"改为"贷款"外,本项规定删除了"高利转贷"和"借款人事先知道或应当知道的"的条件要求,扩大了此类无效合同的范围。在此项规定内容的理解上,需要注意以下几点:

1. 套取贷款进行转贷的主体具有广泛性。既可以是法人、非法人组织，也可以是自然人。

2. 出借人对资金来源负有举证责任。本规定修正前，依本项规定认定合同无效需要有"借款人事先知道或应当知道的"的前提条件，故借款人主张合同无效，需要承担其事先知道或应当知道的举证责任。修正后，依本项规定认定合同无效，只要有证据证明出借人在出借款项的同期尚有金融机构贷款债务未偿还即可。出借人如主张其出借的款项并非从金融机构套取，则其需对款项来源承担举证责任。

3. 转贷行为不一定是为了牟利。通常情况下，无论是企业还是个人，从金融机构套取贷款进行转贷，都是以牟利为目的，但是实践中确实可能存在少数企业或个人将从银行获取的贷款转贷给他人并不获利的情况。此种情况主要出现在套取金融机构贷款的企业或个人具备从金融机构贷款的条件，而需要资金的企业或个人不具备，前者基于一定的利益考虑，向金融机构贷款并将该贷款再转借贷给后者。对于此种情况，我们认为，虽然转贷行为不存在牟利，但是它违背了民间借贷的资金来源应为自有资金的规范要求，且为了其他企业和个人使用资金需求而套取金融机构贷款，本身也是规避监管、扰乱金融秩序的行为，故对此类合同也应当认定为无效。

五、关于从金融机构之外主体获取资金转贷的理解

本条第 2 项规定是"以向其他营利法人借贷、向本单位职工集资，或者以向公众非法吸收存款等方式取得的资金转贷的"，与修改前的"以向其他企业借贷或者向本单位职工集资取得的资金又转贷给借款人牟利，且借款人事先知道或者应当知道的"规定相比，除为了规范表述将"企业"改为"营利法人"之外，删除了"借款人事先知道或者应当知道的"的条件，同时增加了"以向公众非法吸收存款等方式"。理解此项规定，需要注意以下几点：

1. 本项规定的转贷主体既包括法人、非法人组织，也包括自然人。不能因规定中存在"向本单位职工集资"这一情形而狭隘地理解本项规定的转贷主体只有法人或非法人组织，不包括自然人。实践中，自然人以向其他营利法人借贷取得的资金，以及以非法向公众吸收存款等方式取得的资金进行转贷的情况并不少见。

2. 本项规定的资金来源具有广泛性。既包括以向其他营利法人借贷取得的资金，也包括向本单位职工集资取得的资金，还包括以非法向公众吸收存款等方式取得的资金，基本涵盖了除从金融机构贷款这一方式取得资金之外的其他所有方式获取的资金。本项与第1项规定合起来理解，就是出借人用于民间借贷的资金必须是自身所有的资金，一切从其他主体获取的资金都不能对外进行借贷。

3. 本项规定与第1项一样，不要求转贷行为具有牟利性。

六、关于职业放贷行为的理解

本条第3项关于职业放贷合同无效的规定，是本次修正新增的内容。对于职业放贷行为，法律并无明确规定，本规定修正前的司法解释虽有涉及，但规定不一。最高人民法院与最高人民检察院、公安部、司法部联合出台的《非法放贷意见》中规定，违反国家规定，未经监管部门批准，或者超越经营范围，以营利为目的，经常性地向社会不特定对象发放贷款，扰乱金融市场秩序的行为属于职业放贷，并规定"经常性地向社会不特定对象发放贷款"，是指2年内向不特定多人（包括单位和个人）以借款或其他名义出借资金10次以上。《民商审判会议纪要》第53条规定："未依法取得放贷资格的以民间借贷为业的法人，以及以民间借贷为业的非法人组织或者自然人从事的民间借贷行为，应当依法认定无效。同一出借人在一定期间内多次反复从事有偿民间借贷行为的，一般可以认定为是职业放贷人。民间借贷比较活跃的地方的高级人民法院或者经其授权的中级人民法院，可以根据本地区的实际情况制定具体的认定标准。"本规定此次修正借鉴上述规定精神，对职业放贷行为作了明确界定，即"未依法取得放贷资格的出借人，以营利为目的向社会不特定对象提供借款的"。理解把握这一规定，需要注意以下几点：

1. 职业放贷人既可以是法人、非法人组织，也可以是自然人，但都不具备放贷资格。

2. 借贷行为以营利为目的。通常出借人只要收取利息或资金占用费等即可认定为营利，并不以收取高利息作为营利认定的条件。

3. 向社会不特定对象提供借款。此点需要结合案件事实予以认定。一般来说，在一段时期内多次向不特定的多人出借款项并收取利息或资金占用费等费用的行为，即可认定为职业放贷行为。

七、关于出借人事先知道或者应当知道借款人借款用于违法犯罪活动仍然提供借款的理解

本项规定此次修正未作修改，其来源于最高人民法院1991年《借贷意见》第11条的规定。此项规定的民间借贷合同属以合法形式掩盖非法目的的情形，因其侵害社会公共利益，故合同应当认定无效。此外，以合法的民间借贷行为来掩盖非法目的时，不仅借贷关系不受法律保护，而且从事违法行为的民事主体还将根据其行为的危害程度受到相应的法律制裁。司法实践中，常有借款人为从事违法、犯罪活动进行民间借贷的案件发生，如为犯罪活动准备资金，借款用作赌资、毒资、嫖资等。本项规定适用的前提条件是出借人事先知道或者应当知道借款人借款系用于违法犯罪活动。对于"应当知道"，则必须结合案件的具体情况予以认定，如出借人明知借款人有赌博恶习而不问用途向其出借款项，则可认定出借人应当知道借款人借款用于赌博。

八、关于违反法律、行政法规强制性规定的理解

本条第5项规定此次修正在强制性规定前删除了"效力性"一词，只是为了规范表述，并非含义或范围上发生了变化，因违反法律和行政法规强制性规定导致民间借贷合同无效的，仍然是效力性规范。如果合同违反了法律和行政法规的强制性规范，但该强制性规范不属于效力性规范，不会导致合同无效。

本项规定是《民法典》第153条第1款"违反法律、行政法规的

强制性规定的民事法律行为无效。但是，该强制性规定不导致该民事法律行为无效的除外"的规定在民间借贷合同领域的具体体现。该规定虽然没有用"效力性强制性规定"的表述，但是，其意思是明确的，即并非违反所有法律、行政法规的强制性规定都会导致合同无效，只有违反了导致合同无效的强制性规定，合同才无效。

关于效力性强制性规定的识别，目前并无明确统一的标准。司法实践中大多采取正反两个标准。在肯定性识别上，首先，判断标准是该强制性规定是否明确规定违反的后果是合同无效，如是，则该规定属于效力性强制性规定。其次，法律、行政法规虽然没有规定违反规定将合同导致无效，但违反该规定如使合同继续有效将损害社会公共利益的，也应当认定该规定是效力性强制性规定。在否定性识别上，应当明确的是，如法律、行政法规的强制性规定仅关系当事人利益或目的仅为行政管理或纪律管理需要的，一般不属于效力性强制性规定。具体来说，否定性识别应考虑两个方面：（1）从强制性规定的立法目的判断，倘若其目的是为实现管理的需要而设置，而并非针对行为内容本身，则可以认为并不属于效力性强制性规范。（2）从强制性规定的调整对象判断。一般而言，效力性强制性规定针对的都是行为内容，而管理性强制规范大多单纯限制主体的行为资格。当然，上述两方面的判断不能以偏概全，还要结合合同无效的其他因素考虑。具体到民间借贷领域，除了要考察合同内容是否侵害他人人身、财产权利外，还需考察合同是否违反如《商业银行法》等维护国家金融管理秩序的法律、法规。

九、关于违背公序良俗的理解

法律上的公序良俗，是指法律行为的内容及目的不得违反社会公共秩序或善良风俗。公序良俗是民事法律的一项基本原则。《民法典》第 8 条规定："民事主体从事民事活动，不得违反法律，不得违背公序良俗。"第 153 条第 2 款规定："违背公序良俗的民事法律行为无效。"本条第 6 项规定此次修正将"社会公序良俗"改为"公序良俗"，删除"社会"二字，也是与《民法典》的规定相统一。

法律行为违反公共秩序和善良风俗者无效，是罗马法以来公认的规范。即人不可通过其法律行为降低为保护公共利益而实施的法律的重要性，任何降低此类法律的重要性的行为都是绝对无效的。损害社会利益的合同，例如，以从事犯罪或帮助犯罪作为内容的合同，规避课税的合同，危害社会秩序的合同，赌博合同等非法射幸合同，违反人格和人格尊严的合同等，均属违背公序良俗而无效的合同。公序良俗在现代市场经济条件下，有维护社会公共利益及一般道德观念的功能。因立法者不可能预见一切损害社会公共利益和道德秩序的行为而作出详尽的禁止性规定，故设立公序良俗原则，以弥补禁止性规范的不足。需要注意的是，因公序良俗原则性质上为授权性规定，目的是在遇有损害社会公益和社会道德秩序的行为，而又缺乏相应的禁止性法律规定时，法院得直接适用公序良俗原则判决该行为无效。因此，本项规定既是对《民法典》第8条有关公序良俗原则规定的强调，也是《民法典》第153条第2款规定的"违背公序良俗的民事法律行为无效"在民间借贷合同中的具体体现。因民间借贷属民事主体间纯粹的民事交往活动，本身即形式多样，种类繁多，加之目前我国社会处于经济、科技高速发展的阶段，如互联网等新型交往工具和交易载体不断冲击着传统的民事交往方式，立法及司法解释难以穷尽民间借贷合同的无效情况，也难以预测未来出现的新情况，因此，裁判者在判定民间借贷合同效力时有遵循公序良俗进行司法审查的义务。当然，公序良俗作为民法基本原则本身具有较大的解释空间，人民法院据此裁判时应审慎适用，不宜作不合法理的扩张解释和不合逻辑的牵强解释。目前，我国有学者参考国外判例学说，将违反公序良俗的行为类型化为10种，具有较强的参考价值，具体为：（1）危害国家公序型，比如以从事犯罪或帮助犯罪行为为内容的合同（如本条第3项之情形）；（2）危害家庭关系型，如约定断绝亲子关系的协议；（3）违反道德型，如妓馆之开设、转让合同，对婚外同居人所作遗赠等（亦如实践中出现的以性行为为对价获得借款的情形）；（4）射幸行为型，如赌博、巨奖销售变相赌博等；（5）违反人权和人格尊严行为型，比如实践中出现的以家人人身为抵押借贷的情形，过分限制人身自由以换取借款等情形；（6）限制经济自由型，比如利用互相借款扩大资金实力以分割市场、封锁市场的协议；（7）违反公正竞争型；（8）违反消费者保护型；（9）违反劳动者保护型；（10）暴利行为型。当然，在民间借贷纠纷案件审判中遇到的情况具体属于何种类型，应当视具体情况作出认定。

【审判实践中应注意的问题】

审判实践中，适用本条规定，需要注意把握以下几个问题：

1. 民间借贷的主体范围与合同效力无关。目前，法律对于民间借贷主体已无限制，非金融机构法人、其他组织以及自然人都可以从事正常的民间借贷活动。本规定对此也作了明确规定。本规定第 1 条第 1 款规定："本规定所称的民间借贷，是指自然人、法人和非法人组织之间进行资金融通的行为。"第 10 条规定："法人之间、非法人组织之间以及它们相互之间为生产、经营需要订立的民间借贷合同，除存在民法典第一百四十六条、第一百五十三条、第一百五十四条以及本规定第十三条规定的情形外，当事人主张民间借贷合同有效的，人民法院应予支持。"因此，在审判实践中，我们不能再把主体是否适格作为认定民间借贷合同是否有效的依据。特别是对于一些企业以自有资金对外进行的偶发性和临时性贷款，同时收取适当利息或资金占用费用的，应当依法认定有效。虽然此类行为有扰乱正常金融秩序，干扰国家信贷政策之嫌，但其在客观上可以一定程度上缓解中小企业目前普遍存在的融资难、融资贵的问题。

2. 高利贷并不导致合同无效。本规定第 25 条规定："出借人请求借款人按照合同约定利率支付利息的，人民法院应予支持，但双方约定的利率超过合同成立时一年期贷款市场报价利率四倍的除外。前款所称'一年期贷款市场报价利率'，是指中国人民银行授权全国银行间同业拆借中心自2019年8月20日起每月发布的一年期贷款市场报价利率。"该条规定只是明确了对于超出一年期贷款市场报价利率四倍的部分利息，人民法院不予保护和支持，并非认定合同无效的依据。审判实践中，我们不能因为当事人约定的利率高于一年期贷款市场报价利率四倍，而认定整个合同无效。

3. 注意把握本条规定与其他法律关于合同无效的规定之间的关系。根据本条规定，导致民间借贷合同无效的原因主要有五点：一是借贷资金并非自有资金。出借资金来源于金融机构贷款，或者通过向其他营利法人借贷、向本单位职工集资或者向公众非法吸收存款等方式获取（本条第1、2项规定）。二是职业放贷行为。借贷资金虽然是自有资金，但出借人不具备放贷资格，以营利为目的向社会不特定对象放贷（本条第3项规定）。三是以合法形式掩盖非法目的。即本条第4项规定的"出借人事先知道或者应当知道借款人借款用于违法犯罪活动仍然提供借款的"情形。四是其他违反法律、行政法规强制性规定的情形（本条第5项规定）。五是违背公序良俗（本条第6项规定）。以上五个原因之间并非完全独立，往往相互包含，一个民间借贷行为可能同时存在上述几种无效的情形。应当说，本条规定根据民间借贷合同的特点，基本涵盖了民间借贷合同无效的主要情形，但并非全部情形。审判实践中依据本条规定认定民间借贷合同无效，需要注意两点：一是依据本条规定认定合同无效，可能需要同时适用相关法律规定。如依据本条第5项关于"违反法律、行政法规强制性规定"认定合同无效，就需要同时适用相关法律或行政法规的强制性规定。二是对本条规定之外的合同无效情形，需要依据有关法律规定予以认定。例如，依据《民法典》第144条规定，认定无民事行为能力人签订的民间借贷合同无效；依据《民法典》第146条规定，认定出借人与借款人以虚假的意思表示签订的民间借贷合同无效等。

第十四条　【因其他法律关系产生的借贷的处理】

原告以借据、收据、欠条等债权凭证为依据提起民间借贷诉讼，被告依据基础法律关系提出抗辩或者反诉，并提供证据证明债权纠纷非民间借贷行为引起的，人民法院应当依据查明的案件事实，按照基础法律关系审理。

当事人通过调解、和解或者清算达成的债权债务协议，不适用前款规定。

【条文主旨】

本条是关于名为借贷实为因其他法律关系产生的债务如何处理的规定。

【条文理解】

一、本条规定的背景及要解决的问题

现实中，借条、欠条等因其内容直观明了，可以大大减轻当事人的举证责任，故常被用作民间借贷关系或其他法律关系结算的证据。因此，当事人因为民间借贷之外的其他行为形成债权债务关系，如买卖、承揽、股权转债权、合伙纠纷、损害赔偿、精神损失等，但却以民间借贷的形式来确认这些债权债务的情况并不鲜见。有些情况下还有当事人以民间借贷为假象试图实现非法目的，如有的境内钱庄将钱款汇至境外公司，境外公司作为投资款汇入境内借款人，借款人完成外资企业注册后，借款人提取资本金被银行拒付，双方转而通过法院调解、执行绕开资本金的监管，实际是以民间借贷之名行抽逃资本金之实，亦具有很强的欺骗性。这些案件表象纷繁复杂，给法院查清案件事实进而准确定性带来很大难度。此种情况下，原告的请求权基础应如何确定，其诉讼请求所依据的事实以及相应的法律关系应如何认定，在程序上应作何处理，均是在审理此类案件时需要面对并加以解决的问题，本条规定即对此作出了规定。

对于当事人之间因民间借贷之外的其他行为形成债权债务关系，如买卖、承揽、股权转债权、合伙纠纷、损害赔偿、精神损失等，在事后通过借据、收据、欠条等债权凭证对债权进行了确认，原告以此为依据提起民间借贷诉讼，请求对方偿还其借款的，审判实践中应如何处理，存在不同认识。一种观点认为，无论当事人之间的债权债务最初形成的原因为何，当事人之间已经通过借据、收据、欠条的形式将债权债务转化为民间借贷关系，这是当事人意思自治的产物，而且根据法律规定，当事人有权对债权债务进行变更，人民法院应当尊重当事人的意思自治，按照当事人请求的法律关系进行审理。另一种观点认为，虽然当事人之间可以通过意思自治形成某种法律关系，原告亦有权依法行使诉权，但人民法院审理案件应当以事实为依据，仅仅依据原告诉请的民间借贷关系，将无法对债权债务数额等基础事实加以准确认定，从而影响最终判决的法律效果和社会效果。因此，应当在审查认定双方当事人提交的证据的基础上查明案件事实，认定双方存在的基础法律关系，只有这样，才能够对当事人之间的债权债务关系加以准确认定和处理。我们基本赞同后一种观点，但同时，我们认为，对当事人之间通过意思自治变更债权债务关系也不能一概予以否定，对此，我们进行了一定的限定。

民事诉讼是对当事人民事权利享有或民事义务负担作出裁判，通过潜在或现实国家强制力使得当事人的权利得以实现。从权利实现的角度，诉讼是一种手段，当事人寻求公权力救济，并不意味法院可以给当事人创设义务，尤其是创设合同义务，民事诉讼中当事人处分原则必须得到法院的尊重。所谓处分原则，是指民事诉讼当事人有权在法律规定的范围内处分自己的诉讼权利和民事权利。处分原则是公民之自由权利在民事诉讼领域的具体展现。根据处分原则，人民法院只能在诉讼当事人提出诉讼请求的范围内进行审理和作出裁判，当事人没有提出诉讼请求的事项法院无权判断。

但是民事诉讼是当事人与法院共同作用的场合，程序也有自己内在价值和制度设计，裁判者通过程序所传递的信息从而作出法律事实的判断，也就是法律真实。与当事人的处分权相对应，人民法院在民事诉讼中享有审判权，即人民法院对民事案件进行审理并作出裁判的权力。当事人处分权与法院审判权是共存于民事诉讼全过程的。从我国现行民事诉讼立法的实践来看，当事人处分权与人民法院审判权之间的关系具有"二重性"。一方面，人民法院的审判权以当事人的诉讼请求为基础，受到当事人处分权的限制。另一方面，当事人的处分权也并非一项没有边际的权利，当事人处分权的行使也要受到一定程度的限制，即当事人处分权的行使只能在法律所许可的限度内，为保证当事人的处分行为不至于超出此范围，法院应当对当事人处分权的行使给予必要的监督，并对当事人的违法处分行为进行干预。法院对当事人处分行为的干预可以分为积极干预和消极干预两个方面：法院对当事人行使处分权进行指导和引导，使当事人的处分行为符合法律规定，是一种积极的干预；法院对当事人行使处分权进行监督和审查，对违法的处分行为不予批准，使之归于无效，是一种消极的干预。

正确认定当事人所实施行为的法律关系的性质是法官审理案件的基本任务和作出裁判结果的前提。《民事诉讼法》第7条规定："人民法院审理民事案件，必须以事实为根据，以法律为准绳。"因此，法官对法律关系的性质作出判断，要以客观事实为前提，而非仅仅根据当事人请求所依据的事实和理由。民事法律关系是指由民事法律规范调整的具有民事权利义务内容的平等关系，是民事法律规范调整平等主体之间的财产关系和人身关系在法律上的表现。民事法律关系包括主体、内容、客体三个要素：主体是指参加民事法律关系、享有民事权利和承担民事义务的人，即当事人；内容是指民事主体享有的民事权利和承担的民事义务；客体是指民事权利和民事义务所共同指向的对象，一般包括物、行为、智力成果及其他某些权利（如生命权、名誉权等）。民事法律关系是指导审判工作的基本思维模式与思考方法，法官在处理民事纠纷时，都需要将当事人置放在具体的民事法律关系中，分析该具体民事法律关系的主体、客体以及当事人的权利义务关系，把握权利的产生、变更、消灭，以便正确地解决各种民事纠纷。因此，正确确定民事法律关系的性质，可以对民事诉讼法律关系中当事人的权利与义务进行正确的认定，明确谁与谁之间通过何种法律事实产生何种法律关系，在此基础上来判断谁享有什么权利及承担什么义务，这样才能对案件作出公正的裁判，实现审判工作的最佳效果。

二、当事人之间民事法律关系性质的审查与处理

一般而言，当事人对于其主张或反驳的事实负有证明义务，人民法院应当根据民事诉讼证据规则对当事人的主张或反驳是否成立加以审查认定。对此，《民事诉讼法》第64条第1款规定："当事人对自己提出的主张，有责任提供证据。"《民事诉讼法解释》第90条规定："当事人对自己提出的诉讼请求所依据的事实或者反驳对方诉讼请求所依据的事实，应当提供证据加以证明，但法律另有规定的除外。在作出判决前，当事人未能提供证据或者证据不足以证明其事实主张的，由负有举证证明责任的当事人承担不利的后果。"因此，在民事诉讼中，当事人反驳对方诉讼请求所依据的事实主张的，应当提供相应证据。原告以双方民间借贷关系为由提起诉讼，并提供了借据、收据、欠条等债权凭证的，即已初步完成了其证明双方之间为民间借贷关系的举证责任。被告不认可原告主张的民间借贷法律关系，而对双方的基础法律关系提出抗辩的，应当提供证据加以证明。

对于被告就其与原告之间就争议事实存在的基础法律关系所提供的证据，人民法院应当依法审查是否达到了法律所要求的证明标准。证明标准，也称证明要求、证明度，是指在诉讼证明活动中，对于当事人之间争议的事实，法官根据证明的情况对该事实作出肯定或者否定性评价的最低要求。对裁判者而言，证明标准是裁判者对待证事实是否存在的内心确信程度。证明标准具有法定性，是一种法律规定的评价尺度，当事人对待证事实证明到何种程度才能解除证明责任、裁判者基于何种尺度才能认定待证事实存在，必须严格按照法律规定进行。大陆法系国家和地区在民事诉讼中普遍采用高度盖然性的证明标准。所谓高度盖然性，即根据实务发展的高度概率进行判断的一种认识方法，是人们在对实务的认识达不到逻辑必然性条件时不得不采用的一种认识手段。具体而言，就是在证据无法达到确实充分的情况下，如果一方当事人提出的证据已经证明事实的发生具有高度盖然性，法官即可予以确认。《民事诉讼法解释》第108条进一步明确规定："对负有举证证明责任的当事人提供的证据，人民法院经审查并结合相关事实，确信待证事实的存在具有高度可能性的，应当认定该事实存在。对一方当事人为反驳负有举证证明责任的当事人所主张事实而提供的证据，人民法院经审查并结合相关事实，认为待证事实真伪不明的，应当认定该事实不存在……"该条规定从本证和反证相互比较的角度出发对盖然性规则进行了规定。在诉讼证明过程中，对待证事实负有举证责任的当事人所进行的证明活动为本证，不负有举证责任的当事人提供证据对本证进行反驳的证明活动为反证。本证证明活动的目的在于使法官对待证事实的存在与否形成内心确信，这种内心确信应当满足证明评价的最低要求即法定的证明标准。而反证的证明活动，目的在于动摇法官对于本证所形成的内心确信，使其达不到证明评价的最低要求。因此，对于反证而言，其证明的程度要求相比本证要低，只需要待证事实陷于真伪不明即可。因此，被告对双方基础法律关系的性质提出抗辩的，只需要提供证据证明原告所主张的双方之间的债权债务纠纷系由民间借贷行为引起这一事实并不确定即可。至于双方之间究竟系何种法律关系，则由人民法院综合双方提供的证据加以认定。

民间借贷案件审理中，当事人对基础法律关系的性质提出抗辩或反诉，并提供证据证明纠纷确系因其他法律关系引起的，此时的案件显然并非民间借贷案件，而是买卖、合伙、承揽合同或其他纠纷。为实现纠纷的一次性解决，人民法院均应依据查明的案件事实，按照基础法律关系对案件进行审理。

三、当事人依据通过调解、和解或者清算达成的债权债务协议提起诉讼的处理

（一）调解

调解，是指第三者（调解人）依据一定的社会规范（包括习惯、道德、法律规范等），在纠纷主体之间沟通信息，摆事实讲道理，促成纠纷主体之间相互妥协和谅解而达成解决纠纷的合意。实践中，通过调解达成的协议，主要有人民调解协议、法院调解协议、仲裁调解协议等类型。

根据《人民调解法》的规定，经人民调解委员会调解达成调解协议的，可以制作调解协议书。调解协议具有法律约束力，当事人应当按照约定履行。当事人之间就调解协议的履行或者调解协议的内容发生争议的，一方当事人可以向人民法院提起诉讼。因此，无论双方当事人的原始法律关系性质为何，当事人依据调解达成的债权债务协议提起诉讼的，则无须再查明当事人之间的原始法律关系，直接依据该协议确定的权利义务加以裁判。

而根据《民事诉讼法》和《仲裁法》的规定，法院调解和仲裁调解在达成调解协议后，应制作调解书，调解书经双方当事人签收后，具有法律效力，在一方当事人拒不履行时，另一方当事人可以依法申请强制执行；对不需要制作调解书的协议，应当记入笔录，由双方当事人、审判人员、书记员签名或者盖章后，即具有法律效力。因此，通过法院或仲裁机构达成的调解协议，具有直接申请强制执行的效力，无须再通过起诉实现权利。因此，本条所称的调解不包括法院调解和仲裁调解。

（二）和解

和解，是纠纷当事人双方以平等协商、相互妥协的方式和平地解决纠纷，是纠纷主体自行解决纠纷。和解是当事人对自身权利的一种

处置方式。和解可以分为诉讼和解与诉讼外和解两大类。就诉讼和解而言,《民事诉讼法》规定当事人有权处分自己的民事权利和诉讼权利,这一原则贯穿于民事诉讼的全过程,既可在审判阶段行使,也可在执行阶段行使;既包括实体上的权利,也包括程序上的权利。

和解是当事人的意思自治行为,这是和解的最本质特征。所以,因和解而达成的解决债权债务纠纷的协议,其性质实质上是契约,对纠纷主体双方具有契约上的约束力。在比较法上,大陆法系国家的民法典中,一般把和解作为一种有名合同明确加以规定。而在英美法中,和解协议也相当于当事人之间订立了一份新合同,一方若不履行,另一方可根据新合同起诉。因此,不论是诉讼外和解还是诉讼和解,当事人既然已经对债权债务关系达成了和解协议,该协议对当事人就具有合同约束力,故无论当事人之间此前的基础法律关系性质为何,均可直接根据通过和解达成的债权债务协议确定的权利义务加以裁判。

(三)清算

清算,从广义上讲,是当事人根据约定或者法律规定,为终结某种法律关系,而对业务、财产或者债权债务关系等进行清理、处分的行为。清算包括了对法律主体进行的清算和对某一事项进行的清算。前者主要包括对公司等法人或其他非法人主体进行的破产清算或者非破产清算(如公司解散清算);后者则主要是针对当事人之间依据合同形成的权利义务进行的清算,如双方当事人之间签订了建设工程施工合同,在合同履行中止或者完毕后,当事人之间就债权债务进行清理,确定双方各自的债权债务。本条所称的清算主要就是后者。当事人通过清算,对各自的权利义务达成了一致,形成了债权债务协议,与前述通过调解或者和解达成的债权债务协议相似,是当事人的意思自治的结果,对当事人均具有约束力,故无论当事人之间此前的基础法律关系性质为何,均可直接根据该债权债务协议确定各自的权利和义务。

【审判实践中应注意的问题】

当事人以民间借贷关系提起诉讼，但人民法院认定当事人之间并非民间借贷关系的，应当如何处理？

诉讼请求作为诉的构成要素之一，是诉方当事人就其与对方当事人之间的民事纠纷如何处理的主张。它直接反映着民事纠纷中的权益争议事实，是诉方当事人提起诉讼和进行诉讼的目的所在，也是人民法院裁判的对象。按照辩论主义原则，当事人的诉讼请求决定了法院裁判的范围，法院裁判中不能包含当事人诉讼请求之外的内容，诉讼请求体现了当事人的处分原则。审判实践中，基于多种原因，当事人起诉所主张的法律关系的性质或民事行为的效力，与人民法院根据案件事实作出的认定不一致，这是一种常见现象。对此，《证据规定》第53条第1款规定："诉讼过程中，当事人主张的法律关系性质或者民事行为效力与人民法院根据案件事实作出的认定不一致的，人民法院应当将法律关系性质或者民事行为效力作为焦点问题进行审理。但法律关系性质对裁判理由及结果没有影响，或者有关问题已经当事人充分辩论的除外。"由于基础法律关系是当事人请求权的依据，与当事人的诉讼请求密不可分，而根据不告不理的原则，人民法院裁判的对象就是对当事人的诉请，否则就是不合法的"诉外裁判"或者"漏判"。但是，当事人以民间借贷关系提起诉讼，但人民法院认定当事人之间并非民间借贷关系的，不能简单驳回当事人的诉讼请求，以尽量避免裁判突袭的情形。同时，亦不应由人民法院根据自己的认知径行作出裁判，以致出现超出当事人诉讼请求裁判的严重违反处分原则和辩论主义的情形。人民法院应当将法律关系性质或者民事行为效力的问题通过列为争议焦点进行审理，以保障当事人能够充分行使辩论权，对法律关系性质和法律行为效力问题有充分发表意见的机会，实现保障当事人合法权益、最大限度节约司法资源以及促进人民法院依法审判的有机结合。

第十五条 【当事人的举证责任和事实审查标准】

原告仅依据借据、收据、欠条等债权凭证提起民间借贷诉讼,被告抗辩已经偿还借款的,被告应当对其主张提供证据证明。被告提供相应证据证明其主张后,原告仍应就借贷关系的存续承担举证责任。

被告抗辩借贷行为尚未实际发生并能作出合理说明的,人民法院应当结合借贷金额、款项交付、当事人的经济能力、当地或者当事人之间的交易方式、交易习惯、当事人财产变动情况以及证人证言等事实和因素,综合判断查证借贷事实是否发生。

【条文主旨】

本条是关于民间借贷纠纷案件事实审查标准的规定。

【条文理解】

人民法院审理民事案件,必须以事实为根据,以法律为准绳。为正确审理民间借贷纠纷案件,人民法院必须对借贷事实的发生与否、借款本金数额、利息数额及计算方式等多个方面的基本事实作出审查与认定。其中,关于双方当事人之间是否存在真实的借贷关系,是全案展开的基本依据,也是民间借贷纠纷案件中需要审查的首要基本事实。但是,由于民间借贷纠纷案件数量庞大,案件事实复杂多样,当事人举证能力又存在差异,导致民间借贷纠纷案件的审理过程中,对案件相关事实的查明难度很大。具体应从哪些方面来查明借贷关系,特别是在能否仅以原告提交的借据、收据、欠条等债权凭证为依据,认定存在借贷事实的问题上,各地法院所掌握的审查标准长期存在差异,十分容易成为当事人利用诉讼逃避债务,故意提起虚假诉讼的手段。为统一裁判尺度,为人民法院查明案件事实提出具体指引,最高人民法院在2011年《全国民事审判工作会议纪要》对民间借贷纠纷案件证据认定作出要求的基础上,又在2015年《民间借贷规定》中对民间借贷的证据审查以及事实认定作出规定。本条规定除按照《民法典》的相关规定,对部分表述不规范的地方作出修改外,基本保留了2015年《民间借贷规定》第16条的规定内容。

理解本条规定,应具体把握以下两方面内容:

一、债权凭证可以推定成立借贷关系

(一)债权凭证具有直接证据效力

对于民间借贷纠纷中经常出现的原告仅凭借据、收据、欠条等债权凭证提起诉讼,要求被告归还借款的情形,司法审查应当如何掌握原则和标准,实践中存在不同观点。一种观点认为,借据等债权凭证是民间借贷法律关系的基本证据,只要该证据的真实性可以认定,就应当据此作出裁判认定。另一种观点认为,借据等债权凭证仅仅是证明民间借贷法律关系的证据之一,除此之外,出借人必须提供其他证据形成完整证据链条,否则人民法院不能确认当事人双方成立借贷关系。

我们认为,民间借贷并非一个确定的法律概念,但从民间借贷行为所表现出来的特征看,符合借款合同的基本要件,应受借款合同相关法律规范的调整。依照合同法理论,当事人就订立合同形成合意后,合同即告成立,对双方当事人产生约束力。[①] 但对借款合同而言,不同主体订立借款合同的成立时间存在区别。《民法典》颁行以前,《合同法》第210条规定:"自然人之间的借款合同,自贷款人提供借款时生效。"通常认为,依据该条规定,应将自然人之间的借款合同认定为理论上的实践合同或者要物合同,而不是诺成合同。《民法典》

---

① 参见韩世远:《合同法总论》(第三版),法律出版社2011年版,第75页。

第679条规定："自然人之间的借款合同，自贷款人提供借款时成立"，虽然将贷款人提供借款由合同的"生效"条件变更为"成立"条件，但并未改变自然人之间借款合同的实践合同性质。根据实践合同的要求，当事人除双方达成意思表示一致外，还需完成标的物的交付或者其他现实的给付行为。① 因此，能否依据借据、收据、欠条等债权凭证，认定当事人之间存在真实的民间借贷关系，需要综合考虑债权凭证的种类和性质，以及依据债权凭证是否足以认定当事人之间存在借贷合意，出借款项已经实际交付这两方面事实。

具体而言，民间借贷实务中的借据，是指由借款人书写并签字盖章的债权凭证，表明借款人向出借人借款，一般用于记载出借人、借款人、借款数额、借期、利息、借款时间等内容。收据以及收条，是表明收到他人交来的钱款的凭证，作为债权凭证的收据，必须是由出借人出具给借款人。收条通常适用于自然人之间的借贷关系中，出借人向借款人出具收条，以表明已经收到借款人给付的借款；而收据一般适用于企业作为出借人的借贷关系中，作为入账的会计材料。在收据或者收条上，通常会载明付款人、收款人、收到款项的数额、时间等内容。欠条一般是出借人单方向借款人出具，用以表明所借款项、借期、利息等内容的凭证。当然，有的欠条并不记载明确债权人，而以实际持有欠条的人为债权人。严格来讲，借据与收据（或收条）、欠条等债权凭证在内容和性质上存在区别，顾名思义，借据通常能够直接表明出借人向借款人借款的意思，或者当事人双方具有借贷的合意，而收据（或收条）则更强调款项的实际给付，欠条更强调债务人认可债务的真实存在，如果没有明确记载给付款项或者欠付款项是基于借贷行为的情况下，还需对形成收据（或收条）以及欠条的基础法律关系作出审查。

从实践的情况看，很多民间借贷关系，特别是发生在自然人之间的借款关系，双方当事人并没有签订正式的书面借款合同，往往仅通

---

① 参见崔建远：《合同法总论（上卷）》（第二版），中国人民大学出版社2011年版，第64页。

过由借款人或出借人签写借据或欠条、收条等方式记录借款事实。从理论上分析，由于法律没有要求此类借款关系的发生必须签订书面借款合同，在此类民间借贷纠纷案件中，债权凭证可以作为借款合同关系发生的直接证据。在出借人能够提供真实完整的借款凭证的情况下，一般可以先推定其与借款人之间达成了借款合同关系的合意。但是，在当事人仅能提供债权凭证而对方予以否认的情况下，特别是在被告提供相应证据证明双方之间的款项往来系基于其他法律关系时，人民法院应当对双方之间是否存在借贷合意进一步予以审查，避免过于看重钱款交付事实的审查，而忽视了双方之间借贷合意审查的问题。

同时，在民间借贷案件中，出借人是否实际向借款人履行出借款项的交付义务，需要相应证据予以证明。对于通过金融机构支付的款项，因为存在银行转账支付凭证，通常容易予以证明，而在现金交付的情况下，因货币作为一种特殊的种类物，一旦交付给借款人，往往难与借款人的自有货币区分开来，因而出借人往往只能提供借款合同或者借据、收条、欠条等证据，证明款项已经交付。如果借款人对此不予认可，否认借款真实交付，人民法院可以根据查明案件事实的需要，要求原告补充提交证据，加以综合判断。

(二) 被告抗辩借款已经偿还的，双方应继续承担举证责任

根据民事诉讼法的基本理论，举证责任制度最早产生于古罗马法时代，罗马法就举证责任确认了两个基本原则，一是原告有举证之义务；二是肯定者应负举证责任。由此奠定了"谁主张，谁举证"的证明规则，对后世产生巨大影响。到了德国普通法时代，罗马法的举证规则发生演变，进一步确立了原告就其诉讼的原因事实为举证，被告就其抗辩的事件事实为举证的一般原则。而就举证责任分配的规范而言，大陆法系国家和地区，一般采取由实体法和诉讼法共同规定举证责任的分配，我国《民事诉讼法》第64条第1款规定，当事人应对自己提出的主张承担举证责任。还应注意的是，根据证据法理论，关于当事人的举证责任，存在"行为责任""危险负担"以及"双重含义"等多种学说。其中，行为责任说认为，举证责任是指在诉讼中，

当事人对于自己主张的事实，有提供证据、证词、材料、影像、音频、证人等以证明其行为真实性的责任。危险负担说又称为风险负担说、败诉风险说、结果风险说，认为举证责任是指在案件事实真伪不明时，负有举证责任的一方当事人应当承担的败诉风险。① 而双重含义说则认为，举证责任包括行为意义上的证明责任和结果意义上的证明责任这两层含义。前者是指对于诉讼中的待证事实，应当由谁提出证据加以证明的责任，又称形式上的证明责任、主观的证明责任、提供证据的责任；后者是指当待证事实最终处于真伪不明状态时，应当由谁承担因此而产生的不利法律后果，又称为实质上的举证责任、客观的举证责任、说服责任。但无论哪种学说，当事人的举证责任以及举证责任的分配，其目的均在于使实体法更能客观有效地运用在审判实践中，更有利于兼顾法律的公平和公正。

据此，在民间借贷纠纷案件中，出借人向法院提交借据、收据和欠条等债权凭证，被告抗辩所借款项已经偿还的，应当由被告对借款已经偿还的事实提供相应的证据证明，而原告则应就借款事实的存续承担举证责任。具体而言，在民间借贷纠纷的诉讼活动中，被告抗辩已经偿还借款的，将会产生三方面的法律效果：（1）人民法院可以将被告提出的该项抗辩，认为是被告对双方存在真实借款关系作出自认，一般可以直接对该事实予以确认。（2）被告提出借款已经归还的抗辩，属于对权利消灭的主张，应由借款人对主张的相应事实的存在承担举证责任，并应当由其提供证据加以证明。（3）在被告对于已经偿还借款的事实予以证明的情况下，原告应当进一步举证证明，双方的借款关系仍然存续。

需要注意的是，根据2015年《民间借贷规定》第16条规定，被告提供相应证据证明已经偿还借款的事实的，原告仍应就借贷关系的成立承担举证证明责任。我们认为，该条规定中的"成立"借贷关系，应当解释为借贷关系并未消灭，如果原告主张与还有其他借贷关

---

① 参见江伟主编：《民事诉讼法》（第五版），中国人民大学出版社2011年版，第178页。

系的,不能认为是对被告抗辩借贷关系已经消灭的回应,已经超出本条规定的范围,不能依据本条规定得到支持。因此,在本次修正中,将本条第 1 款的表述变更为:原告仍应就借贷关系的"存续"承担举证责任,更为准确与规范。

二、人民法院应综合认定借贷事实是否发生

(一) 综合认定借贷事实的方法

1. 擅于运用自由心证。从理论上讲,事实认定是指法官根据经验法则,通过对证据材料的审查和其证明力的认定、判断、取舍,对比各方当事人不同证据的证明力,推断当事人之间既往法律关系的事实过程。这一过程中所涵盖的对于经验法则的选择与运用,以及对证据证明力的判断等,都不能通过明确的法律规定来实现,要依靠法官在案件审理过程中的自由心证。我国现行法律虽未明确规定自由心证原则,但在相关规定中已经体现了自由心证的精髓和要义,其核心在于法官在对待证据方法、证据资料的证明力以及事实推定方面并非完全自由,仍须受到来自外在和内在两个方面的制约。[①] 首先,事实认定在本质上关涉客观事实与法律事实的关系问题。诉讼活动中,法官遵循实体与程序并重的原则,以穷尽方式追求客观事实,以期还原事实真相。但现实中,仍不可避免地存在着客观事实根本无法查清的情况,因此发现真实并非民事诉讼的唯一目标,在一定情况下,它必须向其他更重要的目的让步,当法的价值发生冲突之时,应当将正义与秩序作为价值取舍的最高标准以追求一种相对的真实,这就决定了人民法院以事实为根据中的"事实"只能是法律事实,只能以证据能够证明的案件事实作为裁判的依据。[②] 其次,法官依据证据材料认定案件事实,是其进行裁判的必经过程,法官应当严格按照法定程序,对证据予以全面、客观的核实,以维护当事人的证据利益,提高事实认定的

[①] 参见张卫平:《自由心证原则的再认识:制约与保障》,载《政法论坛》2017 年第 4 期。
[②] 参见最高人民法院民事审判第一庭编著:《最高人民法院新民事诉讼证据规定理解与适用》(下),人民法院出版社 2020 年版,第 739 页。

可靠度。在没有足够的、真实可信的证据来证明案件事实的情况下，法官需要结合经验法则和逻辑法则来综合认定案件事实。因经验法则和逻辑法则的选择和运用对法官的要求很高，并且在既有材料基础之上反向推演所确认的事实，完全有可能被新的证据推翻，为了保证事实认定相对客观，在诉讼程序上，应当允许当事人提出质疑或者补充证据。

2. 证据达到证明标准。当事人提供的证据应当达到一定的证明标准。证明标准，是指法律要求在诉讼中运用证据证明案件事实应当达到的程度，从诉讼法的角度，只有一项事实主张被证明到证明标准以上的确定程度，法官才能认定其为真，否则就只能认定其为伪或者真伪不明。[1] 由于法律传统与法律思维方式的不同，各国法律对证明标准的具体表述存在差异，但总体上可以分为三个层次：合理可能性标准、高度盖然性标准以及排除合理怀疑标准。基于民事诉讼制度的价值，我国现行法律规定，除非对特殊的事实认定时需要灵活采取更高或者更低的标准，民事诉讼的证明标准采取高度盖然性的一般标准。[2]

民间借贷案件的一个重要特点，就是当事人一般较少，法律关系简单，案件证据单一。正是由于这些特点，使得当事人试图通过虚构债务，以民事诉讼方式实现规避法律、逃避真实债务，从而损害国家、集体以及第三人合法权益的情况时有发生。在当前民间借贷市场呈现较为混乱状态，缺乏有效监管的情况下，人民法院对于此类案件的事实审查，应当结合具体案件情况，适当扩展审查的广度和深度，除了对各证据本身真实性、合法性以及与案件事实的关联性予以审查外，还应着重审查各证据之间的相互印证情况，从而对案件的全部证据作出综合判断，避免造成对案件事实的认定错误。具体来说，在确认借款人的还款责任时，必须以出借人实际向借款人交付了借款为事实依据，在没有证据证明借款已经实际交付的情况下，仅凭双方达成的借

---

[1] 参见吴泽勇：《中国法上的民事诉讼证明标准》，载《清华法学》2013 年第 1 期。
[2] 参见《最高人民法院关于适用〈中华人民共和国民事诉讼法〉的解释》第 108 条的规定。

款合意的书面证据,不能认定双方之间的借款合同已经发生法律效力外,对于出借人提供了借款人出具的收条等凭证证明已经实际交付借款的情况,也要进一步综合全案情况作出判定。

(二) 综合认定借贷事实的主要因素

在原告以借据、收据、欠条等债权凭证为依据提起民间借贷诉讼,被告否认发生借贷事实的情况下,人民法院除依据当事人提供的债权凭证外,还应综合审查以下事实和因素,对原告主张的借贷事实是否实际发生作出综合判断。

1. 借贷金额。在借贷关系中,借贷金额无疑是重要案件事实,同时也会直接影响当事人之间包括钱款交付方式等各方面的交易安排。通常情况下,人们在对待不同的借贷金额时,采取的谨慎注意程度往往存在差别,在借贷金额不大的情况下,资金交付方式选择多样性、随意性较强,在审理此类案件时,如果出借人主张借款通过现金方式支付,通常通过审查借据等债权凭证的真实性、关联性、合法性,即可完成事实查证,在没有相反证据的情况下,可以确认借贷事实。而在借贷金额巨大时,无论是出借人还是借款人,一般都会对资金交付持较为谨慎的态度。对于大额借贷,人民法院通常应当对借款合同、借据、银行资金往来交付证据、企业会计资料等综合审查认定。对出借人主张通过现金方式支付的大额借贷,在出借人无法提供借据等债权凭证之外的其他证据证明借款已经实际支付的情况下,则应当进一步审查出借人的经济状况、借款人与出借人的关系、交易习惯等相关事实,从而判断当事人的主张是否成立。此外,借贷金额与当事人之间的亲疏关系、当事人的经济能力以及借款来源和用途等相关事实均有不同程度的牵连,查清借贷金额本身不仅是正确审理民间借贷案件借款本金的需要,也是进一步结合其他事实认定借贷关系是否真实发生的必要一环。

2. 款项交付。如前所述,在民间借贷关系特别是自然人之间的借贷关系中,款项的实际交付关系借款合同关系有效成立与否,因而是审理此类案件时必须查明的事实。款项交付事实的查清,一般应当包括交付方式、交付时间、交付地点、交付人和接受交付人的情况等多方面内容。其中，交付方式主要指款项系通过银行转账、票据支付还是现金支付等方式予以实际交付。借款款项的交付方式，往往与上述借款金额有较强的联系。通常小额借贷的支付方式，当事人更愿意选择现金交易，而大额借贷由于涉及巨额现金交付，虽然我国金融现金管制较之发达国家还有较大差距，现金使用频度高、广度大，但巨额的现金交易还是较为少见。在司法实践中，出借人对于难以证明实际交付的借款，往往主张系以现金方式交易从而逃避举证证明款项已经实际交付的事实，对此应当谨慎对待。对于通过银行等第三方系统交付的款项，由于通常可以较为容易地取得第三方出具的款项支付凭证，因而在交付时间、交付地点等因素的查明上并不困难。而对于出借人主张以现金交付的借款，则应当对交付时间、交付地点、交付人和接受交付人等交付细节进一步予以审查确认，从而力求查明款项交付的事实。

3. 当事人的经济能力。审查当事人的经济能力，主要是对出借人的经济状况和钱款来源进行审查，同时也可以结合案件具体情况，对借款人的经济状况和借款用途予以审查，从而更好地查清案件事实，形成借贷事实是否真实发生的内心确信。从商事交易的角度看，出借人出借钱款的来源以及借款人借款的用途等，并不影响借款合同是否成立、是否有效，亦不能成为借款人不按约归还欠款的合法抗辩，因而有观点认为，人民法院在审理民间借贷纠纷案件时，没有必要也没有理由对包括钱款来源、用途等在内的当事人的经济状况进行审查。我们认为，通常情况下这种观点并无不妥，但在当事人对借贷关系是否真实发生存在异议，或者虽然案件当事人双方对借款事实无异议，但人民法院经审理后认为，根据本规定第 19 条的规定，可能涉及虚假诉讼的时候，为了进一步查明借贷关系的真实性，则有必要对当事人的经济能力和财产变动情况等予以审查，从而对交易是否实际发生作出综合判断。

4. 交易方式和交易习惯。从解释论的角度，交易习惯在合同解释和事实认定方面具有举足轻重的作用。当事人对合同条款的理解有争议的，应当按照合同所使用的词句、合同的有关条款、合同的目的、交易习惯以及诚信原则，确定该条款的真实意思。之所以在合同解释上考虑交易习惯，是因为作为交易主体的行为，通常受到习惯的支配，有时当事人之所以没有在合同中作出明确约定，是因为双方对于业已形成的交易习惯均认为自然属于合同内容，无须明示。这种在合同约定不完全时以交易习惯予以补充，合同约定有歧义时以交易习惯予以明确的做法，在比较法上也为很多国家的法律和国际公约所采纳。本规定借鉴这一法律规定，并考虑民间借贷交易的特点，规定了交易习惯作为人民法院综合认定借贷事实时应当考察的因素，在当事人之间存在长期合作关系或者本地区、本行业内存在一定交易习惯的情况下，这些既有的交易方式、交易习惯，可以用来佐证诉争交易的真实性。

　　实践中，相当数量的民间借贷发生在熟人之间，由于存在密切关系，出于信任或碍于情面，借款合同系口头订立，当事人在交易之初也没有留存书面证据，或者因为法律认知的局限性，借款合同、借据等书面证据很不规范，比如有的借据没有借款人姓名或者借款人姓名写为别名，有的约定利息不明或违法，有的则没有借款时间、借款用途或者大小写金额不一致等。在实际借款和还款过程中，借款人主张已经还清借款，但未收回借据且出借人未出具收据的情况也时有发生。这些书面证据不足或者仅凭书面证据认定案件事实背离事实真相的情况下，结合案件具体事实引入交易习惯，有助于法官从具体事实中辨析出案件事实。需要注意的是，当事人对于自己所主张的交易习惯，需要提供充分证据予以证明。一方面，需要证明确实存在该交易习惯，另一方面该交易习惯应当为双方当事人共同认可和遵循。由于交易习惯的多样性，在认定和适用时，应当特别注意公开性、公认性、合法性原则，除能够证明在双方当事人之间达成的特别交易习惯外，对于更大范围内的交易习惯，应当原则上以一定地域或行业内反复、稳定存在，具有区域或行业内交易主体共同认知和认可的习惯，方能确认为交易习惯，而且交易习惯的运用应当以不具备反证为前提。

5. 证人证言。民间借贷交易的特点决定了很多借贷的发生有中间人介绍、保荐或担保、见证，因此在审查民间借贷案件事实时，证人证言往往也是证明案件事实情况的重要证据，应当予以重视和认真审查。需要明确的是，人民法院在审查证人证言时，应当严格按照《民事诉讼法》和《民事诉讼法解释》等相关法律、司法解释的规定进行，特别是对于客观证据较为薄弱的案件，更要注意甄别证人证言的真实性、合法性，避免证人与当事人之间因利益牵扯等原因提供虚假证言，从而造成事实认定错误。在认定证人证言时，还可以灵活运用对质等方法，以便更好地查清案件事实。

除了证人证言，在民间借贷案件审理中，人民法院对借贷双方当事人本人或者经办人的陈述也应当予以重视。作为交易亲历者，当事人本人或者经办人，应当可以完整、清晰地记述借贷交易的原因、款项交付时间、地点、款项来源、借款用途等细节，要求其到庭接受法庭询问和当事人的交叉询问，通常对于查清案件事实具有帮助。

在具体案件审理中，既要防止当事人以民间借贷的合法形式掩盖债权凭证背后的非法交易，结合当地经济发展水平、个案中当事人的经济状况、支付能力、交易习惯等具体情况，对借款合同、债权凭证的真实性予以审查，并对各证据与案件事实的关联程度、借贷内容相关事实进行必要审查，又要坚持民事活动自愿、公平、等价有偿、诚信的原则，尊重当事人对自己民事权利的处分，避免对借贷相关事实的审查面面俱到，甚至以司法手段过度介入和干涉当事人的交易自由。

【审判实践中应注意的问题】

一、大额借贷的认定标准

从某种程度上讲，对于当事人之间因"大额"民间借贷引发的纠纷，人民法院必须对有关款项的支付方式、出借人的出借能力、还款人的还款能力、借贷双方的关系以及借款的用途等事实作出查明认定，查明的程度与标准和一般生活性、临时性借贷引发的纠纷存在区别。但是，因受地区、行业经济发展实际状况的影响，借贷金额是否为"大额"，难以在全国范围内作出统一规定。在经济发达、民间金融市场交易活跃的地区，特别是对于这些地区长期专门从事借贷业务的当事人来说，所谓大额借贷的金额显然要明显高于经济欠发达地区交易主体间的大额借贷的金额，甚至还会明显高于同属经济发达地区内普通民众间偶发的大额借贷的金额。因此，司法实践中，人民法院经常遭遇的问题是，对于审理的具体案件涉及的借贷是否属于法律、司法解释以及司法政策所规定的"大额"借款难以作出准确判断。

我们认为，这一情况现实存在，目前来讲，原则上只能由受诉法院根据本地区以及涉案当事人的实际情况，在具体案件中对涉诉借贷是否属于"大额"借贷作出判断。为了更好地在同一地区范围内统一裁判尺度，也可以考虑由高级人民法院或中级人民法院通过适当方式提出参照标准，但这一标准亦不应过于机械适用，而应在具体案件中结合其他证据和案件情况予以综合认定。

二、证据的相互印证与事实查明

在民间借贷纠纷案件的审理过程中，人民法院经常会遇到缺乏必要书证的案件，比如借款凭证存在书写瑕疵或者表述上存在歧义，甚至是完全没有书面证据的案件。首先，这类案件中的事实认定，主要依靠法官的社会知识和审判经验，对证据进行甄别，以求去伪存真。可以发挥证据之间相互印证的作用，通过要求当事人、证人反复陈述案件细节的方式提供当事人陈述和证人证言，发现当事人陈述或者证人证言存在的矛盾或者问题，帮助查明案件事实。

同时，在整体审查思路上，可以区分生活的借贷与经营性借贷，采取不同的认定思路和标准。对于前者，因其一般具有借贷金额较小、发生在熟人之间、双方均不以牟利为目的等特点，可以适当放宽证据审查的具体标准，适当加强当事人陈述和证人证言采信程度。而对于商事主体间为经营需要而进行的资金拆借，则应考虑该类借贷一般都金额较大，通常都会设有担保以及商事主体法律知识相对丰富、风险意识和防控能力更强等特点，对相关证据作出严格审查，不能仅凭口头证据认定案件事实。

第十六条 【欠缺借款合同案件的举证责任】

原告仅依据金融机构的转账凭证提起民间借贷诉讼，被告抗辩转账系偿还双方之前借款或者其他债务的，被告应当对其主张提供证据证明。被告提供相应证据证明其主张后，原告仍应就借贷关系的成立承担举证责任。

【条文主旨】

本条是关于欠缺借款合同的案件中举证责任分配的规定。

【条文理解】

一、举证责任

举证责任，又可称为证明责任、立证责任，是指诉讼当事人依据法律规定对其主张或者认可的事实承担向人民法院提供相应证据予以证明的责任，如果在法定期限内该当事人未能提供充分有效的证据或者所提供证据的证明力不足，则由该当事人承担不利的诉讼后果。

举证责任问题素有"民事诉讼的脊梁"之称，其在民事诉讼中的地位和作用非常重要。举证质证是裁判过程中的重要环节。对于案件的争议焦点问题，人民法院作为案件发生后的居中裁量者，难以全面把握事情发生的经过，亦难以自行调查事情的全部前因后果，必须依赖诉讼当事人的陈述内容才能大致还原主要案情。但诉讼当事人出于自身利益最大化的考虑，往往会出现对案情描述避重就轻、语焉不详的情况，甚至作出虚假陈述，导致客观事实难以完全恢复展现，误导法官的判断。因此，必须强调证据的重要性，明确诉讼当事人的举证责任及举证不能的不利后果，人民法院在认定案件事实时需以证据为佐证，在有具体事实的基础上方能正确适用法律规范，作出正确裁判。

一般民间借贷案件的诉讼当事人即原告需要首先向法庭举证证明存在民间借贷这一法律关系并提供相应文件，如果只是口头约定而没有任何其他实质性的证据，则很难证明存在民间借贷关系或者民间借贷行为已经发生。

二、举证责任分配

在庭审中，原告与被告、上诉人与被上诉人以及其他诉讼当事人之间会有"互为攻防"的辩论阶段，一方当事人在提出其主张及事实后，另一方往往会提出相反意见并抛出对其有利的新观点，这就需要诉讼当事人经历"提出观点—举证—质证—提出新观点—举证—质证"的循环过程，这一过程涉及了举证的先后顺序，也就是举证责任的分配。

举证责任的分配规则最早出现在罗马法时代，主要分为两大规则：一是原告应承担举证义务；二是举证义务存在于主张者，而否认者则不必负担举证义务。罗马法仅是从举证行为的角度，明确了当事人所负的举证责任，但罗马法学者对这两项规则的适用方式观点并不一致。一些学者认为应以第一项规则为主要规则，因为第二项规则中的主张者与原告同义，故应以第一项规则为标准；而另一部分学者则认为，主张者应包含原告，原告承担举证义务只是"举证义务存在于主张者"中的一种情形，故应以第二项规则为标准。这两项规则在经历中世纪寺院法的演变后，逐渐形成了原告就其诉讼原因的事实举证，被告就其抗辩的要件事实举证的一般规则，并仅在遇有法律上的推定和主张消极事实两种情形作为例外。

以德国为代表的大陆法系国家和地区在承继罗马法两大举证分配规则的基础上，逐渐演变形成三种举证责任传统学说：第一类是根据案件待证事实的性质、特征、证明难易度分配举证责任的待证事实分类说；第二类是法律条文对举证人、举证事项有明确规定的，直接适用该规定的法规分类说；第三类是根据法律条文的具体事实要素，分别承担不同的举证责任的法律要件分类说。其中，待证事实分类说中的举证责任分配主要着眼于案件待证事实的证明难度，注重的是待证事实的性质和内容，至于案件待证事实在法律构成要件上处于何种地位并不重要。依据不同的划分标准，待证事实分类说可以分为消极事实说、外界事实说、基础事实说等。消极事实说将待证事实区分为积极事实和消极事实，判断标准为该事实是否处于已发生、已存在等的积极状态，该学说认为主张积极事实的诉讼当事人应当承担举证责任，而主张消极事实的人则无需承担举证责任。外界事实说将待证事实区分为外界事实和内界事实，判断标准为该事实是否能以人的正常观感认知、把握，该学说认为主张外界事实的当事人应当承担举证责任，而主张内界事实的人由于内界事实难以证明，而无需承担举证责任。基础事实说则是在消极事实说的基础上发展而来，认为主张权利发生的当事人应当对权利发生的要件事实承担证明责任，由相对方对权利发生的欠缺要件承担证明责任。法规分类说较为简单直接，它主要着眼于实体法条文，通过分析实体法条文归纳出某类事件的通用原则和例外规定，对于主张适用通用原则的诉讼当事人，只需就通用原则规定的要件事实承担举证责任，无需举证证明例外规定的要件事实不存在，而例外规定的要件事实由对方当事人主张并承担举证责任。法律要件分类说中的罗森贝克规范说是其最具有代表性的学说，也是大陆法系国家和地区举证责任分配理论通说。罗森贝克规范说从法律规范要件出发，在对实体法律规范结构分析的基础上，根据法律规范的语义和构造，分析法律规范的规则和例外，以及基本规范与反对规范之间的关系，并以此作为分配举证责任的方法。在此基础上，对于主张权利存在的当事人应当对权利发生的法律要件存在的事实负举证责任；而否认权利存在的当事人，则应当就权利妨碍的法律要件、权利消灭法律要件或者权利限制法律要件等，负举证责任。在出现待证事实真伪不明的情况时，法官根据举证责任分配规则，对真伪不明的待证事实进行归类，确定对该事实负有举证责任的当事人，判决其承担不利后果。

英美法系国家和地区的举证责任分配采取的是实质标准，即根据证明对象与证明主体之间的利益关系分配举证责任。由于英美法系国家和地区采取对抗辩论式的诉讼模式，因而举证责任分配规则的运用，比之大陆法系国家和地区而言，并没有非常严格的模式，更多的情况是由事实审法官基于经验，并依据公正、便利等因素考虑，在当事人之间进行分配。

三、本条的理解

本条涉及的问题是，在原告仅依据金融机构的转账凭证提起民间借贷关系诉讼，而不能提供借款合同、借据等表明双方当事人之间存在借贷关系的书面证据时，人民法院该如何分配举证责任。

关于原告仅提供金融机构的转账凭证，是否可以认为尽到了举证责任的问题，司法实践中存在不同观点。有观点认为，金融机构的转账凭证对款项的发生和流向具有一定证明力，是出借人已经将借款支付给借款人的证据，原告向法院提交金融机构的转账凭证，应当能够证明其与被告之间存在借款关系和其已经实际履行出借义务，因而应当认为尽到了原告提出存在民间借贷关系的举证责任。相反观点认为，款项的流动不是判断民间借贷关系发生的根本标准，因为发生偿还债务、赠送、支付其他费用等行为时，也会产生款项流动的结果，因此，民间借贷关系存在的基础首先应是双方当事人存在借款合意，仅提供金融机构的转账凭证尚不足以证明双方当事人之间存在借款合意，不能证明民间借贷关系的成立，除被告认可双方存在借贷关系的情形外，原告应当进一步举证证明双方之间存在借款关系。司法解释制定时，考虑到实践中借款合同关系发生的情形比较复杂，如果双方当事人之间还有其他交易关系的话，的确存在原告凭借其他交易中支付款项的转账凭证，试图要求被告归还并不真实存在的借款的可能，因而在原、被告有其他交易关系时，不应仅凭款项支付凭证直接认定双方存在借贷关系。但同时考虑到一些借款合同的当事人确实存在缺乏法律意识,没有签订书面借款合同亦没有出具借据的情况下,出借人要证明借款关系的存在的确困难较大,因而,可以认为原告作为出借人提出金融机构转账凭证时,其已对民间借贷关系的存在完成了初步举证责任,此时应当进一步结合被告的答辩情况,对双方是否存在民间借贷关系进行分析、认定。

关于被告不认可双方当事人之间存在民间借贷关系的情况下,是否还需要被告提出相应证据的问题,以及在被告不能提交相应证据证明该款项系基于其他交易关系发生的主张,而原告亦不能进一步举证证明该款项系支付出借款项时,应当由哪一方当事人承担举证不能的不利后果的问题,在司法解释制定过程中有关意见发生过一定变化。开始时,有观点曾经认为,原告基于民间借贷关系的存在主张返还借款的,其应当对双方当事人形成了民间借贷关系合意以及完成相应的款项交付的事实承担举证责任。如果原告仅提供金融机构的转账凭证、存款凭证等交付凭证,而未提供形成民间借贷关系合意的直接证据,被告以双方不存在借贷关系或者存在其他法律关系为由抗辩的,人民法院应当要求原告就该借贷关系的存在提供进一步证据。原告不能进一步提供证据的,应当驳回其诉讼请求。也就是说,该意见将对双方当事人之间存在民间借贷关系的举证责任完全分配给了出借人。这一解释规定的制定思路,要求作为原告的出借人,在其主张合同关系成立并生效、双方之间法律关系存在时,对产生该法律关系的基本事实即合同订立和生效的事实承担举证责任。在对司法解释征求意见过程中,很多基于审判实践的反馈意见提出,这种完全将举证责任分配给原告的制度,对于很多缺乏法律专业知识的出借人来说,举证难度很大,不利于对实体权利的保护。因此,考虑到实际情况及审判工作开展,该条解释的制定思路调整到当前状态,实际上加强了对合法出借人的司法保护。

理解本条内容,需主要把握以下几点:

(一) 适用前提

本条司法解释适用于作为出借人的原告仅依据金融机构的转账凭

证提起民间借贷诉讼的情况。

原告能够提供借款合同的，一般情况下可以直接由原、被告双方围绕该借款合同的签署、实际履行情况等发表意见，不存在借款关系是否存在的证明困难。原告虽然不能提供借款合同，但能够提供借条、借据、收据、欠条等其他债权凭证的，应当按照本规定的规定，依据债权凭证所记载的内容，并结合借贷金额、款项交付、当事人的经济能力、当地或者当事人之间的交易方式、交易习惯、当事人财产变动情况以及证人证言等事实和因素，综合判断认定借贷行为是否实际发生。原告仅能提供证据证明款项支付事实，而无法提供配套的、能够说明款项发生背景的借款合同甚至借条、借据、收据、欠条等债权凭证的，则应当适用本条对双方当事人举证责任的规定，对案件事实作出认定。

（二）被告的举证责任

审判实务中，被告对原告提交的金融机构转账凭证的真实性往往不存异议，因为金融机构出具的凭证真实性容易核实查清。但由于转账凭证只能反映出款项发生了流动及流动方向，对于凭证所反映的转账目的，即使原告方在转账时通过备注、留言等方式予以注明，被告仍可能以转账系偿还双方之前借款或其他债务等为由，从而否认原告提出的借款事实主张。在此情况下，被告所持的抗辩内容，实际上形成了一个新的主张，即双方当事人之间还存在原告所主张的借款关系之外的权利义务关系，而原告所持金融机构转账凭证与案外权利义务关系相对应。按照"谁主张，谁举证"的原则，被告对于其所主张的双方之间存在其他借款关系或者其他债权债务关系等事实应负相应的举证责任，需提供证据予以证明。这样规定主要是考虑到原告作为主张双方之间民间借贷关系存在的一方，虽然没有能够提交借款合同作为直接证据，但提交了款项实际支付的相应证据，即应当认为其对与被告之间存在借贷关系的事实完成了初步举证。此时，被告如果提出双方之间款项支付的其他事实基础，则需对其主张予以举证证明。

(三) 原告的举证责任

原告完成初步举证责任后，被告对于原告提出的存在民间借贷关系的主张提出了反对，需对所持反对主张提供证据。人民法院应当对被告所提供的证据予以查明核实，并请原告方对此反对主张进行答辩，人民法院要综合被告所提交证据的记载内容、与金融机构转账凭证的印证程度、原告的答辩意见、其他佐证材料等情况，认定被告的举证责任是否足以推翻原告的主张，该认定将影响到原告应否承担下一步举证责任。

如果被告提供的证据确实充分，足以证明金融机构的转账凭证系在案外其他借款关系或者债权债务关系中产生，而原告对此不能作出合理说明的，可以认定被告的反对主张成立，从而否定原告的主张，此时案件审理程序结束，原告不必再进行下一步举证。

如果被告虽主张存在其他借款关系或者债权债务关系，但是不能提供相应的证据予以证明，或者即使提供了证据，原告能够对其作出合理解释，人民法院可以认定该证据与案涉金融机构转账凭证不具事实和法律关系的，则被告的反对主张不能推翻原告的主张，此时案件审理程序亦能结束，原告也不必再进行下一步举证。

除上述两种较为简单明了的案件情况之外，实践中大多数案件情况为，被告虽然对其反对主张提供了相应证据，但该证据的证明力难以达到确证案外其他债权债务关系存在，也就是双方当事人的主张都有一定道理，却不能完全驳斥对方，人民法院依据现有证据不能认定案件事实。在此情况下，需要原告进一步举证，回应被告提出的反对主张及相应证据，从而使法官能够对双方当事人所举证据进行分析认定，对原告所主张的借款事实是否真实存在作出准确判断。

(四) 法律后果

当待证事实的存在与否不能确定、真伪不明时，应由提出主张的当事人对不利后果承担责任和诉讼风险。结合前述举证责任分配的不同情形，在被告对原告主张仅予以否认，而不能提供证据证明款项支付系因双方之间存在其他借款关系或者其他债权债务关系时，应当对其主张的事实不能确定承担不利后果。相应的，在被告提供了相应证据的情况下，由于原告对双方之间存在其所主张的借款关系负有举证责任，因而原告应当进一步针对被告主张提供其他证据以证明其主张。在原告不能提供更充分的证据证明其主张的情况下，即使双方均有未完全履行举证的行为，此时的结果责任仍应归于原告，由原告对此承担相应的不利后果。

【审判实践中应注意的问题】

一、谨慎对待被告的自认

自认，是指一方当事人对于己不利的事实予以承认的行为。自认可以由当事人本人作出，也可以由其代理人作出。

本条规定了原告仅依据金融机构的转账凭证提起民间借贷诉讼的情况下，被告主张转账系偿还双方之前借款或其他债务，被告应当对其主张提供证据证明，由此可以推断出，当出现与条文规定相反的情形时，即原告虽然仅依据金融机构的转账凭证提起民间借贷诉讼，而被告对此予以认可的，则无需双方进一步举证证明，人民法院即可认定民间借贷关系存在的事实。

一般而言，适用自认规则时不涉及举证责任问题。但需要注意的是，如果在审判过程中遇到原告仅凭金融机构的转账凭证起诉要求归还借款，而被告又对原告主张的借款事实直接予以认可的情况，有可能存在原、被告双方以提起虚假诉讼方式故意损害第三人合法权益的问题，人民法院应当依照本规定，对借贷发生的原因、时间、地点、款项来源、交付方式、款项流向以及借贷双方的关系、经济状况等事实进行综合认定，当发现查明的事实与被告自认事实存在明显矛盾时，人民法院应依据《民事诉讼法解释》第92条第3款"自认的事实与查明的事实不符的，人民法院不予确认"的规定作出相应处理。

二、适当把握证据的证明力标准

在审判实务中,对于原告所主张的民间借贷行为是否真实发生,原被告双方一般均会提交一定证据或作出相应陈述予以证明,而这些证据可能均不能直接充分有效地证明双方当事人所持主张。考虑到现实民间借贷关系中,出借人、借款人的法律知识储备不足,制作、保留文书的意识不够,相关证据难以达到法律法规所期待的证明力高度,此时,人民法院应当根据《民事诉讼法解释》第108条第1款的规定,充分审查比对证据效力,并结合相关事实,在确信待证事实的存在具有高度可能性的情况下,认定该事实的存在,即对证明标准采取高度盖然性标准即可。

第十七条 【负有举证义务的原告无正当理由拒不到庭的法律后果】

依据《最高人民法院关于适用〈中华人民共和国民事诉讼法〉的解释》第一百七十四条第二款之规定，负有举证责任的原告无正当理由拒不到庭，经审查现有证据无法确认借贷行为、借贷金额、支付方式等案件主要事实的，人民法院对原告主张的事实不予认定。

【条文主旨】

本条是关于负有举证义务的原告无正当理由拒不到庭的法律后果的规定。

【条文理解】

一、关于举证与司法裁量权

举证、质证是人民法院查明案件事实的必经过程。对于诉讼当事人而言，举证既是其正常参与庭审程序的一项诉讼权利，也是其对自己提出的主张提供证据的一项诉讼义务。通过举证、质证，诉讼双方当事人在辩驳过程中互为攻守，为人民法院"筛选"出来能够反映案件真实情况、与待证事实相关联、来源和形式符合法律规定的证据，进而帮助法官作出事实认定。《民事诉讼法解释》第90条规定："当事人对自己提出的诉讼请求所依据的事实或者反驳对方诉讼请求所依据的事实，应当提供证据加以证明，但法律另有规定的除外。在作出判决前，当事人未能提供证据或者证据不足以证明其事实主张的，由负有举证证明责任的当事人承担不利的后果。"这一法律条文从两种意义上规定了举证责任，该条第1款系指诉讼当事人的行为责任，即主动向法庭提供足以证明其主张的证据；该条第2款系指在事实真伪不明时，主张该事实的诉讼当事人承担不利诉讼后果的责任，即结果责任。但该法条在规定结果责任时，对于双方所主张的事实均缺乏充分有效证据予以证明的，并没有明确规定该由哪一方当事人承担不利的诉讼后果。此时，仅依靠诉讼当事人的举证质证难以查清案件事实，必须由法官综合考量认定各项证据的证明效力，从而作出正确判决，这就涉及了司法裁量权。

关于法官对证据认定的司法裁量权，主要有以下法条予以规制：

《民事诉讼法》第64条第3款规定，人民法院应当按照法定程序，全面地、客观地审查核实证据。

《民事诉讼法解释》第105条规定，人民法院应当按照法定程序，全面、客观地审核证据，依照法律规定，运用逻辑推理和日常生活经验法则，对证据有无证明力和证明力大小进行判断，并公开判断的理由和结果。

《证据规定》第85条规定，人民法院应当以证据能够证明的案件事实为根据依法作出裁判。审判人员应当依照法定程序，全面、客观地审核证据，依据法律的规定，遵循法官职业道德，运用逻辑推理和日常生活经验，对证据有无证明力和证明力大小独立进行判断，并公开判断的理由和结果。

《证据规定》第88条规定，审判人员对案件的全部证据，应当从各证据与案件事实的关联程度、各证据之间的联系等方面进行综合审查判断。

《证据规定》第96条规定，人民法院认定证人证言，可以通过对证人的智力状况、品德、知识、经验、法律意识和专业技能等的综合分析作出判断。

上述法律、司法解释等肯定了法官在一定情况下具有裁量确定举证责任分配的权力。法官在运用司法裁量权时，应充分考虑以下因素：

1. 确无充分有效的证据。要适时、适当行使司法裁量权,对于双方当事人无争议的案件事实和证据,除具有损害国家利益、社会公共利益等法律规定的情形之外,人民法院应当予以尊重,直接认定相关证据的效力及案件事实。

2. 符合生活一般常理。法律源于生活,法官行使司法裁量权时首先要考虑生活常理、一般逻辑,结合日常生活经验法则作出认定。同时,日常生活经验应以大多数人的情况为基准,不能想当然地要求普通民众以法律条文为其行为准则,没有达到法律标准的即不予认定。

3. 盖然性。盖然性是确定证明责任分配时需要考虑的重要因素。如事实发生的盖然性高,则主张该事实发生的一方当事人不负举证责任,而由对方当事人对该事实未发生负举证责任。在民间借贷纠纷诉讼中,举证责任按一般规则分配后并不是固定不变的,而是随着当事人对其主张事实的证明程度不断转移。如果就某一事实问题双方当事人争执不下,均不能提供充分有效的证据,则继续维持举证责任的转移并没有多大意义。因此,在法律尚未有明确规定,或者作为普遍情形盖然性不大但在个案中的盖然性极大时,应当允许法官采用事实推定,合理地认定证据效力。这样做,既符合诉讼公平的原则,也可以避免使诉讼陷入僵局。

二、关于当事人陈述

当事人陈述,是指案件诉讼当事人向人民法院提出的关于案件事实和证明等情况的陈述。《民事诉讼法》第63条规定,民事证据有以下8种,分别是:(1)当事人的陈述;(2)书证;(3)物证;(4)视听资料;(5)电子数据;(6)证人证言;(7)鉴定意见;(8)勘验笔录。由此可见,当事人陈述应当是一种独立的证据形式,是认定案件事实的组成部分。

当事人的陈述是民事案件审理过程中最先出现的内容,在大多数情况下,当事人对于案件情况了解得最为全面,如果当事人能据实陈述,不仅能够提高案件审理效率,也会减轻人民法院查明案件事实的难度，节省在收集和调查证据时所花费的大量时间和精力，促进纠纷得以迅速解决。因此，当事人的陈述是查明案件事实的重要线索，人民法院应当给予重视。在我国，当事人的陈述在最广泛意义上包括关于诉讼请求的陈述，关于支持或者反对诉讼请求的法律与事实根据的陈述，关于与案件有关的其他事实的陈述，关于证据分析的陈述，关于案件的性质和法律问题的陈述等。狭义上的当事人陈述一般指当事人就案件事实向法院所作的陈述。

尽管当事人是案件过程的亲历者，但其出于趋利避害、实现自身利益最大化的心理，所做的陈述有可能与案件真实情况产生偏差，干扰法官的判断和认定。根据《民事诉讼法》第75条规定，人民法院对当事人的陈述，应当结合本案的其他证据，审查确定能否作为认定事实的根据。所以，人民法院应当像认定其他证据效力一样，客观对待当事人的陈述，不可脱离其他证据而尽信之。

三、关于本人到庭

本人到庭，是指当事人亲自出席、参加庭审活动。一般而言，当事人委托了诉讼代理人的，当事人本人可以不到庭参加诉讼活动，直接由诉讼代理人在其代理权限范围内代为发表意见、举证质证等。但考虑到一些案件关涉当事人的切身利益，且诉讼代理人未必能够全面了解全部事实情况，可能发生因陈述错误导致的审理偏差，因此，部分案件会要求当事人本人到庭。

关于本人必须到庭的情形，法律已有部分规定，如《民事诉讼法》第62条规定，离婚案件有诉讼代理人的，本人除不能表达意思的以外，仍应出庭；确因特殊情况无法出庭的，必须向人民法院提交书面意见。该条主要考虑到离婚案件涉及的是身份关系，它直接关系到家庭的存废，因此，是解除还是维持这种身份关系必须十分慎重，应当由当事人本人表达意见，而不宜由诉讼代理人转达。《民事诉讼法》第109条规定，人民法院对必须到庭的被告，经两次传票传唤，无正当理由拒不到庭的，可以拘传。对此，《民事诉讼法解释》第174条第 1 款以及《民事诉讼法》第 109 条规定的必须到庭的被告，是指负有赡养、抚育、扶养义务和不到庭就无法查清案情的被告。这是法律强制赡养、抚育、扶养案件的被告人应当亲自出庭作出的规定。同时，《民事诉讼法解释》第 174 条第 2 款对原告本人出庭情况也作出了相应规定，人民法院对必须到庭才能查清案件基本事实的原告，经两次传票传唤，无正当理由拒不到庭的，可以拘传。前述法律、司法解释均规定了，对于违反出庭义务的当事人，在经过法定传唤程序后，可以以拘传方式强制出庭，但没有对不出庭的法律后果作出规定，也没有对法院是否可以传唤其他类型的当事人到庭及不出庭的法律后果作出明确规定。

从近几年来各级法院的案件审理情况可以发现，随着人民群众法律意识的普遍提高，委托诉讼代理人的情况越来越多，而当事人本人出庭的频率也就越来越少，人民法院传唤当事人出庭有一定困难。而当事人在法庭上直接面对法官或对方当事人询问时，可以更加直接地给予答复，有效减少委托诉讼代理人不知具体情况或者不知如何应答时，以征询当事人意见为由拖延诉讼的情况发生。因此，结合我国现状，有必要以司法解释的方式明确人民法院可以根据案件需要，传唤当事人本人到庭陈述案件基本事实，对拒不出庭造成案件主要事实无法认定的，人民法院对其主张的事实可以不予认定。

四、本条司法解释的理解

（一）原告应当对借贷事实是否发生、借贷金额、支付方式等案件主要事实负有举证责任，否则应承担不利后果

根据《民事诉讼法》第 64 条的规定，提出诉讼主张的原告有责任对其主张提供证据。同时，民事诉讼是因当事人之间权利义务的争议引起的，原告起诉是为了维护自己的民事权益。而从整个民间借贷案件来看，原告对借贷事实是否发生、借贷金额、支付方式等案件主要事实最为了解，更有能力提出维护自己权益的有力证据，因此，还需根据《民事诉讼法解释》第 91 条第 1 项"主张法律关系存在的当

事人，应当对产生该法律关系的基本事实承担举证证明责任"的规定，围绕该证据说明民间借贷关系发生的基本事实情况。原告虽提出存在民间借贷关系的主张，但没有证据或者证据不足以证明该主要事实的，根据《民事诉讼法解释》第 90 条第 2 款"在作出判决前，当事人未能提供证据或者证据不足以证明其事实主张的，由负有举证证明责任的当事人承担不利的后果"的规定，原告应知晓并承担诉讼不利的后果。

（二）"无正当理由拒不到庭"是指原告经依法传唤，未按传票约定的时间、地点参加庭审活动的行为

拒不到庭包括两种情形：一是当事人未按指定的时间到达庭审地点参与诉讼；二是当事人未到达指定的庭审地点参与诉讼。人民法院应确保将开庭时间、地点、案号等内容记载清楚的传票送达到原告，避免因人民法院的工作失误导致原告未按时到庭参加诉讼。

该条并未对何为"正当理由"作出规定，一般而言，可以将无法预见的自然灾害，如洪涝、地震等自然因素导致原告无法正常参加庭审的，原告因死亡、丧失诉讼行为能力、丧失人身自由等不可抗因素导致无法正常参加庭审的，视为"正当理由"。对于原告提出无法参与庭审的理由，法官要根据实际情况进行判断，对于当事人记错或忘记开庭时间、上班高峰期交通堵塞、与其他法院开庭时间相冲突等为由而不到庭的，不能认定为正当理由，严禁原告以各种理由拒不到庭从而达到拖延诉讼的目的。同时，随着智慧法院建设的推进，具备条件的法院可以组织当事人通过视听传输技术进行陈述、接受质询，从而提高庭审效率、降低诉讼成本，有利于诉讼顺利进行。《民事诉讼法》第 73 条已就证人通过视听传输技术等方式出庭作出了规定，该条内容为：经人民法院通知，证人应当出庭作证。有下列情形之一的，经人民法院许可，可以通过书面证言、视听传输技术或者视听资料等方式作证：（1）因健康原因不能出庭的；（2）因路途遥远，交通不便不能出庭的；（3）因自然灾害等不可抗力不能出庭的；（4）其他有正当理由不能出庭的。当事人通过视听传输技术进行陈述、接受质询的，

应当视为当事人已出庭。

（三）该规定仅约束对借贷事实是否发生、借贷金额、支付方式等案件主要事实负有举证责任的当事人，即原告

该条在最初制定的征求意见稿中曾规定为："人民法院审理一方或者双方当事人为自然人的民间借贷纠纷案件，自然人本人未到庭参加诉讼，经审查现有证据无法确认借贷事实是否发生、借贷金额、支付方式和利息等必须查明的事实的，应当依照民事诉讼法的规定传唤当事人本人到庭。无正当理由拒不到庭的，依法承担相应的法律后果。"在审议过程中，有人认为在民间借贷纠纷中，当事人可能包括自然人、法人以及非法人组织。如果按照征求意见稿的规定，将该条的适用主体限于自然人，则当当事人为法人或者非法人组织时，会陷入无法可依的尴尬局面。同时，民事主体具有平等性，自然人的出庭义务不应当有别于法人或者非法人组织，因此不必特别突出自然人身份。还有人认为，比对案件诉讼主体的权利义务可以发现，在民间借贷案件中，原告对借贷事实是否发生、借贷金额、支付方式等案件主要事实负有更大的举证责任。因此，本条在定稿时将当事人限制为原告，具体表述为"根据《民事诉讼法解释》第174条第2款之规定，负有举证证明责任的原告无正当理由拒不到庭，经审查现有证据无法确认借贷行为、借贷金额、支付方式等案件主要事实，人民法院对其主张的事实不予认定"，这一规定也与《民事诉讼法解释》第174条第2款规定的"人民法院对必须到庭才能查清案件基本事实的原告，经两次传票传唤，无正当理由拒不到庭的，可以拘传"相配合。在本次修正中，为规范法律用语，明确意思表示，将"根据"修改为"依据"，"主要事实"后增加"的"字、"其"改为"原告"，最终确定为："依据《关于适用〈中华人民共和国民事诉讼法〉的解释》第一百七十四条第二款之规定，负有举证证明责任的原告无正当理由拒不到庭，经审查现有证据无法确认借贷行为、借贷金额、支付方式等案件主要事实的，人民法院对原告主张的事实不予认定。"

【审判实践中应注意的问题】

1. 《民事诉讼法解释》第 274 条第 1 项规定，下列金钱给付的案件，适用小额诉讼程序审理：买卖合同、借款合同、租赁合同纠纷。由于小额诉讼程序案件具有案涉金钱数额小、关系明确等特征，适用该程序的案件系一审终审，更要特别注意对当事人诉讼权利的保护。适用小额诉讼程序的民间借贷案件，一定要将开庭事项、不到庭的法律后果等通知到原告，不能确定原告收到开庭通知的，不得视为原告无正当理由拒绝出庭。

2. 禁止滥用强制当事人出庭条款。适用本条的前提是，人民法院虽然已审查了案件所涉全部证据，但借贷行为是否发生、借贷金额、支付方式等案件主要事实仍处于真伪不明，此时方可适用本条要求原告到庭。要求原告到庭的方式，必须为传票传唤，只有经两次传唤未到庭的，才可依照《民事诉讼法解释》第 174 条第 2 款规定拘传原告。在无需原告出庭的情况下，法庭不能滥用该条内容增加当事人的诉讼成本和负担。

3. 民间借贷关系的一方或双方主体为法人、非法人组织的，关于到庭参加诉讼的人员，法定代表人或非法人组织的主要负责人由于不亲自办理具体的事务，可能对案件所涉事实并不清楚，因此，在适用本条时如涉及法人或非法人组织的原告，出庭人员范围应包括具体事务经办人或其他了解事情经过的人员，如公司的财务人员。

第十八条 【民间借贷虚假诉讼的判断标准】

人民法院审理民间借贷纠纷案件时发现有下列情形之一的，应当严格审查借贷发生的原因、时间、地点、款项来源、交付方式、款项流向以及借贷双方的关系、经济状况等事实，综合判断是否属于虚假民事诉讼：

（一）出借人明显不具备出借能力；

（二）出借人起诉所依据的事实和理由明显不符合常理；

（三）出借人不能提交债权凭证或者提交的债权凭证存在伪造的可能；

（四）当事人双方在一定期限内多次参加民间借贷诉讼；

（五）当事人无正当理由拒不到庭参加诉讼，委托代理人对借贷事实陈述不清或者陈述前后矛盾；

（六）当事人双方对借贷事实的发生没有任何争议或者诉辩明显不符合常理；

（七）借款人的配偶或者合伙人、案外人的其他债权人提出有事实依据的异议；

（八）当事人在其他纠纷中存在低价转让财产的情形；

（九）当事人不正当放弃权利；

（十）其他可能存在虚假民间借贷诉讼的情形。

【条文主旨】

本条是关于如何识别虚假民间借贷诉讼的规定。

【条文理解】

　　本条此次修正，为与新出台的《民法典》保持一致，对四处表述进行了规范：一是将"下列情形"改为"下列情形之一的"；二是第4项中"期间"改为"期限"；三是删除第5项的"一方或双方"；四是将第7项中的"或"改为"或者"。

一、遏制虚假民间借贷诉讼是审判实践中的重大课题

　　近年来，由于金融信贷门槛过高、民间资金持有者受利益驱动的影响以及民间借贷自身灵活、机动、便利的特点，我国民间借贷活动迅速发展。而与此同时，与民间借贷相配套的监管以及法律规范却相对不足。这就导致民间借贷诉讼案件大量增多且频繁出现虚假诉讼的现象。一些当事人恶意串通，采取虚构民间借贷法律关系、捏造案件事实等方式提起民事诉讼，侵害他人合法权益，获取非法利益。虚假民间借贷诉讼的危害诸多，突出表现在以下四个方面：

　　1. 侵犯真实权利人的利益。从目前发现的多数虚假民间借贷诉讼案件来看，多为两人以上事先精心共谋并形成周密的计划，通过虚构并不存在的法律关系，骗取法院的有利判决，进而侵犯他人合法财产权益。

　　2. 浪费有限的司法资源，扰乱正常的司法审判秩序。虚假民间借贷诉讼案件通常都包裹着"合法"的外衣，它以正常合法的程序进入到法院，不管造假者的最终目的能否实现，诉讼程序和法院的审理工作是不可缺少的。因此，这一过程严重浪费了有限的司法资源，特别是在当前人民法院案多人少矛盾十分突出的情况下，进一步加重了审判人员的工作负担。

　　3. 损害司法权威和司法公信力。在我国，法院的民事审判活动是行使国家审判权的一种具体形式，是化解当事人之间争议的强力工具，是缓和社会矛盾的权威方式，也是社会公信力的典型表现。虚假诉讼

活动通过虚构、欺骗的方式，意图通过人民法院权威的审判来实现其非法目的，自然会严重损害司法权威，影响司法公信力。

4. 影响社会稳定。虚假民间借贷诉讼往往使真正的权利人的权利无法得到保障，容易引发和激化社会冲突，而如果法院审判未能及时发现虚假案件，支持了虚假诉讼当事人的诉讼请求，就会进一步激化当事人之间的矛盾，影响社会稳定。

虚假诉讼频繁发生且呈增多之势，引起了强烈的社会反响，各方面要求加大诉讼审查力度，严厉防范和打击虚假诉讼的呼声日益增高。如何采取有效措施遏制虚假诉讼，成了摆在人民法院面前的一个重大课题，也是审判实践中亟需解决的一个难点问题。正是在这样的形势和背景下，2015 年《民间借贷规定》制定时，根据《民事诉讼法》第 112 条"当事人之间恶意串通，企图通过诉讼、调解等方式侵害他人合法权益的，人民法院应当驳回其请求，并根据情节轻重予以罚款、拘留；构成犯罪的，依法追究刑事责任"和第 113 条"被执行人与他人恶意串通，通过诉讼、仲裁、调解等方式逃避履行法律文书确定的义务的，人民法院应当根据情节轻重予以罚款、拘留；构成犯罪的，依法追究刑事责任"的规定，结合民间借贷诉讼案件特点，作出了本条规定。

二、本条规定来源于审判实践经验的总结

最高人民法院在制定本规定进行调研的过程中，就如何遏制虚假民间借贷诉讼问题，充分听取了各地法院的意见。通过调研，发现各地法院的共识是，应在民间借贷案件审理过程中加强证据审查。但具体方法上略有差异：有的法院反映，应强化人民法院依职权调取证据的范围。还有法院反映，应严格审查民间借贷案件中的当事人自认；对于当事人的自认，法官可视情况要求原告补强证据或者法院依职权调取证据；对当事人有关借款事实的诉讼自认，即使双方当事人的诉辩主张无明显对抗，如果案件可能涉及第三人的利益，审判人员应当依职权加强对借款的真实性的审查。还有法院反映，应要求当事人接

受法庭调查或出庭参加诉讼；严格审查债务产生的时间、地点、原因、用途、支付方式（如采用银行转账或汇款，应要求提交银行往来凭证）、基础合同以及债权人的经济状况；依法通知利害关系人到庭参加诉讼；要求当事人出示原始证据。

本条规定认真汲取了各地法院的审判实践经验，从如何发现虚假诉讼的角度，提出了审查的思路和方法。本条规定采用的是合理怀疑加综合判断的规范模式，根据审判实践中发现的虚假民间借贷诉讼案例，具体列举了可能是虚假民间借贷诉讼的十种情形，同时，要求审判人员结合借贷发生的原因、时间、地点、款项来源、交付方式、款项流向以及借贷双方的关系、经济状况等事实，综合判断是否属于虚假民间借贷诉讼。

三、虚假民间借贷诉讼的定义

目前，理论界和实务界都没有就虚假诉讼作出明确的、统一的界定。2015年《民间借贷规定》制定调研的过程中，收集到几种不同的意见：一种观点认为，虚假诉讼是指"民事诉讼过程中当事人出于不合法的动机和目的，利用法律赋予的诉讼权利，采取虚假的诉讼主体、事实及证据的方法提起民事诉讼，使法院作出错误的民事判决或裁定的行为"。另一种观点认为，应将虚假诉讼定义为"行为人以非法占有他人财物为目的，利用虚假的证据，提起民事诉讼，破坏法院的正常审判活动，促使法院作出错误的判决或裁定，而使自己或者他人达到获得财产或财产性利益目的的行为"。第三种观点认为，应将虚假诉讼定义为"行为人出于不合法的动机和目的，恶意串通，虚拟民事法律关系或民事法律事实，通过符合程序的民事诉讼形式，使法院作出错误判决，从而谋取实体上或程序上的非法利益的违法行为"。

2016年6月发布的《最高人民法院关于防范和制裁虚假诉讼的指导意见》（法发〔2016〕13号，以下简称《虚假诉讼意见》）规定："1. 虚假诉讼一般包含以下要素：（1）以规避法律、法规或国家政策谋取非法利益为目的；（2）双方当事人存在恶意串通；（3）虚构事实；(4)借用合法的民事程序；(5)侵害国家利益、社会公共利益或者案外人的合法权益。"2018年10月施行的《最高人民法院、最高人民检察院关于办理虚假诉讼刑事案件适用法律若干问题的解释》第1条规定："采取伪造证据、虚假陈述等手段，实施下列行为之一，捏造民事法律关系，虚构民事纠纷，向人民法院提起民事诉讼的，应当认定为刑法第三百零七条之一第一款规定的'以捏造的事实提起民事诉讼'：(一)与夫妻一方恶意串通，捏造夫妻共同债务的；(二)与他人恶意串通，捏造债权债务关系和以物抵债协议的；(三)与公司、企业的法定代表人、董事、监事、经理或者其他管理人员恶意串通，捏造公司、企业债务或者担保义务的；(四)捏造知识产权侵权关系或者不正当竞争关系的；(五)在破产案件审理过程中申报捏造的债权的；(六)与被执行人恶意串通，捏造债权或者对查封、扣押、冻结财产的优先权、担保物权的；(七)单方或者与他人恶意串通，捏造身份、合同、侵权、继承等民事法律关系的其他行为。"

综合借鉴以上观点及相关司法解释规定，我们认为，虚假民间借贷诉讼是指当事人为了获取非法利益，恶意串通，通过采取捏造事实、伪造变造证据、虚构法律关系等方式提起民间借贷民事诉讼，意图使人民法院作出错误裁判和执行，侵害他人、集体、国家或者社会公共利益的行为。

四、准确把握本条规定的虚假民间借贷诉讼的类型

通常情况下，虚假民间借贷诉讼是双方当事人为了获取非法利益，恶意串通，采取捏造事实、伪造变造证据、虚构法律关系等方式提起诉讼方式，意图使法院作出错误裁判，损害第三人、集体、国家或者社会公共利益。但是，实践中一方当事人通过虚构事实或隐瞒真相、伪造证据等手段，提起诉讼，意图使法院作出错误裁判，侵害另一方当事人合法权益的情况，也不少见。前一种情况可以称为双方通谋型虚假诉讼，后一种情况可称为单方谋利型虚假诉讼。本条规定涵盖了以上两种情况。

双方通谋型虚假民间借贷诉讼多发生在离婚诉讼司法实践中，当事人通谋的主要目的是通过转移财产最终多获取他人财产或者减少自己财产损失。比如，在 A 与 B 离婚纠纷中，A 为了多分夫妻共同财产便与 C 通谋，虚构 A、C 之间存在借贷事实，并伪造借款合同、借条等相关证据材料，C 向法院提起诉讼，要求 A 承担还款义务，最后法院判决或调解支持 C 诉讼请求。这样 A、C 之间通过虚假诉讼，减少了 A、B 夫妻共同财产的可分份额，使得 B 只能获取少量份额，从而使 A 最终受益，损害了 B 的合法利益。同样，在执行阶段参与分配的过程中，被执行人通过唆使其亲戚、朋友提起虚假诉讼，最终使得真实债权人只能分得少数财产，直接伤害了真实债权人的合法利益。

单方谋利型虚假诉讼的发起往往存在一定的请求基础，其虚假之处在于真实的债权与所诉称的请求并不一致。比如，原、被告存在真实的借贷关系，但被告已经履行了部分债务，原告利用被告不能举证或者举证不能的现实，仍就最初的全部债权主张权利，从而侵害被告一方的利益。当然，单方谋利型虚假诉讼也可能出现极端的案例，如原被告之间根本不存在任何合法的债权债务关系，原告基于侵吞被告财产的目的而采取完全伪造证据的方式提起诉讼。

五、本条规定的十种情形的理解

本条规定在总结审判实践中形形色色的虚假民间借贷诉讼的基础上，具体列举了十种能够引发审判人员怀疑存在虚假诉讼可能的情形。对于这十种情形的具体理解，分述如下：

（一）关于出借人明显不具备出借能力

民间借贷的出借人是否具备出借款项的能力，关系到合同是否真实履行，借款是否实际出借，进而可以确定当事人之间的民间借贷纠纷诉讼是否系虚假诉讼。因此，在审理民间借贷诉讼纠纷案件中，审判人员应考察出借人是否具有出借款项的能力。如果出借人明显不具备出借能力，应对其是否出借款项持有合理怀疑。例如，在一些民间借贷案件中往往是夫妻一方当事人为被告，被告对于原告的诉请并无异议，但是原告对于巨额或者大额的借款金额的具体来源却无法说清楚，而根据原告的经济来源，其明显没有出借能力。这种情况下，极有可能是夫妻一方为了在夫妻离婚诉讼中多分得财产而和原告串通的虚假诉讼。

当然，有些案件中，虽然出借人自身不具备出借能力，但也可能存在其从亲戚朋友处借款然后再行出借的事实，故在出借人不具备出借能力的情况下，应当允许出借人进一步举证证明其具备出借能力。

（二）关于出借人起诉所依据的事实和理由明显不符合常理

常理是指被社会大众所广泛接受，习以为常，且非专业性的道理。常理可分成两类：一是恒常性的经验或规律，比如被经验所证实的，反复出现的某一因果联系，这类常理类似于自然规律；二是被民众所普遍接受和认可的惯例或准则，比如文化传统、交易习惯和生活情理等。

司法实践中的案件事实并非客观事实的重现，而是审判人员在已掌握的证据的基础上，根据法律规定和生活常识等对案件事实的重构。在这个过程中，日常生活经验等常理起到重要作用，审判人员经常使用常理进行逻辑推演，发现破绽。例如：原告张某租赁经营某冷冻厂，被告曹某经常来该厂购冰块。2005年11月12日，被告出具一张欠条给张某，内容为："欠冰钱1.800元整。"原告张某起诉主张，欠条上的"1.800元"系"1,800元"的误写，实际上是指被告曹某欠冰款1800元，请求判令曹某归还1800元。被告曹某则主张，欠条上的"1.800元"意思是1.8元，而非1800元。法院审理后认为，被告作为经常购货的老客户，为欠1.8元向原告立欠据显然不符合常理；按照会计记账习惯，1.800元应当理解为1800元；加之被告未能提供欠1.8元的证据，故被告以欠条上所写的1.800元就是1.8元之说不能成立，不予采信。最终，法院判决被告曹某应于判决生效后五日内归还原告张某人民币1800元。

当然，如何判断当事人起诉所依据的事实和理由是否符合常理，还需要审判人员对当事人提供的证据进行审查，并结合具体的案件情况进行综合认定。

（三）关于出借人不能提交债权凭证或者提交的债权凭证存在伪造的可能

《民事诉讼法》第64条第1款规定，当事人对自己提出的主张，有责任提供证据证明。就民间借贷纠纷而言，出借人在起诉时应提供初步的证据来佐证其主张，而债权凭证应该是当事人所提供的初步证据中的主要证据之一。债权凭证有多种，比如借款协议、收据、借据、汇款单、承诺函等。根据民间借贷活动的实际情况，一般都会有债权凭证，如果出借人不能提交债权凭证，或者提交的债权凭证存在伪造的可能，则自然会引起审判人员对该诉讼是否虚假诉讼的合理怀疑。

（四）关于当事人双方在一定期限内多次参加民间借贷诉讼

虚假民间借贷诉讼案件程序的启动，多发生在以虚假诉讼一方当事人为被告的他案已经进入诉讼程序或者执行程序、但是财产尚未处置完毕前。当然，实践中也有部分虚假诉讼案件早于他案进入诉讼程序或执行程序，这种虚假诉讼就更加具有隐蔽性，更不易鉴别。所以，就民间借贷纠纷而言，当事人在一定期间多次参加民间借贷诉讼的，则审判人员可对当事人系虚假诉讼产生合理的怀疑。

（五）关于当事人无正当理由不到庭参加诉讼，委托诉讼代理人对借贷事实陈述不清或者陈述前后矛盾

基于民间借贷诉讼案件的特殊性，法院为了查清案件事实，往往会要求当事人到庭陈述并接受询问。而在虚假诉讼案件中，为了避免露出破绽，当事人往往不敢到庭，大多委托诉讼代理人单独参加诉讼。因此，在经法院通知后当事人无正当理由不到庭的情况下，而委托诉讼代理人对借贷事实陈述不清或前后矛盾，审判人员就应对该起诉讼是否为虚假诉讼进行审查。

（六）关于当事人双方对借贷事实的发生没有任何争议或者诉辩明显不符合常理

正常的诉讼具有对抗性，被告通常会针对原告的主张及提供的证

据进行辩驳并提供反证。但是在虚假的民间借贷诉讼中，双方当事人之间一般不会出现实质性对抗，被告对原告的主张有的不提出抗辩，有的选择还款期限、利息、违约金等非关键细节进行辩解，并不否认原告诉称的基本事实。此外，虚假诉讼的双方当事人一方面力图规避法官对案件事实的审查，往往倾向于调解结案，通过诉讼调解的合法形式掩盖其非法目的。因此，对于当事人之间诉讼对抗不符合常理，且当事人乐于以调解方式结案的，审判人员也应加以警惕，防止出现虚假诉讼。

（七）关于借款人的配偶或者合伙人、案外人的其他债权人提出有事实依据的异议

虚假诉讼往往是为了损害其他权利人的利益，因此对其他人的利益影响至为明显，而其他人也最关心这种诉讼的结果。这种情况常出现于夫妻离婚财产分割的过程中。在此过程中，夫妻一方出于逃避夫妻共有财产分割的考虑，虚构同他人的债务，并通过让债权人起诉的方式来达到其目的，另一方往往会提出异议。在因合伙关系发生的纠纷中，也会出现类似上述夫妻分割财产的虚假诉讼情况，即合伙中的执行合伙事务的合伙人通过与他人虚构合伙债务并由对方向法院起诉，意图减少合伙财产。此种情况下，其他合伙人往往会提出异议。此外，债务人为了逃避债务而与他人串通虚构债务，由对方向法院起诉，债务人案外的债权人发现后也会向法院提出异议。对于上述相关方提出具有事实依据的异议的，审判人员应认真审查正在审理的民间借贷诉讼是否为虚假诉讼。

（八）关于当事人在其他纠纷中存在低价转让财产的情形

基于维护自身利益的考虑，当事人一般都会采取相对公平的交易方式，不会在纠纷中出现低价转让财产的情形。如果出现了当事人在其他纠纷中低价转让财产的情况，则当事人间必然存在着特殊目的，且可能损害他人合法权益。这应当引起审判人员对本案诉讼真实性的怀疑，从而审查本案是否为虚假诉讼。

该项并没有对当事人低价转让行为的理由进行规定。因此，在案

件审理中,审判人员无需考虑当事人是否具有低价转让的合理理由,只要当事人在其他纠纷中存在低价转让财产的情形,就应当根据本条的规定综合判断是否构成虚假诉讼。至于何谓低价,人民法院应当以交易当地一般经营者的判断,并参考交易当时交易地的物价部门指导价或者市场交易价,结合其他相关因素综合考虑予以确认。转让价格达不到交易时交易地的指导价或者市场交易价70%的,一般可以视为明显不合理的低价。因此,如果人民法院经审查发现当事人在其他案件中存在以低于当地市场价或者交易指导价70%进行交易的情形的,则可以考虑当事人有虚假诉讼的嫌疑。

(九)关于当事人不正当放弃权利

通常情况下,在诉讼过程中,当事人无论是放弃其实体权利,还是放弃其程序权利,均属于其对自己权利的行使方式,法律并不禁止。但是,其放弃权利可能对他人的权益造成损害的,则不为法律所允许。

本项规定的是当事人不正当放弃权利,何为"不正当",需要结合案件具体情况来进行判断。通常情况下,只要该放弃权利的行为可能对他人的权益造成损害,就可以认定。

(十)关于其他可能存在虚假民间借贷诉讼的情形

本项规定是一个兜底条款,同前面九项的规定属于具体列举加一般规定的关系,这种方法在立法和司法解释制定中被普遍运用。这种一般的兜底性规定的目的主要是基于社会生活具有丰富性、发展性,采用列举的方式往往很难穷尽其情形,规定兜底条款,可以防止列举规定的不周延。当然,对于其他可能存在虚假民间借贷诉讼的具体情形,需要审判人员在审判实践中进一步发现、总结和提炼。

【审判实践中应注意的问题】

本条虽然规定了民间借贷纠纷案件可能存在虚假诉讼的十种情形,但出现了这十种情形的案件并不必然是虚假诉讼。审判人员在审判实践中对出现了本条规定情形的案件,应当严格审查借贷发生的原因、时间、地点、款项来源、交付方式、款项流向以及借贷双方的关系、经济状况等事实，综合判断是否属于虚假民事诉讼。

　　虚假诉讼的认定实质上系对于事实的认定，自然离不开对证据的审查和判断。审判实践中，如果出现了民间借贷案件可能是虚假诉讼的情形时，审判人员应当全面系统地审查案件事实和证据，不被某一事实、单个证据所迷惑或束缚。同时，还要求审判人员具有发现疑点、发现矛盾、深挖细查的能力和水平。这对审判人员的要求是比较高的。但是，虚假诉讼毕竟是由当事人虚构并以伪造的证据提起的，其虚构的事实是虚假的，提交的证据也必然存在漏洞，经不起查证。审判实践经验也证明，虚假诉讼的民间借贷案件经常在借贷发生原因、时间、地点、款项来源、交付方式、款项流向等方面存在一些矛盾之处。因此，只要我们充分运用法律手段，讲究策略，工作到位，虚假诉讼就难以在正常的诉讼活动中藏身，虚假诉讼当事人谋取非法利益的目的就不可能得逞。

第十九条 【对虚假民间借贷诉讼的处理】

经查明属于虚假民间借贷诉讼,原告申请撤诉的,人民法院不予准许,并应当依据民事诉讼法第一百一十二条之规定,判决驳回其请求。

诉讼参与人或者其他人恶意制造、参与虚假诉讼,人民法院应当依据民事诉讼法第一百一十一条、第一百一十二条和第一百一十三条之规定,依法予以罚款、拘留;构成犯罪的,应当移送有管辖权的司法机关追究刑事责任。

单位恶意制造、参与虚假诉讼的,人民法院应当对该单位进行罚款,并可以对其主要负责人或者直接责任人员予以罚款、拘留;构成犯罪的,应当移送有管辖权的司法机关追究刑事责任。

【条文主旨】

本条是关于查明虚假民间借贷诉讼后处理的规定。

【条文理解】

民间借贷纠纷一直是虚假诉讼的重灾区。为防范与惩治虚假民间借贷诉讼,本规定第18条规定对如何识别民间借贷纠纷虚假诉讼作出规定。但是,在人民法院已经认定当事人之间民间借贷纠纷属于虚假诉讼后,应当如何作出具体处理,是审判实践中的又一难点。因此,本条规定以查明虚假民间借贷诉讼事实为基础,以《民事诉讼法》第111~113条规定为依据,从如何处理当事人的诉讼请求,以及如何制裁恶意制造、参与虚假诉讼主体的角度作出规定,对于规范民间借贷纠纷诉讼程序，引导当事人正确行为具有重要意义。为保持与《民法典》的规定相一致，本规定在2015年《民间借贷规定》的基础上，对原条文中部分文字表述作出修正，将"依照""根据"《民事诉讼法》具体条文的表述，统一修改为"依据"，在适用中应当加以注意。

正确处理已被人民法院识别为虚假民间借贷诉讼的案件，应注意以下几方面内容：

一、判决驳回当事人的诉讼请求

《虚假诉讼意见》第11条规定，经查明属于虚假诉讼，原告申请撤诉的，不予准许，并应当根据民事诉讼法第112条的规定，驳回其请求。《民事诉讼法》第112条规定，当事人之间恶意串通，企图通过诉讼、调解等方式侵害他人合法权益的，人民法院应当驳回其请求，并根据情节轻重予以罚款、拘留；构成犯罪的，依法追究刑事责任的规定，人民法院应当驳回其请求。依据本规定第18条之规定，人民法院能够认定当事人提起的诉讼属于虚假民间借贷诉讼的，符合《民事诉讼法》第112条关于"当事人之间恶意串通，企图通过诉讼、调解等方式侵害他人合法权益的"之规定，应当作出"驳回其请求"的处理。

从《民事诉讼法》第112条的立法目的看，对虚假诉讼采取"驳回请求"的处理方式，是对当事人提起的诉讼作出实质性的否定，但根据民事诉讼法的相关理论，该条关于"驳回请求"的立法旨意，可以由两种途径加以实现：一是通过裁定的形式，驳回当事人的起诉；二是通过判决的形式，驳回当事人的诉讼请求。通常认为，裁定驳回起诉是适用于程序上的处理方式，判决驳回诉讼请求是适用于实体上的处理方式。因此，关于人民法院认定当事人之间的纠纷为虚假诉讼后，应该采取何种处理方式的问题，实践中也曾经出现过两种不同的意见：一种意见认为，虚假诉讼当事人所提的诉讼是虚假的，其目的是损害他人的利益。在虚假诉讼情况下，当事人根本不具有诉权，因此，人民法院应从否定当事人诉权的角度裁定驳回当事人的起诉。这一意见曾为诸多学者和司法实务人员所支持,全国人大法工委亦赞成此种处理意见。另一种意见认为,虚假诉讼的当事人所提起的诉讼虽在实质上不具有真实性,但对其中符合《民事诉讼法》第119条规定的当事人的起诉条件,属于民事诉讼实体审理的范围的,按照我国民事诉讼法规定的立案登记制度,人民法院应予受理。也就是说,人民法院受理民间借贷纠纷过程中,仅对形式问题作出审查,并未进行实体审理,尚不足以认定当事人提起的诉讼是否属于虚假诉讼。而在经过实体审理,能够认定当事人提起的损失属于虚假诉讼的情况下,原告的诉讼请求当然缺乏事实及法律依据。此时,人民法院应当判决驳回当事人的诉讼请求。我们认为,在虚假民间借贷诉讼中,并不能否定当事人仍然享有实体诉权。即便是在虚假民间借贷诉讼中,当事人也并不欠缺借贷合同关系的请求权基础,当事人诉争的事项是基于借贷合同关系引发的实体争议,只不过这种实体争议是当事人虚构的。对于当事人所主张的民间借贷纠纷的处理,需要对当事人之间的实体争议依据的事实或者理由作出"虚假"的判断,此种判断不属于程序上的事项,而属于实体事项。因此,对于虚假民间借贷事实中当事人的主张,应当通过判决驳回其诉讼请求的形式予以否定。

具体而言,本条规定虚假民间借贷诉讼中,人民法院应采判决驳回其诉讼请求的处理方式,主要基于以下理由:首先,"判决"与"裁定"二者在三方面存在重大区别:一是适用的事项不同,裁定解决的是诉讼过程中的程序性问题,目的是使人民法院有效地指挥诉讼,清除诉讼中的障碍,推进诉讼进程。判决解决的是当事人双方争执的权利义务问题,即实体法律关系,目的是解决民事权益纠纷,使当事人之间的争议得以解决。二是作出的依据不同,裁定根据的事实是程序性事实,法律及规范依据主要是《民事诉讼法》及相关的司法解释,而人民法院作出判决的根据是当事人之间民事法律关系发生、变更和消灭的事实,依据的法律是《民法典》等实体法。三是二者的作出形式、上诉范围、上诉期限和法律效力不同。相较于裁定,判决不得以口头形式作出,而必须采取书面形式。《民事诉讼法》规定,只有针对不予受理、管辖权异议和驳回起诉等程序性事项作出的裁定准许当事人上诉的情况下，当事人对判决提出的上诉通常没有限制条件。另外，因判决的效力及于实体，非经法定程序不得改变。概括而言，判决相较于裁定，具有实体性、规范性和稳定性。因此，就虚假民间借贷诉讼而言，当事人起诉的目的并非获取程序上的利益，而是意图通过捏造案件事实，恶意串通获取人民法院对所谓争议的民间借贷"纠纷"的实体判断，当事人的诉讼请求多为实体上的内容，应通过判决的形式来加以处理。

其次，从"驳回起诉"与"驳回诉讼请求"的效果而言，虽然都是请求方的诉讼主张没有得到法院的支持，但是两者在实践运用中也有着本质的区别。简而言之，驳回起诉与驳回诉讼请求主要存在以下几方面的区别：第一，二者适用的法律不同，驳回起诉适用于程序法的相关规定，而驳回诉讼请求必须以实体法的规定为依据。第二，二者适用的诉讼主体不同，驳回起诉适用的诉讼主体是单一的，主要适用提起诉讼的原告，而驳回诉讼请求适用的主体是多元的，既可以针对提起诉讼的原告，也可针对提起反诉的被告以及提出诉讼主张的有独立请求权的第三人。我们认为，这一点对于虚假民间借贷的处理而言至关重要。根据虚假民间借贷诉讼的定义，当事人双方恶意串通的情况下，才成立虚假民间借贷诉讼，驳回原告的起诉，对于虚假民间借贷诉讼中被告的诉讼请求并未作出实体处理，不利于防范和惩治当事人的虚假诉讼行为。第三，驳回起诉与驳回诉讼请求具有不同的法律效果，驳回起诉的裁定发生法律效力后，原告再次起诉的，如符合起诉条件，人民法院应予以受理，驳回诉讼请求的判决生效后，当事人如无新的证据，不能就同一诉讼请求和事实向人民法院重新提出诉讼。由此可以看出，驳回起诉与驳回诉讼请求虽是人民法院常见的两种裁判行为，但驳回起诉是指人民法院依据程序法的规定，对已经立案受理的案件在审理过程中，发现原告的起诉不符合我国《民事诉讼法》规定的起诉条件和法院的立案条件而对原告的起诉予以拒绝的司法行为，而驳回诉讼请求是指人民法院对已经立案受理的案件经审理后，对无正当理由或法律依据的实体请求以判决形式予以拒绝的司法行为，是对当事人实体请求权的一种否定评价。虚假民间借贷诉讼中，当事人恶意串通，采取虚构法律关系、捏造案件事实等方式提起民事诉讼，意图侵害他人合法权益、获取非法利益，当事人的争议往往在形式上均符合《民事诉讼法》第 119 条规定的起诉条件，且又不属于第 124 条所列七种情形，因此对原告的起诉，人民法院应予受理并进行实体审理。然而，因为当事人支持其诉讼请求的事实和依据，或者说"法律关系"是虚假的，没有事实依据及法律依据，人民法院应采取判决方式驳回其诉讼请求。

值得注意的是，判决驳回当事人诉讼请求的处理方式不仅适用于民间借贷纠纷案件审理的一审阶段，在案件审理的二审阶段，如人民法院经审查认定属于虚假民间借贷诉讼的，也应采取判决方式，驳回当事人诉讼请求。同样，对于当事人通过审判监督程序所确定再审的案件，人民法院认定属于虚假民间借贷诉讼的，也应采取判决驳回其诉讼请求的处理方式。

二、当事人申请撤诉的，依法不予准许

虚假民间借贷诉讼中，许多当事人一旦察觉到人民法院对本案的处理结果可能已不利，就会采取申请撤诉的方式来规避人民法院对本案的继续审理或者后续处理。如果准许原告撤诉，案件并没有实体结论，很可能无法消除无辜第三方因虚假诉讼行为所遭受到的不利或者损害。审判实践中，对于虚假民间借贷诉讼中的原告是否可以撤诉，曾经存在两种不同意见：一种意见认为，撤诉是当事人所享有的基本诉权，是原告处分自己实体权利和诉讼权利的行为，在当前人民法院面临案多人少的情况下，准许原告撤诉也有利于快速结案。因此，即便当事人提起的诉讼能够被认定是虚假诉讼，鉴于其并未达到其诉讼目的，应当允许其撤诉。另一种意见认为，当事人行使处分权，必须在法律许可的范围内。对于原告的撤诉申请，人民法院应当依法进行审查，符合条件的，可以准许原告撤诉，不符合条件的，应当裁定驳

回申请，由人民法院继续审理。

我们认为，一般而言，提起诉讼及撤诉是当事人依法享有的诉权，人民法院不应加以干预。但在当代民事诉讼实践中，为了防止当事人利用撤诉损害他人的利益，各个国家的民事诉讼法律均认为，对于当事人的撤诉申请，应由人民法院作出审查，并在撤诉不合法的情况下予以限制。我国《民事诉讼法》第 145 条第 1 款明确规定："宣判前，原告申请撤诉的，是否准许，由人民法院裁定。"《民事诉讼法解释》第 238 条明确规定："当事人申请撤诉或者依法可以按撤诉处理的案件，如果当事人有违反法律的行为需要依法处理的，人民法院可以不准撤诉或者不按撤诉处理。"根据上述法律和司法解释的规定，人民法院应当对当事人撤诉申请中的两个要素作出审查：一是撤诉的有效期间；二是申请撤诉的合法性。就申请撤诉的合法性而言，要求当事人的撤诉在实体上不得有规避法律的行为，不得违反现行法律、法规的规定，不得有损于国家、集体和他人的利益，否则应当认为当事人是在滥用诉讼权利，不应得到支持。人民法院经过审理，能够认定当事人提起的诉讼属于虚假民间借贷诉讼的，当事人申请撤诉是为了规避法律及对其不利的法律后果，显然不具有合法性，人民法院不应准许。

此外，本条规定不予准许虚假民间借贷诉讼的原告撤回诉讼，还基于以下几方面的考虑：第一，人民法院在不予准许原告撤诉的情况下，并在案件判决书中明确双方当事人之间为虚假诉讼，对当事人的起诉作出实质性否定，可以有效防止当事人另行起诉浪费司法资源，杜绝其再次利用司法损害他人利益的可能性。第二，从诉讼费的角度，原告的诉讼请求被驳回，则其预交的诉讼费不予退还，可以从经济上惩罚虚假民间借贷诉讼参与人的不诚信诉讼行为。第三，《最高人民法院关于依法妥善审理民间借贷纠纷案件促进经济发展维护社会稳定的通知》第 7 条，以及《虚假诉讼意见》第 11 条规定在实践中对虚假民间借贷诉讼的遏制起到了很好的效果。从审判实践的实证效果出发，也应坚持不允许当事人撤回虚假诉讼，以净化民间借贷诉讼案件，提高司法公信力。

当然，对于民间借贷关系是否真实存在，要根据在案证据、当事人借款目的、实际履行情况、当事人之间的交易习惯等进行综合判断。疑似虚假诉讼的民间借贷纠纷案件，当事人申请撤诉的，可以准许。另外，需要注意的是，实践中，对于人民法院裁定不准许原告撤诉的案件，应援引的具体法律条款存有争议。有观点认为，《民事诉讼法》第154条第5项已对"准许或者不准许撤诉"情况作出明确规定，应当作为不准许原告撤诉的程序性条款加以援引。我们认为，从《民事诉讼法》第145条第1款的规定看，具体包含两方面涵义：一是原告有申请撤诉的权利，且原告申请撤诉的，应在宣判前提出；二是人民法院应对原告的撤诉申请依法进行审查，视原告有无违法行为作出是否准许撤诉的裁定。而第154条第5项规定更加侧重的是裁定的适用范围，其立法意旨在于指导人民法院正确区分、掌握和运用裁定与判决的适用范围。因此，从上述规定的立法精神及主要解决的问题来看，对原告申请撤诉的案件，人民法院裁定是否准许，应适用《民事诉讼法》第145条第1款的规定。

三、对虚假民间借贷诉讼行为的制裁措施

（一）识别虚假民间借贷诉讼是采取制裁措施的前提

人民法院已经查明当事人提起的诉讼属于虚假民间借贷诉讼的，当事人的诉讼行为已经构成违法，应当受到法律的制裁。实践中，基于种种原因，各级人民法院在对虚假诉讼参与人的制裁程序中存在诸多的消极做法。因此，在2015年《民间借贷规定》的起草过程中，采纳了立法机关、法学界以及司法机关的主张，以《民事诉讼法》第111~113条关于民事强制措施的相关规定为依据，在司法解释中明确规定，对虚假民间借贷参与人员作出制裁，以维护司法公信力，规范民事诉讼秩序。2016年，最高人民法院出台《虚假诉讼意见》，分别从虚假诉讼参与人、人民法院工作人员、诉讼代理人、鉴定机构和鉴定人员等其他参与人的角度，对制造、参与虚假民间借贷诉讼行为主

体的制裁措施作出进一步具体规定。① 具体而言，对制造、参与虚假民间借贷诉讼行为进行制裁，首先需要以认定当事人提起的诉讼是虚假民间借贷诉讼为前提。实践中，因2015年《民间借贷规定》中，并未对何为虚假民间借贷诉讼进行明确界定，而是采用列举的方式，对可能存在虚假民间借贷诉讼的具体情形提出参考。2016年《虚假诉讼意见》中，对虚假诉讼也未作出明确定义，而是以认定要素的方式，对虚假诉讼的内涵和外延作出勾勒。我们认为，结合上述两项规定，虚假民间借贷诉讼应至少包含两方面的要件：一是当事人在客观上实施了制造、参与虚假诉讼的行为；二是在主观上存在恶意。

从客观方面看，"制造"一词的本意，是指将原材料加工成为可供使用的物品，比如制造兵器；或者有意识地造成某种氛围、局面，比如制造事端。本条规定中，借用有意识地造成某种局面的意思，来定义"启动、引发"虚假的民事诉讼的主观状态。而"参与"，往往和制造结合起来，指当事人积极进入到已经发生的虚假诉讼中。制造和参与，形象地描述了虚假民间借贷诉讼发生与发展的整体过程，表明当事人已经实际实施虚假民间借贷诉讼行为。

从主观方面看，所谓的恶意，在民法上是一个十分宽泛且抽象的概念，用于整体表达当事人在诉讼中主观方面的态度。恶意的概念起源于罗马法，相对于"善意"而存在，因为善意这一概念本身包括"诚实""信用""真诚""公开""不含有欺骗和伪装"等内容，是一个民法中更为常用的抽象概念，也是民法精神的重要体现，"恶意"有时甚至会以"非善意"的形式出现。因此，目前比较主流的意见认为，民法上的"恶意"，是指行为人在从事民事行为时，对其行为缺乏法律依据的一种明知的主观心理状态，即判断"恶意"的主要标准，在于当事人"明知不法而为"。但是，在特定情形下，行为人应当知道而因可归咎于该行为人的重大过失而为之，也可以构成恶意。就虚假民间借贷诉讼而言，其"恶意"的确定，应主要判断行为人明

---

① 参见《虚假诉讼意见》第12~16条之规定。

知其没有实体法上的请求权基础，而通过采取恶意串通、捏造事实、伪造变造证据、虚构法律关系等方式提起诉讼，意图使人民法院作出错误裁判和执行，侵害第三人、集体或者国家利益。也就是说，应局限于当事人"故意"的层面，不应涵盖重大过失，主要理由在于：首先，就虚假诉讼对目的的追求而言，往往需要当事人对于结果具有明确认识，尽管实践中在重大过失的法律后果上经常会适用"重大过失等于故意"的规则，但在虚假民间借贷诉讼中，当事人制造、参与虚假诉讼，利用司法审判权谋取非法利益，侵害他人合法利益，这种积极的心理状态难以由"欠缺一般人的注意"的重大过失来解释。其次，就虚假民间借贷诉讼的行为模式而言，各方当事人恶意串通，采取虚构法律关系、捏造案件事实等方式提起民事诉讼，只能是故意情形下的行为。就上述两个角度而言，将本条规定的恶意限定于民法中的故意，比较符合虚假民间借贷诉讼的实际。

（二）制裁措施的适用对象

依据本条规定，虚假民间借贷诉讼行为的实施主体主要为虚假诉讼参与人与其他人。诉讼参与人与其他人为自然人的，应依法予以罚款、拘留的强制措施，构成犯罪的，应当移送有管辖权的司法机关追究刑事责任；对于单位恶意制造、参与虚假民间借贷诉讼的，人民法院应当对单位进行罚款，构成犯罪的，移送有管辖权的司法机关追究刑事责任，并可以对单位的主要负责人或者直接责任人员采取罚款、拘留的强制措施。

首先，关于诉讼参与人与其他人的范围问题。我们认为，依据《民事诉讼法》关于民事诉讼当事人的相关规定，民事诉讼诉讼参与人应当包括诉讼参加人以及其他诉讼参与人，具体包括原告、被告、共同诉讼人、第三人、诉讼代理人；其他诉讼参与人则包括证人、鉴定人、勘验人员和翻译人员等。另外，依据2016年《虚假诉讼意见》的相关规定，应当特别强调对参与虚假诉讼诉讼代理人，以及人民法院工作人员的制裁，这主要是考虑到，当前我国的许多虚假诉讼中，诉讼代理人、人民法院工作人员为赚取高额代理费用或者其他不正当利益,主动帮助当事人捏造事实的方式,努力促成当事人制造虚假诉讼,将人民司法当成了谋取不当利益的工具,丧失了作为法律人所应有的道德和良知,客观上助长了虚假诉讼的滋生蔓延,损害了司法权威和司法公信力,也同我国建设社会主义法治国家的要求格格不入。不过,依据2016年《虚假诉讼意见》第14条之规定,人民法院工作人员参与虚假诉讼的,应当依照法官法、法官职业道德基本准则和法官行为规范等规定作出处理,应当注意将其与本条规定的虚假诉讼参加人和其他参与人的制裁存在区别。

其次,在单位参与虚假民间借贷诉讼的情况下,应首先针对单位本身采取制裁措施。因为单位的通常表现为人与财产的集合,属于抽象的民事主体,不能适用拘留的民事强制措施,本条规定对单位参与虚假民间借贷诉讼的制裁措施仅为罚款。但同样是因为单位作为抽象的民事主体,单位的意志必须由特定的自然人代为对外表达,在虚假民间借贷诉讼中,单位的法定代表人、负责人等,在单位实施虚假民间借贷诉讼行为中具有重要作用的,可由人民法院结合案件事实,对单位的主要负责人或者直接责任人采取拘留、罚款等强制措施。需要注意的是,我国民事法律并无"单位"的概念,《民法典》中与单位相对应的民事主体主要是指法人、非法人组织,但本条规定包括了法人、非法人组织在实施虚假民间借贷诉讼行为过程中构成犯罪的情形,而我国《刑法》仅对单位犯罪作出了规定,为保证刑民程序衔接的顺畅,本条规定统一使用了"单位"这一概念。

总体而言,本条规定的制裁对象比较广泛,涵盖了所有恶意制造、参与虚假诉讼的人。只要是恶意制造、参与虚假诉讼的人,无论其以何种诉讼主体的形式出现,都要本着严厉打击虚假诉讼的精神,对其加以严厉制裁。

(三)制裁措施的具体形式

从民事的角度,我国《民事诉讼法》第111条第1款规定:"诉讼参与人或者其他人有下列行为之一的,人民法院可以根据情节轻重予以罚款、拘留;构成犯罪的,依法追究刑事责任:(1)伪造、毁灭重要证据,妨碍人民法院审理案件的;(2)以暴力、威胁、贿买方法阻止证人作证或者指使、贿买、胁迫他人作伪证的;(3)隐藏、转移、变卖、毁损已被查封、扣押的财产,或者已被清点并责令其保管的财产,转移已被冻结的财产的;(4)对司法工作人员、诉讼参加人、证人、翻译人员、鉴定人、勘验人、协助执行的人,进行侮辱、诽谤、诬陷、殴打或者打击报复的;(5)以暴力、威胁或者其他方法阻碍司法工作人员执行职务的;(6)拒不履行人民法院已经发生法律效力的判决、裁定的。"在虚假民间借贷诉讼中,诉讼参与人或者其他人通常采取第(1)(2)项规定的行为,妨碍诉讼秩序。第112条规定:"当事人之间恶意串通,企图通过诉讼、调解等方式侵害他人合法权益的,人民法院应当驳回其请求,并根据情节轻重予以罚款、拘留;构成犯罪的,依法追究刑事责任。"第113条规定:"被执行人与他人恶意串通,通过诉讼、仲裁、调解等方式逃避履行法律文书确定的义务的,人民法院应当根据情节轻重予以罚款、拘留;构成犯罪的,依法追究刑事责任。"依据上述法律规定,人民法院在审理民事案件时,只要能够确定诉讼参与人或者其他人恶意制造、参与虚假民间借贷诉讼,可以直接采取罚款、拘留的民事强制措施。至于罚款的数额以及拘留的期限,依据《民事诉讼法》第115条关于"对个人的罚款金额,为人民币十万元以下。对单位的罚款金额,为人民币五万元以上一百万元以下。拘留的期限,为十五日以下。被拘留的人,由人民法院交公安机关看管。在拘留期间,被拘留人承认并改正错误的,人民法院可以决定提前解除拘留"之规定,需要由审判人员根据具体的案件事实,结合主观过错、客观行为以及损害后果等情况加以裁量。

从刑事的角度,鉴于虚假民间借贷诉讼的识别往往是在民事审判程序中完成的,而对于恶意制造、参与虚假民间借贷诉讼的当事人可能存在的犯罪行为,需要由有关司法机关立案侦查,并根据相应的刑事法律规范进行审理,不宜也不能通过民事审判程序,由民事法官来加以处理。故本条规定还充分考虑了民刑程序的衔接问题,对于虚假民间借贷诉讼中,当事人的行为可能同时已经构成犯罪的,作出应当移送有管辖权的司法机关处理的明确规定。此外，2018年，最高人民法院与最高人民检察院联合发布《关于办理虚假诉讼刑事案件适用法律若干问题的解释》，对于虚假诉讼的行为违反刑法相关规定的认定和处理作出具体规定，可供实践中结合适用。

【审判实践中应注意的问题】

一、应注意强化人民法院行使审判权

虚假诉讼的大量存在，与当前审判权弱化的趋势存在密切联系。在民间借贷纠纷诉讼中，如果法院固守司法被动性，削弱对虚假诉讼的规范和查处，极有可能损害司法的公信力及司法权威，与依法治国的要求不符。强化审判权的行使，不仅无碍于司法中立原则，而且有助于司法公信力的树立和维护。因此，人民法院在审理民间借贷纠纷案件过程中，应主动依职权对有关案件是否属于虚假诉讼进行审查。具体而言，为进一步防范与制裁虚假诉讼，首先应保证人民法院在各项审判程序中均可适用本条规定，对认定为虚假民间借贷诉讼的当事人采取制裁措施。除在人民法院尚未审结的一、二审民间借贷纠纷案件中可以适用本条规定之外，只要能够查明当事人之间的诉讼属于虚假民间借贷诉讼的，均可获得审理并纠正。

2020年9月，最高人民法院已经着手开展防范与惩治虚假诉讼相关工作，要求加强对民事审判中虚假诉讼案件的识别和规制，尤其是提出对民间借贷纠纷、离婚析产纠纷等虚假诉讼高发民事案件的研究和指导，及时研究出台相关审判指引，为各级人民法院有效甄别防范民事虚假诉讼案件提供有效指引。我们认为，有关民间借贷纠纷虚假诉讼审判指引，是人民法院进一步强化审判权的重要体现，对司法实务和审判实践具有重要的指导和推动作用。各级法院可以结合辖区内具体情况，制定有关防范与惩治虚假诉讼的司法性政策和文件。

二、虚假民间借贷诉讼受害人的权益保护

依据2016年《虚假诉讼意见》第1条之规定，民间借贷纠纷虚假诉讼是民间借贷当事人、其他诉讼参与人恶意串通，采取虚构法律关系、捏造案件事实、伪造证据等方式提起诉讼，使人民法院作出错误裁判，损害国家利益、社会公共利益或者他人合法权益的行为。关于虚假民间借贷诉讼中，生效判决、裁定、调解书已经侵害受害人利益的情况，应如何保护受害人利益的问题，我们认为，除对恶意制造、参与虚假民间借贷诉讼的诉讼参与人或者其他人采取强制措施予以制裁以外，还应采取相应措施以保障虚假民间借贷诉讼受害人的合法权益。

从程序方面看，虚假民间借贷诉讼的受害人为案外人的，可以依据《民事诉讼法》第56条第3款之规定，以虚假诉讼案件侵害其合法权益为由向人民法院提起第三人撤销之诉，或者依据《民事诉讼法》第227条之规定，在提出执行异议之后以案外人身份申请再审。从实体方面看，虚假民间借贷诉讼利用诉讼程序实现非法目的，其主观过错和行为的违法性十分明显，行为人对他人构成的侵权以及造成的经济损失，具有明确且直接的因果关系，符合民事侵权行为的构成要件，应当承担损害赔偿责任。但是，对于虚假诉讼受害人的侵权救济，涉及被害人失去利益的界定，以及根据《侵权责任法》的相关规定处理的问题，尚需要司法实践进一步总结经验。

另外，民间借贷纠纷当事人单方伪造证据、故意使对方进入诉讼等情形的恶意诉讼行为，虽不能认定为虚假民间借贷诉讼性质，为保护对方当事人的合法权益免受损害，可以适用《民事诉讼法》第13条关于"民事诉讼应当遵循诚实信用原则"的规定，判决驳回其诉讼请求。

第二十条　【民间借贷中保证条款的认定】

他人在借据、收据、欠条等债权凭证或者借款合同上签名或者盖章,但是未表明其保证人身份或者承担保证责任,或者通过其他事实不能推定其为保证人,出借人请求其承担保证责任的,人民法院不予支持。

【条文主旨】

本条是关于民间借贷合同保证条款认定的规定。

【条文理解】

民间借贷,泛指在国家金融监管体系之外自发形成的融资形式,作为社会经济发展过程中资金供需矛盾的有效解决方案,民间借贷在我国具有广泛的社会基础和深厚的历史渊源。传统的民间借贷,相较于金融机构借贷,明显具有"人格化金融"的特点,借款资金的规模较小,募集的对象或者人数较少,借贷双方往往建立在个人信用的基础上,相互的地缘、血缘、亲缘关系比较密切,通常是以熟人关系作为交易及契约执行的保障。[①] 同时,民间借贷实务中,借贷双方主体在签订借款合同时,无论在形式上和内容上,都经常呈现出不规范的特征。如合同形式口头化或者简单化,合同条款表述不够精确,履行方式也较为随意等。当事人在订立民间借贷主债务的担保合同时,也经常出现形式不够完备及规范的现象,如欠缺签名、盖章手续、提供

---

① 参见史晋川:《人格化交易与民间金融风险》,载《浙江社会科学》2011年第12期。

保证的意思表示不够清晰明确等，基于亲属、朋友、同事或者其他社会关系，他人或者作为出借人的保证人，或者作为借贷的见证人，或者作为中间人，或者出于其他原因而在借据上签名的情形更是十分常见。随着经济的发展，近现代民间借贷在形态和功能上发生了变化，表现在资金用途上，从之前的消费性借贷为主转变为消费性借贷和生产经营性借贷并重，甚至到现在以生产经营性借贷为主的趋势愈发明显。在交易对象上，从主要是熟人之间的借贷发展到陌生人之间的借贷，在交易条件或者担保手段上，也从无担保的常态发展到以提供担保成为民间借贷通常交易条件的状态。仅就民间借贷中的担保来说，依据担保的性质不同，可分为人的担保和物的担保两种。物的担保，也称"物权担保"或"对物担保"，是指以针对债务人或者第三人的特定财产的物权来担保债权得以实现的制度，通常包括抵押权、质权、留置权等担保物权。人的担保，也称"债权的担保"或"对人担保"，是指由自然人或者法人以其自身的资产和信誉担保债务人的债务得以履行，如果债务人不履行债务，则由保证人（或担保人）负责履行其债务的制度。人的担保包括保证、连带债务、并存的债务承担，其中，最主要的就是保证。

民间借贷审判实务中，关于应如何认定保证合同是否成立，以及保证合同不成立的法律后果等问题，各地人民法院认定和处理不尽一致，尤其是他人在借据、收据、欠条等债权凭证或者借款合同上签名或者盖章的，能否认定已经成立保证条款，实践中存在较大争议。最高人民法院注意到了这一点，在2015年《民间借贷规定》第21条中，对民间借贷合同保证合同的认定作出明确规定，有利于统一裁判尺度，起到了良好的效果，本规定修改过程中对该条规定的内容予以了保留，《民法典》于2021年1月1日起正式施行，为保持与《民法典》的一致性，本规定在制定本条时，依据《民法典》第165条、第1134条、第1135条以及第1136条的规定，将条款中"签字"的概念表述修改为"签名"。

根据合同法的相关原理，认定民间借贷中的保证合同或者保证条款是否成立，需要结合合同的成立规则、合同的解释规则以及证据规则加以综合认定判断。正确理解本条规定，应具体把握以下几方面内容：

一、民间借贷合同中保证合同的成立要件

（一）保证合同当事人

《民法典》施行以前，依据《担保法》第6条的规定，保证是指保证人和债权人约定，当债务人不履行债务时，保证人按照约定履行债务或者承担责任的行为。《民法典》施行后，该条规定被《民法典》第681条规定吸收。相较而言，《民法典》第681条规定："保证合同是为保障债权的实现，保证人和债权人约定，当债务人不履行到期债务或者发生当事人约定的情形时，保证人履行债务或者承担责任的合同。"不仅增加了保证合同的目的是为"保障债权的实现"，还将保证人履行保证责任的前提修改为债务人不履行"到期"债务，或者发生当事人约定的情形，这一规定显然是受之前《物权法》第170条①规定的影响。依据《民法典》第681条之规定，保证合同是以保证人的一般财产为债务人履行债务提供担保，从实质上属于人的担保，从保证作为担保形式的属性而言，保证人只能为主债权债务合同当事人之外的第三人，而不能是债务人本人。

因民间借贷纠纷案件审判实务中，不乏借贷双方通过在借款合同中签订保证条款，并以出借人、借款人、保证人共同签名或盖章的形式成立保证的情形，有观点认为，借款人签名、盖章行为表明借款人接受保证条款，应当认为借款人也是保证合同的当事人。我们认为，这是混淆了保证人提供保证的原因关系和保证关系。诚然，保证合同法律关系中，第三人之所以提供保证，往往是基于其与债务人的友情关系、委托关系乃至无因管理等，这并不能改变保证合同法律关系的性质。民间借贷合同法律关系形成的主债务与保证合同法律关系形成

---

① 现被《民法典》第386条所吸收。

的从债务分属于不同的法律关系,适用不同的因果链条,尽管主债务的不履行是保证债务履行的法律事实,但不能依据这一联系将主债务人也就是借款人视为保证合同的当事人。

因此,在包含保证条款的民间借贷合同法律关系中,出借人既是主合同的债权人,又是保证合同的债权人,而借款人只是主借款合同的债务人,保证人仅为保证合同的债务人。至于借款人与保证人之间是基于委托合同或是无因管理法律关系则在所不论。对保证人享有履行请求权的仅有出借人,保证人履行债务的对象仅为出借人,借款人既无请求保证人履行保证合同的权利,也无向出借人履行保证责任的义务。

(二) 民间借贷保证合同的形式强制

《民法典》施行以前,依据《担保法》第13条的规定,成立保证合同的,应当由保证人与债权人以书面形式订立保证合同。另外,《合同法》第36条规定,法律、行政法规规定或者当事人约定采用书面形式订立合同,当事人未采用书面形式但一方履行主要义务,对方接受的,该合同成立。由此可见,《民法典》施行之前的《担保法》以及《合同法》均对保证合同规定了强制书面形式。根据上述规定,首先,书面形式是保证合同的成立要件,当事人未采用书面形式并因此而发生争议时,主张合同成立的一方可能因合同形式未满足法律规定的形式而导致其主张不能成立。其次,在认定合同是否成立的证据采纳上,法官原则上不得采纳口头证据作为认定保证合同成立的证据。[①]《民法典》施行以后,第685条明确规定:"保证合同可以是单独订立的书面合同,也可以是主债权债务合同中的保证条款。第三人单方以书面形式向债权人作出保证,债权人接收且未提出异议的,保证合同成立。"对前述规定进行了吸收,仍规定保证合同是要式合同,必须具备法律规定的形式,书面形式是保证合同的成立要件,口头形式不能成立保证合同。之所以作如此规定,是提醒和警示保证人,一

---

① 参见刘贵祥:《合同效力研究》,人民法院出版社2012年版,第128页。

且在保证合同上签字，或者在主债权债务合同的保证人栏目上签字，就意味着要承担相应的保证责任，促使其谨慎行事。同时，《民法典》第685条规定还新增规定了当事人虽未订立单独的书面保证合同，但是在主债权债务合同约定了保证条款的，以及第三人单方以书面形式向债权人作出保证，债权人接收且未提出异议的，也应当认为保证人和债权人之间已经成立保证合同。据此，为民间借贷合同关系设立保证担保的，必须由出借人和保证人订立书面形式的保证合同或保证条款，或者由保证人出具出借人接收并认可的书面保证，否则保证合同不成立。

当然，需要注意的是，依据《民法典》第469条之规定，书面形式订立的保证合同并不局限于合同书的形式，信件、电报、电传、传真等可以有形地表现所载内容的形式以及以电子数据交换和电子邮件等方式可以有形地表现所载内容，并可以随时调取查用的数据电文形式，均可视为书面形式。因此，民间借贷中的保证合同，在书面形式上也可以采用多样化的形式。实务中，借款人出具的借据、收据、欠条等债权凭证具备借贷合意的情况下，也可将债权凭证认定为民间借贷的主合同，保证人在这类债权凭证上表明愿意提供保证担保，出借人接收的，也可认为成立保证合同。

（三）当事人达成保证合意

保证合同当事人达成保证的合意，是指保证人和债权人就主合同约定的债权种类及数额由保证人提供保证的意思表示达成一致。从保证合同的性质看，因为保证合同是约定由保证人对债权人顺利实现债权提供人的担保合同形式，对债权人来讲，其在保证合同中主要体现为享有权利，而对保证人来讲，其同意以个人一般财产为债务人履行债务提供担保，无论是基于其与债务人之间的何种关联关系，在保证合同关系中，保证合同对保证人主要体现为义务和责任。因此，认定当事人达成保证合意首先必须明确保证人同意为债务人履行债务提供保证。

一般来讲，首先，保证合同双方订立保证合同的，可以推定当事人已经达成保证的合意。合同中通常应包括以下主要内容：(1) 被保证的主债权种类、数额；(2) 债务人履行债务的期限；(3) 保证的方式；(4) 保证担保的范围；(5) 保证的期间；(6) 双方认为需要约定的其他事项。实践中，经常出现在当事人订立的部分保证合同中，上述条款并不齐备的情况。对于不完备的部分内容，可以由当事人作出补正，如果当事人不予补正，或就未约定或约定不明的内容发生争议的，人民法院可以依据《民法典》第510条及第511条之规定，对当事人的意思进行补充。从《民法典》的相关规定来看，保证合同的绝大多数内容都能够通过解释、补充等手段来确定，当事人订立的保证合同的内容瑕疵，并不会影响保证合同成立。当然，首先，补正当事人意思表示之不足的前提，是能够确定第三人与债权人就第三人承担保证责任达成合意。其次，当事人对保证合同中的"部分"意思没有约定或者约定不明，除适用《民法典》第510条及第511条规定对保证合同的内容进行补充，还涉及对当事人意思表示的解释，此时应当依据《民法典》第466条关于合同的解释规则的相关规定，结合《民法典》第142条第1款对意思表示解释规则的相关规定，通过合同解释来判断当事人就该内容所作的具体约定。

从民间借贷法律关系的角度，认定保证合同是否具备当事人的合意，一方面要求保证人发出为借款人偿还借款提供保证的意思表示，另一方面要求出借人接受保证人为偿还借款保证担保的意思表示。

二、民间借贷保证合同成立的认定规则

实践中，民间借贷合同的保证合同经常采取由他人在借据、收据、欠条等债权凭证或者借款合同上签署保证条款的形式，此类保证条款形式简单、内容粗糙，容易发生意思表示不明确或者标的不明确等情形，需要结合保证合同的成立要件予以认定，实际上是合同解释的问题。而由于民间借贷实务的复杂性和私密性，第三人在借款凭证或者借款合同中签名或盖章的行为，是否足以认定保证合同已经成立，首先需要结合其他事实，对于第三人是否具有提供担保的意思作出综合认定。显然，根据合同法的相关理论，《民法典》第 466 条规定所确定的结合合同所使用的词句、合同的有关条款、合同的目的、交易习惯以及诚信原则解释合同的规则，显然既不是纯粹的意思主义，也并非完全的表示主义，依据该条规定所确定的意思表示，并不一定是表意者的真实意思。基于合同是一种需受领的意思表示，在对合同条款作出解释时，应探求可适用于表意人和受领人双方的客观规范意义，只有双方共同认可的意思表示，才能兼及双方意志，而不至于有所偏废。[①] 对第三人在债权凭证上签名、盖章行为作出解释时，也应当坚持这一原则。具体而言：

(一) 仅有他人签名或盖章的，不足以认定保证人身份

民间借贷合同中，他人在借据、收据、欠条等债权凭证或者借款合同中签名或盖章，可能出于多种目的。其中，最为常见的有见证人和中间人。所谓见证人，是指民间借贷合同双方当事人为了防止未来可能出现的纠纷无相关第三方证据证明，通过使第三人参与缔约过程，并在债权凭证或借款合同中签字的方式保存证据，该第三人即为见证人。中间人，在法律关系上，与原合同法中的中介人相当，在民间借贷关系中往往被称为中间人，是指向出借人或借款人报告订立借款合同的机会或者订立合同的媒介服务的人。正是由于民间借贷实践中，第三人在债权凭证或者借款合同中签字盖章的法律意义具有多种可能性，本条解释规定仅有他人签名或者盖章的，不足以认定保证人身份，他人不承担保证责任。关于本条规定的"仅有"，是指既未在借款凭证或借款合同中表明保证人身份，也未在其中约定保证条款并指向签字或盖章人，也无其他证据证明该签字或盖章人为保证人。

(二) 签名或者盖章后又明确表明保证人身份的，应当承担保证责任

民间借贷中的借款凭证或者借款合同未约定保证条款，仅有第三人在其中签字或者盖章，但其中表明了签字或者盖章人是保证人的，

---

① 参见朱庆育：《民法总论》，北京大学出版社 2013 年版，第 220 页。

应当认定为保证人。这一规定曾经为《担保法解释》第22条第2款所明确规定,《民法典》施行以后,《担保法解释》已经失效,我们只能从合同解释的角度进行理解。合同解释的规则之一是,应当假定当事人在法律的专业意义上使用法律术语。其原因在于:(1) 从我国民间借贷的实践上看,保证人这一法律术语已经成为人们的生活常识,尤其是在经营性民间借贷的当事人之间,他们往往是以商人的身份参与交易,应当具备此类生活常识。(2) 从裁判规则及其影响看,法院对民间借贷的债权凭证或者借款合同中出现的保证人按照其专业意义解释,不仅能够为法院裁判提供明确的指向,更能够通过裁判规则对未来的交易当事人提供行为指南。(3) 在企业间形成的民间借贷关系中,不少合同由法律专业人士草拟。将"保证人"按照其法律的规范意义来理解,使当事人的法律顾问能够预测法院在当事人和其律师所考虑的多种具体情况下将会如何解释该语词。所以,如果该术语的法律含义不能准确表达当事人的意思,则律师就会使用其他方法表达从而将当事人的意思表达得更清楚。(4) 以法律的专业含义解释保证人,会提高效率:当事人无需再使用冗长的语言表达其意思,而会在法律所赋予的这些术语的含义上使用这些语词。

在民间借贷实践中,他人除了以"保证人"的身份签名或者盖章外,还有以"保人""担保人"等身份签名或者盖章的。如何认定这些词语的法律含义,并进而判断他人是否承担保证责任,同样需要遵守合同的解释规则,而不能仅以不是"保证人"的表述即否定他人的保证人身份。一般而言,对于这种不规范的用语,大体可以归为两种不同的类型:一种是某一特定群体或者某一特定地域的专用词语;另一种是仅在当事人间使用的"专有词语"。在此两种情况下,实际上涉及如何以交易习惯解释合同用语。

(三)他人签名或盖章但未表明保证人身份的,可以结合其他证据认定为保证人

他人仅在借款凭证或者借款合同中签名或者盖章,但未表明保证人身份的,并不必然排除他人作为保证人的身份,而只有在通过其他

事实不能推定其为保证人的情况下，才能排除他人作为保证人的判断。本条规定中所谓的"其他事实"，通常是指除借款凭证和借款合同上的签名盖章这一证据之外的其他证据所证明的事实，所谓的"推定"是指其他证据能够证明第三人签名盖章具有承担保证责任的效果意思。其他证据，包括合同内的证据和合同外的证据。合同内的证据，主要是债权凭证和借款合同中的其他约定，人民法院需要通过文义解释、体系解释的方法判断第三人签名盖章对于双方当事人的规范意义。合同外的证据，主要有当事人的交易习惯、当事人缔约过程中形成的来往函件、传真等过程性证据，结合交易目的等因素，综合判断第三人签名盖章的效果意思。其中，对于交易习惯，实践中主要包括两种情形：一是在交易行为当地或者某一领域、某一行业通常采用并为交易对方订立合同时所知道或者应当知道的做法；二是当事人双方经常使用的习惯做法。两种交易习惯的证明标准并不相同，对于交易行为地某领域、某行业的通常做法，不仅需要主张者证明该交易习惯的存在，同时需要证明交易相对方即债权人或者第三人（保证人）知道或者应当知道此类通常做法。而对于双方当事人之间形成的个别交易习惯，因为建立在双方当事人的默示合意基础之上，亦即，双方在一系列交易过程中所形成的惯常做法，此种惯常做法仅为双方当事人所熟知。例如，民间借贷的双方当事人先后形成了多笔借款，之前的多份借款合同中，第三人都在保证人处签字或盖章。但在最后一份借款合同中，仅有第三人的签字盖章而未载明保证人身份，此时可以结合其他证据和双方的交易习惯，认定该第三人为保证人。

合同外的证据，除了缔约过程、交易习惯外，还有当事人双方的履行过程。美国合同法认为，在合同解释中，明示条款远比履行过程、系列交易以及商业惯例重要，履行过程远比交易过程或者交易惯例重要，交易过程远比交易习惯重要。其原因在于，履行过程往往反映了双方当事人对合同约定的理解，甚至履行过程本身就足以改变当事人合同约定，成为当事人作出最终意思表示的手段。例如，债权凭证或者借款合同中仅有签名或盖章的第三人，在合同履行过程中，债权人请求承担保证责任，第三人从未以其非为保证人因此不承担保证责任抗辩的，或者仅作无能力履行的抗辩的，或者甚至在履行部分保证责任后又提出其非为保证人的抗辩的，这些抗辩显然与之前履行过程中的行为所表达的意思相违背，人民法院可以综合此类证据认定其保证人的身份。

三、保证合同有关举证责任的分配

关于第三人在债权凭证或者借款合同上签名或者盖章的行为是否具有提供担保的意思应当由谁提出证明的问题，涉及民事诉讼法关于举证责任分配的问题。实践中，有观点认为，因为第三人已经实施了在借款凭证或者借款合同中签名或者盖章的行为，此时，第三人如不能提出证据证明该签名盖章具有其他含义，或者对其在借款凭证或者借款合同中签名或者盖章的行为作出合理解释，就应当推定该第三人为保证人并承担保证责任。我们认为，我国《民事诉讼法》第64条第1款规定："当事人对自己提出的主张，有责任提供证据。"确定了我国诉讼程序下"谁主张，谁举证"举证责任分配规则。虽然理论界对"谁主张，谁举证"规则的"主张"究竟应当如何理解仍然存有争议，我国《民事诉讼法》及相关规定已经采用了法律要件分配说的观点，即：主张法律关系存在的当事人，应当对产生该法律关系的基本事实承担证明责任；主张法律关系变更、消灭或者权利受到妨害的当事人，应当对该法律关系变更、消灭或者权利受到妨害的基本事实承担证明责任。

在民间借贷中的保证合同纠纷案件中，主张在借款凭证或者借款合同中签名或者盖章的第三人具有保证人身份的一方当事人，实质是在主张该第三人与债权人之间已经成立保证合同关系。因此，应当由债权人（民间借贷法律关系中的出借人）就主张他人具有保证人身份承担举证责任，证明该第三人的签名或者盖章行为具有建立保证合同关系的意思。因此，债权人在诉讼中应当提供前述合同的缔约过程文件、交易习惯、履行过程等证据。其中，包括交易行为当地或某一行业通常采用的交易双方订立合同时所知道或应当知道的做法，这不仅需要证明该交易习惯的存在，还需证明交易相对方即债权人或保证人知道或应当知道此类做法，对于双方当事人之间形成的交易习惯，此做法仅为当事人双方熟知。

人民法院应对出借人提出的证据作出评价，如认为该证据能够证明第三人的签名或者盖章具有建立保证合同关系的规范意义时，就应当认定第三人的保证人地位并判令其承担保证责任；如果第三人提出的反驳证据降低了债权人证据的证明力，使债权人的证据证明力不能达到"高度盖然性"标准，则不应认定第三人的保证人身份；如果第三人提出的证据降低了债权人证据的证明力，使第三人保证人地位这一待证事实处于真伪不明的状态，则人民法院应当认定保证合同关系不成立。

四、民间借贷保证条款不成立的法律后果

出借人不能提供证据证明第三人在债权凭据或者借款合同中的签名或者盖章的行为具有建立保证合同关系的意思时，人民法院应当认定第三人与出借人之间的保证合同关系不成立。此时，该第三人虽无需承担保证责任，但仍有可能在导致保证合同不成立中存在过失，而被人民法院结合相关事实认定承担相应的缔约过失等责任。

首先，人民法院认定民间借贷保证合同不成立的，并不排除对第三人在债权凭证或者借款合同签名或者盖章的行为适用缔约过失责任。这是因为，我国合同法对缔约过失责任可以类推适用于合同不成立的情形。① 如果一方对于合同不成立存有过错的，应当由有过错的一方当事人对合同不成立承担缔约过失责任，弥补对方因合同不成立产生的信赖利益的损失。因此，在民间借贷纠纷案件中，第三人在借款凭

---

① 依据原《合同法》第58条规定，合同无效或者被撤销后，不发生当事人追求的效果，但并不意味着没有任何法律后果。学界也普遍认为，关于未成立的合同的法律后果，可以准用该条规定。《民法典》施行以后，依据《民法典》第157条的规定，合同不成立的法律后果，直接由"确定不发生效力"的规定所涵盖，可以直接适用该条规定。

证或者借款合同上签名或者盖章的，出借人虽不能举证证明该第三人具有建立保证合同关系的意思表示，但只要能够证明该第三人就未达成保证合意存在过错的，可以认定该第三人就保证合同不成立承担缔约过失的责任，赔偿出借人由此产生的相应损失。

【审判实践中应注意的问题】

第三人抗辩借款凭据或者借款合同上的签名、盖章真实的，应当先对签名或者盖章的真实性予以查明

审判实践中，在借款凭据或者借款合同上签名或者盖章的第三人会提出不同的抗辩，人民法院应根据第三人抗辩的不同内容来判断是否适用本条规定。如果第三人主张签名或者盖章是虚假的抗辩，则应当首先对签名或者盖章的真实性进行证明，在认定真实性的前提下，再对其法律意义作出解释和认定。如果第三人主张签名或者盖章并非建立保证合同关系的抗辩，则应当根据本条规定及合同法的相关规定解释并认定。如果第三人主张保证期间或者诉讼时效届满、债务履行或者部分履行等其他抗辩的，人民法院应根据此类抗辩审查相关的证据。当然，在具体的案件中，第三人往往会依次作出不同层次的抗辩，人民法院应分别予以审查并作出判断。

第二十一条 【网络借贷平台的担保责任】

借贷双方通过网络贷款平台形成借贷关系，网络贷款平台的提供者仅提供媒介服务，当事人请求其承担担保责任的，人民法院不予支持。

网络贷款平台的提供者通过网页、广告或者其他媒介明示或有其他证据证明其为借贷提供担保，出借人请求网络贷款平台的提供者承担担保责任的，人民法院应予支持。

【条文主旨】

本条是关于网络借贷平台承担担保责任的规定。

【条文理解】

信息化时代下，借贷双方通过网络贷款平台形成借贷关系的网络借贷也随之兴起。伴随着网络借贷平台的迅速发展，网络借贷平台的媒介作用使得民间借贷的便利性进一步提升。相较于传统的民间借贷，网络借贷具有涉及人数众多、涉案金额巨大的特征，存在较大的社会风险和金融风险，也衍生出大量新情况、新问题，为司法工作带来新的挑战。例如，在个案审理的过程中，人民法院对有关电子证据的采集、固定和真实性的审查，网络借贷平台作为第三方主体媒介，向借贷双方收取高额管理费、服务费，是否存在突破高利的事实等认定困难。如何妥善审理网络借贷有关案件，依法维护各方利益，促进网络借贷市场健康发展，是当前人民法院面临的又一难题。

为进一步规范网络借贷法律关系，从金融监管的角度，应对网络借贷平台积累的资金安全如何监管,网络借贷平台的不同商业模式是否与现行的金融监管法规相适应等问题,有待厘清;从民事审判的角度,对网络借贷平台的法律地位、网络借贷平台的权利义务等问题也及时作出明确。尤其是在如今不少网络借贷平台因合规性不足,除提供借贷的媒介服务外,接受债权转让、对外提供担保、自有资金放贷的行为时有发生的情况下,相关的法律问题逐渐显现。本条规定结合网络借贷的运营模式和平台主体的业务内容,对网络借贷平台的担保责任作出规范。

理解本条规定,应注意把握以下几方面问题:

一、网络借贷平台承担担保责任的条件

(一) 互联网金融中的网络借贷运营模式

从实践角度考察,互联网金融在全球包括我国已经兴起较长时间,主要是指借助于互联网技术或者移动通信技术实现资金融通、支付和信息中介的金融模式。互联网金融对传统金融的影响主要表现在支付方式、信息处理和资源配置等方面。

严格来讲,互联网金融并不等同于网络借贷,有学者将互联网金融的运营模式归纳为四种,但并非所有的互联网金融的运营模式均可以认定为网络借贷,属于民间借贷的范畴。具体而言,这四种运营模式主要有:一是传统金融的互联网化模式。即以互联网技术取代传统金融业的经营方式,例如,网络银行、手机银行、网络保险公司、网络金融交易平台等。二是第三方支付模式。第三方支付模式起源于美国,我国的"支付宝"是这一模式的典型代表。第三方支付模式是随着电子商务市场的高速发展而发展起来的,其产生的最初目的主要是解决交易过程中双方当事人的不信任、交易的不确定和不安全。支付基本交易流程是,买方选购商品后,使用第三方平台提供的账户付款,由第三方通知卖家货款到达并发货,买方检验物品后,通知卖家,第三方将货款转至卖家账户。由此可以说,在整个交易过程中,第三方支付承担了担保交易安全的功能。同时,因第三方支付与电子商务的

高度结合，除了资金流通渠道的功能外，第三方支付还具有如下功能：首先，通过全面记录用户的网络消费数据，为第三方支付平台提供增值服务，可支持用户需求的长期、稳定开发；其次，在用户网络消费数据和个人资金往来的基础上，第三方网络支付平台可对用户的信用进行评估，推出相应的信用产品；再次，在企业层面，围绕核心企业的资金现结、赊销和预付等常见支付形式，第三方支付平台可开发出供应链金融等。基于上述功能，第三方支付在我国发展十分迅速。三是众筹融资模式。众筹的概念起源于英文"Crowdfunding"，即大众筹资，指一群人基于互联网技术或者平台，出于营利或者非营利的目的，小额投资或者资助他人的特定项目。根据对投资人回报的不同，众筹可以分为四种基本类型：捐赠型众筹、预售型众筹、借贷性众筹和股权众筹。其基本交易结构是：先由有资金需求的主体作为筹资人或者项目发起人，在众筹平台上发布项目或者产品的融资需求，再通过回报机制吸引投资者或者支持者进行投资。众筹平台的主要工作内容是保护筹资人投资者的利益，为众筹项目筹资牵线搭桥。在此过程中，众筹平台通过对项目的真实性、合法性等进行合规审查，起到信用担保的作用的同时，对筹资进行管理并获得佣金，但是众筹平台提供具体服务的内容因众筹平台的性质不同而略有不同，例如，在股权众筹中，众筹平台需要解决众筹项目符合公司法、证券法规定的公开发行股票之间的关系、股东权益的保护、公司治理机制和诚信机制的建立、并购机制等法律问题，提供合法性服务。捐赠型众筹则涉及其交易结构是否符合现行公益事业法、合同法等问题。四是P2P模式。P2P（peer to peer 或 person to person）发端于IT技术领域，是指互联网中的一种传输协议，数据的下载方和提供方均为个人，在这种协议下，下载人数越多，可提供的下载点就越多，下载速度也越快。在互联网金融领域，此种模式被用来描述一种基于互联网的借贷关系，即借贷双方基于第三方提供的互联网平台完成借贷的互联网金融模式。由于需要采取此种模式进行借贷的双方当事人往往是非金融机构的自然人、法人或者非法人组织。P2P模式下的互联网金融也被称为网络借贷，属于民间借贷的范畴。

(二)网络借贷平台提供担保的商业模式

即便是在 P2P 模式下的网络借贷，仍然需要根据平台采取不同的商业模式，确定是否在借贷合同关系中发生担保功能。具体而言：

1. 中介模式下的网贷平台不提供担保

从第一家基于网络的 P2P 借贷平台于 2005 年 3 月在英国的 Zopa 网站开始运行，到美国的 Prosper 和 LendingClub 分别成为美国最早的和最大的 P2P 平台，P2P 模式下的网络借贷发展十分迅速。在 P2P 模式下的网络借贷中，借贷平台仅提供信息展现、交易撮合和信用评估的服务，并不参与双方的交易，属于一种线上纯信息中介型的平台。这类纯信息中介的 P2P 网络借贷模式一般具有以下特点：（1）除平台以外的所有参与方须先注册为该公司的匿名会员，仅需提供能够通过反诈骗和身份核查系统审查的个人基本信息。（2）借款人必须达到平台所要求的最低信用分数。（3）审核后的贷款需求被放在平台上进行展示，供出借人浏览和选择，由出借人根据自身偏好制定投资组合，当然也可由借款人使用平台提供的自动投资组合组建工具来选择经过审核的放贷组合。（4）网络借贷平台一般具有完备的风险处置措施，通常采取与专业投资机构合作的方式，通过出售债权或者破产程序转移风险。

网络借贷平台采取中介模式的，可以分为有第三方支付和无第三方支付的模式。无第三方支付的模式下，经平台审核通过借款人的个人信息，并评定信用等级，借款人就可发布借款金额、期限和最高年利率等相关信息；出借人则通过投标的方式，借款利率由双方根据资金市场竞合决定。平台往往会设定最高的借款利率，以保证其合法性。在一定时间内，最低和较低利率的投标金额组合符合借款人的需求，则借款成功；借款人在履行期间内按期将还款金额打入平台账户，平台将该笔款项转让至出借人账户。有第三方支付中介模式的特征是，出借人和借款人都在网络借贷平台上注册，借款人在线上提出借款申请，网络借贷平台审核后给予评级，由另一端的出借人通过线上发布的借款目标进行借款筛选投标，配对成功后网络借贷平台把出借人中标后的资金由出借人银行账户打款至第三方支付平台。通过在线信用审核后，网络借贷平台把借款人的信息发送至第三方支付平台，由第三方支付平台把资金汇入借款人的银行账户。此种模式之下，网络借贷平台本身无资金介入借贷双方，而只是向借贷双方提供一个信息交互的平台，由平台根据出借人和出借款人的信息，撮合交易。贷款违约风险由出借人承担，网络借贷平台不承担贷款违约责任。

在中介模式下，网络借贷平台与出借人和借款人形成的是中介合同关系，相应的权利义务应当由合同法调整。根据我国《民法典》有关中介合同①的相关规定，中介人应当承担的主要义务为：

（1）中介人应当就有关订立合同的事项向委托人如实报告。在中介模式的网络借贷平台中，主要通过出借人和借款人披露的信息，以互联网技术进行配对。平台主要进行实时借款信息的发布、借款人的信用评价等。平台在履行这些义务的过程中，应当尽到审慎的审查义务并将这些信息披露给出借人。

（2）在平台就其已经知晓的信息未能向出借人如实披露的，或者故意隐瞒借款人信用情况、偿还能力等与订立借款合同有关的信息，或者明知借款人提供的是虚假信息仍然向出借人提供服务的，应当承担相应的赔偿责任。

（3）在网络借贷平台因过失未能如实披露相关信息、未能按照平台的既定规则促成合同成立的，出借人或借款人有权支付或者请求返还已经支付的手续费等报酬。

另外，中介模式下的网络借贷平台具有审慎审查借款人的身份是否属实、借款需求是否真实、借款人是否有足够的还款能力、还款意愿等义务。在网络借贷平台未能尽到审慎审查义务的情况下，应当承担中介人的民事责任。因故意或重大过失构成犯罪的，还应当依法承担相应的刑事责任。

---

① 《民法典》合同编将《合同法》规定的"居间"合同规定改为"中介"合同，由此，"居间人"也相应修改为"中介人"，但中介合同居间的功能实质仍然保留。

总体来看，中介模式的网络借贷平台，是利用互联网技术将出借人和借款人的需求相互对接，通过一定的规则实现促进借贷双方达成借款合同的目的。在法律地位上，平台是中介人，只负责提供交易平台和制定交易规则，它除了中介人的合同义务外，不承担出借人违约担保责任。因此，借贷双方通过网络贷款平台形成借贷关系的，网络贷款平台的提供者仅提供媒介服务，借贷平台不应承担担保责任。

2. 网贷平台以设立风险准备金提供担保

有的网络借贷平台在借贷实现后，向借款人收取一定比例的费用建立风险备用金，以风险备用金为限向出借人提供本金或本金和利息的保障，而不使用自有资金来赔偿出借人的本金或本息的损失。通常的做法是，在平台发生的借款成交时，网络借贷平台先从借款人或合作机构所收取的服务费中提取一定比例的金额当作风险备用金。当投资人投资的借款出现严重逾期时，网络借贷平台将根据风险备用金账户使用规则从风险备用金账户中向出借人偿付。当然，网络借贷平台计提的风险备用金，将存放入风险备用金账户进行专户管理。并且，在网络借贷平台以风险准备金偿付符合条件的债权后，则该笔债权即转让至网络借贷平台。

在以风险备用金方式偿还借款人的逾期债权并受让债权的模式下，我们认为，首先，风险备用金虽与保证、抵押、质押以及留置等典型担保方式有所区别，但明显已经具有担保的功能，不过是以风险备用金这一特定财产为担保，是一种有限担保，无需办理登记，所担保的特定债权数额及担保次序也不确定。其次，从债权转让的角度看，风险备用金的使用是债权转让的对价，即网络借贷平台以风险备用金偿还债务而受让出借人的债权。发生债权转让后，平台取代出借人的地位成为该笔债权的债权人，借款人在接到平台或出借人的通知后，债权转让对其发生效力。借款人有权对平台行使其对出借人的所有抗辩。总而言之，在网络借贷平台同时以从出借人或借款人处收取的服务费中扣除的风险备用金作为借款债权的有限担保时，应当按照当事人的合同约定确定网络借贷平台的责任。

3. 网贷平台以自有资金或引入第三方的模式提供担保

与前述网络借贷的居间加风险备用金模式不同的是，有的网络借贷平台以自有资金向出借人提供本金或者本金和利息的返还保证，或者引入融资性担保公司或小额贷款公司对借款人偿还借款提供担保，在借款人不能按期还款时，由网络借贷平台或担保公司替代借款人偿付本金或本息，并自替代偿付之日起，取得出借人的债权。从法律关系角度分析，这种模式与风险备用金模式最大的不同在于，无论是平台或第三方提供的担保，都是以自有资金向出借人作出的保证担保。在平台以自有资金为出借人的本金或本息提供保证的情况下，它实际上承担了担保机构和中介机构的双重功能。在第三方提供保证担保的情况下，网络借贷平台提供的是信息中介服务，第三方融资性担保公司或者小额贷款公司的角色是保证人。最终形成网络借贷平台与出借人、借款人的居间合同关系，出借人与借款人间的借款合同关系以及出借人与担保公司间的保证合同关系。

二、网络借贷平台提供担保的效力

（一）金融监管政策不影响网贷平台提供担保的效力

人民法院在审理网络借贷网络平台担保责任纠纷案件时，应当对平台提供担保的效力作出评判。实践中，有观点认为，互联网金融作为一种金融模式，受到政府金融监管部门政策管制。从金融监管部门对网络借贷平台提供担保的规范导向看，在我国现阶段的金融监管体制下，以中国银行保险监督管理委员会、中国人民银行为代表的金融监管部门普遍认为，网络借贷平台以为出借人的债权提供担保，极有可能会引发系统性金融风险。因此，上述金融监管部门对网络借贷平台提供担保的监管思路十分明确，无论是前期对网络借贷提出监管的若干具体规定，还是近期反映在具体的法规、规章中各项监管政策，均可看出，金融监管部门对网络平台开展担保业务是绝对禁止的。即便人民法院认可网贷平台担保合同的效力，也会因金融机构的监管行为，导致网贷平台丧失代为偿付能力，不能承担担保责任。

我们认为，在民事审判工作中，应当依据合同法关于合同效力的认定规则，确认网贷平台担保合同的效力。首先，从合同法的角度看，合同能否顺利履行与合同成立、生效没有直接关联性，网络借贷平台是否具有偿付能力不应影响担保合同的效力。这是因为，网络借贷平台的代偿能力并不属于民事主体行为能力的范畴，代偿能力属于一种不定量，排除代偿能力作为提供担保的要件，并不违背担保制度的立法目的。同时，不将代偿能力作为保证人资格的要件，有助于促使债权人慎重审查保证人的代偿能力，确保自己债权的实现。

其次，司法机关进行民事审判工作与行政机关金融监管之间存在本质差异，金融监管的目标着眼于整体，注重过程监管、行为监管，重点在于预防和化解金融风险。金融监管政策之所以禁止平台自身为投资者提供担保，不得承诺贷款本金的收益，主要目的在于防止信用风险、流动性风险和系统风险。而民事审判重在纠纷解决并通过纠纷解决引导行为人的行为。在现行法未明确禁止网络借贷平台承担保证义务、且网络借贷平台已与出借人订立保证合同的情况下，不认定网络借贷平台的担保人地位，不令其承担担保责任，不仅不利于债权人利益的保护，也不利于维护市场诚信。

最后，我国《民法典》第142条、第144条、第146条、第153条以及第154条之规定，基本延续了《合同法》第52条第5项和《合同法解释（二）》第14条的规定。依据前述规定，人民法院认定合同无效的，只能以全国人大及其常委会制定的法律和国务院制定的行政法规为依据，不得以地方性法规、行政规章为依据。在法律、行政法规未明确禁止网络借贷平台提供担保的前提下，不宜直接否定网贷平台担保合同的效力。即便在某一天，金融监管部门的监管政策得到法律、行政法规的认可，人民法院也应在对立法进行目的性解释，可以认定该法律、法规为效力性强制性规定的前提下，才能明确认定网络平台担保合同无效。

（二）网贷平台担保人地位的具体认定

实践中，网络借贷平台与出借人之间订立担保合同的形式非常多样，人民法院应当根据担保的不同形式，结合其他事实，综合认定网络借贷平台的担保人地位。

网络借贷平台提供担保较为常见的形式，是当出借人在平台选择某种投资方式时，平台在设计的投资条款中即包含了担保条款或者包含该项投资受本金偿付保障计划保障的内容。因投资条款已经明确约定网络借贷平台的担保义务，认定此种情形下的网络借贷平台的担保人地位并无障碍。但是，对于部分网络借贷平台只是在其网页、宣传册等媒介上展示其承担偿还本息的责任等内容，但并未在电子合同中明确记载提供担保等内容的合同条款的，是否足以认定网络借款平台的担保人地位，应当结合意思表示的解释规则，如果可以认为网络借贷平台的宣传内容已经构成合同条款，则可以认为出借人和网络借贷平台就提供担保达成合意。

具体而言，根据合同成立的相关理论，具有宣传性质的资料通常在性质上被认定为要约邀请，但考虑到网络借款平台作为专业提供网络借贷服务的主体，平台与借贷双方存在信息不对等的情况等因素，应对网络借款平台发布信息进行严格规范。考虑到网络借贷平台的宣传资料通常会对出借人的投资决策和意思表示产生较大影响，网贷平台与借贷双方当事人法律地位上并不平等，应从意思表示受领者的角度作出解释，并基于借贷双方的角度对服务提供商提供的信息作出是否符合要约性质的认定。同时，对网络借贷平台发布的信息，应当作出不利于平台的解释，在网络借贷平台的上述广告或宣传资料足以使意思表示受领者的出借人得出该平台为其债权提供保证的论断的情况下，应当将上述内容作为合同内容的一部分，由网络平台承担担保责任。

（三）网贷平台引入第三方提供担保的责任承担

1. 关于第三方的担保资格问题

在实践中，为网络借贷平台提供担保的第三方，通常有两种类型，一是融资担保公司；二则是小额贷款公司。就融资担保公司而言，依照 2017 年国务院发布《融资担保公司监督管理条例》，2018 年《中国银行保险监督管理委员会、国家发展和改革委员会、工业和信息化部、财政部、农业农村部、中国人民银行、国家市场监督管理总局关于印发〈融资担保公司监督管理条例〉四项配套制度的通知》、2019年《中国银行保险监督管理委员会、国家发展和改革委员会、工业和信息化部、财政部、住房和城乡建设部、农业农村部、商务部、中国人民银行、国家市场监督管理总局关于印发融资担保公司监督管理补充规定的通知》以及2020年《中国银行保险监督管理委员会、国家发展和改革委员会、工业和信息化部、财政部、农业农村部、中国人民银行、国家市场监督管理总局关于印发〈融资担保公司监督管理条例〉四项配套制度的通知》的规定看,融资担保公司主要从事担保业务,为网络借贷平台的借款人提供担保具有行政法规和部门规章作为依据。就小额贷款公司而言,依据2020年《中国银保监会办公厅关于加强小额贷款公司监督管理的通知》,法律法规虽没有明确对小额贷款公司提供担保作出规定,但也没有明确禁止小额贷款公司提供担保的效力。因此,网贷借贷平台可以引入第三方提供担保。

2. 关于第三方提供担保的责任承担

在第三方提供担保的网络借贷平台借贷案件中,网络借贷平台仍然是居间中介的角色,出借人与借款人形成借贷关系、第三方与出借人形成担保关系。根据协议,第三方承担担保责任后,取得债权人的债权,有权向债务人追偿。

(四) 借款人提供担保物的责任承担

为了降低出借人的风险,对于借款数额较大的借款人,一些规模较大的网络借贷平台或者具有商业银行背景的网络借贷平台经常会要求其提供相应的担保,主要表现为物的担保,具体包括抵押或者质押两种形式,其中质押又经常表现为票据质押、应收账款质押等。在由借款人提供抵押或者质押的情况下,与其他的有担保物权的借贷关系并无不同,主要的法律关系是出借人、借款人与网络借贷平台之间形成中介合同关系,借款人与出借人之间形成借款合同关系,出借人与担保人之间形成担保法律关系。人民法院在审理此类案件时,应当按照《民法典》物权编的相关规定，先审查担保合同的成立与效力问题，再审查担保物权是否成立，最终判断担保人应否承担担保责任、担保责任的范围等问题。

（五）债权转让作为担保的责任承担

债权转让模式是网络借贷的线下延伸，往往先由与网络借贷平台高度关联的第三方个人或者网络借贷平台向借款人出借资金，再由第三方个人或者网络借贷平台将债权转让给投资者。这种模式下，网络借贷平台以为该交易过程提供服务为经营内容。这种由网络借贷平台提供债权转让服务的交易模式，实际上是由出借人以未获偿还的借款作为还款保障，获得一定比例的净值额度，并在平台上进行再融资。

从法律关系角度看，第三方或网络借贷平台向借款人出借资金，双方形成借款法律关系；投资者从第三方或者网络借贷平台购买债权，双方形成债权转让关系；债权转让通知借款人后，投资者替代该第三方或者网络借贷平台成为借款合同一方的债权人即出借人。

此种模式下，需要注意的问题有：

1. "一对一"债权转让作为担保的效力问题

"一对一"模式是指一笔借款债权对应一个借款人和出借人（债权受让人）。此种债权转让发生在第三方或网络借贷平台与出借人（债权受让人）之间，这涉及第三方或网络借贷平台作为非金融机构债权转让的合法性问题。其中，经常会发生争议的点在于，该债权转让是否会形成企业之间的变相借贷。在2015年《民间借贷规定》施行以前，企业间借贷被认为是禁止的行为。民间借贷司法解释出台后，企业间的借贷行为的效力已被认可，金融债权转让给社会公众投资者、金融机构等主体的法律障碍已经消除。因此，我们认为，对"一对一"模式下以债权转让作为担保的效力应予肯定。

2. "一对多"或"多对一"债权转让性担保的效力问题

具体而言，所谓的"一对多"以及"多对多"模式，是指一笔借款对应一个借款人和多个出借人（债权受让人）或者一笔借款对应多个借款人和出借人（债权受让人）。"多对多"则是指多个出借人对应多个借款人。实践中,此种模式还存在着多种异化,如被称为信贷资产证券化模式,由网络借贷平台先行给借款人发放贷款,平台再对借款人的债权打包,设计成不同期限、不同回报率的理财产品出售给投资人,赚取利息差价。这种模式将原本不流通的金融资产转换成可流通的资本市场证券。主要流程是,担保机构和小额贷款公司通过自己的网络借贷平台或者和其他网络借贷平台合作,将自己担保的产品或小额信贷资产通过网络借贷平台销售给投资人。

在"一对多""多对多"或者信贷资产证券化模式下,存在"期限转换"和"金额转换"的情况,由于期限和金额的错配形成"资金池"。如果该资金池由网络借贷平台占有,将会在客观上产生向不特定社会公众进行融资的效果,受到金融政策的严格禁止,情节严重的,网络借贷平台还有可能构成非法集资罪。

但是,债权转让实际上是由第三方或者网络借贷平台先出借款项形成贷款债权,再通过网络借贷平台向不特定的公众出让债权,最后以签订债权转让合同的方式收回资金。即便网络借贷平台或第三方已经构成犯罪的情况下,如果没有证据表明债权受让人(投资人)与网络借贷平台或者第三方存在恶意串通的情形,不应否定网络借贷平台或者第三方与债权受让人签订债权转让合同的效力。主要理由是:首先,金融管理法律法规所针对的行为是网络借贷或者第三方未经批准吸收公众资金的行为,而非针对债权转让行为,管制对象为债权转让人而非债权受让人。其次,根据我国债权转让合同效力影响债权转让效果的现状,如果债权转让行为认定无效,债权复归至网络借贷平台或者第三方,网络借贷平台或者第三方对债权受让人(投资人)承担折价补偿的义务,应当包括转让价款及利息。在网络借贷平台或者第三方已经涉嫌犯罪或者被定罪的前提下,它们往往缺乏偿还能力,对债权受让人利益保护不够充分。再次,债权转让合同在利息的约定上,往往并不高于网络借贷平台或者第三方与债务人签订的借款合同,甚至经常由于贷款期限和金额的变化而低于前者的约定利息,认定债权转让合同有效,债权受让人对债务人享有完整的继受债权,有权请求债务人依约履行债务，既符合债权受让人（投资人）签订债权转让合同的预期，亦不会给债务人产生额外负担。最后，对债权受让人（投资人）签订的债权转让认定有效，并不妨碍对网络借贷平台或者第三方的非法集资行为给予行政处罚或刑事处罚，可以兼顾金融法律、行政法规立法目的的实现和当事人的利益平衡。

【审判实践中应注意的问题】

关于网络借贷中借款实际交付的判断标准

自然人之间的借款合同为实践性合同，交付借款是合同的成立要件，通过网络贷款平台促成的自然人之间的借款合同，应当自出借人提供的资金到达借款人账户时才为交付，双方之间的借款合同成立，可以开始按照约定计算利息，这一点自无疑问。但是，由于网络借贷的支付既可以通过网络借贷平台自有账户，也可以通过第三方支付账户交付借款。此时，应当以何时认定借款合同已经成立，实践中尚有争议。

我们认为，人民法院在判断网络借贷中的借款金额是否实际交付时，应结合网络借贷平台的操作规程和服务协议作出综合认定。对于网络借贷平台的操作规程要求出借人先将投资款项转至网络借贷平台的自有账户或第三方支付账户，在选中投资项目后，再通过该账户向投资项目中完成转款的，借款合同应自出借人的款项达到被投资项目即借款人的账户后才为实际交付。具体规则是，出借人将资金转账至网络借贷平台后，出借人是否仍对该资金享有处分权，如果出借人支付至网络借贷平台或者第三方账户后，仍然可以对资金实现随时提现、转账等，应当认为该资金尚在出借人控制范围之内，不能认为该款项已经实际交付，不能认定借贷双方的借款合同已经成立。

第二十二条 【法人的法定代表人或非法人组织负责人签订民间借贷合同的认定与处理】

法人的法定代表人或者非法人组织的负责人以单位名义与出借人签订民间借贷合同，有证据证明所借款项系法定代表人或者负责人个人使用，出借人请求将法定代表人或者负责人列为共同被告或者第三人的，人民法院应予准许。

法人的法定代表人或者非法人组织的负责人以个人名义与出借人订立民间借贷合同，所借款项用于单位生产经营，出借人请求单位与个人共同承担责任的，人民法院应予支持。

【条文主旨】

本条是关于法人的法定代表人以及非法人组织的负责人订立民间借贷合同认定与处理的规定。

【条文理解】

现代社会中，除自然人以外，广泛存在着社会团体和组织参与民事活动的情形，民法所称的法人以及非法人组织，就是这类社会团体与组织的显著具体形态。具体而言，法人是指经过依法登记，具有民事权利能力和民事行为能力，能够依法独立享有民事权利和承担民事义务的组织。而非法人组织是指介于自然人和法人之间，未经法人登记的社会组织。非法人组织是不具有法人资格，但是能够依法以自己的名义从事民事活动的组织。

法人和非法人组织作为"组织体"参与经济或社会事务，客观上必须由自然人代为进行，这些代法人实施法律行为的自然人，在域外法学理论中称为法人的代表人，其所对应的国内法律概念，就是法人的法定代表人或非法人组织的负责人。依据《民法典》第61条之规定，法定代表人以法人名义从事的民事活动，其法律后果由法人承受。因我国法律实行单一法定代表人制度，在对外关系上，法人的法定代表人或者非法人组织的负责人的行为代表法人的行为，其后果由法人或者非法人组织承担。通常情况下，法人或非法人组织不得以对法定代表人或者负责人的内部职权限制对抗善意第三人。但是，基于法人的法定代表人以及非法人组织的负责人同时具有自然人和代表人的双重身份，在借贷关系中，一方面其可能作为自然人订立民间借贷合同，另一方面亦可能代表法人或非法人组织对外订立民间借贷合同。实践中，经常出现法人的法定代表人或者非法人组织的负责人，虽以法人或非法人组织的名义借款，但所借款项却用于其个人生活和消费，法人或非法人资产被掏空成为空壳的情形，同样也存在法人的法定代表人或者非法人组织的负责人以个人名义订立借款合同，但实际用于法人或非法人组织生产经营的情形。这类情况下，是根据合同的相对性原理，由订立合同的主体承担合同约定的权利义务，还是结合意思表示的相关原理，由实际具有借款和使用资金意思的主体承担还款责任，存在广泛争议。对此，2015年《民间借贷规定》对法人的法定代表人或者非法人组织的负责人对外签订的借款合同，从合同主体结合资金用途的角度，对程序中的当事人确定以及实体上的责任主体加以规定，具有较强的规范意义。本规定修改过程中，除结合《民法典》及相关法律的规定，对该条规定中的部分表述作出修改外，对于该条的实质内容予以保留。例如：(1)将第1款和第2款两处"企业法定代表人或负责人"改为"法人的法定代表人或者非法人组织的负责人"；(2)第1款中"以企业名义"改为"以单位名义"；(3)"出借人、企业或者其股东能够证明"改为"有证据证明"；(4)第1款"用于企业"改为"系"；(5)将"将企业法定代表人或负责人"中的"企业"删除；(6)第1款中三处"或"改为"或者"；(7)第2款中

"用于企业""请求企业"中的"企业"均改为"单位";(8)第2款中"签订"改为"订立"。

本条规定主要解决两个问题,一是借款合同虽以单位名义订立,但有证据表明所借款项系法定代表人或负责人个人使用的,出借人可以请求将法人的法定代表人或者非法人组织负责人列为共同被告或者第三人;二是借款合同虽由法人的法定代表人或者非法人组织的负责人以个人名义订立,但所借款项用于单位生产经营的,出借人可以请求单位与法人的法定代表人或者非法人组织的负责人共同承担责任。

具体而言,理解与适用本条规定,应注意以下几个方面:

一、法定代表人或者负责人代表的行为后果由单位承受

基于对法人本质的不同认识,对法人意思的表达、法人的代表人之法律地位也会作出不同界定。关于法人的本质,在历史上曾有激烈的争论,主要的观点有法人否认说、法人拟制说和法人实在说。其中,因法人否认说由于违反社会现实,并无多大影响,围绕法人本质的争论主要在法人拟制说和法人实在说之间展开。"法人拟制说"为萨维尼、温德沙伊德等人所提倡,该学说认为,只有自然人才称得上真正的"人",具有完全的权利能力,法人则是法律拟制的产物。因此,若要使超个体的社会团体像自然人一样享有同等的权利能力,则只能借助于客观法所创设的使其与自然人享有同等地位的方法,而这种同等地位并不能取代个人所固有的属性,仅仅是拟制而已。[1]"法人实在说"为基尔克、米修德等人所提倡,该学说认为,法人是一种实实在在的客观实体,具有社会实在性和精神实在性。只要团体在社会生活中仅以一个行为单位的面目出现,且他人亦认为他们是一个行为单位,则原则上可以在法律中将他们同自然人一样当作法律上的人来对待。[2]在法人意思表达方面,法人拟制说把法人类比为无行为能力的自然人,

---

[1] 参见[德]托马斯.莱赛尔:《德国民法中的法人制度》,张双根译,载《中外法学》2001年第1期。

[2] 参见李永军:《民法总论》,法律出版社2006年版,第301页。

把法人机关的担当人类比为自然人的法定代理人，这样就将法人机关担当人的行为归属于法人。而法人实在说视法人为社会实体，法人的机关类似于自然人的口、手、大脑，它使法人像一个自然人一样活动自如，它的行为就是法人自身的行为。①

通说认为，法人的代表人制度优于法人的代理人制度，具体表现为三个方面：（1）代表说简化了法律关系。代理说涉及三方当事人，代理人的行为要经过转致方能对法人生效；而代表行为无须转致，法律关系较为简化。（2）代表说更符合逻辑。代理说有其先天性的不足，它无法说明本身没有行为能力的法人机关如何能代理没有行为能力的法人进行活动。（3）对于代理关系，第三人必须要审查其有无授权，授权范围如何；而对于代表关系，第三人无须审查其有无授权，因为法人机关的特殊地位决定了第三人可以给予其比代理人更多的信赖，从而认定其行为是公司自身的行为，因而代表说也更为符合经济及效率的要求。

我们认为，上述第二个优点不足采纳，因为代理说从未否认法人的行为能力，如果该理由成立，则代表说同样无法说明本身没有行为能力的机关如何能代表也没有行为能力的法人进行活动。对于上述第一个和第三个优势，从法律逻辑来看确实如此，但是从整个法律体系和社会实践来看，并不明显。首先，对于法人代表人和代理人在授权范围内的合法行为，法律效果归法人承受，两者并无区别。其次，对于法人代表人或代理人所为的合法但是超出授权范围的行为，法人都不能以其行为超出授权对抗善意第三人。尽管根据《公司法》所规定的规则，在是否构成表见代表的问题上由公司证明第三人非善意，而在是否构成表见代理问题上由第三人证明自己的善意，但是在实际经济生活中两者的差别并不明显，比如对公司采购人员、部门经理、分支机构负责人等职务代理人的行为，相对人只要证明其在公司的职位，即可主张构成表见代理，而无须证明该等职务代理人取得公司授权，

---

① 参见赵旭东主编：《新公司法制度设计》，法律出版社2006年版，第382页。

这与相对人证明公司代表人的职位而主张表见代表并无差异。最后，公司代表人实施违法行为的，只要是授权范围内的行为，其后果即归公司承受。而对于代理人的违法行为，只要是授权范围内的行为，其后果同样归公司承受。不同的只是，从法律逻辑看，代理人必须对违法代理行为承担连带责任，而代表人无须对违法代表行为承担连带责任，此时代表说反而不如代理说更能规范行为人和保护第三人。正因为如此，即使采纳代表说的境外公司法，亦多规定公司代表人应当对其违法代表行为与公司承担连带责任。从整个法律体系看，代表说并不比代理说更有价值，各国或者各地区具体采纳"代表说"抑或"代理说"则主要取决于其法律传统。

公司的代表人制度又可进一步区分为共同代表人制度和单一代表人制度。所谓共同代表人制是指公司董事共同代表公司表达意思，例如：《德国股份公司法》规定，董事会由数人组成的，在章程无其他规定时，董事会的全体成员只有权以共同的方式代表公司。所谓单一制是指公司各个董事均有权代表公司。不过，不论共同代表制还是单一代表制，皆允许公司章程对公司代表人另作规定，以充分尊重公司的意思自治。仍以德国为例，实际上采纳共同代表制的公司并不甚多，相反，绝大多数股份公司通过章程法律规定的共同代表制作出变更。最常见的章程表述是：公司由两名董事会成员或者一名董事会成员和一名经理人共同代表，即有限共同代表和不真正共同代表。

我国《公司法》特有的法定代表人制度，将公司的代表人范围严格限定于非常狭窄的范围，完全不准许公司章程作出另外规定。2004年《公司法》第113条规定："董事会设董事长一人，可以设副董事长一至二人。董事长和副董事长由董事会以全体董事的过半数选举产生。董事长为公司的法定代表人。"2005年《公司法》略有放宽，该法第13条规定："公司法定代表人依照公司章程的规定，由董事长、执行董事或者经理担任，并依法登记。"不过二者的规定内容并无本质不同，采纳的仍然是法定唯一代表人制，公司的法定代表人仅限于一个，公司章程无权作出另外规定。在2013年《公司法》的修正过程中，对该条规定也并未作出变更规定，沿用至今。根据《公司法》第13条规定，并结合《公司法》的其他规定，公司法定代表人的任免主要由三个途径：股东会任免、董事会任免和公司章程规定的其他方式。（1）公司章程规定公司法定代表人由执行董事担任情形下，由于公司执行董事由公司股东会选举产生，此时公司法定代表人由股东会任免。在公司章程规定公司法定代表人由董事长担任情形下，对于有限责任公司，由于公司法规定有限责任公司董事长的产生办法由公司章程规定，此时公司法定代表人可能由股东会任免，亦可能采用其他方式，比如根据公司章程规定由出资最多的股东指定；（2）对于股份公司而言，董事长由董事会以全体董事的过半数选举产生，此时公司法定代表人由董事会任免。公司章程规定公司法定代表人由公司经理担任情形下，不设董事会的有限公司的执行董事可以兼任公司经理，公司法定代表人可能由股东会任免，亦可能采用其他方式；（3）设董事会的有限公司和股份公司的经理由董事会聘任或者解聘，此时公司法定代表人由公司董事会任免。

依据《民法典》第61条之规定，法定代表人以法人名义从事的民事活动，其法律后果由法人承受。该条规定重点解决了法定代表人的行为与法人行为之间的关系问题。根据法人实在说的理论逻辑，法人的代表人和法人是一个人格，为同一主体，故法定代表人以法人的名义实施的行为，后果当然由法人承受。换句话说，法律后果由法人承受的前提，是法定代表人以法人名义从事的民事活动。

二、法定代表人自身行为与职务行为的区分

法定代表人既是法人的代表人，又是自然人，既可能为了法人的利益而根据单位意志行为，又可能为了个人利益而实施个人行为，如何区分法定代表人的代表行为和个人行为直接关涉法人利益和交易安全。对此，学界通说认为，法定代表人的行为构成代表行为，必须具备以下三个要件：（1）具有代表人身份；（2）以法人的名义；（3）在授权范围内。我们认为，代表人身份和法人名义可以作为认定代表人行为构成代表行为的初步证据,而是否在授权范围内则是构成代表行为的核心因素。因为代表人代表行为的本意和价值就在于代表法人表达意思,在法人授权范围内个人意思与法人意思是重合的,只要在授权范围内代表人的意思就是法人的意思,代表人的行为就是法人的行为。法定代表人以公司名义实施的行为通常构成代表行为,但是如果相对人知道或者应当知道其行为超越法人授权范围的,则构成个人行为而非代表行为。同理,法定代表人以个人名义实施的行为,如果在授权范围内,仍然可能构成代表行为。

但是,法定代表人的对外代表公司的权限并非不受限制。一方面,出于某种政策的考虑,有些种类的交易,法律规定其决定权不在法定代表人,而在其他法人机关。因现实交易百态纷呈,面对类型化的法律条文,具体交易是否落入法律规定的类型之内,在缔约和裁判时并不容易判断。同时,有些法律条文属于强制性规范抑或赋权性规范,从法律条文本身无法得出确定结论。于是,当法定代表人的签约行为有不符上述规定之嫌时,对相关条文的解释便在所难免。另一方面,法人内部可能通过章程或决议限制法定代表人的签约权。当法定代表人的签约行为超越内部授权时,考虑到维护交易安全,一般认为,此内部授权不能对抗善意相对人。但如何判断"相对人知道或应当知道",法律并无明确规定,理论界和实务界对此也存在争议。我们认为,越权代表到底应准用表见代表还是无权代表的规定,实际上完全取决于个案中交易相对人是否明知或应知代表人超越了权限。具体而言,当交易相对人不知或不应知代表人超越权限时,越权代表可准用表见代表的规定;当交易相对人明知或应知代表人超越权限时,越权代表可准用无权代表的规定。

表见理论,又称权利外观理论(有时称作外观主义),是为了保护交易相对人的合理信赖,依据主观权利之外观(Schein)而非权利之实在(Sein)而使法律关系或权利(物权或债权)发生变动的理论。权利外观理论在实证法上体现为一个个虽各具特色但可以权利外观责任予以统称的制度,如动产善意取得、不动产登记簿公信力、表见代理等。相比于由法律行为（合同为其常态）引起的法律关系或权利变动，权利外观责任是依法律的特别规定而发生的权利变动，它在私法体系中属于合意主义权利变动原则的一种例外。既然是一种例外规则，权利外观责任只在具备法定要件事实时才能构成。概括地讲，除了交易相对人（第三人）一方须具备善意、信赖投资等条件外，权利外观责任得以成立的一个必要条件是，须客观存在一项信赖事实构成。至于哪些事实可构成法定信赖事实，须结合权利外观责任的具体形态进行分析。一般而言，信赖事实构成可划分为两类，即"人为的外观事实构成"与"自然的外观事实构成"。前者主要指各种各样的登记簿，如社团登记簿、不动产登记簿、夫妻财产制登记簿、商事登记簿等。后者的常见形态为：动产之占有；各种证书，如（代理权）授权书、债务证书、（债权）让与证书等；各种通知，如（代理权）授权通知、债权让与通知等；以及特定行为，或口头和书面的表示，等等。

我国、日本等国家和地区立法或学说所称"表见代理"，只是权利外观理论在代理法领域的一种应用。从构成要件上看，确定本人存在引发代理权之印象的言语或行为，是认定存在表见代理的起点。除此之外，从比较法上看，第三人可合理推断存在充分的权限、第三人事实上已信赖了本人的言行及第三人因信赖遭受损失，亦为构成表见代理权的必要条件。以德国法为例，第三人如果想以表见代理权保护自己，则必须提出如下证明：其能够根据诚实信用并顾及交易习惯由外观事实推断出一项授权；本人必须以可归责的方式制造了授权的权利外观；第三人须已信赖了已创设的权利外观。而根据学者的解读，当发生无权代理纠纷时，相对人如以表见代理的规定要求被代理人承受合同，至少须对无权代理人有被授予代理权的外表，其有正当理由相信无权代理人有代理权，其基于信赖与无权代理人订立了合同提出证明。然而，依据我国《民法典》第504条之规定，法定代表人在越权代表的情形下，相对人在与法定代表人订立合同时，实际上是完全被法律推定为善意之人。换言之，对第三人来讲，法定代表人的行为就是法人的行为。如此之下，相对人只要证明与其订立合同的一方属于法人的法定代表人，如果该合同满足合同生效的条件，相对人即可直接向法人主张合同上的权利。至于法定代表人是否超越了权限，原则上与相对人无关。而法人欲不使合同的效果归属于自己，则必须证明相对人于订立合同之时为恶意。

代表权之所以具有此种特性，根源于须对法人之内部关系与外部关系作出严格区分的理论主张或政策需求。由法定代表人是代表法人行使职权的负责人可知，《民法典》第504条规定中"权限"应解释为"职权"。职权不同于权利，它是与职位相联系的权力。一般情况下，职权以确保职责的实施为限度，没有职责就没有职权。结合我国《公司法》关于有限责任公司、股份有限公司组织机构的划分及权力配置看，职权只是在"权力分立、权力制衡"的公司治理机制下，法人内部一组织机构相对于另一组织机构所享有的一种特权，是法人组织机构内部分权、制衡的产物。它运行于法人内部，并以职责的面目对法人内部人员发生约束力。法人一旦以独立主体身份参与交易活动，则就像自然人那样享有广泛的民事权利。从交易常理上讲，除非法人执行机构的职权及其限制能够清楚地公之于交易世界，否则，要求交易相对人深入错综复杂的法人组织体内部，调查执行机构的职权及其所受限制，是件难以想象的事。法人对外行为的资格既然分配给了执行机构及其成员，且法律亦规定执行机构的行为就是法人自身的行为，交易相对人只能合乎逻辑地断定，执行机构以法定代表人身份对外实施的行为，应归属于法人。至于该法定代表人是否正确履行了职责，完全取决于法人与该法定代表人之间的内部约定，交易相对人通常无法作出判断。进言之，不管特定法人是否严格区分权力机构与执行机构，执行机构作为法人的必设机构，其行为实质上就是法人实现经营目的的必要活动。相应地，执行机构的职权应指与执行法人经营业务相关的一切权力（业务执行权）。当法定代表人凭此种职权实施交易时，在相对人看来，这种权力实质上是作为自然人的法定代表人代表法人实施行为的权力（代表权），而绝非法定代表人自身享有的行为自由权。执行机构的职权因而具有两副"面孔",在组织体内,它是完成岗位职责(履行忠实义务)的业务执行权;在组织体外,它是得以与他人实施交易的代表权。因代表权只是执行营业事务的职权进入交易领域内的一种"变脸",所以,像业务执行权那样,它原则上应是一种概括的、不受限制的权力。总之,《民法典》第504条以法人之内部关系与外部关系的区分为基础,确立了代表权不受限制规则。凡法定代表人订立的合同,原则上应对法人发生效力;只有法人能够证明相对人乃恶意行事,法定代表人的行为才真正构成"越权代表"。在此理解下,越权代表实际上有单纯的内部越权与内、外皆为越权之分。[①]

三、代表权滥用的限制

代表权的滥用,是指法定代表人与交易相对人实施的行为虽然未超越代表权,但实质上却有损法人利益或根本不符合法人的利益。法律一经公布并生效,就理所当然地对任何人产生效力。基于法律规定的公开性,任何人不得以其自身不知法律而提出免责或减责抗辩。任何人无论其是否在实际意义上知悉了法律所规定的内容,都将被一视同仁地推定为其已确定无误地知悉了法律所规定的内容,这也是罗马法谚"不知法律不免责"的精神要义。我国《公司法》关于董事、高级管理人员违反章程规定或未经股东会、股东大会同意,不得与本公司订立合同或者进行交易的规定,就是从忠实义务的角度作出的禁止规定。正是基于代表权滥用的考虑,需要对代表权予以限制。由此推演,任何人不得以不知法律规定为由而免除注意义务。对于约定限制,公司章程因登记而产生"推定知悉"理论的废弃和立法例上以"特昆德规则"为基础发展出的"内部管理规则"在英国法上的成文化,这种内部约定的限制不影响公司与交易相对人之间的行为效力已经成为公司法上的趋势和共识。2006年《英国公司法》第31条规定,除非

[①] 参见朱广新:《法定代表人的越权代表行为》,载《中外法学》2012年第3期。

公司章程有特别规定，公司可从事任何经营活动。第40条规定，基于对公司交易善意第三人有利的原则，公司董事约束公司的权力不受公司章程的限制。为此，与公司交易的第三方不必就公司对董事权力的任何限制进行查询，其善意将被依法推定，除非公司提出反证；不能仅因为知悉董事超越公司章程授予的权限而被认为是"恶意"。第161条规定，以公司董事名义行事的有效性并不受其后发现其任命有瑕疵而影响，即便董事被褫夺或停止董事资格，或其无权就该事项进行投票等情况影响。根据2006年《英国公司法》的规定，除非第三方被证明有实际知悉、董事自我交易、行为人无表见代表权等情形，与公司交易的相对人获得了非常全面的保护。法定限制与约定限制的区分实益，主要在于证明责任的不同：在法定限制，交易相对人的善意需要自己举证证明；而在约定限制，交易相对人的善意是被依法推定的。这一点系比较法上的共识，2006年《英国公司法》上的区别规定和日本的学说讨论，已经提供了足够的例证。在既往的审判实践中，受"首长负责制"的公法思维模式影响，对"一长制"的法定代表人的代表权限通常不做特别考虑，法院一般都是按照是否以公司的名义，公章是否真实等形式标准来审查代表人的行为是否为职务行为。《公司法》对代表权的法定限制，客观上要求我们改变审判实践中的"代表人签字就是公司的行为"，"公章管理不严是公司内部的事情，不影响公司在外部关系中行为"。

当相对人明知法定代表人超越权限，并与其串通一起损害法人利益时，该行为可根据《民法典》第154条之规定予以处理；如果没有股东会或股东大会的特别授权，法定代表人擅自实施无权实施的行为，此种交易应属于《民法典》第153条规定的"违反法律、行政法规的强制性规定"的情形，应自始无效。公司作为一个组织，其内部的重大决策、管理、监督和对外意思表示需要借助于一定的机构或者人员来实行。为此，各国法律都对公司内部的权力分配作出了相应的规定，并由此形成公司机关。站在公司治理的角度，公司实际上是一个层级组织，或者是一个分工机制，这就需要考虑股东、法定代表人、董事、经理的各自权限范围究竟有多大。因此，在衡量公司对外签约的效力时，仅从《合同法》出发是不够的。公司对外代表权的分配，主要框架来源于《公司法》。

《公司法》对代表权的法定限制主要体现在两个方面：一是法人机构之间的权力划分；二是公司机构与代表人之间的权力划分。关于权力机构和执行机构的权力划分：在法人内部分权制衡的组织架构下，执行机构的职权是执行法人的营业事务，即对内管理经营事务、对外实施行为。但出于某种政策的考虑，有些种类的交易，法律规定其决定权不在执行机构，而是属于权力机构的决定事项。

代表权的约定或议定的限制，是指法人章程、董事会决议、股东会或股东大会决议对代表权所作的特别限制。章程对代表权的限制，主要表现为经营范围的限制。除了经营范围的限制外，章程还可以规定，一些特别重要的交易事项须由董事会、股东会或股东大会决议。这实际是以内部特别程序限制法定代表人的代表权。除了通过章程来限制代表权之外，董事会、股东会或股东大会还可视情况需要以决议限制法定代表人的权力。相比于章程的限制，这种限制措施非常封闭，第三人一般无从知晓。此种限制，不能对抗善意第三人。

【审判实践中应注意的问题】

一、法人不得以其法定代表人未按章程规定予以任命对抗善意第三人

实践中，经常出现公司的法定代表人签订了借款合同，但是该公司以其法定代表人的任命不符合企业章程规定为由进行抗辩。公司章程是作为社团的公司的自治性法规。依我国《公司法》的相关规定，设立公司必须依照该法制定公司章程。公司章程对公司、股东、董事、监事、高级管理人员具有约束力。也就是说，一般而言，公司章程只对公司内部人员具有约束力，而不能对抗善意第三人。由于公司是一

个资本高度集中的集合体，涉及社会的许多行业和国家的重要经济命脉，政府对于公司的发展不再采取放任主义的态度，而是加强了国家的经济干预，这体现为公司法上保护社会利益、国家利益和善意第三人合法权益的原则。善意第三人是指与公司进行正常业务交往的个人和经济组织。保护善意第三人的合法权益，是为了防止犯罪分子利用公司制度进行欺诈、胁迫活动，维护社会正常商业交往的安全。对于恶意的第三人，对于没有走合法正常业务交往途径的违法者，则要予以严惩，这样才能保障整个社会经济秩序的稳定。

公司不能以其对法定代表人或者其他负责人的任命不符合公司章程规定的程序和条件为由对抗善意第三人，也是世界各国的普遍做法。例如英国法下，只要代表公司进行交易的人是实际上有权或者应当有权的公司机关或负责人任命的，则无论该职员的任命是否符合公司章程规定的条件和程序，善意第三人有权要求公司对该职员的行为负责。之所以这样的规定，主要是为了增进交易的速度，否则要求第三人在与公司进行交易时，必须调查公司代表人即代理公司进行交易的人是否经过正常手续任命，一方面很困难，另一方面影响了交易的速度，不利于交易的迅速进行。

此外，即使该法定代表人的任命违背了公司章程的规定，与第三人的交易属于越权代表。依据我国《民法典》第504条的规定，法人或其他组织的负责人超越权限订立的合同，除相对人知道或者应当知道其超越权限的以外，该代表行为仍然有效。由此，因代表行为超越法律或者章程的规定而订立的合同原则上为有效合同。同样，由于法定代表人产生办法不符合公司章程的规定，但相对人如果是善意的，其无从得知这一事实，由此与法定代表人进行的交易，也应当认定为有效。

二、法定代表人之外的其他人是否可以代表公司借款

法定代表人的价值就在于全面表达公司意志，然而法定代表人并非公司意志的唯一表达人。公司意志不但可以通过代表制度表达，亦

可以通过代理制度表达。所谓代理，是指一人在法定或者约定的权限内，以他人的名义为法律行为，而法律行为的法律后果归属该他人的行为。现代社会经济条件下，代理行为最普遍的表现是职务代理行为，即法人（或非法人组织，下同）的员工基于其职务而享有职务范围的代理权，其实施的相关行为的法律效果归属其所在的法人承受。现代社会经济早已告别了传统的手工作坊，经济主体的规模巨大、交易频繁，不可能所有交易活动都由法定代表人代表法人来实施，于是职务代理制度应运而生。法人的员工只要被委任工作，除非另有规定，其自然享有相应的代理权，而无须法人再次单独授权。因此，采购员可以代表公司采购、销售员可以代表公司销售、信贷员可以代表公司贷款，只要在职务范围内，公司员工即可以代理公司行为，而无须再由法定代表人签字同意。

尽管对于代表与代理的区分，学界探讨较多，然而对于何为代表，学界鲜有精确定义。我们认为，所谓代表行为，系指法人的法定代表人以法人的名义所实施的行为。我国的法律体系采纳了法定代表人的唯一制，一个法人只能有一个法定代表人，因此法定代表人之外的其他人不可能代表公司。

不过，法定代表人之外的其他人不能代表公司，并不意味其他人的行为必然不能由公司承受代表后果，因为无权代表公司的人实施的行为可能构成表见代表。所谓表见代表是指行为人没有代表权、超越代表权或者代表权终止后以被代表人名义实施法律行为，相对人有理由相信行为人有代表权的，行为人实施的法律效果归"被代表人"承受的法律制度。尽管我国民商法体系只明文确认了越权代表情形下的表见代表制度，而尚未明文确认其他两种表见代表情形，但是《民法典》第172条规定的表见代理制度仍可类推适用。代表制度与代理制度的主要区别在于代理限于法律行为，而代表包括事实行为和侵权行为，然而，两者皆是一方以另一方的名义对外行为，其法律效果由他方承受的法律制度，本无实质区别，在合法行为上更是如此。因此，对于代表行为，法律未作规定的，得以类推适用代理制度的相关规则，此亦为承认代表制度的大陆法系之通例。当然，在表见代表情形下，行为人的行为本质上仍非代表行为，只是由公司承受与代表行为一样的法律后果。"法律体系是由法理逻辑判断方法与价值判断方法构成的，在两者发生冲突时，逻辑判断就要让位于价值判断。"表见代表情形下，虽然行为人并无代表权，但是由于相对人基于合理理由产生了正当信赖，法律应当维护该种正当信赖以保护交易安全。

三、仅有法定代表人的签名，没有加盖公司印章的，公司能否认定行为后果由其承担

公司印章在我国经济生活中的使用非常普遍，但对公司印章法律地位，学界存在不同认识。有观点认为，在现代社会中，公司的印章比法定代表人的签名更容易伪造，而且我国独特的印章商业文化和国际惯例不符，容易在国际商业往来中造成不便。也有观点认为，公司印章与物权的公示制度异曲同工，可以免去交易相对人的调查成本，有利于促进交易发生，并且与法定代表人同时作用于公司意思表示，可以产生相互制约的效果，防止法定代表人滥用其法律地位进行有损于公司的意思表示。

我们认为，从法律的基本原理和我国法律体系看，公司印章基本上是公司法定代表人表达意思的一种方式，与公司法定代表人的签名并无二致。但是，我国有的法律规范对公司印章做了强制规定，此时公司印章就不再是公司法定代表人表达意思的一种选择方式，而是公司表达意思的必备形式和必备条件。因此，加盖公司印章虽通常不是公司文件生效的必要条件，除非法律作出了特别规定，未加盖公司印章并不影响公司文件发生法律效力。

第二十三条 【让与担保】

当事人以订立买卖合同作为民间借贷合同的担保,借款到期后借款人不能还款,出借人请求履行买卖合同的,人民法院应当按照民间借贷法律关系审理。当事人根据法庭审理情况变更诉讼请求的,人民法院应当准许。

按照民间借贷法律关系审理作出的判决生效后,借款人不履行生效判决确定的金钱债务,出借人可以申请拍卖买卖合同标的物,以偿还债务。就拍卖所得的价款与应偿还借款本息之间的差额,借款人或者出借人有权主张返还或者补偿。

【条文主旨】

本条是关于以订立买卖合同作为民间借贷合同的担保相关问题的规定。

【条文理解】

民间借贷司法实践中,有时会出现这类案件:出借人为了避免借款人无力偿还借款,同时增加自己债权实现的可能性,往往在与借款人订立民间借贷合同的同时,双方之间又订立一份买卖合同(实践中以房屋买卖合同为主),出借人为买受人,借款人为出卖人,约定借款人不能偿还借款本息的,则履行买卖合同,以买卖合同标的物抵债。在借款人不能偿还借款本息时,出借人往往主张履行买卖合同,以直接取得买卖合同标的物,比如买受人请求出卖人办理房屋过户登记。而借款人则往往抗辩称房屋价值和借款金额差距较大,或者与市场价格严重不符，或者买卖合同无效，不同意履行房屋买卖合同。

审判实践中对于此类纠纷的处理，大致存在五种做法：第一种做法是，出借人与借款人订立民间借贷合同的同时，又订立了买卖合同，该买卖合同是为了担保民间借贷合同债权的实现，双方之间真实的法律关系是民间借贷合同而非买卖合同，因此，对于当事人请求履行买卖合同的，人民法院应当直接驳回，仅按照民间借贷法律关系进行审理。第二种做法是，买卖合同和民间借贷合同均是依法成立并生效的合同，两者同时也是并立而又联系的两个合同。从鼓励交易、维护诚信原则的角度出发，应当尽可能维护合同的效力。基于诉讼经济和便捷的原则，应当将民间借贷合同和买卖合同合并审理。第三种做法是，为了贯彻意思自治原则，应当由当事人自由选择以民间借贷合同纠纷或买卖合同纠纷起诉，人民法院按照当事人的起诉进行审理。第四种做法是，既然买卖合同是为民间借贷合同设定担保，且合同约定了债务人在到期不能还清债务的情况下，直接履行买卖合同，为了维护当事人的意思自治，应当履行双方的买卖合同，由债权人取得买卖合同的标的物。第五种做法是，鉴于双方约定买卖合同标的物直接归债权人所有，违反禁止流质契约的规定，应当认定买卖合同无效。

2015年8月6日，《民间借贷规定》公布，该解释第24条对这种纠纷的性质和处理规则进行了认定，规定了具体的适用方法，统一了此前复杂多样的司法实践。本次司法解释修正，保留了该条规定的基本内容，但对于应否释明变更诉讼请求以及当事人不变更诉讼请求的后果，根据《证据规定》的修正情况作了相应修正。修正后，本条规定包含以下几层含义：（1）以订立买卖合同作为民间借贷合同的担保的情形下，人民法院应当按照民间借贷法律关系，而非买卖合同关系审理。（2）根据庭审情况，当事人变更诉讼请求的，人民法院应当准许。（3）判决作出并生效后，借款人不履行判决的，出借人可以申请拍卖买卖合同标的物。（4）拍卖后，就拍卖价款偿还债务，计算差额并作相应处理。

在理解本条规定时，应注意以下几点：

一、应考察双方订立买卖合同的真实意思

考察双方订立买卖合同的真实意思是为民间借贷合同设定担保，还是为了通过支付对价获得买卖合同标的物的所有权，是处理此类纠纷的基础。如果当事人之间订立买卖合同，真实目的是担保民间借贷合同的履行，比如双方约定当借款人不能清偿债务时，需将买卖合同标的物——商品房或者其他标的物的所有权转让给出借人的，则属于本条规定的情形。如果双方当事人之间虽然同时存在民间借贷合同和买卖合同，但是买卖合同并不是民间借贷合同的担保的，则不属于本条规定的情形。

实践中，考察双方的真实意思，主要为事实认定问题，是处理这类案件的难点。这类案件中，款项是同一笔，但性质存在争议，通常是出借人主张为购房款，借款人主张为借款，如何认定，主要看证据。能够证明借款合同和买卖合同都存在，并且买卖合同是为民间借贷合同提供担保的，应当认定担保事实。若当事人所提交证据可证明买卖合同存在，但不足以证明民间借贷事实存在的，应认定买卖合同。若当事人所提交证据可证明民间借贷合同和买卖合同均存在，但是不能证明买卖合同是为民间借贷合同提供担保的，比如双方先形成了民间借贷关系，在借款期限届满、借款人不能偿还借款时，借款人将房屋抵债，因此签订的以房抵债协议或者房屋买卖协议，这种情形下，房屋买卖协议的签订其实是双方因民间借贷关系形成的债权债务关系的转化，或者是当事人另行增加的一种清偿借款的履行方式，而非预先约定的对借款关系的担保，应认定为以物抵债协议，不适用本条规定。

二、应注意本条规定情形与让与担保的联系和区别

让与担保，是指债务人或者第三人为担保债务的履行，将标的物的所有权等权利转移至债权人，债务清偿后，债权人应将标的物返还于债务人或者第三人，债务不履行时，债权人得就该标的物优先受偿的一种非典型担保。将标的物转移给他人的债务人或者第三人形式上

是转让人，实质上是担保人；受领标的物的债权人形式上是受让人，实质上是担保权人。根据标的物的不同，让与担保包括动产让与担保、股权让与担保和不动产让与担保等类型。

通说认为，让与担保是大陆法系国家沿袭罗马法上的信托行为理论并吸纳日耳曼法上的信托行为成分，经由判例学说所形成的一种非典型物的担保方式，受制于不同的社会条件。让与担保包括狭义的让与担保和卖渡担保两种类型，通常所谓的让与担保是指狭义的让与担保。与抵押、质押等法定担保物权相比，让与担保有着自己的优势：一方面，经济的发展使得很多市场主体存在融资需要，但是抵押、质押等典型担保物权，需要履行登记、交付等程序，存在较为繁琐的手续和一定的费用，为了规避这些，催生了让与担保、所有权保留等被称为"权利转移型担保"的非典型担保制度。另一方面，让与担保能扩大担保标的范围，包括了所有可转让的财产或权利，且设定人能继续保留标的物的占有，扩充了标的物尤其是动产的用益功能，转让所有权的表现形式也阻却了交易第三人出现的可能性。但从立法上看，我国立法对让与担保的接受经历了一个过程。在《物权法》起草制定过程中，曾因是否规定让与担保制度产生过重大的争论，有观点建议将让与担保等列入担保一章，与法定担保制度并行，最终没有规定这一制度。随着经济社会的发展，保证、抵押、质押等传统的典型担保不能完全适应发展的需要，《民法典》扩大了担保合同的范围，增加规定了所有权保留、融资租赁、保理等具有担保功能的合同。《民法典担保制度解释》对这些非典型担保在司法实践中可能出现的问题明确了相应的解决方案，比如，《民法典》第401条、第428条对《物权法》《担保法》关于流押、流质的规定作了重大修改，《民法典担保制度解释》第68条依据这一修改，明确了以财产让与形式进行担保的优先受偿效力。本条规定的以订立买卖合同的形式为债务提供担保的情形，与让与担保相比，存在以下区别：（1）从标的物转移的时间来看，让与担保是在担保设定之初就将标的物的所有权等权利转移于债权人；而本条规定的担保是在债务人未依约履行债务后才转移标的物所有权给债权人。(2) 从债权人就标的物所取得的权利状态来看，让与担保债权人实际取得了标的物所有权，其对标的物所享有的权利处于既得状态；而本条规定的债权人在合同订立后，取得的是期待权而非现实物权。

同时，本条规定的担保和让与担保又存在以下相似之处：两者虽然形式上都表现为标的物所有权转让，但是目的均是担保另一债权的履行，而非取得标的物的所有权，这和典型的财产权转让存在区别。典型的财产权转让中，出卖人的主要义务是转让财产权，买受人的主要义务是支付转让款，买受人取得财产权后，对财产权有完整的所有权，而本条规定的担保和让与担保的目的均在于为主债务提供担保，受让人通常无须支付转让款，在债务履行期限届满前，受让人对标的物不得处分。所以，与典型的财产转让合同相比，本条规定的买卖合同和让与担保中订立的买卖合同都属于从合同的范畴，所担保的债务所涉合同为主合同，故是否存在主合同是判断一个协议是财产权转让还是担保的一个重要的标准。

基于上述联系和区别，在理解本条规定的担保时，可以比照让与担保的规则进行。对于本条规定的以订立买卖合同担保民间借贷合同履行的情形，有学者提出了"后让与担保"的概念，认为其与让与担保的区别"仅在于一个是先转移所有权，一个是后转移所有权，同样都是担保物权，仅仅是所有权转移有先后之分而已。在其他方面，两者则基本相同"。我们认为，为了便于理解本条规定情形，可暂时采纳"后让与担保"的概念。让与担保与后让与担保存在的区别主要体现为担保物的所有权等权利转移的时间上，而在其他方面，如权利转移的性质、价值、功能以及归属定位等方面并无本质区别。

三、坚持基础法律关系审理的原则

在以买卖合同为民间借贷做担保的纠纷中，往往出借人主张双方之间存在买卖合同关系并请求履行买卖合同，借款人则主张存在民间借贷关系并不同意履行买卖合同，这种情形下，人民法院应按照何种法律关系进行审理？依据本条规定，如果可以查明订立买卖合同的目的是为民间借贷合同做担保，人民法院应当按照民间借贷法律关系审理。这是因为，就民间借贷中的买卖型担保而言，当事人之间讼争的基础法律关系是民间借贷，买卖合同应当视为类似于担保合同，其效力依附于作为主合同的民间借贷法律关系。所以，如果出借人撇开主合同而要求直接履行作为从合同的买卖合同，实际上是颠倒了主从合同关系。再者，出借人对于买卖合同的标的物并没有买卖的意思，其真实意思是要求借款人返还借款本金和利息。如果出借人的意思发生了转化，希望能够履行买卖关系，两者之间可以通过协商以物抵债，或者重新订立一个真实的买卖合同等方式予以解决。在双方对此未达成一致的情形下，如果直接审理买卖合同，不仅违背当事人的真实意思，而且往往会陷于案件主要事实无法查清的地步，比如买卖价款的事实。要查清买卖价款，就需要进一步查明双方之间的借款本金数额、利息约定、借款期限、已还款数额、违约金数额等，而这些都属于民间借贷合同中的基础事实。对这些民间借贷合同的基础事实不查清，是不可能处理好买卖合同关系的。

  应按照民间借贷法律关系审理的另外一个原因，类似于抵押中禁止流押的原因。以买卖合同做担保，双方常常约定，在债务人（借款人）未履行还款义务时，债权人（出借人）可请求债务人交付标的物并转移所有权。这种约定由于是在借贷关系形成之前或者同时作出的，无法预测到标的物价值的变化，容易导致不公平的产生：如果标的物价格上涨，损害的是借款人的利益，导致其价值较大的担保物被无条件地抵债；如果标的物价格下降，损害的是出借人的利益，导致原本可以通过担保的方式获得全部债务清偿的期待落空。并且在民间借贷实务中，如果直接认可买卖合同关系，债权人有可能通过这种方式，利用债务人急切需要资金的情形，压低担保物的价值，进而获取暴利，催生高利贷乱象。故基于上述考虑，本条规定了应按照基础法律关系审理的原则。

四、对于当事人有关履行买卖合同诉讼请求的处理

如果买卖合同的订立是作为民间借贷合同的担保的，人民法院应当按照民间借贷法律关系审理。如果当事人主张双方之间是买卖合同关系的，人民法院如何处理？即当事人主张与人民法院认定不一致时，人民法院如何处理？

依据 2015 年《民间借贷规定》的规定，这种情形下，人民法院应当向当事人释明变更诉讼请求。当事人拒绝变更的，人民法院裁定驳回起诉。此种规定，源于当时适用的 2001 年《证据规定》第 35 条规定。其第 35 条规定："诉讼过程中，当事人主张的法律关系的性质或者民事行为的效力与人民法院根据案件事实作出的认定不一致的，不受本规定第三十四条规定的限制，人民法院应当告知当事人可以变更诉讼请求。当事人变更诉讼请求的，人民法院应当重新指定举证期限。"

2019 年 12 月 25 日，最高人民法院通过《关于修改〈关于民事诉讼证据的若干规定〉的决定》，将原第 35 条改为第 53 条，修改为："诉讼过程中，当事人主张的法律关系性质或者民事行为效力与人民法院根据案件事实作出的认定不一致的，人民法院应当将法律关系性质或者民事行为效力作为焦点问题进行审理。但法律关系性质对裁判理由及结果没有影响，或者有关问题已经当事人充分辩论的除外。存在前款情形，当事人根据法庭审理情况变更诉讼请求的，人民法院应当准许并可以根据案件的具体情况重新指定举证期限。"根据此规定，本条亦作了相应修正，规定"当事人根据法庭审理情况变更诉讼请求的，人民法院应当准许"，即不再将此情形纳入人民法院应当释明的范围，而是准许当事人自行变更诉讼请求。即如果买卖合同的订立是作为民间借贷合同的担保的，人民法院应当按照民间借贷法律关系审理。如果当事人主张双方之间是买卖合同关系的，人民法院应当将双方当事人之间争议的法律关系是民间借贷法律关系还是买卖合同关系作为焦点问题进行审理，保障当事人能够充分行使辩论权。当事人可

以根据法庭审理情况变更诉讼请求，也可以坚持原来的主张不予变更。赋予当事人这种选择权，是民事诉讼处分原则的体现。如果当事人坚持原来的主张，人民法院不得要求当事人必须变更诉讼请求，应当根据当事人的诉讼请求作出相应的裁判。这并不妨碍当事人今后再以人民法院认定的法律关系为基础另行起诉。

五、坚持强制清算义务的原则

依据本条第 2 款规定，按照民间借贷法律关系审理的判决生效后，借款人不履行生效判决确定的金钱债务，出借人可以申请拍卖买卖合同标的物，以偿还债务。就拍卖所得的价款与应偿还借款本息之间的差额，借款人或者出借人有权主张返还或者补偿。这是关于强制清算义务的规定。

梳理德国和日本的学说及其实际做法，让与担保可依不同标准区分为不同的类型。例如，以债权人是否负担清算义务为标准，可将让与担保区分为清算型和流质型。所谓清算型，是指债权人就标的物的价额和债权额之间的差额负担清算义务，即在债务人不能履行债务时，债权人不能直接取得标的物的所有权，应当对标的物进行清算，即通过拍卖、变价等方式进行处理，以所得的价款获得清偿，所得价款和债权额之间有差额的，进行相应处理。所谓流质型，是指在债务人不能履行债务时，债权人直接取得标的物的所有权。

由于流质条款容易造成实体利益的不公平，因此关于让与担保中流质条款的效力，多数观点认为无效。我国《物权法》第 186 条和第 211 条明确规定了禁止流押、流质。《民法典》虽不再禁止当事人之间作出约定，但在法律后果上作出了限制。《民法典》第 401 条规定："抵押权人在债务履行期限届满前，与抵押人约定债务人不履行到期债务时抵押财产归债权人所有的，只能依法就抵押财产优先受偿。"即虽然双方有约定，也不能直接归债权人所有，只能对抵押财产进行折价、拍卖、变卖后，就所得的价款优先受偿。鉴于我国立法的一贯态度，本条规定也采取了清算型，而未采取流质型。

因此，人民法院在审理涉及本条规定的案件时，应当追求当事人之间的利益平衡。一方面，在审理民间借贷法律关系的判决生效后，借款人不履行生效判决确定的金钱债务的，出借人可以申请拍卖买卖合同标的物，以偿还债务。作出这样的制度设计，是对债务人不履行债务时依法处置担保物的必然安排，其目的在于保护债权人的合法权益不受侵害。另一方面，对于拍卖所得价款，应当进行清算，如果拍卖所得价款超过应偿还借款本息的，差额应当返还给债务人；如果拍卖所得价款不足以偿还借款本息的，就不足的部分，债权人仍可以向债务人主张补偿，如申请执行债务人的其他财产等等。这样的制度设计，是为了公平、公正，通过拍卖程序而非估价的方式处理担保物，有效防止估价过高或过低，损害另一方当事人利益。

应当注意的是，清算义务产生的前提是在人民法院按照民间借贷关系审理的判决生效后，借款人不履行生效判决确定的金钱债务。如果借款人在判决生效后确定的履行期内，主动履行了还款义务，清算义务不会发生。也就是说，清算义务是债权人在对方不履行判决义务的情况下，申请人民法院对其进行的强制执行。

【审判实践中应注意的问题】

出借人对拍卖买卖合同标的物所得的价款是否享有优先受偿权

在人民法院按照民间借贷关系审理的判决生效后，借款人不履行生效判决确定的金钱债务，出借人可以申请拍卖买卖合同标的物，以偿还债务。就拍卖所得的价款，出借人是否享有优先受偿权？我们认为，这个问题需要区分情形进行认定。如果双方当事人仅签订了买卖合同，但是对买卖合同标的物本身并未进行抵押、质押，亦未进行所有权转移的，对第三人而言，不具有公示效果，第三人无法以此为依据判断是否和借款人进行交易，这种情形下，如果认定出借人对价款享有优先受偿权,对借款人的其他债权人有失公平,也会影响交易安全。如果双方不仅签订了买卖合同,而且已经进行了权利转移的,比如动产已经交付、不动产已经办理所有权转移登记的,对第三人而言,已经具有了公示的效果,认定出借人对价款享有优先受偿权就具有合理性。《民法典》关于担保物权的规定,《民法典担保制度解释》第68条第2款规定亦体现了这种精神。

第二十四条　【未约定利息或约定不明的处理】

借贷双方没有约定利息，出借人主张支付利息的，人民法院不予支持。

自然人之间借贷对利息约定不明，出借人主张支付利息的，人民法院不予支持。除自然人之间借贷的外，借贷双方对借贷利息约定不明，出借人主张利息的，人民法院应当结合民间借贷合同的内容，并根据当地或者当事人的交易方式、交易习惯、市场报价利率等因素确定利息。

【条文主旨】

本条是关于借贷双方没有约定利息或对利息约定不明时如何处理的规定。

【条文理解】

关于民间借贷纠纷，借款本金和利息的争议一直是当事人诉求的热点和司法实务中的难点问题。若民间借贷合同中对于利息有明确约定的，双方当事人争议的往往是约定利率是否过高、有无提前扣除利息、已还本金数额如何认定等，若民间借贷合同中对于利息没有约定或者约定不明的，双方当事人争议的则往往是应否计算利息、如何计算利息。

根据调研情况显示，在 2015 年《民间借贷规定》出台之前，在当事人对于利息没有约定或者约定不明确时，司法处理并不统一，有的支持利息，有的没有支持利息，有的以同期银行贷款利率支持利息，有的根据原告请求以同期银行贷款利率四倍支持利息。鉴于此，2015年《民间借贷规定》第25条对未约定利息或者约定不明时如何处理作了规定，统一了司法裁判标准。本次修正《民间借贷规定》，对本条规定的基本内容未作实质性修改，但将第1款"借期内利息"修改为"利息"，将第2款"市场利率"修改为"市场报价利率"。

民间借贷中，会出现当事人之间没有约定利息或者约定不明的情形，与民间借贷的特点有关。从经济学角度讲，逐利性是资本的特性，利息和利率是与资本相关的概念，利息是因暂时放弃货币的使用权而获得的报酬，是放贷人对自己作出的在某个特定的时间之前不收回贷出货币的承诺的补偿。利率作为利息与本金的比例，被视为货币作为一种商品的价格。故对金融机构而言，除法律特别规定外，借款合同一般有利息，比如《商业银行法》第38条规定，商业银行应当按照中国人民银行规定的贷款利率的上下限，确定贷款利率。这是由金融机构作为企业的营利性决定的。民间借贷不同于金融机构借款，民间借贷的主体既包括企业，也包括自然人，借款目的既包括生产经营的资金周转，也包括生活所需的临时用资，与金融借款相比，民间借贷的形式和内容更加多样化，少了规范化，体现在民间借贷合同中，就会呈现有的约定利息，有的不约定利息，有的虽约定了利息但利率不明确的状态。本条规定根据借贷主体的不同，对于没有约定利息和利息约定不明的处理，规定了以下四种情形：

一、自然人之间的借贷没有约定利息的情形

案例：自然人A向自然人B借款6万元，但双方并未约定利息，A逾期未还款，B起诉至法院，要求A返还借款本金6万元并按照银行同期贷款利率支付利息，法院判决A返还本金，未支持B有关利息的诉讼请求。

传统的民间借贷主体多为自然人，出借人和借款人双方一般具有亲友、同事或朋友关系。借款用途多用于子女婚嫁、教育支出、购买自用房屋、大病医疗等突发性支出，借款目的多为传统的互帮互助。

《民法典》第680条第2款规定："借款合同对支付利息没有约定的，视为没有利息。"即自然人之间的借款合同原则上是无偿的，除非当事人有特别约定，才应当支付利息。这样规定是因为自然人之间的借贷有着互通有无的作用，能够方便生产生活，促进邻里和睦安宁，形成互帮互助、友好相处的和谐氛围。故本条规定和《民法典》的规定是一致的。

二、自然人之间的借贷对利息约定不明的情形

案例：自然人A因资金紧张向自然人B借款5000元，并出具借条一份，借条载明：逾期不偿还，应当支付利息，但并未约定利息支付标准。A逾期未偿还借款，B向人民法院起诉，请求A返还5000元本金并按照月利率2%支付利息。庭审中，B主张A向其支付了3个月利息，每个月支付100元，共计300元。A主张已还的300元是本金。对于本案如何处理，存在两种观点：一种观点认为借款双方均为自然人，借条中对利息约定不明，依照《民法典》第680条规定，视为不支付利息，故A向B支付的300元，属于对本金的返还；另一种观点认为，虽借条上未约定利率，但约定了应支付利息，若能查明A已还的款项为事实上定期支付利息的，应推定双方约定了借款利率，对A要求支付利息的请求应予以支持。

对于自然人之间的借贷，如果约定不明的，该如何处理。从司法解释的规定来看，对此问题的认识也经历了一个变化过程。如1988年颁布的《民法通则意见》（现已废止）第122条规定："公民之间的生产经营性借贷的利率，可以适当高于生活性借贷利率。如因利率发生纠纷，应本着保护合法借贷关系，考虑当地实际情况，有利于生产和稳定经济秩序的原则处理。"第124条规定："借款双方因利率发生争议，如果约定不明，又不能证明的，可以比照银行同类贷款利率计息。"1991年颁布的《借贷意见》（现已废止）第8条规定："借贷双方对有无约定利率发生争议，又不能证明的，可参照银行同类贷款利率计息。借贷双方对约定的利率发生争议，又不能证明的，可参照本

意见第 6 条规定计息。"本条规定在 2015 年制定过程中，也曾存在争议。最终，本条规定对此问题予以明确："自然人之间借贷对利息约定不明，出借人主张支付利息的，人民法院不予支持。"即对于自然人之间借贷，没有约定利息或者虽有约定但约定不明确的，均应视为不支付利息。这样规定，主要是基于当时适用的《合同法》（现已废止）第 211 条第 1 款规定。《民法典》对这一规定的精神并未改变，《民法典》于第 680 条第 3 款规定"借款合同对支付利息约定不明确，当事人不能达成补充协议的，按照当地或者当事人的交易方式、交易习惯、市场利率等因素确定利息；自然人之间借款的，视为没有利息"。故本条规定与《民法典》的规定是一致的。

三、自然人之间借贷之外的借贷，双方未约定利息的情形

自然人之间借贷之外的借贷，是指借贷一方或双方为非金融机构法人或其他组织的民间借贷。根据出借人的不同，可分为自然人作为出借人的借贷及非金融机构法人或其他组织作为出借人的借贷。借贷双方中一方或者双方为非金融机构法人或其他组织时，如果双方没有约定利息，出借人主张支付利息的，人民法院能否支持？有意见认为，对于非金融机构法人、其他组织之间的民间借贷，即使没有约定利息，也不应该一概否定利息请求。其理由为：（1）《民法典》第 680 条仅规定了自然人之间的借款合同对支付利息没有约定或约定不明的，视为不支付利息，并未涵盖非金融机构法人和非法人组织。（2）认定非金融机构法人或其他组织没有约定利息的就不支付利息，对出借方不公平，不符合等价有偿的民法基本原则。（3）利息为占用一方资金而向对方支付的对价，同样存在着市场价格，非金融机构法人与非法人组织带有商事主体性质，从价值追求及审判理念亦应区别于自然人之间的借贷，即使市场价格难以确定，至少可以参照同期人民银行贷款基准利率确定。

我们认为，如果民间借贷双方之间没有约定利息，出借人主张借期内利息的，不应予以支持。理由如下：（1）从借款目的看，尽管非

金融机构法人、非法人组织进行资金融通多是为获取利益，但也不能排除一些企业之间为临时救急而互通有无、互相扶携。（2）本次对本规定的修正，对于民间借贷合同无效的情形做了扩展，比如对于套取金融机构贷款转贷的一律认定无效，不再要求"借款人事先知道或者应当知道"这个主观要件，对于"未依法取得放贷资格的出借人，以营利为目的向社会不特定对象提供借款的"，一律认定无效等，即对于民间借贷的生效要件规定更为严格，意在规范民间借贷行为，减少民间借贷的营利性。（3）与自然人比较，非金融机构法人、非法人组织从事民商事行为能力、风险防范能力和对于市场预期判断能力普遍较高，是自身利益的最佳判定者，如果为了取得利息，应在借贷合同明确约定，如果没有约定利息的，应视为出借人没有追求利息的本意或者借贷双方没有达成支付利息的合意，对于出借人要求支付借期内利息的主张应不予支持。

应当注意的是，《民法典》第680条第2款规定"借款合同对支付利息没有约定的，视为没有利息"，是对所有的借款合同，不区分合同主体是自然人还是非自然人。所以与本条规定和《民法典》的规定是一致的。

四、自然人之间借贷之外的借贷，对借款利息约定不明的情形

自然人之间借贷之外的借贷，如一方或者双方为非金融机构法人或非法人组织的借贷，在利息约定不明确的情形下，是否参照《民法典》第680条有关自然人之间借贷的规定视为不支付利息，以及按照何种标准支付利息，存有争议。例如，借条上并未约定利息，债权人主张双方当时有约定4%的月利率，债务人认可存在利息约定，但认为双方约定的月利率为2%，那么关于债务人应否支付利息、按照何种标准支付利息在实务中存在很大争议。

我们认为，非金融机构法人和非法人组织具有商事主体性质，其作为一方主体的民间借贷案件，应与双方均为自然人的民间借贷在法

律规则设定、审判理念方面有所不同,其区别主要表现在:(1)主体的交易能力与司法介入的着力点不同。民事审判在承认当事人在缔约能力上存在差异的前提下,强调对弱者的特殊保护,以实现交易结果公平、实质公平,而商事主体作为职业的经营者,应当推定其具有专业的判断能力、当然的注意义务和对等的交易能力,更应侧重保护当事人的缔约机会公平、形式公平,强调意思自治、风险自担。(2)对于财产安全的保护重心不同,对于借贷双方是自然人的民间借贷案件,如果利息约定不明,应侧重维护财产的静态安全,而借贷双方均为非金融机构法人或非法人组织的,应通过维护资本的动态安全,促进资本的高效流转。(3)责任承担的依据和标准有所不同。民事审判侧重于主观的过错与结果的公平,商事审判侧重风险的承担,追求的是促进效益最大化而不仅限于道义的维护及过错的惩罚。在司法的干预上,应当有所为、有所不为,法官应尽量减少以事后的、非专业的判断,代替市场主体缔约时的、专业的商业判断。所以对于非金融机构法人或其他组织作为一方主体的民间借贷,如果对于利息约定不明,不能直接认定为不需支付利息。

在2015年《民间借贷规定》出台之前,实践中,针对上述情形,一般按照1991年《借贷意见》第8条规定处理。该意见第8条规定:"借贷双方对有无约定利率发生争议,又不能证明的,可参照银行同类贷款利率计息。借贷双方对约定的利率发生争议,又不能证明的,可参照本意见第6条规定计息。"第6条规定,民间借贷的利率可以适当高于银行的利率,各地人民法院可根据本地区的实际情况具体掌握,但最高不得超过银行同类贷款利率。这种做法有其合理性,但该种判断标准过于简单化,有必要进一步丰富和发展。对于利息约定不明的确定,就其实质而言,应为合同漏洞补充。合同漏洞,即合同欠缺条款,是指合同应对某事项加以规定却未予规定。漏洞补充,旨在补充合同的不备,而非在为当事人创造合同,故应采最少介入原则,避免侵害当事人的司法自治。

基于上述考虑,本条规定,对于借贷一方或者双方为非金融机构法人或者其他组织的民间借贷，若双方对利息约定不明，出借人主张利息的，应按照下列顺序和标准进行处理：

1. 结合民间借贷合同的内容确定利息。《民法典》第510条规定："合同生效后，当事人就质量、价款或者报酬、履行地点等内容没有约定或者约定不明确的，可以协议补充；不能达成补充协议的，按照合同有关条款或者交易习惯确定。"在借贷双方无法就利息约定通过补充协议予以明确的情况下，首先应通过整体解释补充，即按照合同有关条款内容补充欠缺的有关利息条款。这是因为合同条款是当事人双方协商一致的产物，更能体现当事人的真实本意。

非金融机构法人与非法人组织作为主体的民间借贷合同，多以书面形式订立，表达和传递当事人合同意图所使用的语言文字，在合同的整个内容中是有组织的，可从这种组织的排列中找出欠缺的利息条款或洞察当事人关于利率或利息的真实本意。如王某为 M 公司员工，王某通过银行向 M 公司转款 40 万元，同日 M 公司向王某出具《内部收款收据》，载明收到王某款 40 万元在该收据摘要中注明"收王某借款用于××项目"。收据后附 M 公司《关于公司内部集资计划的申请书》，主要内容为：由我公司承建的××项目前期启动资金需 300 万元，研究决定内部集资 300 万元集资时间为两年年息 10%。该申请书有公司负责人签字同意。后 M 公司未偿还该款，王某诉至法院，请求返还本金并按照年利率 10% 计算利息，M 公司主张双方未约定利息，不应支付利息。人民法院审理后认为，虽《内部收款收据》中未写明还款利息但注明了该款的用途为"用于××项目"与后附《关于公司内部集资计划的申请书》中提及的内部集资款用途一致，而且在《关于公司内部集资计划的申请书》中明确了内部集资的期限为两年年息 10%，故法院最终认定双方借款利息为年利率 10%，借期两年。

2. 按照合同履行地或者当事人的交易方式、交易习惯确定利息。一般认为，下列情形，不违反法律、行政法规强制性规定的，人民法院可以认定为合同法所称的"交易习惯"：（1）在交易行为当地或者某一领域、某一行业通常采用并为交易对方订立合同时知道或者应当知道的做法；（2）当事人双方经常使用的习惯做法。比如双方当事人之间发生过多笔借款，之前的几笔借款均是约定月利率1%，每月支付利息，已经履行完毕。之后两笔在借条中约定利息按旧例，未写明具体利率，但是借款人已经按月偿还了部分款项，偿还的款项数额与按照月利率1%计算出的利息数额是相同的，这种情形下，根据当事人双方以往的交易方式和交易习惯，可以认定双方之间实际履行的仍为月利率1%。

应注意的是，确定交易习惯的前提是该交易方式、交易习惯不违反法律、行政法规的强制性规定。并且适用交易方式、交易习惯确定利息标准有三个条件限制：一是从客观条件而言，应为交易行为当地或者行业通常采用的做法；二是从主观条件而言，为交易对方知道或应当知道，以加强对不了解当地习惯或者缺乏业内经验的相对人的保护；三是从交易习惯的时间节点来看，应为订立合同时知道或应当知道的习惯做法。

3. 根据订立合同时履行地的市场报价利率确定利息。依照上述1、2标准仍然不能确定利息的，应当按照《民法典》第511条有关价款或者报酬不明确的如何履行的规定进行判断。该条规定："当事人就有关合同内容约定不明确，依据前条规定仍不能确定的，适用下列规定：……（二）价款或者报酬不明确的，按照订立合同时履行地的市场价格履行；依法应当执行政府定价或者政府指导价的，依照规定履行。"在非金融机构法人或非法人组织作为一方主体的民间借贷中，对利息约定不明时，若不能通过借贷合同的内容、当事人的交易方式、交易习惯确定利息的，可以订立民间借贷合同时合同履行地的市场报价利率确定利息。

综上，借贷双方中若一方或双方为非金融机构法人或非法人组织，在利息约定不明时，出借人请求支付利息的，应当结合借款合同的内容，并根据当地或者当事人的交易方式、交易习惯、市场报价利率等因素综合确定。《民法典》第680条第3款"借款合同对支付利息约定不明确，当事人不能达成补充协议的，按照当地或者当事人的交易方式、交易习惯、市场利率等因素确定利息；自然人之间借款的，视为没有利息"的规定，实际上是吸收了本条规定的内容。

【审判实践中应注意的问题】

一、如何区分"没有约定利息"和"对利息约定不明"

对于一方或双方为非金融机构法人或其他组织的民间借贷而言，"没有约定利息"和"对利息约定不明"的不同情形下，是否计算利息的规则是不同的。因此，在实践中，区分两种情形有着重要的意义。

实践中，借贷双方在书面证据中可能并没有利息、利率的明确约定，但当事人发生争议诉至法院后，往往出借人会有口头约定利率、利息的主张。根据《民法典》第669条规定，借款合同采用书面形式，但自然人之间借款另有约定的除外。即对一方或双方为非金融机构法人或非法人组织的民间借贷，原则上要求以书面形式订立。对于口头利息的约定，其效力如何认定？一方面，《民法典》第669条规定并非效力性强制性规定，应视作带有指引性质的管理性规定。另一方面，根据《民法典》第490条规定，法律、行政法规规定或者当事人约定采用书面形式订立合同，当事人未采用书面形式但一方已经履行主要义务，对方接受的，该合同成立。故在民间借贷合同中，如借贷双方对于利息有口头约定的，法律也应认可其合法性。

二、当事人对于有无利息及利率高低的争议处理

当事人对于有无利息及利率高低是否存在争议主要分为以下几种情形：（1）双方均认可没有约定利息。（2）双方均认可约定了利息，且对于利率无争议。（3）一方主张约定了利息，另一方不予认可。（4）借贷双方对于有利息约定的事实予以承认，但在利率高低上存在分歧。第一种情形和第二种情形比较简单，第一种情形按照"没有约

定利息"的规则处理即可,第二种情形适用关于利息、利率的一般原则处理即可。第三种情形要看当事人的举证。如果主张有利息约定的一方能提供证据,则应当认为双方是有利息约定的,如果对于利率约定难以查清的,可视为"利息约定不明"情形;如果主张无利息一方能够提供无利息约定的证据或主张有利息一方不能提供充分证据证明有利息约定的,则应视为"没有约定利息"。第四种情形应属于"利息约定不明"的情形。

第二十五条　【民间借贷利率上限的规定】

出借人请求借款人按照合同约定利率支付利息的，人民法院应予支持，但是双方约定的利率超过合同成立时一年期贷款市场报价利率四倍的除外。

前款所称"一年期贷款市场报价利率"，是指中国人民银行授权全国银行间同业拆借中心自 2019 年 8 月 20 日起每月发布的一年期贷款市场报价利率。

【条文主旨】

本条是关于司法保护民间借贷利率上限的规定。

【条文理解】

严格意义上讲，利率规制并不属于法律适用的范畴，首先应当由立法机关立法，或者由国务院制定行政法规予以明确规定。《民法典》第 680 条第 1 款规定，"禁止高利放贷，借款的利率不得违反国家有关规定"。该条文对借贷利率作出了原则性规定，但何种放贷行为属于"高利放贷"，现行法律或国务院发布的行政法规尚未有明确规定。而目前，我国在民间借贷领域没有明确的主管部门，金融管理机关作出的利率规制只是针对正规金融机构，对于民间借贷利率仍缺乏相应监管。而民间借贷在我国自古有之，在市场经济的任何历史时期都是必不可少的社会融资手段，具有顽强的生命力。涉及民间借贷纠纷案件已成为人民法院受理所有案件类型中数量居第一的案件，为指导司法实践切实解决好民间借贷相关纠纷，为社会经济发展和稳定提供有力司法保障，无论是 1991 年最高人民法院颁布的《借贷意见》，还是 2015 年最高人民法院制定《民间借贷规定》对民间借贷利率司法保护上限作出规定，从司法层面加以规制，都是必然选择和要求。

一、关于 2015 年《民间借贷规定》出台的背景情况

1991 年《借贷意见》实施后，经过二十多年的发展变化，伴随企业和个人财富的逐步积累，民间借贷在我国社会经济生活中日趋活跃，借贷规模也不断扩大，与此相应，民间借贷案件的数量呈现爆炸式增长，涉案主体多元化，审理难度不断加大，现有司法解释已不能适应审判工作的现实需要。特别是在党的十八大召开后，我国金融改革力度进一步加大，随着利率市场化改革，央行不再公布基准利率，1991 年《借贷意见》规定按照中国人民银行同类贷款利率最高不超过四倍计算借款利息，失去了参照依据，极大程度影响到了民间借贷案件的处理。党的十八届三中全会确立了金融市场化改革，其中一个很重要的方面就是利率市场化。但是，利率市场化不意味着利率无限化，也不意味着利率无序化。当时正规金融市场贷款利率正处于一个变革时期，经历了从国家统一设定利率，到依据国家基准利率设定上下限浮动利率，再到 2004 年贷款利率浮动上限，2013 年取消浮动下限的变迁过程。民间借贷利率上限究竟应采取何种模式在司法解释中加以规定，最高人民法院作了大量研究，后经商请相关主管部门，并参考国外一些立法例，制订了 2015 年《民间借贷规定》，并于 2015 年 8 月 6 日公布，于 2015 年 9 月 1 日起施行。

2015 年《民间借贷规定》出台当时，受到国内外媒体广泛关注和深入报道，媒体多数点赞，社会普遍持正面评价，认为该司法解释顺应了中国经济发展的趋势，符合中国金融改革方向，是落实党的十八届三中全会关于金融体制改革相关部署的具体举措，对于加快民间借贷阳光化进程意义深远。特别是在当时无法尽快制定法律或行政法规确定民间借贷利率标准的情况下，人民法院每年急需裁判大量民间借贷案件，该司法解释的出台统一了司法裁判标准，规范了民间借贷行

为，客观上对中小微企业融资多元化也起到了推动作用。

二、关于对 2015 年《民间借贷规定》进行修正的背景

2015 年《民间借贷规定》实施以来，总体效果是好的，但随着我国市场经济的迅速发展和金融改革（包括利率市场化改革）的进一步深化，民间金融领域衍生出诸多新情况、新问题。有些地方扩大适用民间借贷规定的范围，片面将 24% 年利率作为解决一切债务履行问题的衡量标准，社会资本大量涌入民间借贷市场，加之一些非法借贷活动掺杂其中，导致民间借贷市场出现了范围过宽、利率过高等一系列亟待规范的问题。因民间借贷利率是关乎国家经济发展和社会稳定的重大问题，社会各界普遍关注。

（一）人大代表意见和政协委员建议逐年增多

近几年，社会各界，特别是企业界、法律界的全国人大代表、政协委员多人多次对民间借贷利率司法保护上限提出意见和建议，希望最高人民法院对司法解释规定的利率司法保护上限进行修改，从而缓解非法民间借贷乱象。代表委员的意见和建议中，有的认为，民间借贷利率信号混乱导致各种金融乱象，近年来，社会上出现大量非法金融、非法放贷、套路贷、校园贷等问题，严重扰乱社会经济秩序，严重损害人民群众合法权益和生活安宁。所以，法律能承认、法院能保护的民间借贷利息必须从严控制，严格限定条件和幅度。有的认为，24%～36% 的高利率对金融利率市场化起到了一定的积极推动作用，使企业融资能够多元化。但由于利率过高，加之政府、金融、司法等有关部门金融监管不到位，产生一些高利率的负作用：

（1）过桥贷压垮了民营企业。企业不得不向影子银行过桥贷，背上利息高达 24%～36% 沉重包袱。（2）影子银行坑害民营企业。据有关部门调研，银行业贷款余额中，民营企业贷款不足 25%。民营企业大部分贷款只能从影子银行解决。有的影子银行及部分国企拿着从银行贷到的低利率资金，利用高利率的司法解释，获得 4～6 倍的利润空间，进行转贷"倒倒"。大量资金在银行和影子银行之间循环空转，

产生收益，助推了金融脱实向虚，危害了实体经济发展。（3）高利率直接推高了企业融资成本。2018年全国工商联对1300多家民营企业调查显示，净利润在5%以下的占36.09%，在5%~10%的占33.70%，另外有15.77%的企业处于亏损状态。微利加上亏损企业合计达85%以上。24%~36%的民间借贷利率，直接推高了企业融资成本，大部分民营企业承受不了如此高的利率，高利率不符合民营经济发展规律。（4）高利率助推了非法集资的发展空间。高利率的司法解释，使非法集资有了向民营企业放贷的空间。非法集资已成为吞噬资金的黑洞，严重扰乱了社会金融秩序。有的认为，司法解释划定"两线三区"的利率标准本是司法保护上限，却在无形中对民间放贷人形成了心理引导，客观上推高了民间借贷的资金定价，成为普遍的利率标准。当前民间借贷纠纷案件中，约定的借贷利率大多在月息2%（年利率24%）到3%（年利率36%）之间，月息2%以下的借贷案件占比逐年减少。然而，近年来宏观经济增速放缓，各行各业利润率普遍下降，亏损企业比比皆是，作为民间借贷主要参与主体的中小微企业，其利润率更是远不及年利率24%。与不断下降的银行贷款利率相比，24%标准已是一年期基准利率（4.35%）的近六倍，显著超过社会平均利润率水平，挤占了有限的经营利润和发展空间，使得民营企业不堪重负。

（二）各级人民法院提出在审判实践存在诸多问题

我们调研了解，虽然诉诸法院的民间借贷纠纷占整个民间借贷规模的比例不算大，但2016~2019年人民法院受理民间借贷案件达到704.5万件，2018年、2019年均突破200万件。许多法院反映，近年来，民间借贷行为职业化倾向、借贷标的额不断增大、依据"两线三区"利率标准追逐非法利益等情形，在民间借贷案件中越来越多，非法催收、暴力讨债等乱象也多有显现。诉诸法院的案件往往是长期未能自动履行的债务，高额利率使利息金额往往超出本金，而且企业借贷时常为生存问题，接受苛刻的利率条件，而客观上并无偿还能力，往往使判决成为一纸空文，难以达到债权人的司法预期，严重影响司法公信力。因此，许多法院要求正视我国经济社会，特别是三期叠加阶段企业的客观情况，适当抑制利率保护上限，防止企业债务缠身，而无起死回生的余地。

基于以上两方面因素，为切实解决审判实践中新情况、新问题，回应人民群众的关切，我们就民间借贷利率存在的问题开展广泛调研、听取社会各界意见，启动对民间借贷规定的评估完善工作。

我们认为，确定合理的利率保护上限，对于规制民间借贷法律关系具有重要意义。一方面，民间借贷是正规金融的有益补充，利率的司法保护上限应当高于正规金融市场的平均利率，方有空间使得借贷利率与市场风险相对应，进而能激励民间借贷行为，保障有资金需求的融资方能够正常融资。实践中，民间借贷对象集中于中小微企业、个体工商户及自然人，信用风险较高。民间借贷利率适当高于正规金融利率，有利于理性激发民间资本活力，提高民间借贷资金的可获得性，使正规金融市场得以有益补充，有利于解决中小微企业融资难、融资贵问题，也有利于切实发挥民间借贷服从、服务于实体经济发展作用。另一方面，利率司法保护上限不宜过度高于实体经济的利润率。过度高于实体经济的获利空间，则必然驱使富余的民间资本通过各种方式放贷设法逐利，既不利于实体经济发展，也不利于民间融资的有序规范开展。而且，缺乏现金流的融资方冒险性地"拆东墙补西墙"弥补现金流紧缺的现象非常常见，稍有不慎就会变成"饮鸩止渴"，成则已，不成则往往坠入深渊，不利于实体经济的正常有序发展。

三、关于影响民间借贷利率定价的因素

民间借贷利率是否存在一个"合理价格"？在新古典经济学者Zimmermann看来，"合理价格"仅仅是一个不着边际的概念游戏，人们无法真正解决这一问题。

在2015年《民间借贷规定》起草过程和本次规定修正过程中，涉及民间借贷利率保护的上限确定问题，一直都是社会各界关注的焦点。尤其是确定合理定价上，应当偏高还是就低，各种观点错综复杂，

相互交织。我们研究认为，民间借贷利率是一种内生的定价机制，由民间借贷市场状况决定，同时又是民间资金市场的指向标，具有自发性，影响民间借贷利率定价的因素有很多，大致可归纳为以下几个方面：

（一）国家货币市场价格因素

1. 受正规金融机构贷款利率的影响。从民间借贷利率的形成机制观察，民间借贷利率与信贷运行平均成本持平，但高于边际成本。

2. 受市场供求关系的影响。政府对民间借贷的管制越松，放贷人短期内所获收益就越大，进入民间借贷市场的放贷人就越多，供过于求的状况出现，导致借贷利率下降。另外，银根的紧缩与放松，也直接影响民间借贷需要的增加与减少，从而影响利率的价格。信贷政策宽松时，市场资金充裕，民间借贷需求减弱，利率自然下行；当银根紧缩，金融机构收紧贷款，民间借贷的需求增加，利率就会随之上行。由此可知，民间借贷利率对于市场的反应较为灵敏。

（二）传统习惯因素

我国民间借贷利率的历史经验表明，利率变化至少受到地域习惯、传统文化与关系本位的影响。在我国，不同地域的民间借贷突出表现为风格各异的市场占据与分割的特性。不同的传统文化和宗教信仰导致对高利贷的态度也大相径庭，有的深恶痛绝，有的习以为常。而在"熟人社会"里，由于彼此的相互信任决定了借贷利率较低，完全的陌生人因安全性最差导致利率较高，体现了明显的关系本位。

（三）社会经济发展因素

我国社会经济发展主要呈现出三种态势：自给自足的自然经济、国家主导的计划经济和由市场调节的市场经济。对于自然经济而言，几乎不存在借贷现象；对于计划经济而言，基于社会道德与稳定考量，国家一般采取较低利率以维护其统治；对于市场经济而言，民间借贷利率几乎无时无刻不处于一种动态环境中。

（四）金融市场改革因素

民间借贷已经被纳入我国金融监管的体系之中，对于民间借贷利率的规范,在坚持以市场为导向的同时,政府和金融监管部门也要进行间接干预,以此实现对民间利率的规范化管理,从而保证民间借贷利率市场化目标的最终实现,真正形成正规金融机构与民间金融市场相辅相成、相得益彰的良好布局。

总之,利率是一定社会经济条件下资金供给和需求的反映。对于民间借贷利率,既不能完全依照契约自由原则听之任之,也不能对其管制过严,适当高于正规金融利率,理性激发民间资本活力,提高民间借贷资金的可获得性,有利于解决中小微企业融资难问题,有利于切实发挥民间借贷服从、服务于实体经济发展的作用。一段时期以来,我国民间借贷利率较高,有多种原因。从需求层面来看,民营经济蓬勃发展,存在大量资金需求,从供给层面来看,银行等正规融资渠道对资信、投向等有严格要求,不能满足社会经济活动的实际需要,造成了资金价格也就是利率偏高。在需求旺盛、供给偏紧的市场条件下,又助长了投机行为,进一步推高了民间借贷利率。要治理高利率问题,关键是疏解资金供给和需求的紧张关系,特别是拓宽民营企业的融资渠道。法律是社会生活的反映,而不能替代社会生活本身。在当前金融市场化改革尚未完成、民营企业融资渠道仍然有限的情况下,应当承认这种社会现实,反映资金供给的实际情况。据我们了解,当前,民间借贷对于亲友之间或者资信较好的民营企业,借贷利率一般月息也不低于一分,即年化利率12%。考虑到民间借贷还存在关系较为疏远、企业资信情况较差的情形,这些市场定价因素都应当资金借用价格里有所反映,给予一个相对较宽的浮动空间,有利于在市场条件下形成合理的资金价格,从而满足民营经济的实际融资需要。

四、确定采用一年期"LPR 四倍"标准的考量因素

(一)确定民间借贷利率保护上限的模式选择

从民间借贷利率上限的模式选择来看,目前各国和各地区对民间借贷利率上限的模式选择,大概可以分为三种主要路径:统一划线模式(客观模式)、个案判定模式(主观模式)和折中模式。

1. 统一划线模式（客观模式）

统一划线模式或称客观模式，即统一划定民间借贷的利率保护上限，凡是超过这一界限的均视为高利贷。具体包括三种方式：

（1）依据某些指数的进行浮动，如贷款基准利率、联邦储备利率、国债利率等。1991年《借贷意见》规定贷款基准利率四倍为上限——"四倍红线"原则即采取了此种方式。美国特拉华州也规定高利贷界限为美国联邦储备利率加5个点。

（2）在固定利率和依据某些指数浮动的利率之间择一而定，例如，美国华盛顿州高利贷通常的界限为年利率12%，或者合同签署前1个月美联储26星期国库券初次拍卖报价利率加4个点，取两者中较高者；密西西比州高利贷界限为年利率10%，或为联邦储备利率加5个点；肯塔基州高利贷界限为联邦处于利率加4个点或19%中较低者；罗得岛州高利贷界限为21%或短期国库券收取利率加9个点；田纳西州高利贷界限为24%或平均最优惠贷款利率加4个点中的较低者。

（3）固定利率方式。这其中又分为三种模式，第一种是区分借贷用途，分别设定不同的利率保护上限，例如，美国加利福尼亚州将消费型借贷利率上限定为年利率10%，非消费型借贷最高利率为联邦储备利率加5个点。第二种是根据借贷金额的不同，设定不同的利率上限，例如佛罗里达州规定高利贷界限为年利率18%，但贷款超过50万美元时，其最大利率可以达到25%。第三种是不区分借贷用途和借贷金额，使用统一的固定利率标准。例如，美国纽约州通常以年利率16%为高利贷的标准，马萨诸州以年利率20%作为高利贷标准。除美国之外，我国台湾地区"民法"第205条规定，"约定利率，超过周年百分之二十者，债权人对于超过部分之利息，无请求权。"香港特别行政区《放贷人条例》规定年利率超过60%构成犯罪，而年利率超过48%则可退订交易，属于欺诈性。日本则在《利率限制法》和《出资法》对于民间借贷利率上限的规定统一后，认定年利率20%为高利贷标准。

2. 个案判定模式（主观模式）

个案判定模式或称主观模式，即通过民法上的反暴利、乘人之危或公平原则进行个案评价。这一模式的典型代表为德国。《德国民法典》第138条为其"暴利条款"，该条第1款规定"违反善良风俗的法律行为无效"。第2款规定："特别是当法律行为系乘另一方穷困、没有经验、缺乏判断能力或者意志薄弱，使其为自己或者第三人的给付作出有财产上的利益的承诺与履行，而此种财产上的利益与给付显然不相称时，该法律行为无效。"法官依据上述条款在个案中对是否构成暴利行为进行自由裁量。一般而言，构成暴利需符合两个要件：一是给付与对待给付之间存在明显的不相称关系，法官要考察当地情况和借款目的才能确定是否相称。二是附加要素，法官要以是否有悖于善良风俗的标准来考察当事人的主观心态，需要法官根据证据自由裁量，获利的一方主观上是否有应受谴责的态度以及对健康国民感受的背离。尽管德国立法上对民间借贷利率是否构成暴利采取了个案判定的主观模式，但这并不意味着其在司法实践中没有总结出一套较为客观的适用标准。德国司法一般认为，应区分消费者信贷和企业信贷而适用不同的标准。对消费者信贷利息规制严格，年利率超过30%通常即被认为满足了暴利的客观要件，而对企业借贷则较为宽松，即使年利率为94%或180%时，也不当然构成违反善良风俗或俗称暴利。

3. 折中模式

第三种路径则介于统一划线模式与个案判定模式之间，存在固定利率上限，但该上限有一定的软化：一是不由法律直接规定而是委托政府来决定固定利率上限，且之后会对上限及时调整。例如，荷兰、比利时根据借贷市场具体状况，政府每六个月会调整公布一次不同期限、种类的借贷合同的合法利息上限。二是存在固定利率上限，但赋予法官在具体案例适用中通过自由裁量对上限加以一定程度的修正的权利。例如，法国的合法利息上限在33%，但根据借贷合同的种类不同可以参考银行同种类交易的利率进行调整；葡萄牙将借贷利率限制在银行基准利率3%~5%以下，在迟延还款的情况可以提高至7%~

8%，法院还可以根据抵押物等因素再适当提高这一比例。

（二）统一划线模式（客观模式）的司法选择理由

上述三种模式，在司法中如何进行应用呢？就第二种模式（个案判定模式）而言，要求利率规制在每个个案中进行利益衡量和判断。就第三种模式（折中模式）而言，第二种方法存在确定的利率上限，要求法官依据案情酌定调整。在我们看来，鉴于我国现阶段的司法能力，上述两种模式比较而言，并不符合我国的国情，其而应选择统一划线模式，主要有以下三个原因：

1. 我国目前的民间金融市场并不成熟，司法关于民间借贷的明确规则的管制信号，远胜于法官的自由裁量。鄂尔多斯、温州等地的民间借贷风潮明确表明我国目前民间借贷市场的暗流涌动，爆发的只是冰山一角，民间借贷潜在的问题还很多，最主要的问题还是在于信息不对称情况下的高利率诱惑。法律必须明确告知民众其立场，由此明确的规则比自由裁量的标准更加适合在我国这样的转型期传递公众以管制信号，法官的自由裁量会降低该规则的明确性并转而导致管制行为效力的削弱，对于维护金融秩序不利。

2. 民间借贷的利率规制，本应事先经由行政管制予以解决，后委诸事后的司法裁判。但鉴于在我国民间借贷规制的行政管制与司法裁判的位序，要求所有相关诉讼进行个案衡量难以实现。民间借贷的利率规制，在多数国家是通过行政管制的方式实现的，法院职责在于事后的裁判，然而在我国，行政机关尚没有对民间借贷的利率作出规定，职责转而由法院进行事后规制。但是一个不可回避的现实是，我国法院的法官多是法学院出身后一直从事法官工作，缺乏金融实操经验导致对于金融世界了解有限；加之法院在处理金融问题上专业化程度有限，即使在金融审判专业化的今天，面对花样繁出的金融业务，其专业性较行政部门也偏低；而且法院在信息来源上处于不利的状态，现有的法院的信息来源途径无法保证在面对专业问题时能够作出迅速而准确的裁判；加之在案多人少的困局之下，由法官系统化学习金融知识，并在每个案件中进行衡量，其司法成本亦高至司法系统难以承担。

相比之下，德国法官无论在法官的专业性、案件数量上比之我国都有一定的优势。因此，可以说，法官在处理此类案件存在天然的劣势，现阶段由法院通过个案衡量来对复杂的民间借贷纠纷实行利率的后端规制实非上选之策。

3. 我国民间借贷案件常有标的额较大的案件，利益冲突激烈，如果由法官通过规则的适用而获得自由裁量权进行裁量，由此可能引起争讼双方的激烈反对，进而会导致双方对判决本身的强烈质疑，法官的审判难度和不确定性大增，从而增加已经非常巨大的司法环境压力。

（三）民间借贷利率保护上限确定的两项原则

采用固定利率保护上限模式，最重要的问题就在于利率保护上限数值如何确定。回答这个问题必须要考虑两个问题：一是民间借贷的利率保护上限与金融市场平均利率的高低问题；二是民间借贷利率保护上限与实体经济的利润率的问题。

1. 民间借贷的利率保护上限应当高于金融市场的平均利率

利率受多种因素影响，包括资本利得、确定风险的补偿、不确定风险的补偿、交易费用等因素。与商业借贷相比，民间借贷的借款人资产有限，抗市场风险的能力低，借款人的风险补偿利率往往偏高，用以冲销坏账等。我们认为，民间借贷其利率保护上限应该适当高于市场平均利率，这才有空间使得利率与市场风险相对应，进而能激励民间借贷行为，促进民间借贷市场的发展。否则，过低的民间借贷利率保护上限将会导致民间借贷市场中资金匮乏，成为无源之水，进而市场萎缩，融资方需求无法满足，而投资方也将会寻求绕过利率保护上限，或者寻求非司法的其他方式保证利率的可获得。

2. 利率保护上限不宜过度高于实体经济的利润率

从经济的角度，金融是为实体经济服务的，促进资金这一生产要素在各产业和企业之间流动，促进资源优化配置，金融业在实体经济的发展中分得剩余价值。但是如果金融资本所分得的剩余价值过多，就会阻碍实业资本扩大再生产，阻碍生产力的发展。从法律的角度看，利率管制除了限制资本防止两极分化外，另一个重要功能是风险管制的功能，禁止出借人和借款人过分冒险地借款同样重要。显然，过分高于实体经济的利润率是非常可疑的，传销等庞氏骗局往往都是以过分高的利率作为诱饵的。从现实的角度看，参与民间借贷的企业有较高的概率处于亏损状态，数据显示，在仅有民间借贷的小微企业中，13.5%处于亏损；而在仅有银行贷款的小微企业中，只有10.1%亏损；而在既有银行贷款又有民间借款的企业中，18.7%都在亏损。亏损企业用借贷来弥补现金流紧缺的，稍有不慎就会变成"饮鸩止渴"。而同时有银行贷款和民间借贷的企业高达18.7%的亏损率表明，亏损后冒险性地"拆东墙补西墙"非常常见。为保持在银行的信用记录，此类企业的借贷利率往往很高，赌博性较重，成则企业复兴，不成则企业往往会坠入深渊。由此，参与借贷企业的高亏损率表明民间借贷的利率不应过高，否则企业容易在"临死"前大量进行高利率借贷进而引发社会性的借贷风潮。

（四）民间借贷率保护上限确定的具体因素

1. 民间借贷利率司法保护上限变化应与我国利率市场化改革方向相一致

2015年《民间借贷规定》制定时，银行基准利率在6%左右，按四倍计算即确定为24%。但随着利率市场化改革的进一步推进，中国人民银行取消了基准利率，相当于司法解释确定24%的依据不复存在。2019年8月17日中国人民银行发布了"〔2019〕第15号"公告，决定改革完善贷款市场报价利率（LPR）形成机制。公告确定："……二、贷款市场报价利率报价行应于每月20日（遇节假日顺延）9时前，按公开市场操作利率（主要指中期借贷便利利率）加点形成的方式，向全国银行间同业拆借中心报价。全国银行间同业拆借中心按去掉最高和最低报价后算术平均的方式计算得出贷款市场报价利率……四、将贷款市场报价利率由原有1年期一个期限品种扩大至1年期和5年期以上两个期限品种。银行的1年期和5年期以上贷款参照相应期限的贷款市场报价利率定价，1年期以内、1年至5年期贷款利率由银行自主选择参考的期限品种定价。五、自即日起，各银行应在新发放的贷款中主要参考贷款市场报价利率定价，并在浮动利率贷款合同中采用贷款市场报价利率作为定价基准。存量贷款的利率仍按原合同约定执行。各银行不得通过协同行为以任何形式设定贷款利率定价的隐性下限……"据业内人士分析，LPR 是为市场提供一个最优贷款利率供行业定价参考，是金融机构对其最优质客户执行的贷款利率，大多银行贷款实际执行利率要高于贷款市场报价利率。我们将 LPR 作为民间借贷利率锚，正是考虑到民间借贷是正规金融的有益补充的性质，为了发挥好这一有益补充的作用，民间借贷利率司法保护上限变化应与我国利率市场化改革方向相一致。

2. 保持司法解释的稳定性

确定"四倍 LPR"新利率，是综合新中国成立以来尤其是改革开放以来对民间借贷利率的规制作出的。新中国成立后最早对民间借贷利率的规制文件为 1952 年 11 月 27 日最高人民法院发布的《关于城市借贷超过几分为高利贷的解答》，其中答复为"……根据目前国家银行放款利率以及市场物价情况私人借贷利率一般不应超过三分……"1991 年 8 月 13 日施行的《借贷意见》第 6 条规定，民间借贷的利率不得超过银行同类贷款利率的四倍。2001 年 4 月 26 日施行的《中国人民银行办公厅关于以高利贷形式向社会不特定对象出借资金行为法律性质问题的批复》再次调整高利贷的认定标准为银行同类贷款利率的四倍。由此可见，最高人民法院司法解释和央行有关批复规定的利率保护上限均是同期同类贷款利率四倍。此次确定 LPR 四倍标准，相当于沿用央行发布基础利率四倍标准，有助于人民群众对此标准的理解和接受，也体现了司法政策的延续性。同时，从 LPR 的数据看（图1），从 2019 年 8 月 20 日第一次公布以来，呈现出一种持稳缓降趋势，看一年期利率数据，2019 年 8 月目前最高，十余个月以来一直在缓降，2019 年 9 月、10 月两个月保持一致为 4.20%，11 月、12 月、2020 年 1 月三个月保持一致为 4.15%，2020 年 2 月、3 月又两个月保持一致为 4.05%，2020 年 4 月、5 月、6 月、7 月、8 月又五个月持续保持一致降为 3.85%，以"四倍"计算即为 15.4%。该数据与温州民间借贷登记中心提供的当前温州民间借贷利率指数 16.1% 相比较，以 LPR 四倍作为民间借贷利率保护上限标准，比较符合市场对资金的供求情况。民间借贷的风险较高，为其预留一定的风险补偿比例，既有利于鼓励民间闲散资金为实体经济服务，同时也没有过分脱离实体经济的盈利水平，也是风险与收益相平衡的体现。

	2019.8	2019.9	2019.10	2019.11	2019.12	2020.1	2020.2	2020.3	2020.4	2020.5	2020.6	2020.7	2020.8
1年期	4.25%	4.20%	4.20%	4.15%	4.15%	4.15%	4.05%	4.05%	3.85%	3.85%	3.85%	3.85%	3.85%
5年期以上	4.85%	4.85%	4.85%	4.80%	4.80%	4.80%	4.75%	4.75%	4.65%	4.65%	4.65%	4.65%	4.65%

图1　2019年8月至2020年8月LPR数据

3. 民间借贷利率不同国家和地区间比较

从世界范围看，对于民间借贷的法律规范有多种模式，一种治理机制是通过制定非存款类放贷人条例、消费信贷法等专门法律，构建民间借贷法律治理机制。如美国各州根据民间资本发展情况制定了相应的放贷人准入规则；我国香港特别行政区 1980 年通过《放债人条例》，形成以规制营利性放贷主体为核心的民间借贷治理机制。另外一种治理机制以英国、南非为代表，将民间借贷纳入信贷法中加以规制，如英国没有针对非银行放贷人的专门立法，放贷人主要从事以个人或家庭为对象的消费信贷业务，受《消费信贷法案》的规制和调整。南非颁布了《国家信贷法》，将民间借贷纳入国家信贷法的规制范围。不论是通过专门立法，还是将民间借贷纳入信贷法中规制，都可以看出多数国家和地区形成了民间借贷治理方面较为完备的法律机制，在市场准入限制、采用区别于吸储机构的差别化监管、实行灵活多样的利率限制、建立以信息披露和禁止掠夺性放贷为核心的规则体系等几个方面均是我国立法层面值得借鉴的经验。

从国际民间借贷利率水平看，部分国家和地区的借贷上限介于 12% 到 30% 之间，呈现一定的差异性，但总体在 20% 上下浮动。我国台湾地区"民法"第 205 条规定：约定利率超过年利率 20% 者，债权人对于超过部分之利息，无请求权。在日本，制定有《利息限制法》《关于取缔出资接纳、保管金及利息》均规定利率保护上限为 20%。

在我国香港特别行政区，《放债人条例》第24条规定，任何人以超过年息60%放贷或者预约放贷，就构成犯罪；第25条规定，任何贷款的还款协议或关于任何贷款利息的付息协议，如其所订的实际利率超逾年息48%，凭该事实即可推定该宗交易具有敲诈性。在美国，各州标准有所差异，美国加利福尼亚州把年利息超过45%的借贷行为视为犯罪，亚拉巴马州设定了8%的普遍限制，纽约州和佛罗里达州分别以年利率16%和18%为上限。在新加坡，2008年《放贷人法案》修正案中，规定无担保贷款的最高年利率为18%，担保贷款的最高年利率为12%。同以上域外民间借贷利率水平相比，我们此次采用LPR四倍标准，目前为15.4%，是较为适中的方案。但如前所述，不同国家和地区有关民间借贷制度机制方面的设计经验虽具有参考价值，但有关民间借贷利率保护上限的设定，更多还是要立足于我国历史发展惯性、社会现状、市场需求等实际情况。

4. 对各领域、各方面意见进行综合评估

我们就《民间借贷规定》的修正方案多方面征求了意见。一方面，企业界、法律界专家普遍认为，采用"四倍LPR"标准过高，法律能承认、法院能保护的民间借贷利息必须从严控制，严格限定条件和幅度，对超过银行基准利率的部分似都不应承认和保护，否则不利于解决当前民间借贷的乱象，不利于解决中小微企业"融资难""融资贵"问题。另一方面，银行、金融学、经济学专家较为一致地认为，采用"四倍LPR"标准过低，因贷款市场报价利率是报价银行对其最优质客户报出的贷款利率，民间借贷对象集中于中小微企业、个体工商户及自然人，信用风险较高，民间借贷利率相对偏高是合理的，有利于提高民间借贷资金的可获得性。有的经济学家表示，如果借款方违约概率超过10%，小微企业贷款利率就必然高于16%，这个利率水平是市场供求关系所决定，如果利率保护上限设置过低，许多小微企业会因融不到钱而裁员甚至倒闭。所导致的对经济的负面影响和社会问题会更大。

可以看出，各部门、各领域是站在不同角度对民间借贷利率保护上限设置提出建议，某种程度也反映出社会各方面的利益诉求。从司法实践角度出发，"四倍LPR"标准基本符合当前降低融资成本的需要，又为民间借贷市场预留了盈利空间，沿用"四倍"表述，满足习惯认知和裁判标准统一的需要。民间借贷"民间"的固有属性，利率一般要高于银行利率，若司法对民间借贷利率高于银行利率一概否定，则可能导致民间放贷者为规避管制而将其业务转至"地下"，从而引发市场秩序的混乱与监管成本的加大，也可能导致民间借贷以"地下钱庄"、不写明利息、预先扣息、通过虚假诉讼强制转移财产所有权等方式规避法律的管制，从而造成监管难度的加大和司法资源的浪费，故应保证民间金融与正规金融处于一种平行关系。因此，司法解释设定民间借贷利率保护上限，力争做到有利于民间借贷的有序发展，有利于防范对经济的负面影响和社会新问题产生的风险，有利于保障人民群众对借贷安全和公平正义的追求，有利于保护中小微企业阳光融资和正当投资的需求，有利于司法工作对金融市场化改革的推动作用，有利于人民法院统一裁判标准、正确使用法律。目前方案采用"四倍LPR"（相当于15.4%），相当于在综合各方意见情况下取了最大公约数，以期实现各方面利益的平衡。

【审判实践中应注意的问题】

民间借贷利率保护上限为何没有区分长期借贷和短期借贷？民间借贷尤其是小微企业的融资难，已经是一个无需验证的现实。民间借贷融资困境的难题之一即短期的过桥融资的畸高利息问题，究竟应该如何应对？一种观点主张，应当区分短期长期利率，短期利率可以适用更高的利率保护上限，理由在于：（1）短期借贷解决资金急需的困难，当事人可以接受较高的资金筹集成本；（2）利率作为资金价格主要由借贷成本和供给状况所决定，短期借贷因筹资成本较高，利率也应当相应高一些。我们发现，从司法实践层面观察，短期利率单独设置更高利率保护上限，潜在的多重问题难以回答。

1. 问题之一：长短期借贷难以区分

在司法实践中，短期借贷与长期借贷之间如何界定将成为一个问题。由纠纷双方进行举证，何种情况下认定为时短期借贷，何种情况下认定为长期借贷。这很难有一个确定的标准，一般而言，在缺乏明确反对证据的情况下，都按照借条来确定，那么只要通过借条的合理安排就可以绕过司法认定，那么此类划分的意义将变得并不显著。如果不按照借条处理，那么此类界限的划定又将成为一个司法难题。

2. 问题之二：法律规避行为难以化解

正是因为长短期借贷难以区分，如果规定了比长期借贷利率更高的短期借贷的利率，那么当事人完全可以将长期的借贷期限缩短为数个连续的较短的期限，并约定较高的利率借此以规避长期借贷利率限制。资本在制度中间套利的天性可以确定，如果存在短期利率保护上限，这一问题将会非常广泛地产生，并频频进入司法领域。资本对于民间借贷管制的规避天性已经在现行制度中反复展现。例如，为规避现行的四倍红线的规定，往往会采取黑白合同、不写明利息、预先扣除利息（砍头息）、甚至虚假诉讼的方式以实现高额利率的目的。可以确定，如果在对民间借贷利率规制中区分短期利率保护上限和长期利率保护上限，必然会导致此种规避利率保护上限的方式被大量适用。当然，只要存在制度洼地，存在套利空间，资本总会以其方式规避一切限制以追逐利润，这是资本的天性，无可厚非。但是这种规避将会引发大量的法律问题。（1）这种将长期贷款拆分的做法将会形成非常严重的"短融长投"现象，投资的周期往往较长，一年以上乃至数年都非常常见。由此，按周/月计算的短期贷款与按年长期投资将形成风险错配，在一般情况下可能错配并不会出现问题，但是当市场流动性出现问题时，投资方往往会大幅提高利率，当利率无法提高时或转为违法高利贷，或放弃投资，由此将会引发融资企业更为严重的流动性紧张，进而可能会引起企业破产等一系列后果。（2）将一笔简单交易复杂化将可能会增加纠纷的数量，严格地说，如果引入长短期不同的利率保护上限，那么将长期贷款短期化处理将处于法律的灰色地带,很可能会因《民法典》第146条规定的"行为人与相对人以虚假意思表示"而订立的合同;每一次续签合同,都可能提供由合同中的强势一方"敲竹杠"的机会,由此反而不利于合理有序的融资秩序建构。(3)这种法律规避将严重损害法律的权威并导致利率规制目标的失败。民众对于法律权威的尊重来源于法律被普遍性的遵守以及违法被追究,当这两点都无法实现时,法律权威就严重受损。进而导致意图通过法律权威来实现的利率管制的目标失败,无法实现国家宏观经济政策,无法调整利息收入分配,无法防止过度危险的借贷行为。

3. 问题之三:长短期借贷利率可能倒挂

虽然在大多数情况下,借贷期限与民间借贷利率存在负相关关系,期限越短,民间借贷利率越高,因为长期利率取决于市场对未来短期利率预测的平均值并加上"期限升水",一般而言在"期限升水"为正,但是在经济形势预期不好的情况下"期限升水"为负,长期利率高于短期利率亦非不可能。在一项有关温州民间借贷利率检测的数据表明,2006年至2012年检测所得的73个月度数据中,期限与利率负相关的有42个,有一定程度正相关的月份有31个,由于短期利率高于长期利率的并非不可能,在经济形势不好时也并不罕见,此时,再按照经济发展态势良好时期的情况而设置的高于长期利率的短期利率保护上限并不可取。否则到时出现民间利率保护上限的倒挂将更大程度影响到经济和社会稳定。

4. 问题之四:难以设置短期利率

即使要确定一个短期利率保护上限,那么短期利率保护上限的确定亦较难确定,缺乏一个明确的标准与参考,民间高利贷对于一两周的短期贷款其约定周利率可以高达1%~3%,综合年利率可达50%~150%,变化范围如此大的短期利率如何设置上限且能保证弱势借贷者不受过分盘剥,其标准的确定殊难确定。

正是基于以上明显的困难且目前暂无打破僵局的"灵丹妙药",本规定在修改过程中并未对长期利率和短期利率作出区分,而是统一作出了规定。这一点，人民法院在审理案件中应充分认识到，本规定划定民间借贷利率保护上限，并不妨碍当事人在实施借贷行为过程中的意思自治。只要不违反法律、行政法规的强制性规定，不违背公序良俗，借贷双方有权按照自己的意思，就借款合同中的期限、利息计算等内容自愿协商。只有诉至人民法院的案件，才会受到司法解释划定的利率保护上限的拘束。

第二十六条 【本金数额的认定】

借据、收据、欠条等债权凭证载明的借款金额，一般认定为本金。预先在本金中扣除利息的，人民法院应当将实际出借的金额认定为本金。

【条文主旨】

本条是关于本金数额的认定及利息不得从本金中预先扣除的规定。

【条文理解】

民间借贷客观上拓宽了中小企业的融资渠道，一定程度上解决了部分社会融资需求，增强了经济运行的自我调整和适应能力，促进了多层次信贷市场的形成和发展。但民间借贷也存在着交易隐蔽、风险不易监控等特点，容易引发高利贷、非法集资、暴力催收等违法问题，也使得人民法院妥善化解民间借贷纠纷的难度增加。民间借贷司法实践中，出借双方借贷金额巨大、现金交付情况突出、提前扣除利息频发等问题，成为纠纷主要成因，款项交付的证据认定、举证责任分配、利息计算及保护范围等问题是长期困扰审判实践的难题。

民间借贷司法实践中，对于本金数额的争议一直是审判实践的难点之一。究其原因：一是我国尚未采取大额款项支付必须强制通过银行走账的方式，实践中存在大额支付现金的做法，出借双方往往对于是否现金支付存在争议；二是存在当事人提前扣除利息的做法，且当事人为规避法律规定，手段日益多样化、隐蔽化，借款本金数额的认定成为事实认定难点；三是当事人在诉讼之前往往经过多次结算，形成新的借条、借款协议等债权凭证,将利息计入本金,债权凭证记载金额与实际本金数额并不一致,事实难以认定。

将借款利息预先在本金中扣除的做法,既表现在金融机构借款合同中,也表现在非金融机构法人、非法人组织和自然人相互之间的民间借贷合同中。借款合同中,贷款人在向借款人提供贷款时,按照贷款利率计算的利息事先在提供的贷款本金中加以扣除,这种做法一般称为贴水贷款。在民间借贷中,也存在出借人在向借款人支付本金时预先从中扣除利息的行为,这种做法称为"抽头"。预先扣除利息主要有两种情形:一是预先扣除第一个月的利息,即扣除头息;二是预先扣除借款期内所有利息。

我国法律对于预先扣除利息的行为是禁止的。《民法典》第670条规定:"借款的利息不得预先在本金中扣除。利息预先在本金中扣除的,应当按照实际借款数额返还借款并计算利息。"该条规定主要包括三个方面:第一个方面是明确态度,利息不得预先在本金中扣除;第二个方面是存在预先扣除利息的情形下,借款本金数额并非借条或借款合同中所记载的数额,而是实际借款数额;第三个方面是借款人应当支付的利息,也应按照实际收到的借款数额为基数进行计算,而不是按照借条或者借款合同所载明的数额为基数进行计算。

本条规定以《民法典》第670条为依据,结合司法实践,作了更为细化的规定,主要解决三个问题:一是借条、收据、欠条等债权凭证载明借款金额的认定问题;二是明确利息不得预先在本金中扣除;三是预先扣除利息情况下,按照实际借款数额返还借款并支付利息。

一、债权凭证上载明的借款金额,一般应认定为本金

在民间借贷关系中,借据、收据、欠条等债权凭证,是认定本金数额的初步证据。所谓借据,一般是指由借款人书写并签字盖章的凭证,表明借款人向出借人借款,内容一般记载借款人、出借人、借款金额、借款时间、借期、利息等。借据一般是在出借人交付借款时,由借款人出具,表明收到借款,比如借据上记载"今借到某某……

元"。但有的时候，借款人在实际收到借款之前就向出借人出具了借据，比如"××拟向××借××元，××于××年××月××日前支付"，这种情形下，借据的性质更接近于借款合同。所以，对于借据，要根据具体记载的内容来判断其证明力。所谓收据，也包括收条，是指表明收到他人交来的款项的凭证。一般自然人之间会以收条的方式表明收到款项，法人则一般会出具收据。收据或者收条的内容通常载明付款人、收款人、收到款项的数额、时间等，如"××年××月××日收到××交来××元"。与借据不同，收据或收条更强调款项的实际给付而不是借款合意，故很有可能收据或收条上只写收到款项，不记载款项性质、利率等。在民间借贷司法实践中，出借人和借款人都有可能出具收据，即出借人向借款人交付借款时，借款人会出具收据，借款人向出借人偿还借款时，出借人也可能会出具收据。故对于收据，应当结合其他证据对款项性质、款项支付基于的基础法律关系、利率等作出认定。所谓欠条，是指债务人向债权人出具，用以表明尚欠款项金额、还款期限等内容的凭证，比如"今欠××元，于××年××月××日前还清"。与借据不同，欠条所表明的欠款内容可能并不仅仅由借款关系形成，当事人基于买卖、建设工程等其他基础法律关系形成的债权债务，经双方对账、清算后，也可能形成欠条，表明尚欠的金额。民间借贷司法实践中，借款人出具的欠条有可能会记载借款本金金额、利息金额、已还金额、尚欠金额等，也有可能只记载尚欠金额，而不区分本金和利息。

根据《民事诉讼法》第 65 条规定，当事人对自己提出的主张应当及时提供证据。出借人提起诉讼，请求借款人偿还借款的，至少要承担三方面的举证责任：一是借贷合意，即证明其和借款人之间是借贷关系；二是实际出借的事实，即已将款项交付给借款人；三是借贷内容，比如借款金额、借款期限、利息多少等。

实践中，对于民间借贷，尤其是对于自然人之间的借贷，有时并没有完备的借贷合同。出借人有可能仅以借据、收据、欠条等债权凭证提起诉讼，这种情形下，要重点审查三个方面的事实：（1）双方之间是否存在借贷关系。根据本规定第 14 条规定，债权凭证具有初步证明效力，如果被告依据基础法律关系提出抗辩或者反诉，并提供证据证明债权纠纷并非民间借贷行为引起的，人民法院应当依据查明的案件事实，按照基础法律关系审理。也就是说，如果被告没有提出相应抗辩或者反诉，或者虽提出抗辩或反诉，但没有提供证据推翻债权凭证的初步证明效力的，可以根据债权凭证的证明力来认定借贷关系是否存在。（2）借贷行为是否实际发生。根据本规定第 15 条规定，债权凭证具有初步证明效力，被告抗辩已经偿还借款的，应当对其主张提供证据证明。被告抗辩借贷行为尚未实际发生的，应当作出合理说明。如果被告不能提供证据证明、不能作出合理说明的，则可以根据债权凭证的证明力来认定借贷行为是否实际发生。（3）借款的内容。根据本条规定，对于借条、收据、欠条等债权凭证，也是认可其初步证据效力的，即如果债权凭证上直接记载本金数额，或者只记载借款数额但没有标明是本金还是利息的，在能够认定借贷关系和借贷行为实际发生这两个基本事实的基础上，一般应将所记载的数额认定为本金数额。这是因为债权凭证的达成，是出于借款人与出借人达成的合意，具有推定凭证上所记载事实真实的初步证据效力。借款人应对其本人签名确认的内容负责，按承诺还本付息，这也是民事法律行为中诚信原则的体现。

应注意的是，按照债权凭证记载借款金额认定本金数额是一般原则，在涉及具体案件时，不宜"一刀切"，需要根据个案情况，根据举证证明标准对于法律事实进行判断。比如原告所持债权凭证为借据，记载被告拟向原告借 10 万元，原告于三天后交付。但经过事实查明，发现原告后来仅向被告支付了 9 万元，那么借款本金数额就应认定为 9 万元而非借据上记载的 10 万元。再如原告所持债权凭证为欠条，记载被告尚欠 5 万元，但经过事实查明，发现该 5 万元并非最初借款本金数额，是被告已经偿还了部分款项后双方对账计算得出，既包含了本金，也包含了利息，那么在认定被告尚应支付的款项时，就应区分本金、利息，根据有关利率的相关规定进行计算，不应简单认定为尚欠 5 万元本金。

二、利息不得预先在本金中扣除

利息预先在本金中扣除，是指出借人在向借款人交付借款时，就把借款人将来应当支付的利息部分预先扣掉的做法。比如双方在借贷合同中约定借款金额为10万元，借款期限为一年，借期内利息共2万元，但是在实际交付借款时，出借人先把借款期限届满时应付的2万元利息预先扣掉，只给借款人8万元，借款人在一年后仍要还10万元。

表面上看，预先扣除所借本金的应付利息，其利息金额没有发生实际变化，并且在返还借款时不再支付利息，但是由于利息对于本金来说，是按约定利率计算的孳息，应当是借款人完全支配和使用借款本金所承担的成本，是借款人使用该借款本金所创造经济效益的一部分转移给出借人。如果事先从借款本金中扣除利息，那么借款人并没有完全支配和使用借款本金，其创造经济效益的资金条件受到明显制约，这对于借款人来说是不公平的。如上例中，按照借贷合同约定，借款人本可支配和使用的资金为10万，但是在预扣利息后，其实际可支配和使用的资金仅为8万元。如果计算实际利率，虽借贷合同约定的年利率为 $2 \div 10 = 20\%$，但双方当事人实际执行的利率为 $2 \div 8 = 25\%$，高于合同约定利率。

司法实践中，还有一种做法是双方在借款合同中只约定本金、不约定利息，但是出借人在向借款人交付款项时，会预先扣掉一部分，比如约定出借10万元，但仅交付9.5万元，到期后会要求借款人偿还10万元本金。相差的那0.5万元往往就是双方口头约定的预先扣除的利息。这种情形下，虽然从合同约定看，没有约定利息，但如果借款人根据合同约定到期偿还10万元，则其实已经支付了利息。

基于上述分析，可以看出，预先在本金中扣除利息，其实是出借人隐蔽地收取利息或者提高利率、规避法律规定上限的一种做法，对于这种做法，本条规定和《民法典》第670条规定保持一致，采取禁止的态度。

三、预先在本金中扣除利息的，以实际出借金额认定本金并依此偿还利息

如果出借人事先在借款本金中扣除利息的，民间借贷合同并不因此导致整体无效，而是应按照实际使用的资金金额来确定借款本金，并以此计算利息。如上例中，假如一年借款期限届满，借款人未能还款的，那么在计算借期内利息、罚息时，应以本金8万元为基数进行计算，而不应当按照合同约定的10万元进行计算。

若出借人主张以借据、收据、欠条等债权凭证载明金额为实际出借金额，但借款人抗辩称存在提前扣除利息情形的，一方面，一般情形下要认可债权凭证的证据效力，推定债权凭证载明金额为本金；另一方面，若借款人提供了证据，足以使得对债权凭证上所载金额已全部支付产生怀疑的，人民法院应结合借贷金额、款项交付、当事人的经济能力、当事人之间的交易方式、交易习惯、当事人财产变动情况等事实和因素，综合判断债权凭证载明金额是否为实际本金。

【审判实践中应注意的问题】

一、本金数额及预扣利息的事实，应根据举证规则予以准确认定

司法实践中，出借人预先扣除利息的做法一般比较隐蔽，如出借人与借款人之间进行定期结算，签订结算协议、还款协议等书面文件，或者更换借条、欠条、收据等债权凭证。出借人以借条等债权凭证为依据要求还款，借款人往往以包含隐形高息、提前扣除利息、实际本金数额与载明本金数额不一致等理由进行抗辩。在此情形下，应初步判断出借人主张的借款事实是否具有合理怀疑，在存在合理怀疑时，应要求出借人进一步举证。比如出借人要求借款人按照借条、收据、欠条等债权凭证载明本金数额归还借款的，应当举证证明其已经按照

债权凭证载明数额实际交付,如汇款凭证、银行转账记录。出借人主张为现金交付的,应结合交付金额、交付时间、交付地点、有无见证人等判断出借人主张的合理性。借款人主张利息已经提前扣除的,应对该事实承担举证责任。但是如果出借人未举证证明其已按照债权凭证载明数额实际支付款项,借款人抗辩利息已经提前扣除,出借人主张存在合理怀疑的,比如出借人主张债权凭证载明的大部分款项通过银行转账而其余部分款项以现金交付且无其他证据印证的,人民法院应该要求出借人补强证据,以排除合理怀疑。如果出借人不能证明与债权凭证载明数额的差额以现金交付事实的,应对该部分诉讼请求不予支持。

二、避免变相预扣利息行为的合法化

一般而言,预扣利息是发生在交付本金时,但是实践中,存在当事人为规避法律规定变相预扣利息的行为。以案为例:杨某作为甲方(出借人)与乙方(借款人)M 公司签订《借款协议书》,约定杨某出借 1500 万元给 M 公司作为流动资金,借款期限为六个月,月利率为 2%,利息总额为 180 万元,如乙方不按期归还借款,逾期还款利率按 4% 计算违约金。协议书签订后一个月,杨某向 M 公司转账支付 1500 万元。第二天,M 公司支付给杨某现金 180 万元。借款到期后,M 公司没有及时付款,杨某起诉至法院,要求 M 公司归还借款 1500 万元,并按照月利率 2% 支付利息。M 公司抗辩称本金应按照 1320 万元计算。

本案中,借款人在次日将 180 万元利息归还出借人,是否存在利息预先扣除情形、是按照 1500 万元还是按照 1320 万元计算本金存在一定争议。有观点认为:双方在《借款协议书》中约定利息为 180 万元,但并未约定利息支付的时间,因此,债务人可以随时支付利息,债权人也可以随时要求债务人支付利息,这是当事人自由意志体现。M 公司支付了 180 万元,与《借款协议书》中约定的利息基本一致。法律规定"借款利息不得预先在本金中扣除"是指交付本金时预先扣除利息。因此，应当按照出借人主张的 1500 万元计算本息。我们认为，此种行为尽管并非通常出借款项时直接扣除利息后交付本金的行为，但结合《民法典》的立法目的、利息性质等分析，仍应认定为预扣利息的行为。

1. 就利息性质而言，利息是按约定利率计算的孳息，是借款人完全支配和使用借款本金所承担的成本，如果事先从借款本金中扣除利息，借款人利用本金创造经济效益的资金条件将受到限制，这对于借款人来说实质上是不公平的。

2. 《民法典》第 667 条规定，借款合同是借款人向贷款人借款，到期返还借款并支付利息的合同。民间借贷中，出借人的主要义务是提供借款，借款人的主要义务是偿还所借款项并支付利息。就本案而言，虽然当事人对于返还利息的期限没有约定，但根据《民法典》第 674 条规定，对支付利息的期限没有约定或者约定不明确，依照《民法典》第 510 条的规定仍不能确定，借款期间不满一年的，应当在返还借款时一并支付；借款期间一年以上的，应当在每届满一年时支付，剩余期间不满一年的，应当在返还借款时一并支付。所以，本案中，当事人完全可以就返还利息时间进行协商，如果协商不成，应该根据法律规定，按交易方式、交易习惯进行确定。次日即偿还借款，剥夺了借款人对于部分借款本金的期限利益。本案情形虽然不是出借人预先扣除利息后交付本金，并非典型的"本金中扣除利息"的行为，但对于此种行为的认可，无疑会助长当事人借此规避法律强制性规定的行为。所以，对于此种行为，应该予以否定性评价。

第二十七条 【民间借贷复利】

借贷双方对前期借款本息结算后将利息计入后期借款本金并重新出具债权凭证，如果前期利率没有超过合同成立时一年期贷款市场报价利率四倍，重新出具的债权凭证载明的金额可认定为后期借款本金。超过部分的利息，不应认定为后期借款本金。

按前款计算，借款人在借款期间届满后应当支付的本息之和，超过以最初借款本金与以最初借款本金为基数、以合同成立时一年期贷款市场报价利率四倍计算的整个借款期间的利息之和的，人民法院不予支持。

【条文主旨】

本条是关于民间借贷中复利的规定。

【条文理解】

复利，是与单利相对应的概念，又叫"利滚利"，民间俗称"驴打滚"，是指在借贷关系中，出借人将借款人到期应付而未付的利息计入本金再计算利息。即除最初的本金要计算利息外，在每一个计息期，上一个计息期的利息都将成为生息的本金，再生利息，由此产生的利息称为复利。如一笔10000元借款，年利率为10%，借期为二年，若按单利法计算，二年后应付利息为10000×10%×2＝2000元；若按复利法计算，则第1年产生的利息为10000×10%＝1000元，第二年产生的利息为（10000＋1000）×10%＝1100元，二年借期期满后应付利息为1000＋1100＝2100元，即用复利法计算的利息比单利法多出

100 元。用数学公式表示，若 FV 表示本利和，A 表示本金，r 表示利率，m 表示期数暨计算利息的次数：单利法计算，利息 = Arm，FV = A（1 + rm）；复利法计算 FV = A（1 + r）m，利息 = A〔（1 + r）m － 1〕。在利率与借款期限相同的情况下，用复利法计算的利息金额及期末本利和比用单利法计算的数额要大，且本金越大、利率越高、计算利息的期数越多，两种方法计算的结果差距就越大。

　　计算复利是金融机构使用的一种计息方法，民间借贷合同中，也常见关于复利的约定。目前，我国尚没有法律专门对复利问题进行规定，关于复利的规定仅处于中国人民银行的规章和最高人民法院的司法解释层面上。

　　中国人民银行关于复利的规章主要有以下几个：

　　1. 1990 年发布的《利率管理暂行规定》，其第 18 条规定："金融机构对企业的流动资金贷款和技术改造贷款，按季结息，每季度末月的 20 日为结息日；对不能支付的利息，可计收复利。基本建设贷款，按年结息，每年 12 月 20 日为结息日；对不能支付的利息，不计收复利。中国人民银行对金融机构的贷款，按季结息，每季度末月的 20 日为结息日；对不能支付的利息，可计收复利。"

　　2. 1992 年发布的《关于流动资金贷款挂账利息计收复利问题的复函》，该复函规定："我行一九九〇年颁发的《利率管理暂行规定》中对流动资金贷款挂账利息计收复利问题作了明确规定。在此之前，各专业银行对工商企业流动资金贷款都是实行按季结息，对不能归还的利息计收复利。"

　　3. 1999 年发布的《人民币利率管理规定》，其第 20 条、第 21 条分别规定对短期贷款以及中长期贷款，贷款期内不能按期支付的利息按合同利率按月或按季计收复利，贷款逾期后改按罚息利率计收复利。

　　4. 1999 年发布的《关于对逾期贷款计收复利有关问题的复函》，该复函规定："根据中国人民银行总行《利率管理暂行规定》（银发〔1990〕328 号）、《关于调整各项贷款利率的通知》（银传〔1995〕49 号）、《关于调整贷款利率后有关计息办法的通知》（银发〔1995〕237

号）以及最近下发的《人民币利率管理规定》（银发〔1999〕77号）的有关规定，凡是逾期贷款或挤中挪用贷款，都要按中国人民银行总行规定的罚息利率计收罚息，同时对欠交的利息计收复利。"

综合上述规定，可以做如下解读：（1）目前的金融机构贷款除有特别规定外，均可以计收复利。（2）复利分两类或者说是两种计算复利的情形：一类是"贷款期内"不能按期支付的利息按合同利率按月或按季计收复利；另一类是对于"逾期贷款"按照罚息利率计收复利。实践中，企业或者个人等向金融部门借款，通常签署由金融机构制作的格式合同，合同中通常都有关于复利的约定，其内容一般都是根据前述规章的规定所设置。另外，在司法实践中纠纷较多的信用卡透支问题，也涉及复利问题。1999年颁布的《银行卡业务管理办法》第23条明确规定："贷记卡透支按月计收复利，准贷记卡透支按月计收单利，透支利率为日利率万分之五，并根据中国人民银行的此项利率调整而调整。"信用卡属于贷记卡，根据该条规定，信用卡透支可计收复利。实践中，个人在办理信用卡时，会与银行签订《信用卡领用合同》，该合同中通常会约定透支逾期不还，银行有权收取本、息、复利以及滞纳金。上述部门规章的相关规定仅适用于银行等金融机构贷款，并不适用于民间借贷纠纷。

在2015年《民间借贷规定》出台前，最高人民法院有关民间借贷中复利的司法解释主要有两个：

1. 1988年颁布的《民法通则意见》（现已废止）第125条规定："公民之间的借贷，出借人将利息计入本金计算复利的，不予保护；在借款时将利息扣除的，应当按实际出借款数计息。"该规定完全否定了民间借贷中复利的合法性。

2. 1991年颁布的《借贷意见》（现已废止）第7条规定："出借人不得将利息计入本金谋取高利。审理中发现债权人将利息计入本金计算复利的，其利率超出第六条规定的限度时，超出部分的利息不予保护。"该规定包括两个方面：（1）民间借贷中"出借人不得将利息计入本金谋取高利"，"高利"之标准即为上述意见第6条规定的"银行同类贷款利率的四倍",在这一限度下允许计算复利。(2)在司法层面,人民法院对于不超过第6条规定限度的利息予以保护,超过部分不予保护,故实际上,本条规定对于民间借贷复利是有限制地保护。

在传统观念中,复利经常被烙上剥削、高利贷的印记,因而对民间借贷中关于复利的约定能否支持存有不同的观点。我们认为,双方当事人自愿约定复利,且在最后还本付息时,复利没有超过法定最高限度的,应当予以支持。理由是:

1. 禁止复利没有法律依据。如前所述,我国法律中并无关于复利的禁止性规定。在私法领域,法无禁止即为许可,因此一概否定复利缺乏法律依据。

2. 从经济学角度讲,利息是因出借人暂时放弃货币的使用权而获得的报酬,利率作为利息与本金的比例,被视为货币作为一种商品的价格。单利和复利仅是利息的两种计算方法,如果当事人自愿采取这种方法计算,又不超过法定最高限度,没有理由不予允许。

3. 从形式上看,将前期借款本息合并一起出具新的借条,可以看作双方对以前已经发生的借款的结算和确认,是对以前债权、债务关系一次总的处理和新的认识,不违反当事人意愿,符合合同自由和意思自治。

4. 无论是银行贷款还是民间借贷,利息的本质都是相同的,都是借款人使用货币应支付的报酬。既然银行贷款允许计收复利,民间借贷就无禁止复利之理。同时,我们认为,虽允许计算复利,但应当予以一定的限制,因合理、适当的利率规制,是引导民间借贷规范发展的核心问题,单利和复利既然都是利息的计算方法,两种方法计算而来的利率应受到同样的规制。本规定第25条既然对民间借贷的利率规定了最高限度,本条规定的复利也应在此最高限度之内。因此对于超过最高限度的部分,人民法院不能保护。

鉴于上述考虑,2015年制定《民间借贷规定》时,对复利沿袭了有限制地保护这一思路,其第28条规定:"借贷双方对前期借款本息结算后将利息计入后期借款本金并重新出具债权凭证,如果前期利率没有超过年利率24%，重新出具的债权凭证载明的金额可认定为后期借款本金；超过部分的利息不能计入后期借款本金。约定的利率超过年利率24%，当事人主张超过部分的利息不能计入后期借款本金的，人民法院应予支持。按前款计算，借款人在借款期间届满后应当支付的本息之和，不能超过最初借款本金与以最初借款本金为基数，以年利率24%计算的整个借款期间的利息之和。出借人请求借款人支付超过部分的，人民法院不予支持。"

本次修正时，有关民间借贷利率保护上限的规定已经作了修改，本条有关复利的规定亦应受到相应限制，故也作了相应修改，主要表现为：（1）将上限"年利率24%"修改为"合同成立时一年期贷款市场报价利率四倍"。（2）删除了"约定的利率超过年利率24%，当事人主张超过部分的利息不能计入后期借款本金的，人民法院应予支持"相关表述。（3）在文字表述上作了一些修改。如第1款，将"超过部分的利息不能计入后期借款本金"修改为"超过部分的利息，不应认定为后期借款本金"；第2款，将"不能超过最初借款本金与以最初借款本金为基数，以年利率24%计算的整个借款期间的利息之和"的表述修改为"超过以最初借款本金与以最初借款本金为基数、以合同成立时一年期贷款市场报价利率四倍计算的整个借款期间的利息之和的，人民法院不予支持"。

在理解和适用本条规定时，应注意以下几点：

一、有关复利计算的几个概念

（一）前期和后期

在项目经济分析中，按复利计算通常以年为计息周期。但在实践中，计息周期可以是年、月、周、日等多种，即一年内可能多次计息。根据复利的计算公式 $FV = A(1+r)^m$ 可知，计息次数越多，得到的复利数额越大。若前一个计息周期我们称之为前期，则后一个计息周期即为后期，故本条中"前期"和"后期"是相对而言的，对应的均是计息周期。

（二）名义利率和实际利率

利率有名义利率和实际利率之分。名义利率为所标示的利率。实际利率为出借人实质所得的利率，也称为有效利率。若按单利法计算，名义利率与实际利率是一致的；若按复利法计算，则实际利率不等于名义利率，计算复利的次数越多，实际利率越高，期末本利和也越高。例如，本金10000元，月利率1%，每月计息一次，单利法计算，名义年利率和实际年利率均为1%×12＝12%，一年后本利和为：10000×（1＋0.12）＝11200元；按复利法计算，一年后本利和为10000×（1＋0.01）12＝11268，虽名义年利率为12%，但实际年利率为（11268－10000）/10000＝12.68%，大于名义利率。

二、重新出具债权凭证的性质的认定

在民间借贷关系中，双方当事人约定复利的形式多样，有直接写明计收复利的，也有采取比较隐蔽的方式、不出现复利字样的，如只写本金不写利息，或者每满一个计息周期就将利息计入本金、重新出具欠条等债权凭证。试举例说明：甲向乙出借10万元，约定借期1年，年利率10%。1年后借款到期，乙本应向甲偿还本息共计人民币11万元。但结算当天乙未立即清偿本息，而是重新书写了一张借条给甲，主要内容为向甲借人民币11万元，年利率10%，借期为1年。1年期到，甲请求乙偿还本金11万元及利息1.1万元。乙认为甲的请求不符合事实，主张其实际欠甲的本金数额为10万元，借条中记载的11万元中有1万元是利息，对此1万元不应再计收利息。

与直接约定计算复利的债权凭证相比，在借款期间内重新出具的债权凭证有以下几个特点：

1. 出具的时间

直接约定复利的债权凭证往往是在借款开始之前已经形成，适用于整个借款期间；重新出具的债权凭证则往往是在借款期间已经届满或者已经过了一部分，双方当事人对已经过的借款期间产生的利息结算后重新出具，实际上是将整个借款期间分成了两个或更多个阶段。

2. 约定的内容

直接约定复利的债权凭证通常会明确约定本金数额、适用的利率、借款期间、计算复利的次数等内容；重新出具的债权凭证则不出现复利字样，只是约定本金数额、适用的利率、借款期间等，但约定的本金数额往往大于最初的本金数额。

3. 当事人争议的内容

产生纠纷后，对直接约定复利的债权凭证，双方争议的一般是利率的高低以及能否计收复利；对于重新出具的债权凭证，双方争议的通常是本金数额如何认定。

对于重新出具的债权凭证，如何认定其性质，存有两种不同的看法：第一种观点认为，重新出具债权凭证，相当于对之前形成的本金和利息重新借用，从而消灭了原借贷关系，形成了新的借贷关系，这与正常的借贷关系没有本质区别，因此可以将后来借条中记载的金额认定为本金。第二种观点认为，自始至终出借人出借的只是最初的本金，重新出具的债权凭证中记载的金额确实包含了之前形成的利息，因而重新出具的债权凭证并非新的借贷关系，而是包含了复利。

本条规定在制定过程中综合考虑了不同意见，最终是将两种观点予以折中，即一方面尊重当事人的意思自治，新的债权凭证是双方当事人自愿重新达成的，应当尊重其真实意思表示，对本金数额尽量按照债权凭证上记载的认定；另一方面，如果可以查明新的债权凭证上记载的金额的确由之前借款本息结算而来，那么债权凭证出具之前和之后的借款关系存在相承性，从资金的来源看，的确存在计算复利的问题，相关利息之计算应当符合民间借贷中关于利率保护上限的规定，即不仅新的债权凭证出具之前的借款利息要在最高限度之内，出具之后最终计算出的利息总额也要受到约束，即下面将要分别论述的后期借款本金的认定和最终一期本利和的认定问题。

三、后期借款本金的认定

新的债权凭证出具之前的借款期间称为前期，出具之后的借款期间称为后期。如前所述，对于后期的借款本金的数额如何认定，在实践中最易产生纠纷。出借人通常主张债权凭证上记载的金额就是后期本金金额，借款人则主张债权凭证上记载的金额包含利息，应扣除利息后，以前期的借款本金金额作为本金。

我们认为，既然借贷双方已将前期利息计入债权凭证作为后期本金予以记载，应尊重当事人的真实意思，尽量以债权凭证记载金额作为后期本金数额。但应注意到，既然债权凭证记载金额中包括前期利息，那么前期利息的计算应遵守本规定关于利率保护上限的规定，即前期利率不应超过"合同成立时一年期贷款市场报价利率四倍"。如果没有超出这个上限，那么前期利息可以直接计入后期本金，即债权凭证载明的本金金额可认定为后期借款本金金额；如果前期利息超出了这个上限，超出部分应不予保护，不能计入后期借款本金予以计息。举例说明：假设双方借贷合同成立于2019年9月30日，根据全国银行间同业拆借中心2019年9月20日发布的数据，一年期贷款市场报价利率（LPR）为4.20%，四倍即为16.80%。若双方约定的利率为月息1分，折算成年利率为12%，没有超过16.80%，故一年后重新出具借条时，形成的利息可以计入后期借款本金。但如果双方当事人约定的月利率为2%，折合成年利率为24%，已经超出了16.80%，对于超出的部分不能计入后期借款本金。

四、对借款期间届满后应当支付的本息和的保护限度

民间借贷利率本应是当事人自由协商的结果，但因我国民间借贷市场尚不规范，故为防止利率畸高，应设置上限，以起到引导和规范作用。后期借款利息在计算时是以后期借款本金为基数，因后期借款本金中已包含前期借款利息，即包含复利的计算，故为防止其过高，本条对借款期间届满时应支付的本息和设置了一个上限，就是以最初的借款本金为基数，以"合同成立时一年期贷款市场报价利率四倍"计算整个借款期间的本息和。超过这个数额的部分，人民法院将不予保护。该规定在理解中应注意以下几点：

1. 后期借款利息在计算时是以后期借款本金为基数,但对本息和设置的这个上限标准是以最初的借款本金为计算基数。如最初本金为 100 万元,虽后来双方当事人数次重新出具债权凭证,记载的本金数额有所变化,但是在整个借款期间届满时,应以最初的这 100 万元为基数,以"合同成立时一年期贷款市场报价利率四倍"为利率,计算整个借款期间的本息和上限。出借人请求借款人支付的整个借款期间的本息和,不能超过这个上限。举例说明:假设双方借贷合同成立于 2019 年 9 月 30 日,前期本金为 100 万元,约定年利率为 15%,每年重新出具一次债权凭证,借期共三年。因双方约定的 15% 并未超出合同订立时一年期 LPR 的四倍,故每次重新出具债权凭证时,前期的利息都可以计入后期的本金,即如果没有中途还款的情形,第二期的本金可认定为 115 万元,第三期的本金可认定为 132.25 万元,在三年借期届满,第三期的本息和应为 132.25 万元 × (1 + 0.15) = 152.0875 万元,这是依据本条第 1 款规定计算出的结果。但是根据本条第 2 款规定,在三年借期届满时,出借人可以请求的本息之和不得超出 100 万元 + 100 万元 × 16.80% × 3 = 150.4 万元,故对于超出 150.4 万元的部分,出借人是不能得到支持的。所以,本条第 1 款、第 2 款规定其实分别设了两个限制,超出任何一个限制,都不能得到支持。

2. 虽然设置的本息和上限标准是以最初的借款本金为计算基数,但这并不等于说重新出具的债权凭证无实际意义。在约定的利率远低于利率保护上限标准时,复利的效果体现明显。比如甲向乙出借 100 万元,约定年利率为 10%,借期一年。一年后双方重新出具借条,约定出借 110 万元,年利率和借期未变。按照本条第 1 款规定,借条上记载的 110 万元可以认定为后期借款本金,经计算,后期期末可得本利和为 121 万元。但是如果按单利法计算,两年借款期间产生的利息为 100 × 10% × 2 = 20 万,本息和为 120 万。同时,按照本条第 2 款规定计算,二年借期本息和上限应为 100 + 100 × 16.8% × 2 = 133.6 万元,121 万元未超过此上限标准,故虽然 121 万元的计算过程中包含了复利,但由于未违反本条规定,可予以保护。

【审判实践中应注意的问题】

一、民间借贷关系中以其他形式约定的复利如何认定

从字面表述上看，本条只规定了重新出具债权凭证的情形，这是因为在重新出具债权凭证的情形下，关于复利的约定较为隐蔽，对于本金的认定往往存有争议，成为人民法院审理此类案件的一个难点。但本条规定实质上是对复利问题的规定，因此，若当事人以其他形式约定了复利，可参照本条规定来认定。比如双方当事人明确约定复利计算的情形，无论约定的利率多高、计算复利的次数多少，参照本条规定，人民法院予以保护的本息之和的限度就是以最初的本金为基数，以"合同成立时一年期贷款市场报价利率四倍"计算整个借款期间的利息与最初的本金之和，超过此限度的部分，人民法院则不予保护。

二、"一年期贷款市场报价利率四倍"的上限标准限于"合同成立时"

自2019年8月20日起，中国人民银行已经授权全国银行间同业拆借中心于每月20日（遇节假日顺延）9时30分发布贷款市场报价利率（LPR），分为一年期和五年期两种。中国人民银行贷款基准利率这一标准已经取消。根据本条规定，界定利率保护上限的标准为"合同成立时一年期贷款市场报价利率四倍"，故在具体案件中，要先认定合同成立时间，再根据合同成立时间确定当时适用的一年期LPR，从而计算相应利息上限。比如借款合同成立于6月1日，那么适用的应为当年5月20日公布的LPR。

三、在连续多次重新出具新的债权凭证的情形下，本金和利息如何认定

在只是重新出具一次债权凭证的情形下，依据本条规定，尚容易认定本金和利息，但实践中双方当事人往往多次重新出具债权凭证，相当于出现多期借款，在此种情形下，至少需要分两步计算：第一步，依据本条第1款规定，逐步认定各期本金，最终计算出最后一期的本息之和；第二步，依据本条第2款规定，判断最后一期的本息之和有无超过法定上限，即以最初的本金为基数，以"合同成立时一年期贷款市场报价利率四倍"计算整个借款期间的利息和最初的本金之和。超过上限的部分，人民法院不予保护。

四、债务人偿还部分款项后，又重新出具债权凭证的情形下，本息和上限如何计算

实践中，借款关系并非一成不变，其内容一直处于变动中，如在借款期间借款金额有可能会增加或减少。常见的情形如债务人在偿还部分款项后，双方对部分事项重新约定，又重新出具债权凭证，此种情形下该如何认定本息和上限？

第一种观点认为，因本条第2款规定的上限的计算是"以最初借款本金为基数"，如果债务人已经偿还部分款项，致使后期借款本金小于最初借款本金，则不再适用本条第2款规定，只要双方当事人约定的年利率不高于"合同成立时一年期贷款市场报价利率四倍"，则其请求的利息数额就可以支持。

第二种观点认为，如果债务人已经偿还部分款项，致使后期借款本金小于最初借款本金，仍应以最初借款本金为基数，计算出一个本息和上限，债权人请求的数额与债务人已经偿还的数额之和不应超过此上限，也就是说，此本息和上限减去债务人已经偿还的部分，即为债权人诉讼请求可以得到支持的部分。

第三种观点认为，如果债务人已经偿还部分款项，致使后期借款本金小于最初借款本金，则本条第2款规定的本息和上限的计算方式就应该发生相应变化，应以开始小于最初借款本金的那一期借款本金作为计算基数，以之后的期间作为借款期间来计算本息和上限。

笔者认为，从本条规定的背景与依据来看，第三种观点比较接近本条起草的本意。理由如下：第一种观点的理解不够全面，只体现了对计算复利的认可，但反映不出对复利计算的特别规制，体现不出本条第2款规定的意义。第二种观点比较容易计算，便于实际操作，但忽视了债务人的还款行为对其利益的直接影响，尤其是在债务人已经偿还了大部分款项的情形下，这种计算方式实际上就失去了其"上限"的规制作用。故相比较而言，笔者更倾向于第三种观点，虽然这种计算方式相对烦琐，但更为接近本条规定的本意，也能体现债务人的还款行为对其利益的直接影响，从而对促使债务人及时还款起到积极作用。

第二十八条 【逾期利率的处理】

借贷双方对逾期利率有约定的,从其约定,但是以不超过合同成立时一年期贷款市场报价利率四倍为限。

未约定逾期利率或者约定不明的,人民法院可以区分不同情况处理:

(一)既未约定借期内利率,也未约定逾期利率,出借人主张借款人自逾期还款之日起参照当时一年期贷款市场报价利率标准计算的利息承担逾期还款违约责任的,人民法院应予支持;

(二)约定了借期内利率但是未约定逾期利率,出借人主张借款人自逾期还款之日起按照借期内利率支付资金占用期间利息的,人民法院应予支持。

【条文主旨】

本条是关于逾期利率问题处理的规定。

【条文理解】

一、制定本条文的背景和依据

人民法院审理的民间借贷纠纷案件中,存在着大量因诸多因素导致借款人在借贷合同到期后未按期还款的情况。而对于逾期履行借款合同的逾期利息问题可以区分两种情况:第一种,当事人对逾期还款利率有明确约定的;第二种,当事人对逾期利率未作约定或者约定不明的。在第一种情况下,出借人为防止和制裁借款人的逾期还款,保障自身利益，借款人急于筹措资金，双方往往会约定较高的逾期还款利率，此时的逾期利率虽然可以视为具有一定的惩罚性质，但如果不加以规范，对当事人的任意约定均加以保护，显然不符合民法最基本的公平原则、权利义务对等原则。在第二种情况下，当事人有关逾期利率没有约定或约定不明的情况，又可以区分两种情形，当事人之间只约定了借期内利率没有约定逾期利率，或者没有约定借期内的利率，更未约定逾期利率。上述两种情形下，对借款人未按期限还款构成的违约行为，如何确定违约责任，逾期后的利率按什么标准计算，现行法律、行政法规均无明确规定。2015年《民间借贷规定》的第29条就是为了解决这一困扰人民法院审判工作的难点问题。《民法典》施行后，对于没有约定利息和约定利息不明确的情形在第680条第2款和第3款作了规定，但是较为原则的规定。此次修改司法解释过程中，对于该条文的修改，主要依从民法典的相关立法精神。

金融机构通常将逾期利息称作罚息，表明了金融机构对借款人应支付逾期利息一般持肯定态度。实践中，民间借贷多借鉴金融机构的做法。原《民法通则意见》第123条规定："公民之间的无息借款，有约定偿还期限而借款人不按期偿还，或者未约定偿还期限但经出借人催告后，借款人仍不偿还的，出借人要求借款人偿付逾期利息，应当予以准许。"《合同法》（现已废止）第207条规定："借款人未按照约定的期限返还借款的，应当按照约定或者国家有关规定支付逾期利息。"《民法典》颁布后，在第676条仍然沿用了《合同法》第207条的规定。可见，借款人不按照合同的约定归还借款应当支付相应的逾期利息是有明确法律依据的。

二、关于本条文的法理分析

借款合同中借款人逾期未清偿承担违约责任的方式包括返还借款本金、支付合同约定的借款期间的利息及支付借款逾期部分的利息。借款本金、支付合同约定的借款期间的利息属继续履行的范畴，但逾期利息的性质为何，却有着不同的观点。在审判实务中，一直以来对逾期利息的性质有不同的认识，主要观点有三种：第一种观点认为属违约造成的财产损失。第二种观点认为属违约金，又可分为约定违约金与法定违约金，其中法定违约金的法律依据是《民法典》第676条"借款人未按照约定的期限返还借款的，应当按照约定或者国家有关规定支付逾期利息"的规定。第三种观点认为属法定孳息，主要法律依据是《最高人民法院关于审理建设工程施工合同纠纷案件适用法律问题的解释（一）》（2020年修正）第26条"当事人对欠付工程价款利息计付标准有约定的，按照约定处理。没有约定的，按照同期同类贷款利率或者同期贷款市场报价利率计息"的规定和《最高人民法院关于审理商品房买卖合同纠纷案件适用法律若干问题的解释》（2020年修正）第13条中"商品房买卖合同没有约定违约金数额或者损失赔偿额计算方法，违约金数额或者损失赔偿额可以参照以下标准确定：逾期付款的，按照未付购房款总额，参照中国人民银行规定的金融机构计收逾期贷款利息的标准计算"的规定。

我们认为，其性质究竟为何，应当从其产生的原因以及相关法律规定进行研究：

（一）逾期利息是借款人未按约定清偿借款的后果，因此，逾期利息是借款人承担违约责任的一种形式

违约责任的形式，即承担违约责任的具体方式。对此，《民法典》第179条和第577条均作了明文规定。《民法典》第577条规定：当事人一方不履行合同义务或者履行合同义务不符合约定的，应当承担继续履行、采取补救措施或者赔偿损失等违约责任。据此，违约责任有三种基本形式，即继续履行、采取补救措施和赔偿损失。除此之外，违约责任还有违约金和定金责任。因此，逾期利息根据其特征应当为继续履行、赔偿损失、违约金三种违约责任形式的一种，但其是承担违约责任的哪一种形式，应当依据合同的不同约定加以区别。

除采取补救措施与定金的责任形式不适用于借款合同外，借款合同可适用的违约责任形式有继续履行、赔偿损失、违约金三种形式。继续履行也称强制实际履行，是指违约方根据对方当事人的请求继续

履行合同规定的义务的违约责任形式。对于金钱债务，由于只存在迟延履行，不存在履行不能，因此，应无条件适用继续履行的责任形式。借款合同中，对于借款本金的清偿即属继续履行的范畴。赔偿损失，在合同法上也称违约损害赔偿，是指违约方以支付金钱的方式弥补受害方因违约行为所减少的财产或者所丧失的利益的责任形式。赔偿损失的确定方式有两种：法定损害赔偿和约定损害赔偿。法定损害赔偿是指由法律规定的，由违约方对守约方因其违约行为而对守约方遭受的损失承担的赔偿责任。约定损害赔偿，是指当事人在订立合同时，预先约定一方违约时应当向对方支付一定数额的赔偿金或约定损害赔偿额的计算方法。违约金是指当事人一方违反合同时应当向对方支付的一定数量的金钱或财物。依不同标准，违约金可分为：（1）法定违约金和约定违约金；（2）惩罚性违约金和补偿性（赔偿性）违约金。

（二）逾期利息与法定孳息的关系

孳息，称为母物所生之收益，法定孳息属孳息的一种，为因法律关系所得之收益。《民法典》第321条规定："天然孳息，由所有权人取得；既有所有权人又有用益物权人的，由用益物权人取得。当事人另有约定的，按照约定。法定孳息，当事人有约定的，按照约定取得；没有约定或者约定不明确的，按照交易习惯取得。"该条规定对于债权是否适用，并未明确。但《民法典》第412条规定："债务人不履行到期债务或者发生当事人约定的实现抵押权的情形，致使抵押财产被人民法院依法扣押的，自扣押之日起，抵押权人有权收取该抵押财产的天然孳息或者法定孳息，但是抵押权人未通知应当清偿法定孳息的义务人的除外。前款规定的孳息应当先冲抵收取孳息的费用。"《民法典》第430条规定："质权人有权收取质押财产的孳息，但是合同另有约定的除外。"该两条规定亦并未明确否定法定孳息之母物不得为债权。

我们认为，即使对于债权存在法定孳息，逾期利息不属法定孳息。理由如下：逾期还款与逾期付款不同。逾期还款利息与逾期付款利息非常相似，实务中人们往往对两者不加以区别，对相关的规定互相参照适用，但究其实质仍有不同之处。逾期付款是指债务人未按照合同约定期限给付债权人款项的行为，其基础法律关系可能为任何合同法律关系，但基础法律关系所向的是款项支付本身，并非资金利息。但对于债权人而言，延迟支付所导致的结果为由于债务人延迟支付，其本应获得的延迟支付的资金、利息无法获得，将其认定为法定孳息有其合理性。我国台湾地区学者即认为因履行延迟所得请求之延迟利息，亦不失为孳息，我国实务界也持相同观点。而逾期还款是指借款人未按约定的期限返还借款的行为，其基础法律关系为借款合同。借款合同与金钱债权的不同在于，借款合同是出借人让渡一定时间的资金使用而获得利息收入，而借款人为取得一定时间的资金使用而支付一定的利息的合同。因此，资金的时间价值是合同履行的重要内容，利息就是资金的时间价格，是双方对资金使用的约定价格。将逾期还款利息认定为孳息与双方对资金利息的支付本意不符。

(三) 逾期利息与法定违约金的关系

在《合同法》生效之前，违约金具有法定性。1982 年的《经济合同法》第 35 条规定："当事人一方违反经济合同时，应向对方支付违约金。如果由于违约已给对方造成的损失超过违约金的，还应进行赔偿，补偿违约金不足的部分。"该法于 1993 年修正时，这一规定并未修改。《工矿产品购销合同条例》第 34 条规定："当事人双方或一方有违约行为的，必须向对方支付违约金。因违约使对方遭受损失的，因违约金能够抵补损失时，不再另行支付违约金；如违约金不足以抵补损失时，还应支付赔偿金以补其差额部分。"由上述规定可以看出，违约金是当时违约方承担违约责任的法定形式，而且是首要的法定形式，无论当事人是否有违约金的约定，违约金责任都应适用。只有在违约金不足以弥补损失的情况下，守约方才能另行主张损失赔偿。《合同法》第 114 条第 1 款规定："当事人可以约定一方违约时应当根据违约情况向对方支付一定数额的违约金，也可以约定因违约产生的损失赔偿额的计算方法。"这表明，当事人一方违约时，是否适用违约金责任，完全取决于当事人的约定，如当事人约定了违约金，则守约方可以主张违约金责任,如没有约定违约金,则违约金责任便无适用的余地。这一规定符合契约自由原则的本旨,适应市场经济发展要求,无疑具有进步性。根据这一原则,违反合同约定逾期返还借款的,无法定违约金适用的余地,逾期利息不属法定违约金。对于《合同法》这一规定,《民法典》第585条予以沿用。

(四)逾期利息的性质取决于当事人合同中的约定

契约自由是合同法的重要原则,逾期利息的性质同样取决于当事人合同中的约定。如果合同中对借款逾期后违约责任的形式进行了约定,无论违约金的金额是否明确,逾期利息则属违约金;反之,当事人对借款逾期后违约责任的形式没有约定或者只约定了损失赔偿的计算方式,则逾期利息的性质为损失赔偿或者继续履行。

当事人在合同中对逾期利息或者逾期利率的约定可能有约定与未约定或约定不明的区分,有约定借款内利率与未约定借期利率的区分,对不同的约定其逾期利息就有不同的性质,应当加以区分。本条规定正是针对不同的情形进行了区分。

三、本规定对本条作出的修正

(一)根据本规定对利率保护上限作出的调整,本条对相关规定作出修改

将2015年《民间借贷规定》第29条第1款中"年利率24%"修改为"合同成立时一年期贷款市场报价利率四倍";将第1项中"按照年利率6%"修改为"参照当时一年期贷款市场报价利率"。

将年利率24%改为合同成立时一年期LPR四倍是与本规定利率保护上限相统一。关于第1项中年利率6%的修改,本条区分了有约定的和约定不明或无约定的两大类情形,其中有关既未约定借期内利率,也未约定逾期利率情形,2015年《民间借贷规定》第29条按照年利率6%支付资金占用期间利息的规定,是参照《最高人民法院关于依法妥善审理民间借贷纠纷案件促进经济发展维护社会稳定的通知》第6条"六、……当事人仅约定借期内利率,未约定逾期利率,出借人

以借期内的利率主张逾期还款利息的，依法予以支持。当事人既未约定借期内利率，也未约定逾期利率的，出借人参照中国人民银行同期同类贷款基准利率，主张自逾期还款之日起的利息损失的，依法予以支持"的内容作出的规定，因 2015 年《民间借贷规定》将利率司法保护上限确定为 24% 固定值，相当于同期同类贷款基准利率的四倍，此处相对应改为了一倍即 6%。本规定在修改该条文时，与原 24% 的修改方法的思路完全一致，利率保护上限又修改回了银行贷款利率的四倍，只是从"中国人民银行同类贷款基准利率"改为了"中国人民银行授权全国银行间同业拆借中心每月发布的一年期贷款市场报价利率"，所以，将 2015 年《民间借贷规定》条文的"按照年利率 6%"修改为"参照当时一年期贷款市场报价利率"。当然，这是 2020 年第二次修正《民间借贷规定》的规定，也是我们的最初意见。期间，在2020 年第一次修正司法解释中，第 29 条第 2 款第 1 项的内容为："既未约定借期内利率，也未约定逾期利率，出借人主张借款人自逾期还款之日起承担逾期付款违约责任的，人民法院应予支持。"该条文中没有具体标准的规定，这是因为当时修改司法解释讨论过程中有观点认为，既然本条文从原先的"资金占用期间利息"的规定改为了"逾期还款违约责任"，就没必要再给出具体标准来限定对违约责任的认定。2020 年第一次修正司法解释发布后，不少法院反映，此处对承担逾期还款违约责任的标准不作出确定性的规定，不利于裁判的统一。而且长期以来，无论是 1991 年《借贷意见》还是 2015 年《民间借贷规定》，对于未约定借期内利率和逾期利率的情形，都对逾期还款应支付的逾期利息有明确的利率标准规定，本规定取消相应标准，会使各级人民法院审理此类案件时无所适从。广东高院于 2020 年 10 月就2020 年第一次修正司法解释适用过程中存在的相关问题请示最高人民法院，其中就包括第 29 条逾期违约责任的标准问题。对此，经研究，审委会讨论通过，对该条文又一次作了完善，改为目前表述。

（二）根据《民法典》相关规定对条文内容作出修改

将第 1 项中"支付资金占用期间利息的"改为"承担逾期还款违

约责任"。

对于此处作出的修改，是因征求意见过程中，有不同观点认为，根据《民法典》第680条第2款"借款合同对支付利息没有约定的，视为没有利息"的规定，就借款的逾期利息未作约定，就应当视为没有约定利息，不应再循利息渠道解决纠纷，而应适用违约责任的规定处理。关于《民法典》第680条第2款规定中"利息"的含义和范围是仅指"借期内利息"，还是广义的包括"逾期利息"在内的各种利息，是存有一定争议的。但从逾期利息性质本身看，逾期利息也是承担违约责任的一种方式，或表现为违约金，或表现为赔偿损失，但都取决于双方的约定。如果双方没有约定，可以视为双方对违约责任标准没有约定，不一定非要采用逾期利息的表述。因此，我们将条文中支付资金占用期间利息的表述改为承担逾期还款责任。这样，便与《民法典》条款相统一，也减少了法律适用中的歧义。

四、对本条的具体理解

（一）关于本条第1款的理解

尊重当事人的约定，是合同法的重要原则。双方对逾期利率有约定的，无论是违约金还是赔偿损失的计算方法，均应当依照当事人的约定进行处理。但逾期利率不得超过本规定规定的上限。

1. 如果只规定借期利率最高利率为合同成立时一年期贷款市场报价利率四倍，而逾期利率可以超过此标准，则借期内利率最高限将形同虚设，当事人可以通过约定很短的借期与过高逾期利率相结合的技术手段规避利率最高限度的约定。而规定对借期内利率与逾期利率均不得超过利率最高限，将有效地杜绝这种情况的发生，将利率最高限的规定落到实处。

2. 我国《民法典》合同编中违约金的性质主要是补偿性的，有限度地体现惩罚性。对违约金的规定强调违约金补偿性的理念，同时有限地承认违约金的惩罚性。一方面，违约金的支付数额是"根据违约情况"确定的，即违约金的约定应当估计到一方违约而可能给另一方造成的损失，而不得约定与原来的损失不相称的违约金数额。另一方面，如果当事人约定的违约金的数额低于违约造成的损失的，当事人可以请求人民法院或仲裁机构予以适当增加，以使违约金与实际损失大体相当。这明显体现了违约金的补偿性，将违约金作为一种违约救济措施，既保护债权人的利益，又激励当事人积极大胆从事交易活动和经济流转。同时《民法典》第585条第2款又规定："……约定的违约金过分高于实际损失的，当事人可请求人民法院或者仲裁机构予以适当减少。"即一般高于实际损失则无权请求减少，这一方面是为了免除当事人举证的烦琐，另一方面表明法律允许违约金在一定程度上大于损失，显然大于部分具有对违约方的惩罚性。

当约定的违约金低于造成的损失的情况下，违约金属于赔偿性质；当违约金高于造成损失的情况下，违约金兼有赔偿与惩罚的双重功能，违约金与损失相等部分，违约金应解释为赔偿性质，超过损失的部分，违约金被作为惩罚性质。

而对于当事人对逾期利息约定为损失赔偿计算方式的，更应当体现赔偿性，应当参照《民法典》第585条第2款，约定的损失赔偿额计算方式计算的损失低于造成的损失的，当事人可以请求人民法院或者仲裁机构予以增加；约定的损失赔偿额计算方式计算的损失过分高于造成的损失的，当事人可以请求人民法院或者仲裁机构予以适当减少。

因此，无论借贷双方是约定违约金还是损失赔偿计算方式，是否约定借期内的利率，对于逾期利率的约定以赔偿出借方的损失为主，以惩罚借款人为辅。本规定将司法保护的最高利率确定为合同成立时一年期贷款市场报价利率四倍，为最大限度地保护出借人的利益，其赔偿性损失的最大限度也应以此为限，高于的部分更多地体现了其惩罚性，应不予保护。

(二) 关于第2款第1项的理解

早在1988年《民法通则意见》第123条就规定："公民之间的无息借款，有约定偿还期限而借款人不按期偿还，或者未约定偿还期限但经出借人催告后，借款人仍不偿还的，出借人要求借款人偿付逾期利息，应当予以准许。"

而对逾期付款利息如何计算，最高人民法院曾先后于1994年3月12日公布《最高人民法院关于逾期付款的违约金应依何种标准计算问题的复函》（法函〔1994〕10号）、1996年5月16日《最高人民法院关于逾期付款违约金应当依据何种标准计算问题的批复》（法复〔1996〕7号）、1999年2月16日《最高人民法院关于逾期付款违约金应当按照何种标准计算问题的批复》（法释〔1999〕8号）、2000年11月21日《关于修改〈最高人民法院关于逾期付款违约金应当按照何种标准计算问题的批复〉的批复》四个文件，违约金的标准也从1996年5月16日前的每天万分之三，年利率为10.95%，变为1996年5月17日~1999年1月29的每天万分之五，年利率为18.25%，又变为1999年2月16日~2000年11月21日的每天万分之四，年利率为14.6%，最后变为2000年11月22日以后的"参照中国人民银行规定的金融机构计收逾期贷款利息的标准计算逾期付款违约金"，现在为每天万分之二点一，年利率为7.665%。《最高人民法院关于逾期付款的违约金应依何种标准计算问题的复函》（法函〔1994〕10号）参考了中国人民银行下发的《违反银行结算制度处罚规定》，《最高人民法院关于逾期付款违约金应当依据何种标准计算问题的批复》（法复〔1996〕7号）参考了中国人民银行下发的《异地托收承付结算办法》和《异地托收承付结算会计核算手续》，《最高人民法院关于逾期付款违约金应当按照何种标准计算问题的批复》（法释〔1999〕8号）、2000年11月21日《关于修改〈最高人民法院关于逾期付款违约金应当按照何种标准计算问题的批复〉的批复》均参照了中国人民银行规定的金融机构计收逾期贷款利息的标准的有关文件。

《最高人民法院关于审理商品房买卖合同纠纷案件适用法律若干问题的解释》（2020年修正）第13条第1款、第2款规定："商品房买卖合同没有约定违约金数额或者损失赔偿额计算方法，违约金数额或者损失赔偿额可以参照以下标准确定：逾期付款的，按照未付购房款总额，参照中国人民银行规定的金融机构计收逾期贷款利息的标准计算。"

《最高人民法院关于审理建设工程施工合同纠纷案件适用法律问题的解释（一）》（2020年修正）第26条规定："当事人对欠付工程价款利息计付标准有约定的，按照约定处理。没有约定的，按照同期同类贷款利率或者同期贷款市场报价利率计息。"

《最高人民法院关于审理买卖合同纠纷案件适用法律问题的解释》（2020年修正）第14条第2款进一步作了明确，规定："合同没有约定违约金或者损失数额难以确定的，可以按照已付购房款总额，参照中国人民银行规定的金融机构计收逾期贷款利息的标准计算。"

可见，最高人民法院对于逾期付款的利率的标准经过了一系列的变化，其总体的原则是参照中国人民银行的逾期贷款利率标准。由于中国人民银行逾期贷款利率的标准变化以及后来最初的固定罚息标准变化为逾期贷款罚息标准为以同类贷款基准利率的一定范围内由当事人自行约定，最高人民法院逾期付款利率的标准也由最初的固定利率并经过数次变化，到参照中国人民银行规定的逾期贷款标准，再到以中国人民银行同类人民币贷款基准利率为基础的参照逾期罚息利率。

与逾期付款的利息不同，对于民间借贷中双方未约定借期内利率也未约定逾期利率的，最高人民法院在《关于依法妥善审理民间借贷纠纷案件促进经济发展维护社会稳定的通知》（法〔2011〕336号）中明确规定：当事人既未约定借期内利率，也未约定逾期利率的，出借人参照中国人民银行同期同类贷款基准利率，主张自逾期还款之日起的利息损失的，依法予以支持。

因此，在双方既没有约定借期内的利率，也没有明确约定逾期利率的情况下，无论双方是否约定违约金或者损失赔偿的计算方法，均以实际损失为依据，这时的实际损失与逾期付款的损失相比，根据预见性规则与实际情况，显然前者较小。2015年《民间借贷规定》是根据当时近几年中国人民银行发布的一年期的基准贷款利率大致为6%的情况，考虑到同期同类贷款利率种类较多，计算复杂，为统一裁判标准，规定按照年利率6%计算利息。此次修改民间借贷利率保护上限又回归了原先以中国人民银行发布的一年期的基础贷款利率为利率锚的做法。所以，本规定也将年利率6%回归到一年期贷款市场报价利率。

（三）关于第2款第2项的理解

本条款规定了双方约定了借期内利率但未约定逾期利率时的处理，分为两层意思：一是出借人可以借期内的利率向借款人主张逾期还款利息；二是不得超过本规定规定的最高年利率保护上限。

《最高人民法院关于依法妥善审理民间借贷纠纷案件促进经济发展维护社会稳定的通知》（法〔2011〕336号）第6条规定："当事人仅约定借期内利率，未约定逾期利率，出借人以借期内的利率主张逾期还款利息的，依法予以支持。"但在司法实践中，各省市的法院也存在不同的处理方式，有些地方的法院对于仅约定借期内的利率，没有约定逾期利率的，出借人可以参照约定的利率或者根据《中国人民银行关于人民币贷款利率有关问题的通知》（银发〔2003〕251号）第3条关于罚息利率的规定，以约定利率再上浮30%～50%的利率，向借款人要求支付逾期利息，但均以不超出4倍利率为限；而有些地方的法院则认为可在借款期间利率的基础上上浮30%主张逾期利息，但上浮后不得超过人民银行公布的同期同类贷款利率的4倍。

2015年《民间借贷规定》起草过程中，人们对于出借人按借期内利率主张逾期利率的予以支持，没有不同意见，但对于出借人以借期内利率上浮30%或50%以内的利率是否支持，有两种意见：一种是出借人只能以借期内的利率向借款人主张逾期还款利息，超过部分不予支持；另一种是出借人以借期内利率上浮30%的，人民法院予以支持。本条款最终沿用2015年《民间借贷规定》采用的第一种方案，理由如下：

1. 借款人未按约定清偿借款，借款人承担违约责任的类型有继续履行与损失赔偿或违约金，按借期内利率的约定计算逾期利息，其性质既是继续履行，也可认定为损失赔偿或违约金，均有充分的法律依据。

2. 出借人以借期内利率上浮一定比例计算逾期利息，没有法律依据。正如上所述，借款人未按约定清偿借款时，出借人追究借款人的违约责任的形式只有继续履行与损失赔偿。如按继续履行，没有上浮利率的根据，如按损失赔偿或违约金，由于双方没有对违约金计算方式或损失赔偿计算方式的明确约定，其计算依据为实际损失。而实际损失的计算除了按借期人利率计算利息之外，没有其他的损失计算依据。如强行规定按借期内利率上浮一定比例计算逾期利息，既缺少证据法上的支持，也违反了合同法的根本宗旨。

【审判实践中应注意的问题】

关于逾期还款利息计算的截止时间因法律无明确规定，司法裁判中存有很大争议，具体有以下四种观点：第一种观点认为，逾期还款利息应计算至贷款人起诉之日止；第二种观点认为，逾期还款利息应计算至判决发生法律效力之日止；第三种观点认为，逾期还款利息应计算至判决确定的履行期届满日止；第四种观点认为，逾期还款利息应计算至借款偿付完毕之日止。

我们认为逾期还款利息的性质为逾期还款的违约金或者损失赔偿，借款人在清偿借款之前其违约的状态一直持续之中，应当由借款人承担直到全部清偿之间的违约金或者赔偿损失。至于《民事诉讼法》第253条规定被执行人未按判决指定的期间履行给付金钱义务的，应当加倍支付迟延履行期间的债务利息的义务，自2014年8月1日起施行的《最高人民法院关于执行程序中计算迟延履行期间的债务利息适用法律若干问题的解释》已经明确了计算方法与标准，与逾期利息的计算并不冲突也不重复，两者可以分别适用。

第二十九条 【逾期利息、违约金、其他费用并存的处理】

出借人与借款人既约定了逾期利率,又约定了违约金或者其他费用,出借人可以选择主张逾期利息、违约金或者其他费用,也可以一并主张,但是总计超过合同成立时一年期贷款市场报价利率四倍的部分,人民法院不予支持。

【条文主旨】

本条是关于民间借贷中逾期利息、违约金、其他费用并存时如何处理的规定。

【条文理解】

一、逾期利息、违约金、其他费用的概念

逾期利息,又称罚息,具体是指由于借款人未按规定期限归还借款,应当就尚未归还的借款向出借人支付的处罚利息。无论是金融贷款还是民间借贷,对借款人应当支付逾期利息都持肯定态度。

关于金融贷款,《中国人民银行关于人民币贷款利率有关问题的通知》(银发〔2003〕251号)第3条规定:"关于罚息利率问题。逾期贷款(借款人未按合同约定日期还款的借款)罚息利率由现行按日万分之二点一计收利息,改为在借款合同载明的贷款利率水平上加收30%~50%;借款人未按合同约定用途使用借款的罚息利率,由现行按日万分之五计收利息,改为在借款合同载明的贷款利率水平上加收

50%~100%。对逾期或未按合同约定用途使用借款的贷款，从逾期或未按合同约定用途使用贷款之日起，按罚息利率计收利息，直至清偿本息为止。对不能按时支付的利息，按罚息利率计收复利。"依据该规定，金融贷款的借款人在未按合同约定日期还款或者未按合同约定用途使用借款的情形下，都应支付罚息，且罚息利率比约定的借款利率要高。

关于民间借贷，以往司法解释中也有关于逾期利息的规定。《民法通则意见》（现已废止）第123条规定："公民之间的无息借款，有约定偿还期限而借款人不按期偿还，或者未约定偿还期限但经出借人催告后，借款人仍不偿还的，出借人要求借款人偿付逾期利息，应当予以准许。"即对于无息借款，若借款人不按期偿还（包括未在催告期内偿还的情形），虽然借款期间内为无息，但逾期后出借人可要求逾期利息，只是本条对于逾期利息的利率未作规定。1991年《借贷意见》（现已废止）第9条规定："公民之间的定期无息借贷，出借人要求借款人偿付逾期利息，或者不定期无息借贷经催告不还，出借人要求偿付催告后利息的，可参照银行同类贷款的利率计息。"该条不仅规定了对于无息民间借贷，借款人逾期后，出借人可请求逾期利息，还规定了逾期利息的利率标准，即"参照银行同类贷款的利率计息"。《合同法》（现已废止）第207条规定："借款人未按照约定的期限返还借款的，应当按照约定或者国家有关规定支付逾期利息。"该条规定对金融贷款和民间借贷均适用，第一次从法律层面支持了逾期利息的支付，但对逾期利息利率未作具体规定。《民法典》第676条延续了该条规定。

关于逾期利息的性质，存在不同观点：

一种观点认为，应属于违约损失赔偿。依据《民法典》第577条规定，当事人一方违约的，应当承担继续履行、采取补救措施或者赔偿损失等违约责任。其中违约损失赔偿的目的是达到如同合同完全履行的结果。借款人逾期归还借款，给出借人造成的损失可能包括：（1）相应款项存入银行可获得的利息；（2）出借人不能按合同约定回收款项，为弥补资金缺口而向银行贷款继而需要支付的贷款利息。上述出借人无法取得的存款利息或需要支出的贷款利息都可视为出借人因此遭受的损失，出借人可通过要求借款人支付逾期利息的方式弥补损失。依此性质，逾期利息应以银行当期存款利率或者银行当期贷款利率计算。1991年《借贷意见》（现已废止）第9条规定即是采取了"银行同类贷款的利率"的标准。《建设工程施工合同解释》第17条规定"当事人对欠付工程价款利息计付标准有约定的，按照约定处理；没有约定的，按照中国人民银行发布的同期同类贷款利率计息"，也是以"同期同类贷款利率"标准来认定工程价款的"逾期利息"。

另一种观点认为，在有的情形下，逾期利息具有违约金性质。如双方当事人在借款合同中对于逾期利息的支付和计算标准作出约定，其约定的计算标准不一定为银行存款利率或贷款利率，也不一定与出借人的实际损失相关联，因此这种情形下认定为一种违约金更为合适。

我们认为，关于逾期利息的性质，应当区分不同的情形作出不同认定：第一种情形，借贷双方对逾期利率没有约定。在此种情形下，因我国《民法典》规定的违约金应以当事人的约定为前提，故借款人向出借人支付的逾期利息不应属于违约金，可认定为损失赔偿。依据本规定第28条规定，未约定逾期利率的，出借人可以按照借期内的利率向借款人主张资金占用期间利息；既未约定逾期利率，也未约定借期内利率的，出借人可主张借款人参照当时一年期贷款市场报价利率承担逾期付款违约责任。第二种情形，出借人和借款人约定了逾期利率。依据本规定第28条规定，只要没超过合同成立时一年期贷款市场报价利率四倍，借贷双方对逾期利率有约定的，从其约定。此种情形下，逾期利息的数额可以通过双方约定予以确定，其实就具有了违约金的性质。本条规定的"借贷双方对逾期还款的民事责任既约定了逾期利率，又约定了违约金或者其他费用"的情形，逾期利率是借贷双方约定的，实际上具有违约金的性质。

在实践中，除逾期利息外，借贷双方还可能针对逾期还款行为约定违约金。按照产生方式分类，违约金可分为法定违约金和约定违约金。法定违约金，是指由法律直接规定的违约金。约定违约金，是指由当事人约定的违约金。《合同法》颁布之前，法定违约金和约定违约金并存。颁布后，只规定了约定违约金适用需以当事人有约定为前提，《民法典》延续了这一规定。

按照性质分类，违约金可分为惩罚性违约金和赔偿性违约金。惩罚性违约金，其作用在于惩罚，如果对方因违约而遭受财产损失，则违约一方除支付违约金外，还应另行赔偿对方的损失。赔偿性违约金，是对合同一方当事人因他方违约可能遭受的财产损失的一种预先估计，给付了违约金，即免除了违约一方赔偿对方所遭受的财产损失的责任，即使损失大于违约金，亦不再补偿。依据《民法典》第585条规定，一方面，违约金的支付数额是"根据违约情况"确定的，如果当事人约定的违约金低于违约造成的损失的，当事人可以请求人民法院或仲裁机构予以增加，以使违约金与实际损失大体相当；约定的违约金过分高于违约造成的损失的，当事人可请求人民法院或者仲裁机构予以适当减少。这体现了违约金的赔偿性。另一方面，只是在违约金"过分高于"损失时才可请求适当减少，一般高于实际损失则无权请求减少，这表明法律允许违约金在一定程度上大于损失，大于部分即具有对违约方的惩罚性。故《民法典》规定的违约金的性质主要是赔偿性的，同时有限地承认惩罚性。

结合上述分析可以得出，在借贷双方对逾期还款既约定了逾期利率，又约定了违约金的情形下，实际上是两种违约金并存，随之产生了双重违约金如何适用的问题。我们认为，《民法典》并未禁止当事人在借款合同中同时约定违约金和逾期利息，两者应该可以同时适用。但是鉴于我国《民法典》规定的违约金以赔偿性为主，并且本规定对借期内利息和逾期利息均规定了上限，故两者同时适用时，应当受到上限的限制。

实践中，出借人和借款人还可能会在借款合同中约定借款人应向出借人支付服务费、咨询费、管理费等"其他费用",这些费用虽名目不同,但其实质上仍属于借款人为获得借款支付的成本。我们认为,借款人获得借款的成本应主要以利息形式体现,约定的其他费用多数情况下是双方为了规避对利率保护上限的规定而设,故在考虑是否支持时,应将其和逾期利息、违约金一并考虑。

鉴于上述考虑,本条规定若出借人一并主张逾期利息、违约金和其他费用的,总计不能超过上限,对于超过的部分,人民法院不予支持。2015年《民间借贷规定》制定时,本条规定的上限为年利率24%,本次修正将本条规定的上限修改为"合同成立时一年期贷款市场报价利率四倍"。

二、逾期利息和违约金、其他费用并存时,出借人可以选择主张,也可以一并主张

逾期利息和违约金都是承担违约责任的方式,但所发挥的作用不同,计算方式也有所不同。逾期利息着眼点在于"利息",衡量的是资金成本问题,即使当事人没有约定,按照本规定第28条规定,出借人仍然可以主张资金占用期间利息或者逾期付款违约责任,主要基于以下考虑:举轻以明重,借款期限内尚需支付约定利息,借款逾期后更应支付利息,即合法行为尚负支付利息之责,违法行为则更应负此责任。违约金着眼点在于"担保",目的是担保合同的履行。在合同中约定了违约金,拟违约的一方就会衡量其违约的后果,会在权衡利弊后选择是否继续履行合同,因此,违约金对拟违约的一方具有提醒和震慑的作用。逾期利息和违约金的计算方式也不同,逾期利息的计算需要确定逾期本金、逾期利率和计息期间;违约金则有可能双方当事人会直接约定一个数额或者比例。

基于以上区别,即使借贷合同中对逾期利息和违约金、其他费用均有约定,在借款人逾期还款的情形下,出借人作为守约方可以选择主张,比如仅主张违约金,不主张逾期利息和其他费用,也可以将三者一并主张,但不论怎样,总计不能超出上限。应注意的是,如果出借人在一个诉讼中仅主张了其中一项，并且已经得到了支持的，如果又另诉主张其他两项费用的，在另案审理时，根据本条规定，需要将前诉中该当事人已经得到支持的款项一并考虑。

三、逾期利息、违约金或其他费用总计不得超过合同成立时一年期贷款市场报价利率四倍

对于逾期利息、违约金或其他费用，无论出借人是主张其中一项、两项还是一并主张三项，依据本条规定，最终结果上都要受到限制，即总计不得超过合同成立时一年期贷款市场报价利率四倍。在实践操作中，人民法院可以按照合同约定分别认定逾期利息的数额、违约金的数额和其他费用的数额，将两者或三者相加后，再判断有无超过以逾期借款数额为基数、以合同成立时一年期贷款市场报价利率四倍计算得出的法定高限。对于超出的部分，即使出借人主张，人民法院也不予支持。举例说明：甲向乙出借 100 万元，约定借期内年利率 10%，借期一年。同时约定若乙不能按时还本付息，每逾期一天，按照日万分之五的利率向甲支付逾期利息。逾期超过三个月，乙还应向甲支付违约金 10 万元。后来，借款期满后，乙未能还款，逾期已达六个月，甲向人民法院起诉，要求乙偿还借款 100 万元、利息 15 万元、逾期利息 9 万元和违约金 10 万元。本案例中，第一步，按照甲乙双方约定，在乙方逾期超过三个月后，应向甲方同时支付逾期利息和违约金。既然双方对此约定明确，依据本条规定，甲可就逾期利息和违约金一并主张。第二步，分别认定逾期利息和违约金。依据合同约定，逾期利率为日万分之五，逾期六个月，产生的逾期利息为 $100 \times 0.0005 \times 30 \times 6 = 9$ 万元（为计算方便，采用整数，实践中应按日计算）；合同约定的违约金为具体数额，为 10 万元，故逾期利息和违约金共计 19 万元。第三步，以逾期款项为基数、以合同成立时一年期贷款市场报价利率四倍［假设双方借贷合同成立于 2019 年 9 月 30 日，根据全国银行间同业拆借中心 2019 年 9 月 20 日发布的数据，一年期贷款市场报价利率（LPR）为 4.20%，四倍即为 16.80%］计算逾期六个月的法定高限为：100 × 16.8% ÷ 12 × 6 = 8.4 万元。19 万元已经超过 8.4 万元高限，对于超过的部分，人民法院不予支持。

【审判实践中应注意的问题】

一、借款合同中对逾期利息和违约金的表述接近致使两者难以区分时，如何认定

若借贷双方在借贷合同中对于逾期还款的民事责任表述不明，不能直接判断属于逾期利息还是违约金时，如何判断？比如双方约定"若借款人不能及时还款，则每逾期一日，按照……的利率向出借人支付逾期违约金"，其中既有利率的表述，又有违约金的提法。如果认定为逾期利息，则可按照本规定第 28 条予以认定；如果认定为违约金，则涉及出借人能否再主张逾期利息的问题。笔者认为，在此种情形下，虽然名称为逾期违约金，但明确约定了利率，约定了按照逾期天数每天支付一定数额，其形式上和性质上更接近于逾期利息，不宜认定为违约金。

二、诉讼费是否属于本条规定的"其他费用"

司法实践中，当事人双方有可能在合同中约定，若借款人逾期还款引起诉讼的，借款人应当承担诉讼费。诉讼费是否属于本条规定的"其他费用"，应否和逾期利息、违约金一起受到"合同成立时一年期贷款市场报价利率四倍"的限制，实践中存有争议。

笔者认为，诉讼费不属于本条规定的"其他费用"。本条规定的本意是控制借款成本，防止出借人为规避利率保护上限规定而以费用的名义来收取利息。"其他费用"主要是指服务费、咨询费、管理费等。从性质看，这些费用属于借款人为获得借款而支付的成本，与利率的性质无异。诉讼费用是出借人为保护自己合法权益而发生的费用，不属于借款人为获得借款而支付的成本。而且，诉讼费的发生并非必

然，如果当事人不提起诉讼，就不会发生这笔费用，与使用资金必然产生的成本性质不同。再者，从公平角度讲，在纠纷由人民法院裁判时，诉讼费用由败诉方承担为原则，故若因借款人的原因导致纠纷发生，由借款人承担此部分费用较为公平、合理。

第三十条 【借款人提前偿还借款及其法律效果】

借款人可以提前偿还借款，但是当事人另有约定的除外。

借款人提前偿还借款并主张按照实际借款期限计算利息的，人民法院应予支持。

【条文主旨】

本条是关于借款人提前偿还借款及其法律效果的规定。

【条文理解】

一、本条规定的背景和依据

借款合同中，借款人通常在借款期限届满时才负有偿还借款的义务，借款期限直接决定了借款人能够使用资金的时间长短，并且会影响到借款利息的高低，是借款合同中的重要条款。虽然较长的借款期限意味着借款人可以更久地使用借款资金，但在一些情形下借款人可能会产生提前偿还借款的需求。例如，有时候在借款期限届满前，借款人可能通过其他途径回笼了资金，不再需要借款，因此会希望提前偿还借款以节省部分利息；有时候借款人借款的目的是暂时周转资金，或将资金用于项目投资或生产经营活动，如果借款人随后发现其所投资的项目或生产经营的回报率低于要支付的借款利息率，借款人可能会调整投资安排或生产经营计划，进而希望能提前偿还借款；有时候借款人自己的资信状况转好，或者市场上的平均利息水平下行，借款人有机会以更低的利息获得借款，借款人可能会希望提前偿还借款以降低自己的资金成本。在民间借贷中，借贷的资金安排和还款方式通常更为灵活，出借人更希望能够根据自己的资金需求情况调整自己的还款计划，希望能在借款期限内拥有更多的还款灵活性。本条即是针对民间借贷实践中提前偿还借款这一问题作出的规定。

本条要解决的主要问题是，借款人是否有权利提前偿还借款？如果当事人在借款合同中对提前偿还借款问题有明确约定，应当如何处理借款人提前还款与当事人合同约定之间的关系？对于有息借款合同，借款期限的长短会直接决定借款人最终需要支付的利息金额，如果借款人提前偿还借款而缩短了借款期限，借款人应当支付多长期限的利息？是按照实际借款期限计算利息，还是按原借款期限计算利息？

我国现有的法律中对提前偿还借款问题已经有了一些规定。中国人民银行1996年《贷款通则》第32条第5款规定："借款人提前归还贷款，应当与贷款人协商。"但该规定只适用于"在中国境内依法设立的经营贷款业务的中资金融机构"（《贷款通则》第2条第1款）发放的贷款，而且只规定了借款人与贷款人协商提前归还贷款，并未明确借款人提前归还借款后的利息计算问题。此后，1999年，《中国人民银行人民币利率管理规定》第26条规定："借款人在借款合同到期日之前归还借款时，贷款人有权按原贷款合同向借款人收取利息。"《民法典》677条规定："借款人提前返还借款的，除当事人另有约定外，应当按照实际借款的期间计算利息。"对于提前偿还借款的利息计算问题，《人民币利率管理规定》与《民法典》的规定明显存在冲突，虽然按照下位法不得违反上位法的原则，应当适用全国人民代表大会通过的《民法典》的规定，但这一问题在审判实践中仍有必要进一步明确。本条对这一问题进一步作出了明确规定。

二、其他国家和地区的相关规定

在比较法上，许多国家和地区对借款合同中借款人提前偿还借款问题作出了规定。在我国香港特别行政区，《放贷人条例》第21条规定了"借款人提早还款"事项，该条第1款明确规定："任何与放贷人订有贷款协议的借款人,有权以书面通知放债人,并向放债人支付根据该协议借款人须支付的未偿还的本金额及计算至该付款日期为止的利息,随时清偿其根据该协议所欠的债项。但上述利息的实际利率,不得超逾借款人在若非根据本条行使其权利清偿债项须根据该协议支付利息的实际利率。"①

在德国,《德国民法典》第 489 条规定了借贷合同中借用人的普通终止权:"(1)以在借贷合同中约定了一个有拘束力之应然利率为限,在下列情形,借用人可以全部或者部分终止:①应然利息拘束在规定的偿还时间之前结束,并且未就应然利率订立新的协议的,在此,应当遵从 1 个月的终止期间,并且至早自应然利息拘束结束之日结束时终止;约定以不足 1 年的时间间隔调整应然利率的,借用人可以终止,并且每次都是自应然利息拘束结束之日结束时终止。②在任何情形,在遵从 6 个月终止期间的情况下,在完全受领之后 10 年结束之后终止;在借贷受领之后,就偿还时间或者应然利率订立新的协议的,以订立此种协议的时间,替代受领的时间。(2)对于可变利率的借贷合同,以遵从 3 个月的终止期间为限,借用人可以随时终止。(3)借用人不在终止生效后 2 周之内偿还所负担之金额的,借用人的终止,视作为未发生。(4)借用人依第(1)款和第(2)款享有的终止权,不得以合同予以排除或者增加难度。对于向联邦、联邦的特别财产、州、乡镇、乡镇联合体、欧洲共同体或者外国地域团体给予的借贷,不适用此种规定……"《德国民法典》第 490 条第 2 款还规定了借用人的特别终止权:"(2)在借贷合同中约定有拘束力之应然利率,并且借贷有土地担保物权或者船舶质权担保的,在考虑借用人的正当利益而有必要时,借用人可以按第 488 条第 3 款第 2 句的期间,提前终止借贷合同。此种利益特别是指,借用人需要以其他方式变价用于担保借贷之物。对于贷与人因提前终止而发生的损害,借用人应当向贷

---

① 可在香港特别行政区律政司网站查询该规定,载 http://www.legislation.gov.hk/chi/home.htm。

与人予以赔偿（期前赔偿）。"① 根据上述规定，借款人若在借款期限前终止借款合同并偿还借款，实际上即是提前偿还借款的行为。

作为欧洲统一私法领域的最全面的研究成果，《欧洲示范民法典》草案（DCFR）Ⅳ.F-1：106条第3至7款规定了借款合同中借款人提前终止合同的权利："（3）对于借款人无须支付利息或任何其他以贷款存续为基础的报酬的贷款合同，借款人可以通过随时还款而终止合同。（4）借款人可以随时还款，从而终止其他种类的定期借款合同。当事人不可以排除本规定的适用，也不得减损或变更其效力。（5）对于一年期以上的定期贷款合同并且该合同规定了固定利率的，借款人只有在提前三个月通知贷款人的条件下，才能依据本条第4款的规定通过提前还款终止借款合同。（6）一旦依据本条第4款或第5款提前终止借款合同，借款人即有义务支付所有至还款日到期的利息，并补偿因提前终止给贷款人造成的损失。（7）对于不定期借款合同，在不影响本条第2款和第3款所规定的借款人权利的情况下，任何一方当事人可以通过在合理期限前通知对方而解除借款关系。此时适用第Ⅲ-1：109条（依通知变更或解除）的规定。"②

此外，在消费者信贷和分期付款买卖领域中，许多国家基于消费者保护的目的对消费者提前还款的利息支付问题在法律上作出了规定。根据英国2004年《消费信贷（提前还贷）规则》第6条的规定，对于合同期间超过1年的消费信贷合同，用于计算返还款数额的结算日推迟1个月。即放贷人只能多收取1个月的利息来弥补其管理成本。《瑞士债务法》第226条中规定，"买方只要未作出承诺，可以随时一次性清偿其债务。按照合同期限按比例在买价之外增加费用，应当按照合同有效期限减少比例至少减少一半。"而2008年《欧盟新消费信

---

① 杜景林、卢谌：《德国民法典评注：总则·债法·物权》，法律出版社2011年版，第247~249页。

② SeePrinciples DefinitionsandModelRulesforEuropePrivateLaw：DraftCommonFrameReference（DCFR）fulledition editedbyChristianvonBarandEricClive sellier. europeanlawpublishersGmbH pp. 2475~2476. 该条的中文翻译参见欧洲民法典研究组/欧盟现行私法研究组编著：《欧洲示范民法典草案：欧洲私法的原则、定义和示范规则》，高圣平译，中国人民大学出版社2012年版，第290~291页。

贷指令》第 16 条第 1 款规定："消费者被给予在任何时候全部或部分地清偿其在借款合同项下的债务的权利。在此情形下，他有权利减少整个贷款成本。减少（后的数额）由合同剩余期间的利息和成本构成。"第 16 条第 2 款第 1 项规定："贷款提前偿还时，如果提前偿还的贷款归属于借款利率固定的一个期间，贷款人将有权利就与提前偿还贷款直接相连的可能成本得到公平、被客观地证明是正当的补偿。"第 2 项规定："如果提前偿还日与借款合同双方同意的合同终止日之间的期间超过一年，这种补偿不能超过偿还的贷款数额的 1%。如果该期间不超过一年，这种补偿不能超过提前偿还的大款数额的 0.5%。"[1]

三、理解本条的几个重点问题

（一）借款人的借款期限的确定

借款合同中借款人的主给付义务是偿还借款本金，在有息借款中借款人还须支付利息。借款人何时需要履行上述义务，取决于借款合同中约定的借款期限或还款期限。因此，欲判断借款人是否构成提前偿还借款，需要首先确定借款合同的借款期限。借款期限的确定具有重要的法律意义：首先，期限本身也是一种利益，借款合同中借款人的还款期限越晚，意味着借款人可以使用资金的期限越长，这对借款人而言是重要的经济利益，因此出借人原则上无权要求借款人提前偿还借款；其次，借款期限是判断借款人是否构成迟延履行的时点，如果借款人在还款期限届至时仍未偿还借款，就要承担逾期还款的责任，可能需要支付逾期利息；再次，借款期限对其他法律制度的适用也具有重要的意义，如《民法典》第 563 条第 2 项和第 3 项规定的合同解除权都需要先确定债务人的履行期限，在借款合同中即是借款期限或还款期限问题。

《民法典》第 674 条规定："借款人应当按照约定的期限支付利

---

[1] 参见宁红丽：《分期付款买卖法律条款的消费者保护建构》，载《华东政法大学学报》2013 年第 4 期。

息。对支付利息的期限没有约定或者约定不明确，依据本法第五百一十条的规定仍不能确定，借款期间不满一年的，应当在返还借款时一并支付；借款期间一年以上的，应当在每届满一年时支付，剩余期间不满一年的，应当在返还借款时一并支付。"第675条规定："借款人应当按照约定的期限返还借款。对借款期限没有约定或者约定不明确，依据本法第五百一十条的规定仍不能确定的，借款人可以随时返还；贷款人可以催告借款人在合理期限内返还。"上述条文规定了借款期限的确定方法，根据这些规定，确定借款期限要遵循以下顺序：

1. 如果借款合同中对还款期限有明确约定的，约定的期限即是借款人的还款期限。自由约定借款期限是当事人的订约自由，合同应首先尊重当事人的自主约定，因此法律明确规定借款人应按照约定的期限返还借款。

2. 如果借款合同中对借款期限没有约定或约定不明的，应按照《民法典》第510条的规定确定还款期限。《民法典》第510条规定："合同生效后，当事人就质量、价款或者报酬、履行地点等内容没有约定或者约定不明确的，可以协议补充；不能达成补充协议的，按照合同相关条款或者交易习惯确定。"根据这一规定，有两种方式来确定还款期限：（1）可以由借款人和出借人双方自行协商，达成补充协议来确定还款期限。《民法典》之所以将补充协议规定在优先的地位，仍是基于对当事人订约自由的尊重，如果当事人可以通过协商自行达成协议来弥补借款合同中未约定的履行期限，法律应当承认这种补充协议的效力。（2）如果当事人无法达成补充协议的，就要根据第510条的规定"按照合同相关条款或者交易习惯确定"。有时虽然借款合同中没有明确约定借款期限，但合同中的其他条款可能会指向借款人可以使用借款的期限，如借款合同中的借款用途等条款可能会间接反映出借款期限的长短，这时就要结合"合同相关条款"来确定还款期限。"交易习惯"也是帮助法官确定还款期限的重要途径，"如果对于特定问题的解决方式需要借助于习惯，那么认为当事人默示地参考商业习惯处理问题的推测就是正确的。"①《合同法解释（二）》第7条规定："下列情形，不违反法律、行政法规强制性规定的，人民法院可以认定为合同法所称'交易习惯'：（一）在交易行为当地或者某一领域、某一行业通常采用并为交易对方订立合同时所知道或者应当知道的做法；（二）当事人双方经常使用的习惯做法。对于交易习惯，由提出主张的一方当事人承担举证责任。"

3. 如果按照上述方式仍不能确定还款期限的，根据《民法典》第675条的规定，借款人可以随时返还借款，出借人可以催告借款人在合理期限内返还。此时，借款人就可以自主决定何时返还借款。出借人若要求借款人返还借款，则必须给借款人一段合理的期限，期限是否合理，要根据借款的数额、用途等，并结合案件的具体情况进行判断。

（二）优先适用当事人的约定处理提前还款事项

只有在确定了借款人还款期限之后，才会产生借款人提前还款的问题。对此，本条第1款规定："借款人可以提前偿还借款，但是当事人另有约定的除外。"该句规定赋予当事人约定以优先性的地位，这仍是对当事人订约自由的尊重。和当事人可以自主决定还款期限一样，出借人与借款人也当然可以就借款人的提前还款问题作出明确的约定，这在实践中也是比较常见的。实践中，借款合同可能明确约定借款人可以提前偿还借款，也可能会约定借款人提前偿还借款需要满足一些附加条件。例如，出借人要求，借款人若提前偿还借款，须履行一定的通知程序，或者借款人只有在经过一段借款时间后才能提前还款，如一份5年期的借款合同约定借款人在借款经过半年后才可以提前偿还借款。这些约定通常是基于正常的商业原因而作出的，原则上法律有必要承认当事人此种约定的效力，并按照约定来确定当事人的权利义务关系。因此，本条规定，当事人另有约定的，应当适用当事人的

---

① ［德］卡纳里斯·格瑞欧勒特：《论合同解释》，史金旺译，载梁慧星主编：《民商法论丛》第53卷，法律出版社2013年版，第844页。

约定，如果当事人没有特殊约定，则借款人可以依据本条的规定提前偿还借款。

（三）借款人提前还款的性质

借款人提前偿还借款，一般发生在借款合同的借款期限可以确定的情况下。如果当事人对借款期限没有约定或约定不明确，当事人又不能达成补充协议，根据借款合同的有关条款或交易习惯也无法确定借款期限，那么借款人根据《民法典》第 675 条规定就"可以随时返还"借款。此时，借款人返还借款时也意味着借款期限同时届至，这并不是提前偿还借款情形。但是，若出借人催告借款人在合理期限内返还，则此合理期限就相当于借款人的履行期，借款人若在该期限前返还借款，应会发生提前偿还借款问题。

借款人提前偿还借款是提前履行其负有的还款义务，性质上是一种提前履行。履行期限作为一种利益，有为债务人利益的，有为债权人利益，也有兼为债务人和债权人利益的。① 债务人是否可以提前履行债务，一般要考虑履行期限是为谁的利益而设。《民法典》第 530 条第 1 款规定："债权人可以拒绝债务人提前履行债务，但是提前履行不损害债权人利益的除外。"据此，如果履行期限是为债务人利益，债务人自愿放弃期限利益而提前履行债务，并不损害债权人利益，法律应当允许。在极少数的情况下，履行期限也有为债权人利益的，例如无偿保管合同，此时原则上不允许债务人提前履行，否则将损害债权人的利益。② 在有些时候，履行期限兼为债务人和债权人的利益，此时如果债务人提前履行债务，有可能损害债权人的利益。

对于民间借贷中借款人提前偿还借款的问题，可以区分无息借款和有息借款分别讨论。无息借款中，借款人只负有偿还借款本金的义务，出借人无权收取利息，此时借款期限完全是为借款人的利益而设，借款人提前偿还借款不仅无损于出借人的利益，反而对出借人有利，

---

① 崔建远：《合同法总论（中卷）》，中国人民大学出版社 2012 年版，第 68 页。
② 崔建远：《合同法总论（中卷）》，中国人民大学出版社 2012 年版，第 69 页。

因为出借人提前使自己免于遭受借款人可能丧失偿付能力的风险。因此，无息借款中，应当允许借款人提前偿还借款。

对于有息借款，借款人负有偿还本金和支付利息的义务，利息支付的数额通常会按照借款期限而定，此时借款期限对借款人和出借人双方都具有利益，借款期限既影响借款人可以使用资金的期限，也会影响出借人收取的利息的数额。借款人提前还款就可能影响出借人的利益。事实上，关于金融借贷，对借款人是否可以提前偿还借款就有两种不同意见：一种意见认为，我国借款人的偿还能力较差，提前偿还借款有利于将资金用于短缺的项目中，对于出借人并无损失，也有利于国家经济建设，法律应当鼓励；另一种意见则认为，允许提前偿还借款会打乱金融机构对借款的原有安排计划，且会使金融机构收不到本应收到的利息，特别是在借款利率下调的情况下，会造成借款人规避合同约定的利率，使出借人遭受损失。① 但银行业金融机构的信贷业务与民间借贷是存有差异的。民间借贷中，出借人通常并不以放贷业务为主要经营活动和收益来源，允许借款人提前偿还借款能够尽早地保障出借人的资金安全，出借人及时调整资金使用计划，通常不会产生长期资金闲置的风险。在这个意义上，允许借款人提前偿还借款能够兼顾借款人和出借人双方的利益，因此本条规定"借款人可以提前偿还借款"。

（四）提前偿还借款的利息计算

本条第 2 款规定："借款人提前偿还借款并主张按照实际借款期间计算利息的，人民法院应予支持。"这与《民法典》第 677 条"借款人提前返还借款的，除当事人另有约定外，应当按照实际借款的期间计算利息"的规定是一致的。这里需要对借款人为何无需按照原借款期限支付利息作一些分析。在有息借款合同中，借款人支付的利息通常是根据借款期限确定的，借款人提前还款意味着缩短了借款期限，出借人同意或接受借款人提前还款的，实际是双方当事人变更了借款

---

① 参见胡康生主编：《中华人民共和国合同法释义》，法律出版社 1999 年版，第 307 页。

合同中的原借款期限，《民法典》第543条规定："当事人协商一致，可以变更合同。"合同变更后，应当按照变更后的合同履行。因此，借款人应当按照变更后的借款期限支付利息，即按照实际借款期间计算利息。如果出借人不同意或不接受借款人提前还款，出借人应当在借款合同中作出明确约定，当事人的这种约定原则上具有法律效力，此时可以根据约定处理提前还款问题。如果没有明确的其他约定，借款人根据本条第一句的规定就可以自主决定提前偿还借款，并只支付实际借款期限的利息，这对双方也是公平的。如果借款人必须按照原借款期限支付利息，借款人就丧失了提前还款的动力，这反而会增加出借人可能遭受的风险，也不利于资金的有效使用。

（五）提前偿还借款产生的费用及其他问题

《民法典》第530条第2款规定："债务人提前履行债务给债权人增加的费用，由债务人负担。"因此，如果借款人提前偿还借款给出借人增加了费用，此费用应当由借款人承担。例如，提前还款若给出借人增加了人力成本与管理费用，[①] 应由借款人负担，但通常在银行业金融机构的贷款业务中才会发生此类费用。民间借贷中出借人是否发生了此类费用，应由出借人举证证明。

对于提前偿还借款是否构成违约，理论上存在不同的观点：一种观点认为，"从《合同法》第208条[②]规定来看，其并没有将提前还款作为一种违约对待，但该条规定允许当事人通过特别约定，确定提前还款所应当支付的未实际借款期间的利息。尤其是为减轻或者避免汇率和利率波动的风险，借款人往往争取在贷款协议中订立提前还款条件，而贷款人往往要求在协议中规定，如借款人提前还款，应付给贷款人一笔补偿金，以弥补贷款人收回投资的利息损失。依据合同自由原则，当事人的此种约定也是有效。"[③] 另一种观点则认为，应当根据

[①] 翟云岭、吕海宁：《论提前付款（还贷）的法律规制》，载《东方法学》2009年第5期。

[②] 本条规定被《民法典》第677条沿用。——编者注

[③] 王利明：《合同法研究（第三卷）》，中国人民大学出版社2012年版，第268页。

借款合同是否对提前还款约定了违约责任条款来进行分析。首先,若没有约定违约责任条款,提前还款是借款人主动放弃了自己的期限利益,是主动放弃权利的行为,不构成违约。其次,若借款合同约定了提前还款的违约责任条款,对出借人的损失应分别处理:(1)出借人人力成本的增加属于损失;(2)由于银行提前收回的贷款可用于重新放贷获取利息收益,因此原借款合同的利息损失全部由借款人承担是不公平的;(3)出借人收回贷款后重新投放到市场需要一个合理周期,此周期内的利息损失可以作为出借人遭受的损失。①

上述观点主要是针对银行业金融机构的贷款业务进行的分析,对民间借贷中的提前还款问题,需要结合民间借贷的特点予以处理。在民间借贷案件中,出借人通常不以发放贷款为主要经营活动和收益来源,因此借款人提前偿还借款通常不会给出借人造成额外的损失。我们认为,在处理民间借贷提前偿还借款的案件时,可以按照以下思路处理:首先,原则上借款人提前偿还借款不属于违约,无需承担违约责任。其次,如果当事人在合同中明确约定了借款人提前偿还借款需要承担的责任,应结合合同的具体约定作出不同处理:(1)如果合同约定借款人需要赔偿损失的,应慎重认定出借人是否受有损失以及损失的具体数额,并由出借人承担举证证明责任;(2)如果出借人因提前收回贷款而获得收益的,还可以适用损益相抵的规则对这部分收益进行扣除;(3)如果合同约定了借款人需要支付违约金的,可以结合出借人的具体损失对过高的违约金进行调整。总体上,要在充分认识民间借贷特点的基础上,兼顾订约自由原则和公平原则,对当事人的利益进行必要的权衡,依据合同法的具体规则作出裁判。同时,还要注意区分消费者借款合同和商业借款合同,对消费者的权利要注意作出适当保护。

---

① 李健男:《提前还贷的法律解释》,载《法学》2005年第9期。

【审判实践中应注意的问题】

一、关于借款合同还款期限的确定问题

本条适用的前提条件即是确定借款合同的还款期限,对此要严格按照《民法典》第 674 条规定的还款期限予以确定,并且要特别注意《民法典》第 510 条规定的适用。《民法典》第 510 条规定的"按照合同相关条款或者交易习惯确定"具有一定的抽象性和不确定性。如果当事人对"合同相关条款""交易习惯"有不同的理解,应允许当事人举证证明各自的主张,并充分阐述各自主张的具体理由,法官在充分考虑、认定当事人的主张和证据的基础上,针对案件具体情况作出认定。

二、关于借款人提前偿还部分借款后的利息计算问题

实践中,借款人可能只提前偿还了部分借款,并未提前偿还全部借款,这会对借款合同的计息期限和计息数额产生影响。如,张某于 2018 年 1 月 1 日从李某处借款 10 万元,约定 2019 年 1 月 1 日还款,利息按中国人民银行同期贷款利率计算。张某于 2018 年 10 月 1 日提前偿还了 3 万元。那么对张某应偿还的利息数额应分两个阶段进行计算:第一阶段为 2018 年 1 月 1 日至 2018 年 10 月 1 日,此阶段应以 10 万元借款为基数计算利息;第二阶段为 2018 年 10 月 2 日至 2019 年 1 月 1 日,由于张某提前偿还了 3 万,故此阶段的借款为 7 万元,应以 7 万元为基数计算此阶段的利息。

三、关于借款人要求提前偿还借款但并未实际支付时的利息计算问题

实践中,借款人虽然提出要提前偿还借款,但借款人与出借人可能对具体的借款数额、利息支付期限、利息计算方式等问题发生争议，由此导致借款人并未实际提前偿还借款。对此，如果借款人主张其未实际偿还借款是由于双方争议所致，并要求从其提出提前还款之日起不应再支付利息，对此应如何处理？由于借款人仅仅提出了提前偿还借款的主张，实际上并未支付，借款仍由借款人在实际使用，原则上仍应根据借款人实际支付借款的时间来计算利息，借款人仅仅提出还款主张而未实际还款的，通常不能因此减少其应付的利息数额。

四、关于借款人提前偿还借款中的抵充问题

在有息借款中，借款人若提前偿还了部分借款，那么此部分还款应优先认定为偿还了利息还是本金？如，张某从李某处借款1万元，借期1年，约定利息1000元。如果张某提前向李某支付了5000元，此5000元应全部认定为偿还了本金，还是应先扣除截至还款日应偿还的利息？《合同法解释（二）》第21条规定："债务人除主债务之外还应当支付利息和费用，当其给付不足以清偿全部债务时，并且当事人没有约定的，人民法院应当按照下列顺序抵充：（一）实现债权的有关费用；（二）利息；（三）主债务。"根据该规定，若张某和李某对于抵充没有约定的，张某的还款应先抵充利息，剩余部分才能认定为对本金的偿还。

五、关于出借人是否有权要求借款人按照提前还款协议还款的问题

实践中，若借款人主张提前偿还借款，出借人表示同意，此后借款人反悔时，出借人是否有权要求借款人提前偿还借款？如果借款人和出借人双方明确就提前偿还借款达成一致意见，那么这属于双方达成了变更原借款合同的协议，如果此变更协议符合合同的成立和生效要件，此后双方就应根据变更后的借款合同履行自己的义务，出借人有权要求借款人提前偿还借款。在一个案件中，法院就认为："华商金安公司承诺于2010年8月9日前提前偿还借款，刁某某对此亦予以

认可，并以此《承诺书》为依据要求华商金安公司提前偿还借款，故应当认定双方对此还款期限已达成合意……此时，刁某某与华商金安公司的权利义务关系亦应受该《承诺书》的约束，而不再适用原借款合同。"①

---

① 中海信达担保有限公司与刁某某等借款合同纠纷上诉案，北京市第二中级人民法院民事判决书（2011）二中民终字第18184号。

第三十一条 【本规定时间效力】

本规定施行后，人民法院新受理的一审民间借贷纠纷案件，适用本规定。

2020年8月20日之后新受理的一审民间借贷案件，借贷合同成立于2020年8月20日之前，当事人请求适用当时的司法解释计算自合同成立到2020年8月19日的利息部分的，人民法院应予支持；对于自2020年8月20日到借款返还之日的利息部分，适用起诉时本规定的利率保护标准计算。

本规定施行后，最高人民法院以前作出的相关司法解释与本规定不一致的，以本规定为准。

【条文主旨】

本条是关于本规定时间效力的规定。

【条文理解】

法的适用效力，又称法的效力范围，主要指对人、对事以及地域、时间的适用范围。法的时间效力是法的适用效力的重要内容，是指法律何时生效、何时终止生效及法律对其颁布实施前的事件和行为是否具有溯及力的问题。对于司法解释而言，同样存在时间效力问题，包括司法解释何时生效、何时失效以及司法解释对其生效以前的事件和行为有无溯及力的问题。

本条是有关司法解释修正后时间效力的规定。在修改2015年《民间借贷规定》过程中，因民间借贷利率司法保护上限的下调，有关时间效力的规定成为除利率保护上限问题之外的第二大重点，因其涉及民间借贷主体双方的直接经济利益，涉及社会综合治理环境下存量债务的清理工作，涉及新旧司法解释的衔接适用。考虑到对当事人权益的平衡保护，考虑到该条规定将会对人民法院依法审理民间借贷纠纷案件产生的深远影响，在本规定于 2020 年 8 月 20 日修正后，我们又对此问题进行了调查研究，在充分听取各方面意见基础上，与此次《民法典》相关司法解释清理工作一起，对该条文作了进一步的补充完善。

一、关于司法解释的溯及力问题

同法的溯及力一样，司法解释的溯及力，是指新的司法解释出台后，对其生效前发生的事件和行为是否适用的问题。司法解释对其生效以前的事件和行为有无溯及力的问题，是一个较为复杂的问题，一直存在不同认识。我国《立法法》第 93 条规定："法律、行政法规、地方性法规、自治条例和单行条例、规章不溯及既往，但为了更好地保护公民、法人和其他组织的权利和利益而作的特别规定除外。"这是我国首次在宪法性文件中规定法不溯及既往的原则。法不溯及既往原则是指法律文件的规定仅适用于法律文件生效以后的事件和行为。法不溯及既往原则的出发点在于对信赖利益的保护。法作为社会的行为规范，它通过对违反者的惩戒来促使人们遵守执行，人们之所以对自己的违法行为承担不利后果，接受惩戒，就是因为事先已经知道或者应当知道哪些行为是法律允许的，哪些行为是法律不允许的，法律对人们的行为起指导和警示作用。不能要求人们遵守还没有制定出来的法律，法只对其生效后的人们的行为起规范作用。如果允许法具有溯及力，人们就无法知道自己的哪些行为将要受到惩罚，就没有安全感，也没有行为的自由。因此，法不溯及既往是一项基本的法治原则。这也是世界上大多数国家通行的原则。如 1787 年《美国宪法》规定：追溯既往的法律不得通过。《法国民法典》规定：法律仅仅适用于将来，没有溯及力。在我国，法不溯及既往同样适用于民法、刑法、行政法等方面。但《立法法》并没有把法律解释和司法解释列入其中。对此,一种观点认为,司法解释是对现行立法的解释,故自公布之日起,对于人民法院尚未审结的一、二审案件均应当适用。这种对司法解释施行前人民法院已经受理、司法解释施行时尚未审结的案件加以适用司法解释的主张,实际上是赋予了司法解释一定的溯及力。另一种观点认为,司法解释虽然理论上是对既有法律的解释,但我国的司法解释在一定程度上起着填补立法空白,甚至创设新规则的作用。按照法律不溯及既往的原则,司法解释只能适用于公布施行后起诉到人民法院的案件。只要案件的一审程序开始于司法解释施行之前的,都不能适用该司法解释。

关于司法解释的溯及力,2001年《最高人民法院、最高人民检察院关于适用刑事司法解释时间效力问题的规定》中对刑事司法解释的溯及力问题作了规定;"一、司法解释是最高人民法院对审判工作中具体应用法律问题和最高人民检察院对检察工作中具体应用法律问题所作的具有法律效力的解释,自发布或者规定之日起施行,效力适用于法律的施行期间。二、对于司法解释实施前发生的行为,行为时没有相关司法解释,司法解释施行后尚未处理或者正在处理的案件,依照司法解释的规定办理。三、对于新的司法解释实施前发生的行为,行为时已有相关司法解释,依照行为时的司法解释办理,但适用新的司法解释对犯罪嫌疑人、被告人有利的,适用新的司法解释。四、对于在司法解释施行前已办结的案件,按照当时的法律和司法解释,认定事实和适用法律没有错误的,不再变动。"

关于民事司法解释的溯及力,并无类似上述刑事司法解释溯及力的统一规定,相关规定散见于最高人民法院颁布的民事司法解释的具体条文中。我们认为,根据《人民法院组织法》等有关规定,最高人民法院可以对属于审判工作中具体应用法律的问题进行解释。司法解释是对如何具体适用法律的释明,一般是在法律施行之后作出,故其在生效之日就应适用于审判实践,而且具有溯及力,但其溯及力应受被解释法律的时间效力范围的限制。

梳理最高人民法院 2014 年以来公布的主要民商事司法解释，有关时间效力的规定大致有以下几种类型：

第一类：适用于其施行后新受理的一审案件，不适用于其施行前已经受理、施行后尚未审结的一审、二审案件，以及再审案件。例如，《最高人民法院关于适用〈中华人民共和国婚姻法〉若干问题的解释（二）的补充规定》[1] 等。

第二类：适用于其施行后尚未终审的案件，不适用于再审案件。例如，《最高人民法院关于适用〈中华人民共和国公司法〉若干问题的规定（五）》[2]《建设工程施工合同解释》[3] 等。

第三类：规定司法解释对施行前事件和行为没有溯及力。例如，《最高人民法院关于执行程序中计算迟延履行期间的债务利息适用法律若干问题的解释》[4]。

第四类：只规定施行前司法解释与本规定不一致的，不再适用。例如，《证据规定》[5]《民事诉讼法解释》等。

第五类：对溯及力没有做规定。例如，《最高人民法院关于适用〈中华人民共和国公司法〉若干问题的规定（一）》《最高人民法院关于适用〈中华人民共和国公司法〉若干问题的规定（二）》《最高人民法院关于适用〈中华人民共和国公司法〉若干问题的规定（三）》。

考察以上五类解释可以看出，最高人民法院民商事司法解释基本

---

[1] 该解释第 29 条规定："本解释自 2004 年 4 月 1 日起施行。本解释施行后，人民法院新受理的一审婚姻家庭纠纷案件，适用本解释。本解释施行后，此前最高人民法院作出的相关司法解释与本解释相抵触的，以本解释为准。"另，该解释已于 2020 年 12 月 29 日被《最高人民法院关于废止部分司法解释及相关规范性文件的决定》废止。——编者注

[2] 该规定第 6 条规定："本规定自 2019 年 4 月 29 日起施行。本规定施行后尚未终审的案件，适用本规定；本规定施行前已经终审的案件，或者适用审判监督程序再审的案件，不适用本规定。本院以前发布的司法解释与本规定不一致的，以本规定为准。"

[3] 该解释已于 2020 年 12 月 29 日被《最高人民法院关于废止部分司法解释及相关规范性文件的决定》废止。——编者注

[4] 该解释第 7 条规定："本解释施行时尚未执行完毕部分的金钱债务，本解释施行前的迟延履行期间债务利息按照之前的规定计算；施行后的迟延履行期间债务利息按照本解释计算。本解释施行前本院发布的司法解释与本解释不一致的，以本解释为准。"

[5] 该规定第 100 条规定："本规定自 2020 年 5 月 1 日起施行。本规定公布施行后，最高人民法院以前发布的司法解释与本规定不一致的，不再适用。"

遵守以下两点：（1）体现了"实体从旧、程序从新"的法律溯及力原则，有关程序法司法解释（第四类）多贯彻"程序从新"的精神，对于尚未终审和启动再审程序审理的案件，均可以适用新作出的司法解释。（2）实体法司法解释大多实行有限度溯及既往原则，多规定"施行后尚未终审的一、二审案件适用"或"施行后新受理的一审案件适用"。

二、关于本条文的理解和适用

（一）适用于新受理的一审民事案件

本条文第1款"本规定施行后，人民法院新受理的一审民间借贷纠纷案件，适用本规定"，是指本规定自2020年8月20日公布之日起施行后，各级人民法院新受理的一审民间借贷纠纷案件适用本规定，对于已经受理的一审、二审、再审案件的审理不适用本规定。这是本司法解释时间效力的一个总原则。民间借贷司法解释本身有其特殊性，究其本质，并不是对现行有效的的法律适用问题的解释，而是在没有法律规定和行业主管部门规范性标准的情况下，根据我国经济社会发展状况和审判工作实践需要，对民间借贷利率司法保护上限作出了规定。《民法典》第680条第1款作出了"禁止高利放贷，借款的利率不得违反国家有关规定"的规定，但民间借贷的高利贷应如何认定？国家有关规定是什么？在我国现行法律体系和行业主管部门的规范性文件中尚找不到答案。确定"利率"标准问题本身属于金融主管部门的职责范畴，而我国目前对于民间借贷的监管实质上处于行政管理缺位状态，没有相对应的管理部门，也没有国家层面的民间借贷利率规范性的规定。实践中，民间借贷行为非常普遍，民间借贷纠纷高发，大量民间借贷案件进入法院，为了明确、统一全国法院对民间借贷案件的裁判标准，我们只能采用司法解释的方式对于民间借贷利率司法保护上限作出规定。需要强调的是，我们规定的"利率保护上限"是裁判标准，而不是利率标准，不是"行为规范"，如果当事人不起诉到法院，当事人怎么约定利息标准，法院在所不问，也无权干预。尽管如此，从现阶段来讲，有些单位和个人将司法解释的利率保护上限标准视为"国家有关规定",虽然不符合法理本身,但从某种意义上讲,司法解释对民间借贷利率的规定确实起到了"行为规范"的实际效果。因此,对于"利率保护上限"的调整,是应当遵从法不溯及既往原则的。

我们确定本规定适用于新受理的一审民事案件:(1)考虑借贷行为发生时当事人作出的利率约定,只要不违反当时的有关规定,应当尊重当事人的意思自治;(2)本着沿用2015年《民间借贷规定》有关时间效力规定的原则,对原司法解释的修正,按照惯例一般不对时间效力作变更;(3)根据此次司法解释修正的主旨,是希望能纠正近年来民间借贷"乱象丛生"的趋势而缩减民间借贷的空间,从降低利率保护上限、严格限定出借范围两个方面进行修改,符合我国目前经济发展形势,更加有利于维护国家金融市场秩序与社会和谐稳定。对于新受理的一审民事案件规定适用本规定,尽可能快地引导今后一个时期的民间借贷行为,充分发挥司法解释在法律适用方面的规范作用。

(二)第2款的具体理解与适用

首先,制定本条款的必要性。一般从制定司法解释的惯例来看,有关时间效力条文除时间效力内容外一般不做其他实质性的规定,此次在条文第2款对利息计算作出具体规定,是因为本规定对利率司法保护上限大幅度下调后,对于本规定施行前发生的借贷行为是否具有溯及力是必须解决的问题。同时新旧司法解释衔接问题也较为突出。而且本规定施行后,利率保护标准是以一年期贷款市场报价利率作为基础值,是一个动态数据,如果没有相关规定,新受理的民间借贷案件审理中,利息的计算可能会成为困扰法官裁判的突出问题。

其次,对于成立于2020年8月20日之前的借贷合同,利率标准采用"分段原则"。这一规定也是有限溯及和有利溯及的运用,是法不溯及既往原则与司法解释裁判规范引导原则的有机统一。根据1981年第五届全国人大第十九次常委会通过的《全国人民代表大会常务委员会关于加强法律解释工作的决议》的相关规定,凡是属于法院审判工作中具体应用法律、法令的问题,由最高人民法院解释。通常情况下，立法和立法解释不应具有溯及力，否则会损害社会成员的信赖利益，而司法解释是对如何正确理解和适用法律的具体规定，解释内容一般不得超越法律本身之意，也就不会违背社会成员的正当预期，溯及既往也就不会损害人们的信赖利益。如前所述，民间借贷利率司法保护标准虽然规定在司法解释中，但因国家没有相关法律或主管部门的规范性规定，使得司法解释实际担负了立法的使命。因此，对于本规定中的利息问题便不能像其他司法解释一样可以具有溯及既往的效力。本规定施行前，当事人按照当时司法解释规定的利率保护标准订立的合同，原则上应受到法律保护，利率保护标准的变化或调整旨在对之后民间借贷行为的引导和规范，如果新规定强行干预之前的民事法律行为，强制使其归于无效，就会破坏社会成员最基本的信赖利益。这是第 2 款规定最基本的理论依据，"2020 年 8 月 20 日之后新受理的一审民间借贷案件，借贷合同成立于 2020 年 8 月 20 日之前，当事人请求适用当时的司法解释计算自合同成立到 2020 年 8 月 19 日的利息部分的，人民法院应予支持；对于自 2020 年 8 月 20 日到借款返还之日的利息部分，适用起诉时本规定的利率保护标准计算"，直接体现的是新规定对旧行为不溯及既往的效力。

再次，在法无溯及力的同时，本规定颁布后的规范和引导作用也应当有所体现，同时为了衡平当事人利益，对于成立于本规定之前、延续到本规定之后的借贷合同，仍有利息请求的，应当采用本规定的利率标准计算，即"对于自 2020 年 8 月 20 日到借款返还之日的利息部分，适用起诉时本规定的利率保护标准计算"，也是为了增加法律适用的确定性。

（三）第 3 款的具体理解与适用

"新法优于旧法"原则的基本要求是，由同一部门法就相同的问题，在不同时期先后作出的规定应该以最新规定为准。[1] 一般而言，

---

[1] 最高人民法院民事审判第一庭编著：《最高人民法院建设工程施工合同司法解释的理解与适用》，人民法院出版社 2004 年版，第 245 页。

在后的规范性规定均较在先的规定更科学，更符合实际情况，更有利于保护自然人、法人、其他组织的合法权益，因此，新法优于旧法是法的适用的一般原则，司法解释也应遵循该原则，故本条明确规定："本规定施行后，最高人民法院以前作出的相关司法解释与本规定不一致的，以本规定为准。"

三、关于司法解释生效时间的规定

最高人民法院司法解释有关生效时间的规定经历了两个阶段。按照最高人民法院 2007 年《最高人民法院办公厅关于规范司法解释施行日期有关问题的通知》（法办〔2007〕396 号，以下简称《法办〔2007〕396 号通知》）的要求："一、今后各部门起草的司法解释对施行日期没有特别要求的，司法解释条文中不再规定'本解释（规定）自公布之日起施行'的条款，施行时间一律以发布司法解释的最高人民法院公告中明确的日期为准。二、司法解释对施行日期有特别要求的，应当在司法解释条文中规定相应条款，明确具体施行时间，我院公告的施行日期应当与司法解释的规定相一致。"在此之后最高人民法院出台的司法解释都是按照《法办〔2007〕396 号通知》的要求进行的，主要有两种方式：一是自司法解释公布之日起生效，通常在司法解释前面审委会通过部分表述为"本解释自公布之日起施行"。这种表述方式多适用于急需要尽快出台且施行时机比较成熟的情况，为了使司法解释尽早发挥应有作用而采取的做法。二是规定具体的生效时间，通常在条文最后一条表述为"本解释自某年某月某日起施行"。这种方式一般是基于预留一段准备期，使得需要适用本解释的有关方面做好必要的学习、掌握和准备，以便于司法解释的顺利实施。2019 年最高人民法院又发布了《最高人民法院办公厅关于司法解释施行日期问题的通知》（法办发〔2019〕2 号），对司法解释施行日期重新作出规定，该通知第 1 条规定："司法解释的施行日期是司法解释时间效力的重要内容，司法解释应当在主文作出明确规定：'本解释（规定或者决定）自×年×月×日起施行'。批复类解释在批复最后载明的发布日期作为施行日期。"根据该条规定，本规定即使属于公布之日生效的情况，也应当在主文中作出明确规定。以上规定应是针对新制定的司法解释作出的规范表述。本规定属于对2015年司法解释的修正，并非制定一部新的司法解释，为了保持新旧司法解释的延续性，该条文并没有采用"自×年×月×日起施行"的表述，也是与《民法典》相关司法解释清理的做法保持一致。

【审判实践中应注意的问题】

对于本条在审判实践中的适用，需要把握好两个问题：

一、关于本规定与其他司法解释的不一致问题

本条第3款中"与本规定不一致"的理解问题。我们认为，本规定与其他司法解释"相抵触"的定位应限定于"同一法律问题或者规则"，若系不同问题的规定，当然不能适用本条规定的内容。一般而言，本规定对原有司法解释有关规定内容作出修改或者新增的规定，属于本规定与此前出台的其他司法解释"不一致"的情形，对此应当适用本规定。对于本规定并没有规定，而此前出台的其他司法解释对这一问题有规定的，这一规定又与本规定相关条文并不冲突，则原有司法解释的规定应当继续适用。

二、正确审理新受理案件

对于在2020年8月20日之后起诉到法院的一审案件，应区分以下情形处理：第一，借贷合同成立于2020年8月20日之后的，适用本规定确定的各项规则。第二，借贷合同成立于2020年8月20日之前的，在计算利息时要掌握好"分段计算原则"。当事人请求适用2015年《民间借贷规定》计算合同成立之日至2020年8月19日的利息的，人民法院应予支持；对于2020年8月20日到借款归还之日的利息，法条规定"适用起诉时本规定的利率保护标准计算"，应作如

下理解："本规定的利率保护标准"是指本规定第 25 条等条文规定的，双方约定的利率不得超过合同成立时一年期贷款市场报价利率（LPR）四倍的标准。如果双方合同成立于 2019 年 8 月 20 日至 2020 年 8 月 20 日期间的，计算 2020 年 8 月 20 日到借款归还之日的利息应按合同成立时的一年期 LPR 四倍为标准计算；如果合同成立于 2019 年 8 月 20 日之前，此时还没有 LPR 值，在计算 2020 年 8 月 20 日到借款归还之日该阶段的利息，则应适用起诉时一年期 LPR 四倍的利率标准。

典型案例

1. 俞某某诉宁夏中卫天银矿业有限公司民间借贷纠纷案

【裁判要旨】

双方当事人对借款协议的理解产生分歧时，法院应结合双方对借贷事实的陈述、民间借贷的交易习惯、日常生活的经验法则来判定当事人双方的真实意思表示。

【基本案情】

再审申请人俞某某因与被申请人宁夏中卫天银矿业有限公司（以下简称天银公司）及原审第三人戴某某民间借贷纠纷一案，不服宁夏回族自治区高级人民法院（2014）宁民再终字第1号民事判决，向最高人民法院申请再审。

俞某某申请再审称：（1）俞某某取得14.7万元的银行取款记录及原天银公司会计王某某有关戴某某亲口向其说明向俞某某借款130万元的公证证言，足以推翻二审认定的有关事实，二审以俞某某仅有28万元的银行取款记录认定借款没有交付错误。（2）一审中天银公司多次申明戴某某隐瞒债务，该借款应由戴某某个人偿还，这说明天银公司自己认可借款交付、借款事实存在，根据有关法律规定，人民法院对自认的事实应予确认。诉讼中，俞某某出示了借条、契约及取得的戴某某承认借款的公证书、天银公司原会计王某某的当庭证明等证实借款已经给付的事实，二审认为俞某某提供的证据不足不当。（3）二审以公证书中戴某某的陈述和鸿远公司与戴某某签订的《股权转让协议》约定的内容相矛盾、戴某某未到庭就现金交付的原因、时间、地点、用途接受对方当事人和法庭询问为由，否定俞某某提供证据的效力，违背法律规定。一是公证文书确定的事实无须举证，《股权转让协议》对俞某某无约束力；二是戴某某在公证书中的陈述与《股权转让协议》没有矛盾，戴某某承认股权转让前的债务是公司债务，只不过由天银公司在欠付戴某某的股权转让款中扣除，本质上还是戴某某承担，这与借款交付天银公司没有矛盾，同时《股权转让协议》也约定天银公司如有未清理债务在鸿远公司支付戴某某的转让款中扣除。(4)二审法院违背优势证据规则，未依法认定证据效力，将取款凭证作为借款交付凭证，对俞某某出示的证明自身借款能力的证据未予认定。(5)二审在认定公司借款的前提下，认为戴某某与有本案重大利害关系不起诉违背常理不当，实际上债务自负，戴某某与本案债务无重大利害关系。(6)（2014）宁民再终字第1号民事判决认定案涉借款没有交付、债务没有形成，而（2010）卫民初字第28民事判决却认定债务已经形成只是由股权转让前的股东予以承担，二者相互矛盾，但前一判决却维持了后一判决的结果，事实不清。俞某某依据《民事诉讼法》第200条第2项、第6项之规定，申请再审。

最高人民法院经审查认为：本案的焦点是俞某某与天银公司是否形成实际借款关系。原审中，俞某某虽出示两张借条和一份借款契约证明其已经交付借款，但天银公司对此并不认可且作了合理说明：(1)戴某某在转让股权时并未说明天银公司存在借款；(2)天银公司转股审计时该笔借款在公司账目中也未反映；(3)王某某的公证证言表明其在担任天银公司原会计期间未收到有关笔借款，其只是2008年8月见过借据；(4)俞某某虽提供了对戴某某有关公章使用等问题的公证，但戴某某并未出庭接受对方当事人质证及法庭询问，有关事实及情况不明；(5)戴某某一直持有天银公司另一枚公章，而该公章正是借条和借款契约上加盖的公章。上述事实及情况使本案借款事实是否存在具有不确定性，俞某某应对自己的主张进一步举证证明。根据本案二审查明的事实及本院审查期间俞某某反映的有关事实情况，俞某某举证仍有不足：第一，一审期间，俞某某陈述称借款交付的全部是现金，且现金是从当地建设银行、工商银行及农村信用合作联社等提取，但称取款凭证已经丢失。经一审法院调取俞某某到相关银行的取款记录，俞某某自称的借款日期之前共有取款记录28万元。再审申请中，俞某某虽新提供有关银行的取款记录14.7万元（案涉借款时间段内取款数额为5.7万元），但仍与实际出借数额有较大差距，其对此没有合理解释。第二，再审申请中，俞某某自称的现金交付借款习惯及案涉借款的交付方式不合常情常理。本案所涉借款数额巨大，有别于小额民间借贷，银行转账等非现金交付方式快捷、安全，俞某某虽自称现金交付属当地的借款习惯，但并未提供有关证据证明。同时，本院在询问中，俞某某的丈夫倪鸿新自称案涉款项是俞某某先从银行取出来再由其手提塑料袋步行十分钟左右到当地一商业街茶馆二楼交付，而款项实际接收人即天银公司原法定代表人戴某某当时是驾车到的茶馆，戴某某当时与俞某某一家住同一栋楼（不同单元），该陈述与常情常理不符。第三，原审及本院再审期间，俞某某在借条、借款契约之外虽提供经公证的王某某及戴某某的证人证言，且王某某在原审中出庭作证，但二人的证言均难以证实借款已实际交付。王某某的证言表明其只是听戴某某说向俞某某借款之事，但借款是否投入公司其并不清楚，故其证言不能证明俞某某给付借款的事实。戴某某是本案借条所列的借款人，也是借款的实际接收人，其书面证言虽有承认借款事实并确认加盖天银公司公章的内容，但该证言不符合《民事诉讼法》第73条规定的可以通过书面证言作证的情形。且戴某某的书面证言亦未对借款实际取得过程、用途等予以说明，二审对该证言不予采信，依法有据。第四，戴某某是原天银公司的实际控制人，也是借条写明的借款人，而戴某某转股时亦明确承诺天银公司转股前的债务由其承担，但俞某某坚持不起诉戴某某，也与常理不符。据此，二审认为俞某某要求天银公司承担清偿责任的证据不足，事实和法律依据并无不当。

经审查，最高人民法院裁定驳回了俞某某的再审申请。

2. 福建春秋文化发展有限公司诉林某甲、陈某某民间借贷纠纷案

【裁判要旨】

民间借贷关系中,一方公司虽出示借条和借款契约证明其已经交付借款,但另一方公司对此并不认可且作了合理说明、提供了确切证据的,民间借贷关系不成立。

【基本案情】

福建春秋文化发展有限公司(以下简称春秋公司)向一审法院起诉请求:(1)林某甲和陈某某返还春秋公司借款2000万元;(2)林某甲和陈某某从2013年5月11日起按未还借款金额的2%/月向春秋公司支付违约金至实际还清款项之日止(暂计至2015年3月11日为880万元);(3)林某甲和陈某某承担本案诉讼费。

一审法院认定事实:林某甲出具《借据》一份,主要内容为:"本人兹向春秋公司借款人民币贰仟万元整。请将上述借款汇入户名上海鑫贸实业发展有限公司、账号31×××10、开户行中国建设银行上海宝钢宝山支行。款到账之日起计算,借款期限2013年3月11日至2013年5月10日止,还款届满时未能还清本息,应按未还款的日千分之三付违约金,特立此据。本借据正式失效日为款项汇入借款约定账户日。"《借据》落款时间为2013年3月11日。春秋公司分别于2013年3月7日、3月11日、3月12日向鑫贸公司汇款600万元、800万元、600万元,共计2000万元,汇款凭证上载明:"用途:往来款。"一审法院认为:依据春秋公司提交的汇款凭证,案涉2000万元借款分别于2013年3月7日至3月12日汇入鑫贸公司账户。林某甲出具《借据》的落款时间为2013年3月11日,而在《借据》出具的当天及此前,春秋公司就已向案外人鑫贸公司汇款1400万元,且讼争《借据》最后载明:"本借据正式失效日为款项汇入借款约定账户日",民间借贷案件应以借款实际发放为借款合同生效的要件,合同中一般无须再约定生效日期,故春秋公司关于《借据》中"失效"实为"生

效"系笔误的主张不能成立。结合讼争《借据》该项特殊约定，林某甲关于春秋公司出借款项时就已明知其不是实际借款人，仅是中间人的抗辩，可信度更高，予以采信。因春秋公司出借款项均已汇入指定账户，故依《借据》的该特殊约定，讼争《借据》已于2013年3月12日失效，不具有法律效力。春秋公司在出借款项时已明知讼争2000万元款项实际借款人并非林某甲，却仍依据已失效的《借据》诉请林某甲还款，并要求陈某某承担共同还款责任，于法无据，不予支持。综上，一审法院判决：驳回春秋公司的诉讼请求。本案一审案件受理费185800元，由春秋公司负担。

春秋公司不服提出上诉。上诉请求为：（1）撤销一审判决，改判支持春秋公司一审的诉讼请求，由林某甲和陈某某向春秋公司返还借款2000万元并支付利息880万元（暂计至2015年3月11日）；（2）一、二审诉讼费由林某甲与陈某某承担。

二审法院认为，本案二审争议焦点是：（1）春秋公司与林某甲之间是否存在民间借贷关系。（2）讼争借据当中所说的"本借据正式失效日为款项汇入之日"是否为双方的真实意思表示。（1）关于春秋公司与林某甲之间是否存在民间借贷关系的问题。二审法院认为，春秋公司与林某甲的《借据》系双方真实意思表示，未违反法律强制性规定，合法有效。春秋公司与林某甲之间构成民间借贷法律关系。春秋公司依约定分别于2013年3月7日、3月11日、3月12日向《借据》指定收款人鑫贸公司汇款600万元、800万元、600万元，共计2000万元，春秋公司履行了出借款项之义务。借款到期后，林某甲依约应承担还款义务。（2）关于讼争《借据》当中所说的"本借据正式失效日为款项汇入之日"是否为双方的真实意思表示的问题。二审法院认为：第一，在借据中约定失效条款不符合民间借贷交易习惯。若借款一经到账，借据即失去效力，则没有签订借据之必要。第二，讼争借款2000万元的最后一笔款项600万元系于《借据》签订次日才汇入约定账户，故双方约定款到账之日为生效日更符合民间借贷交易习惯。第三，林某甲主张其只是中间人，实际借款人为鑫贸公司，但其未提供充分证据予以佐证，其所提供的两份《借款合同》均无春秋公司的盖章。因此，讼争《借据》的"本借据正式失效日为款项汇入之日"并非双方的真实意思表示。春秋公司关于"失效日"应为"生效日"的主张更符合客观事实，该院予以支持。《借据》中约定："还款届满时未能还清本息，应按未还款金额的日千分之三付违约金"，现春秋公司自愿要求林某甲和陈某某支付从2013年5月11日起按未还借款金额月2%支付违约金至实际还款之日止，系对其自身权利的处分，未违反法律规定，该院予以准许。

根据《最高人民法院关于适用〈中华人民共和国婚姻法〉若干问题的解释（二）》① 第24条第1款的规定："债权人就婚姻关系存续期间夫妻一方以个人名义所负债务主张权利的，应当按夫妻共同债务处理。但夫妻一方能够证明债权人与债务人明确约定为个人债务，或者能够证明属于婚姻法第十九条第三款规定情形的除外。"本案借款发生于林某甲与陈某某夫妻关系存续期间，陈某某亦无证据证明春秋公司与林某甲明确约定本案债务属于林某甲个人债务或存在《婚姻法》第19条②第3款规定的情形。因此，陈某某应对林某甲的债务在夫妻财产范围内承担共同偿还责任。

综上，二审法院判决：撤销一审判决；林某甲于判决生效之日起十日内偿还春秋公司借款本金2000万元及违约金（违约金按照月利率2%自2013年5月11日起计算至实际还款之日止）；陈某某在夫妻财产范围内对林某甲的上述第二项债务承担共同清偿责任。

林某甲、陈某某不服二审判决，向最高人民法院申请再审。最高人民法院经审查后决定提审本案。

最高人民法院认为，本案再审争议的焦点问题为：（1）春秋公司与林某甲之间是否存在民间借贷关系；（2）案涉借款债务是否为夫妻共同债务，陈某某是否应当承担共同清偿责任。就当事人争议的焦点

---

① 该解释已被于2020年12月29日公布的《最高人民法院关于废止部分司法解释及相关规范性文件的决定》废止。

② 该条已被《民法典》第1065条沿用。

问题，分述如下：

关于春秋公司与林某甲之间是否存在民间借贷关系的问题。最高人民法院认为，本案中，林某甲于2013年3月11日向春秋公司出具《借据》，载明其向春秋公司借款2000万元并要求将该款汇入鑫贸公司账户，春秋公司在该《借据》出具前后，分别于2013年3月7日、3日11日、3月12日向鑫贸公司账户汇款600万元、800万元、600万元，共计2000万元。即便如林某甲所称其系春秋公司和鑫贸公司之间民间借贷关系的中间介绍人，其出具《借据》的行为亦应认定构成债务加入行为，在春秋公司依约实际向鑫贸公司出借相应款项后，林某甲亦应依其承诺向春秋公司承担还本付息的义务。故原审判决关于林某甲与春秋公司之间构成民间借贷关系，林某甲应当承担2000万元借款还本付息责任的认定，并无不当。就《借据》所载："本借据正式失效日为款项汇入之日"的真实意思表示应当如何确定的问题。《合同法》第125条第1款规定，当事人对合同条款的理解有争议的，应当按照合同所使用的词句、合同的有关条款、合同的目的、交易习惯以及诚实信用原则，确定该条款的真实意思。本案中，诉争《借据》明确约定了案涉民间借贷关系中双方当事人的地位、借款金额、收款账户、借期等内容，系构建本案双方当事人之间民间借贷法律关系的重要凭据。《借据》中对应语句若按"失效日"理解，则会推导出借款汇入指定收款人账户后，《借据》即失去效力的结论，那么本案《借据》将全无签订之必要，这一理解显然违背民间借贷的生活常识。故原审法院综合双方当事人对借款原委的陈述、民间借贷交易习惯，认定案涉《借据》中"本借据正式失效日为款项汇入之日"中的"失效日"应为"生效日"，更贴合本案民间借贷实际发生的真实情况，符合情理，于法有据，予以支持。林某甲关于《借据》中关于款项汇入日为借据失效日的诉讼理由，不符合日常生活的经验法则，不予支持。

关于案涉借款债务是否为夫妻共同债务，陈某某是否应当在夫妻财产范围内承担共同清偿责任的问题。最高人民法院认为，《最高人民法院关于审理涉及夫妻债务纠纷案件适用法律有关问题的解释》第

3 条规定，夫妻一方在婚姻关系存续期间以个人名义超出家庭日常生活需要所负的债务，债权人以属于夫妻共同债务为由主张权利的，人民法院不予支持，但债权人能够证明该债务用于夫妻共同生活、共同生产经营或者基于夫妻双方共同意思表示的除外。本案中，案涉《借据》仅由林某甲作为借款人签名，且春秋公司并不否认林某甲作为借款中间人的身份，应当认定春秋公司明知该借款并非用于林某甲与陈某某的夫妻共同生活、共同生产经营，也并非是基于其夫妻双方共同意思表示。春秋公司关于案涉借款构成林某甲、陈某某的夫妻共同债务的诉讼主张，并无相应的事实和法律依据，不予支持。原审判决未考虑本案借款债务形成的具体经过、资金流向、借款用途等因素，认定案涉 2000 万元债务为夫妻共同债务不当，予以纠正。

综上，最高人民法院判决：维持二审判决第一、二项；撤销二审判决第三项；驳回春秋公司的其他诉讼请求。

3. 杨某某诉延安市建筑总公司房地产开发公司、赵某某保证合同纠纷案

【裁判要旨】

借贷行为涉嫌刑事犯罪的并不必然导致合同无效，出借人起诉担保人承担担保责任，担保人主张民间借贷合同因涉及刑事犯罪而无效、从合同也无效的，人民法院应根据法律及相关司法解释综合判断合同效力。

【基本案情】

再审申请人延安市建筑总公司房地产开发公司（以下简称延安房地产公司）、赵某某因与被申请人杨某某担保合同纠纷一案，不服陕西省高级人民法院（2018）陕民终742号民事判决，向最高人民法院申请再审。

延安房地产公司、赵某某申请再审称：（1）一、二审判决认定事实缺乏证据证明。杨某某仅为27岁的农民，其并无出借1000万元的经济能力，并非案涉借款的出借人，且亦无相关证据证明杨某某曾主张债权的事实，故本案的保证期间已经超过。（2）一、二审判决适用法律错误。本案应适用2015年《民间借贷规定》第2条第1款认定案涉借款合同无效，主合同无效，则担保的从合同亦无效；另，杨某某[实为延安银信投资管理有限公司（以下简称银信公司）]与梁某某串通诱骗赵某某及其公司提供保证，本身存在过错，且涉案借款涉嫌非法吸收公众存款罪，应依据2015年《民间借贷规定》第13条第2款规定判决其承担相应民事责任，而非仅由担保人承担责任。综上，延安房地产公司、赵某某依据《民事诉讼法》第200条第2项、第6项规定申请再审。

杨某某提交书面意见称，杨某某已实际履行了出借款项的义务，其起诉请求保证人承担保证责任事实及法律依据充分。综上，请求驳回延安房地产公司、赵某某的再审申请。

最高人民法院经审查认为，本案争议的焦点问题是：（1）一、二

审判决由延安房地产公司、赵某某在本案承担连带担保责任是否正确；
(2) 一、二审判决法律适用是否正确。

（一）关于延安房地产公司、赵某某是否应承担担保责任的问题

根据本案查明事实，2015年1月5日，杨某某与八宝岭公墓公司法定代表人梁某某签订《借款合同》一份，约定杨某某向梁某某出借款项1000万元用于生产经营，借期一年，月利率15‰，延安房地产公司、赵某某自愿为上述借款承担连带保证责任，贺延爱以其在八宝岭墓室的权益作为抵押，承担担保责任，但该抵押未办理登记手续。合同签订后，杨某某依约出借款项，但梁某某在偿还利息77500元之后再未还款。现杨某某依据《担保法》及相关司法解释的规定，请求延安房地产公司、赵某某承担连带担保责任，事实及法律依据充分，一、二审判决予以支持，并无不当。延安房地产公司、赵某某对杨某某是否具备出借能力存疑，认为其并非本案的出借人，真正出借款项的主体系银信公司，银信公司的催收行为不能证明杨某某进行了催收，故本案的保证期间已经超过。经审查，案涉借款合同的签订主体及划款主体均系杨某某个人，并无证据显示系银信公司出借款项，即便银信公司确系案涉借款的实际出借人，亦应属杨某某与银信公司之间的法律关系，与本案无涉。据此，一、二审判决认定案涉借款出借人为杨某某并无不当。另，在案涉款项出借后，杨某某与银信公司签订《管理服务协议》，委托银信公司对案涉借款进行催收，银信公司据此在保证期间内向延安房地产公司、赵某某催收债权的行为，应视为系杨某某的行为，故案涉借款的保证期间并未超过。延安房地产公司、赵某某认为无证据显示杨某某自己催收的理由不能成立，不予支持。

（二）关于本案的法律适用问题

本案系基于借款而产生的担保合同纠纷，延安房地产公司、赵某某认为案涉民间借贷行为涉嫌非法集资犯罪，故应依据2015年《民间借贷规定》第5条第1款规定认定借贷行为无效，从合同担保合同亦应无效。根据2015年《民间借贷规定》第13条第1款规定："借款人或者出借人的借贷行为涉嫌犯罪，或者已经生效的判决认定构成犯罪，

当事人提起民事诉讼的,民间借贷合同并不当然无效。人民法院应当根据合同法第五十二条①、本规定第十四条之规定,认定民间借贷合同的效力。"第14条规定,具有下列情形之一,人民法院应当认定民间借贷合同无效:(1)套取金融机构信贷资金又高利转贷给借款人,且借款人事先知道或者应当知道的;(2)以向其他企业借贷或者向本单位职工集资取得的资金又转贷给借款人牟利,且借款人事先知道或者应当知道的;(3)出借人事先知道或者应当知道借款人借款用于违法犯罪活动仍然提供借款的;(4)违背社会公序良俗的;(5)其他违反法律、行政法规效力性强制性规定的。由于案涉借款合同并不存在违反《合同法》第52条及2015年《民间借贷规定》第14条规定的情形,应为有效合同,延安房地产公司、赵某某关于主合同无效,担保合同亦属无效的诉讼主张不能成立,本院不予支持。另,延安房地产公司、赵某某认为杨某某与梁某某相互串通,以客观上无法实现的公墓抵押为由,诱骗其提供保证,杨某某亦存在过错,但其并未提交任何证据证明其观点,故其该再审申请理由缺乏事实依据,亦不予采信。

综上,最高人民法院裁定驳回了延安市建筑总公司房地产开发公司、赵某某的再审申请。

---

① 该条已被《民法典》删除。

4. 刘某诉关某民间借贷纠纷案

【裁判要旨】

出借人将款项交付给公司或用于公司经营支出后，又主张系自然人之间的民间借贷款项，但未能提供证据证明公司法定代表人存在个人借款的意思表示，未能证明已就该款项与该自然人达成借贷合意的，法院不予支持。

【基本案情】

刘某向一审法院起诉请求：（1）请求判令关某向刘某返还借款本金281725元及逾期利息［利息以281725元为基数，自立案之日（2017年4月12日）起至借款全部返还之日止，按中国人民银行同期贷款利率计算］；（2）本案诉讼费由关某负担。

一审法院认定事实：赞丰公司成立于2015年3月，注册资金100万元，法定代表人为关某，股东为关某、李某。2015年7月7日，赞丰公司股东变更为关某、李某、刘某。工商登记注册基本信息显示，三人认缴注册资本的方式均为货币，其中，关某出资51万元，实缴出资9万元，李某出资34万元，实缴出资34万元，刘某出资15万元，实缴出资15万元。卡号为×××的招商银行卡系关某所有，关某主张，该卡片虽系其个人名下，但该卡实际上均用来处理赞丰公司对公业务，所有入账关某均转到赞丰公司账户。2016年9月28日，刘某向上述银行卡转入7万元，并附言："入资刘某。"当日，关某将上述款项转入赞丰公司账户；2016年11月22日，刘某再次向上述银行卡转入2万元，并备注："对公入资刘某。"当日，关某将上述款项转入赞丰公司账户。一审庭审中，关某认为，根据刘某的附言，上述9万元实系刘某自己的出资款，转入关某银行卡后由关某缴纳给赞丰公司。关某系以技术出资入股，故其本人并无现金出资。刘某则主张上述9万元系向关某出借，作为关某对赞丰公司的出资款。刘某自己的出资款15万元已全部实缴，并提交记账凭证一份、招商银行业务回单四张予以证明。根据上述单据，赞丰公司分别于2016年7月6日、2016年

7月13日及2016年7月26日收到刘某汇入的款项1万元、4万元及5万元、10万元,汇款摘要均为入资款。2015年10月26日,刘某个人工商银行账户柜面支取13.2万元。刘某主张其中3.2万元系代赞丰公司收取的货款,10万元系出借给关某的款项,该两笔款项均交由关某处理。同日,赞丰公司账户收入14.2万元。一审庭审中,刘某出示了2015年10月31日的赞丰公司"记账凭证"一份,该凭证中记载,2015年10月31日"向关某借款"14.2万元。关某对该份记账凭证不予认可,亦否认刘某曾向其交付13.2万元款项。赞丰公司经营期间,关某、刘某、李某曾多次出京开展业务工作。刘某亦曾使用其个人银行账户、支付宝账户向赞丰公司部分员工发放工资。一审诉讼中,刘某提交了多张增值税发票及普通发票、记账凭证、支出凭单、支付宝账户记录等多种形式的资金支出凭证,支出明细包括服装费、办公用品、住宿费、餐费、加油费、员工工资等。据刘某自行统计,上述费用共计76425元。刘某主张,上述款项均系向关某出借的款项。关某对此不予认可。2017年3月21日,关某向刘某出具《借条》一张,载明:"本人关某向刘某借款15300元,人民币壹万伍千叁百元整。限2017年6月1日前偿还。特此证明。借款人:关某 2017.3.21。此款项用于北京赞丰2017年1~3月房租费用,1分的利息,按还款结止日计算。"经询问,关某未向刘某偿还该笔款项。

一审法院认为,借款合同是借款人向贷款人借款,到期返还借款并支付利息的合同。自然人之间的借款合同,自贷款人提供借款时生效。现根据刘某的诉讼主张,该院逐一分析如下:

第一,关于刘某向关某账户转账的9万元"入资款"。刘某两次向关某名下账户转款共计9万元,并在附言备注中注明"入资""刘某"等字样,关某亦将该9万元全部转入赞丰公司。对此,关某主张系刘某个人向赞丰公司的出资款,但根据赞丰公司的工商登记信息,刘某作为赞丰公司股东,其应认缴的出资额已全部缴纳完毕,而关某已实缴的出资额为9万元,其他出资款项均未实缴完成。工商登记信息显示的关某的注册资本认缴金额与刘某向关某转款的金额一致,故该院认为刘某向关某转账的 9 万元，已被关某用于认缴其在赞丰公司的出资。股东应当按期足额缴纳公司章程中规定的各自所认缴的出资额。在二人均为赞丰公司股东的情况下，关某使用刘某的 9 万元履行股东出资义务，应视为关某向刘某的借款，故刘某要求关某返还该笔款项的诉讼请求，该院予以支持。关某关于其系以技术出资、无需现金出资的答辩意见，无事实和法律依据，该院不予采信。因双方并未约定该笔款项的返还期限及借款期间利息，刘某可随时向关某进行主张，并自要求关某自逾期还款之日支付资金占用期间利息的，现刘某主张的逾期利息计算标准，系其对自身权利的处分，该院不持异议。

第二，关于 2015 年 10 月 26 日刘某支取的 10 万元及赞丰公司经营期间刘某支出的各项费用共计 76425 元。针对上述费用，刘某主张系向关某出借之款项。对此该院认为，出借人向人民法院起诉要求借款人偿还借款，其应当提供证据证明双方存在借贷法律关系。但根据刘某提交的证据，上述款项均系通过赞丰公司流转或用于赞丰公司经营支出，而无法证明就上述款项刘某与关某之间达成了借贷合意、建立了借贷法律关系，故刘某关于上述款项系向关某的借款并要求关某予以返还的诉讼请求，该院不予支持。

第三，关某向刘某出具的《借条》中载明的金额 15300 元。关于该笔款项，关某应按照《借条》中约定的还款期限及利率水平向刘某偿还借款，逾期未还的，应按照借期内的利率自逾期还款之日起支付利息损失。现刘某未向关某主张借款期间利息，其主张的逾期利息计算标准亦系其对自身权利的处分，该院均不持异议，但其逾期利息起算时间与《借条》约定不符，该院予以调整。

综上所述，一审法院判决：（1）关某于判决生效后 10 日内偿还刘某借款 9 万元并支付借款利息（以 9 万元为本金，自 2017 年 4 月 12 日起至实际付清之日止，按照中国人民银行同期同类贷款基准利率计算）；（2）关某于判决生效后 10 日内偿还刘某借款 15300 元并支付借款利息（以 15300 元为本金，自 2017 年 6 月 2 日起至实际付清之日止，按照中国人民银行同期同类贷款基准利率计算）；（3）驳回刘某的其他诉讼请求。

刘某不服提出上诉,上诉请求为:(1)撤销(2017)京0107民初11652号民事判决,改判关某向刘某返还176425元及利息(以176425元为基数,按照中国人民银行同期贷款利率计算,自一审起诉之日起至实际付清之日止);(2)本案一审、二审诉讼费由关某负担。

二审法院认为,结合双方二审期间的上诉请求及答辩意见,本案二审期间的争议焦点在于两笔款项的性质认定问题,即2015年10月31日"记账凭证"中的10万元、刘某主张的其他费用支出76425元是否为刘某向关某个人出借的款项。分别评析如下:

第一,关于2015年10月31日"记账凭证"中涉及的10万元的款项性质认定问题。刘某主张上述"记账凭证"中涉及的14.2万元中有10万元系刘某向关某个人出借的款项,关某对此不予认可。二审法院认为,首先,"记账凭证"上并无关某本人签字,亦未显示任何关某个人同意向刘某借款的意思表示;其次,关某在《对公账户历史交易明细表》中,针对2015年10月26日刘某向赞丰公司支付的14.2万元虽然书写"刘某入资10万"的内容,但是该内容亦无法证明关某与刘某二者之间存在自然人之间的借贷关系;再次,对于刘某主张的此10万元款项,在关某不予认可的情况下,刘某直接将款项交付赞丰公司而非关某个人;最后,虽然刘某称关某口头表示会尽快偿还此款项,但是并未提交证据加以证明。综合上述内容,二审法院认为,刘某提交的证据尚不足以证明刘某与关某之间就此10万元形成民间借贷法律关系,刘某的此点上诉主张没有事实及法律依据,不予支持。

第二,关于刘某主张的其他支出费用76425元应否由关某个人偿还的问题。二审法院认为,依据刘某提交的证据仅显示上述76425元系刘某为赞丰公司业务所花费的住宿费、加油费等,无法证明上述款项系刘某与关某之间的民间借贷款项,同时刘某亦无证据证明关某承诺向刘某偿还上述款项,故刘某的此点上诉主张亦无事实及法律依据,不予支持。

综上,二审法院判决,驳回上诉,维持原判。

5. 蔡某甲诉蔡某乙民间借贷纠纷案

【裁判要旨】

对支付利息的约定不明确只有在充分运用文义解释、整体解释、目的解释、习惯解释、诚信解释等方法后还是无法确定当事人是如何约定计付利息的时候，才可认定为支付利息约定不明确，视为不支付利息。

【基本案情】

蔡某甲向一审法院起诉请求：蔡某乙归还借款1万元，本金及负担本案诉讼费。

一审法院认定事实：2000年12月20日，蔡某乙与许某某共向蔡某甲借款2万元，每人1万元。同日，蔡某乙与许某某立下借条交给蔡某甲执存，该借条载明："兹有蔡某乙、许某某两人向蔡某甲借款人民币2万元（贰万元整），利息以1%计算，2000年12月20日，借款人：蔡某乙、许某某。"后来，许某某还清了借款。蔡某乙经蔡某甲催讨，于2007年8月20日、12月16日、2008年7月26日、2009年2月26日分别付还蔡某甲各2000元，合计8000元。

一审法院认为：本案是民间借贷纠纷，蔡某乙于2000年12月20日向蔡某甲借款1万元，有蔡某乙亲笔签名的借条为证据，蔡某乙也没有异议，应予以确认。对于争议的焦点问题，蔡某甲主张按月1%计算利息的依据是2000年12月20日的借条，该借条中记载"利息以1%计算"，而蔡某乙不承认，因借条没有明确利息的计付方式，双方约定不明确，根据《合同法》第211条①第1款关于"自然人之间的借款合同对支付利息没有约定或者约定不明确的，视为不支付利息"的规定，蔡某甲和蔡某乙之间的借款应视为不支付利息。对于蔡某乙称2002年起至2009年2月26日共付还蔡某甲8000元，双方对此没有异议，可予以确认。因双方之间的借款视为不支付利息，故蔡某乙付

---

① 该条已被《民法典》第680条修改。

还的 8000 元应视为付还蔡某甲的本金，现尚欠蔡某甲借款本金 2000 元。

一审法院判决：一、被告蔡某乙应于判决生效之日起三十日内付还原告蔡某甲借款人民币 2000 元；二、驳回原告蔡某甲的其他诉讼请求。

蔡某甲不服提起上诉。

二审法院认为，本案争议的焦点：关于利息约定是否明确的问题。本案借条记载"利息以 1% 计算"，蔡某甲主张 1% 是月利率，蔡某乙主张利息约定不明确，应视为不支付利息。双方对"利息以 1% 计算"有不同的理解，依照《合同法》第 125 条①第 1 款规定，当事人对合同条款的理解有争议的，应当按照合同所使用的词句、合同的有关条款、合同的目的、交易习惯以及诚实信用原则，确定该条款的真实意思。蔡某甲将资金借给蔡某乙做生意，不是向生活有需要的亲朋好友提供无偿帮助，其目的应是通过提供借款来获取利益；蔡某乙自己书写借条承诺利息以 1% 计算，说明该借款是要支付利息的，而不是无息借款，现以自己书写的内容不明确为由主张借款应视为不支付利息，有违诚信原则；民间借贷基于计算方便等方面的考虑，对利率进行约定时通常是约定月利率而不是约定年利率。综上，遵循合同解释的原则，借条记载"利息以 1% 计算"应当理解为月利率 1% 较符合民间交易习惯。

关于蔡某乙已付还的 8000 元是付还本金还是付还利息的问题。蔡某乙主张自 2007 年 8 月 20 日起分四次付还共 8000 元依双方协议是付还本金。蔡某甲对蔡某乙提交的协议予以否认，主张协议内容是蔡某乙利用还款记录上面的空白自己写的，并提供了吟某的书面证言予以证实。吟某是蔡某甲的妻子，其未经人民法院许可，没有出庭接受当事人的质询，其书面证言的证明力不足。虽然蔡某甲没有提供充分证据证明协议内容是蔡某乙单方添造的，但该协议没有蔡某甲的签名，

---

① 该条已被《民法典》第 466 条修改。

协议内容与还款记录不是紧密结合不可分割的整体，蔡某甲以收款人身份签名，所确认的是还款的金额，难以肯定其签名是对协议内容的认可。双方当事人所持证据都不能充分证明自己主张的事实，蔡某乙对待证事实负有举证责任，依法应承担不利后果，其主张双方曾达成还款协议，不能采信。双方当事人对支付利息的期限没有约定，依照《合同法》第205条①的规定，本案利息应该在每届满一年时支付，蔡某乙各次付还款项均不足以清偿还款时应支付的利息，故其已付还共8000元应认定是付还利息而不是付还本金。蔡某甲要求蔡某乙归还借款本金1万元，理由成立，予以支持。二审法院判决：一、撤销揭东县人民法院（2009）揭东法民一初字第128号民事判决；二、蔡某乙应于判决生效之日起三十日内付还蔡某甲借款人民币1万元。

蔡某乙不服二审判决，向广东省人民检察院申诉。广东省人民检察院提起抗诉。

广东省高级人民法院再审认为，本案属于民间借贷纠纷。根据广东省人民检察院的抗诉意见及蔡某乙的申诉意见、蔡某甲的答辩意见，蔡某甲、蔡某乙对双方成立借款合同关系、蔡某甲借款1万元给蔡某乙，蔡某乙已归还8000元的事实无异议，予以确认。本案再审的焦点问题是蔡某乙归还蔡某甲的8000元款项应认定为归还本金还是利息。蔡某乙于2000年12月20日向蔡某甲出具的借条约定"利息以1%计算"，双方对该约定应否适用《合同法》第211条②第1款之规定产生争议。依照《合同法》第125条③规定，当事人对合同条款的理解有争议的，应当按照合同所使用的词句、合同的有关条款、合同的目的、交易习惯以及诚实信用原则，确定该条款的真实意思。首先，上述借条明确约定了蔡某乙向蔡某甲借款须支付利息，但蔡某乙在案中主张其无须向蔡某甲支付利息，违反了《民法通则》第4条④关于民事活

---

① 该条已被《民法典》第674条修改。
② 该条已被《民法典》第680条修改。
③ 该条已被《民法典》第466条修改。
④ 该条已被《民法典》吸收、修改。具体请见《民法典》第5~7条。

动应当遵循诚实信用原则的规定。其次，另一借款人许某某在二审期间出具书面证言证实上述借条约定的利率为月利率1%。蔡某乙不能否认该证言的真实性，参照许某某陈述的事实，双方约定的利息计算标准应为月利率1%。再次，蔡某甲借款给蔡某乙系用于营利性的生产经营，并非日常生活所需，双方约定的1%的利率应认定为月利率更符合日常的交易惯例。二审判决认为应按照民间交易习惯对借条的内容进行解释，该意见并非蔡某甲的主张，而是二审法院的观点，故广东省人民检察院认为应由蔡某甲承担交易习惯的举证责任不当。最后，蔡某乙在一审期间提交一份"协议"，以证明本案借款无须支付利息。但是，从该"协议"的内容看，蔡某甲在还款的时间和金额之后签名确认，其真实的意思表示是对蔡某乙还款事实的确认，并非对该"协议"上半部分关于本案总的应还款金额为1万元的确认。因此，蔡某乙提交的该"协议"不能证明本案借款无须支付利息。遂依法作出再审判决：维持广东省揭阳市中级人民法院（2009）揭中法民一终字第79号民事判决。

6. 北京长富投资基金与武汉中森华世纪房地产开发有限公司等委托贷款合同纠纷案

【裁判要旨】

委托人、受托银行与借款人三方签订委托贷款合同，由委托人提供资金，受托银行根据委托人确定的借款人、用途、金额、币种、期限、利率等代为发放、协助监督使用并收回贷款，受托银行收取代理委托贷款手续费，并不承担信用风险，其实质是委托人与借款人之间的民间借贷。委托贷款合同的效力、委托人与借款人之间的利息、逾期利息、违约金等权利义务均应受有关民间借贷的法律、法规和司法解释的规制。

【基本案情】

长富基金向一审法院起诉请求：1. 终止长富基金和兴业银行武汉分行与中森华房地产公司签订的《委托贷款合同》的履行，提前收回借款。2. 中森华房地产公司偿还借款本金 4 亿元及利息 1618 万元（利息自 2014 年 3 月 22 日至 6 月 21 日按年利率 16% 计算），并自 2014 年 6 月 22 日起按年利率 16%×（1+50%）计算至本息还清时止。3. 中森华房地产公司应承担违约责任，并支付违约金 1.26 亿元。4. 长富基金对中森华房地产公司抵押的武他项（2013）第 X6 号他项权证项下的位于武汉市洪山区徐东村的 25134.12 平方米的土地使用权享有优先受偿权；对武他项（2013）第 X7 号他项权证项下的位于武汉市洪山区徐东村的 5424.82 平方米的土地使用权享有优先受偿权；对武汉市期房抵押证明（武房期洪字第 2013015485 号）项下的洪山区徐东村徐东公寓 10325.82 平方米的房屋享有优先受偿权。5. 长富基金对中森华投资公司质押的中森华房地产公司 49% 的股权享有优先受偿权。6. 中森华投资公司、郑某某、陈某某对第二项、第三项债务承担连带清偿责任。7. 长富基金对中森华房地产公司在湖北徐东（集团）股份有限公司（以下简称徐东集团公司）徐东村城中村综合改造项目 C 地块产业项目中的全部权益进行处置以清偿本案债务。8. 确认北龙建设集团有限公司（以下简称北龙公司）2013年8月编号2013（世纪）字第7-1号《承诺函》合法有效，对中森华房地产公司徐东村城中村综合改造项目中的工程项目建筑工程款的受偿权劣后于长富基金的债权。9. 确认湖北祥和建设集团有限公司（以下简称祥和公司）祥和公司2013年8月26日编号2013（世纪）字第7-4号《承诺函》合法有效，对中森华房地产公司徐东村城中村综合改造项目中的工程项目建筑工程款的受偿权劣后于长富基金的债权。10. 确认中森公司2013年8月26日编号2013（世纪）字第7-5号《承诺函》合法有效，对中森华房地产公司徐东村城中村综合改造项目中的工程项目建筑工程款的受偿权劣后于长富基金的债权。11. 被告承担本案全部诉讼费用。

一审法院认定事实：2013年9月27日，北京长富投资基金（有限合伙）（以下简称长富基金）与兴业银行股份有限公司武汉分行（以下简称兴业银行武汉分行）、武汉中森华世纪房地产开发有限公司（以下简称中森华房地产公司）、中森华投资集团有限公司（以下简称中森华投资公司）、郑某某、陈某某签订《投资合作协议》，约定长富基金以委托贷款方式委托兴业银行武汉分行向中森华房地产公司发放贷款6.3亿元，用于完成徐东村城中村综合改造项目，借款分两期发放。协议还约定了贷款担保、发放条件、监管、违约责任、争议解决等事项。同日，长富基金、兴业银行武汉分行与中森华房地产公司签订《委托贷款合同》，约定长富基金委托兴业银行武汉分行向中森华房地产公司贷款6.3亿元，借款用途为徐东村城中村综合改造项目，借款分两期发放，发放时间和条件分别为：第一期发放借款4亿元，发放条件为"中森华房地产公司就购买湖北珠江房地产开发有限公司所有的土地使用权（约20亩）事宜，与湖北珠江房地产开发有限公司签订协议或合同，并进行一般见证公证；中森华房地产公司将拥有的位于武汉市洪山区徐东村K1地块面积为25134.12平方米的土地使用权（证号武国用〔2012〕第X1号）与K5地块面积10313.48平方米的在建工程及面积为5424.82平方米的土地使用权（证号武国用

〔2012〕第 X2 号）抵押给兴业银行武汉分行（抵押物情况详见《抵押合同》所附《抵押财产清单》），抵押手续办理完毕；中森华投资公司以其持有的 49% 的股权为中森华房地产公司在本协议项下的全部债务提供质押担保并质押给兴业银行武汉分行，质押登记手续办理完毕"。第二期发放借款 2.3 亿元，发放条件为"中森华房地产公司将其拥有的位于武汉市洪山区徐东村 K2 地块面积为 4359.22 平方米的土地使用权（证号武国用〔2012〕第 X3 号）、K3 地块面积为 15436.26 平方米的土地使用权（证号武国用〔2012〕第 X4 号）、K4 地块面积为 35303.85 平方米的在建工程及面积为 7933 平方米的土地使用权（证号武国用〔2013〕第 X5 号）抵押给兴业银行武汉分行，抵押手续办理完毕"。合同项下的借款期限为四年，自第一期借款发放之日起计算，无论第二期借款何时发放，均与第一期借款同时到期，第一年至第三年的贷款利率为年利率 16%，第四年的贷款利率为年利率 18%，按自然季结息，结息日为每季末月的 20 日后的第一个工作日。合同还约定了罚息的条件，即"借款人未按合同约定的期限归还借款本金及利息的，委托人对逾期的借款从逾期之日起在约定的借款利率基础上上浮 50% 计收罚息，直至本息清偿为止"。《委托贷款合同》第 4 条约定借款人构成违约的行为包括：未履行本合同第一条所做的承诺；明确表示或者以行为表明不愿清偿其已到期或未到期债务；未履行或者未完全履行借款人与委托人签订的其他合同项下义务的；委托人宣布借款人构成违约的；借款人不履行或者不完全履行合同的其他情形。合同第 4 条还约定了可采取救济措施的情况和条件，其中，借款人或保证人违约；借款人或者保证人还款能力可能发生重大不利变化，抵押物、质押物可能遭受重大损害或者价值减损等，可采取的救济措施包括停止发放借款，提前收回已发放借款、要求借款人承担损害赔偿及其他法律责任、采取相应的资产保全措施及其他法律措施。合同还约定因借款人违约致使委托人采取诉讼或仲裁等方式实现债权的，委托人为此支付的律师费、诉讼费、差旅费、执行费及其他实现债权的必要费用由借款人承担。嗣后，兴业银行武汉分行与中森华房地产公

司签订五份《抵押合同》，约定中森华房地产公司以位于湖北省武汉市洪山区徐东村 K1 地块面积为 25134.12 平方米的土地使用权（证号武国用〔2012〕第 X1 号）、K2 地块面积为 4359.22 平方米的土地使用权（证号武国用〔2012〕第 X3 号）、K3 地块面积为 15436.26 平方米的土地使用权（证号武国用〔2012〕第 X4 号）、K4 地块面积为 35303.85 平方米的在建工程及面积为 7933 平方米的土地使用权（证号武国用〔2013〕第 X5 号）、K5 地块面积为 10325.82 平方米的在建工程及面积为 5424.82 平方米的土地使用权（证号武国用〔2012〕第 X2 号）向兴业银行武汉分行提供抵押担保。担保范围为主合同下全部债权，包括但不限于本金、利息、违约金、赔偿金、债务人应向借款人支付的其他款项、兴业银行武汉分行实现债权和担保权利而发生的费用。

此后，兴业银行武汉分行又与中森华投资公司签订《股权质押合同》，约定中森华投资公司以其拥有的中森华房地产公司的 49% 股权为主合同项下 6.3 亿元债务本金及利息提供担保。股权质押合同签订后，双方于 2013 年 11 月 26 日在湖北省武汉市洪山区工商局行政管理局办理了质押登记。

2013 年 9 月 27 日，兴业银行武汉分行与中森华投资公司、郑某某、陈某某签订《连带保证合同》，约定中森华投资公司、郑某某、陈某某为债务人中森华房地产公司的借款本金 6.3 亿元及利息、违约金、赔偿金等提供担保，担保方式为不可撤销的连带责任担保，保证期间为两年，自主合同约定的履行债务期限届满之日起算。主合同约定的事项导致主合同债务人被贷款人宣布提前到期，保证期间自主合同债务提前到期之日起两年。

上述合同签订后，双方在湖北省武汉市国土资源和规划局办理了 K1 地块 25134.12 平方米的土地使用权（证号武国用〔2012〕第 X1 号）、K5 地块 5424.82 平方米的土地使用权（证号武国用〔2012〕第 X2 号）的抵押登记，在湖北省武汉市洪山区住房保障和房屋管理局办理了 10325.82 平方米的在建工程的抵押登记。2013 年 12 月 12 日，长富基金通过兴业银行武汉分行向中森华房地产公司发放了第一期委托贷款4亿元。中森华房地产公司于2014年3月21日通过兴业银行武汉分行向长富基金支付利息1600万元。中森华房地产公司未办理K2、K3、K4地块及在建工程的抵押登记，兴业银行武汉分行亦未发放第二期2.3亿元借款。

另查明：徐东集团公司向长富基金出具《承诺函》称：本公司对中森华房地产公司的所有债权劣后于贵方因通过委托贷款方式对中森华房地产公司融资6.3亿元而享有的债权本息及其他相关权益。祥和公司向长富基金出具《承诺函》称：我公司对上述K2、K3、C2、C3、C4工程项目的建筑工程款的受偿权劣后于贵方通过委托贷款方式对中森华房地产公司融资6.3亿元而享有的债权本息及其他相关权益。湖北省武汉市中星公证处对以上两份《承诺函》作出了《公证书》。

2014年11月26日，湖北省武汉市中星公证处作出（2014）鄂中星决字第6号《关于撤销（2013）鄂中星内证字第19246号公证书的决定书》，载明：编号为2013（世纪）字第7-1号《承诺函》上北龙公司的印鉴及法定代表人陈书田的签名均系伪造。我处决定，撤销（2013）鄂中星内证字第19246号公证书。该公证书自始无效。

一审法院审理期间，湖北省武汉市江岸区城乡统筹发展工作办公室提出异议称：长富基金申请保全的K4地块的建筑物建筑面积为35303.85平方米的在建工程和K5上已办理抵押登记的徐东公寓在建房屋10325.82平方米已经出售给该办。

一审法院认为：本案所涉《投资合作协议》《委托贷款合同》《抵押合同》《股权质押合同》《连带保证合同》，是各方当事人的真实意思表示，内容不违反法律、法规的禁止性规定，应当认定为合法有效，各方当事人均应严格按照合同履行各自的义务。兴业银行武汉分行受长富基金委托向中森华房地产公司发放委托贷款，三方当事人之间订立合同建立了委托贷款合同关系。《合同法》第402条①规定："受托

---

① 该条已被《民法典》第925条修改。

人以自己的名义，在委托人的授权范围内与第三人订立的合同，第三人在订立合同时知道受托人与委托人之间的代理关系的，该合同直接约束委托人和第三人，但有确切证据证明该合同只约束受托人和第三人的除外。"因中森华房地产公司明知委托贷款系长富基金委托兴业银行武汉分行发放的事实，《委托贷款合同》直接约束长富基金和中森华房地产公司，长富基金可以自己名义直接向中森华房地产公司主张权利，本案将中森华房地产公司列为被告、兴业银行武汉分行列为第三人符合法律规定。本案中的《抵押合同》《股权质押合同》《连带保证合同》和抵押、质押登记的名义权利人是兴业银行武汉分行，但因中森华房地产公司及担保人对长富基金委托兴业银行武汉分行发放贷款及担保的实际权利人是长富基金均是明知的，且兴业银行武汉分行对长富基金直接主张担保权利不持异议，故本案的担保合同应直接约束长富基金、中森华房地产公司及担保人，长富基金就其债权对中森华房地产公司及其他担保人提供的担保物的处置价款享有优先受偿权。

长富基金请求终止《委托贷款合同》、提前收回借款，并明确表示该项诉讼请求系依据《合同法》第93条[①]的规定，其实质是要求解除合同。原审认为，中森华房地产公司未按约定办理K2、K3、K4地块及在建工程的抵押登记，属于"未履行或者未完全履行借款人与委托人签订的其他合同项下义务"；中森华房地产公司未按合同约定的按季度支付利息，支付2014年一季度利息后，自2014年3月22日起未付利息，属于"明确表示或者以行为表明不愿清偿其已到期或未到期债务"；原审在实施本案诉讼保全时，中森华房地产公司已涉及多起诉讼，向长富基金提供的抵押物已被其他债权人查封。因此，长富基金请求终止合同履行、提前收回贷款符合《投资协议》《委托贷款合同》中"借款人或保证人违约，借款人或者保证人还款能力可能发生重大不利变化，抵押物、质押物可能遭受重大损害或者价值减损等，

---

① 该条已被《民法典》第562条修改。

可以停止发放借款，提前收回已发放借款"的约定。原审对长富基金的该项诉讼请求依法予以支持。《合同法》第 97 条①规定：合同解除后，尚未履行的，终止履行；已经履行的，根据履行情况和合同性质，当事人可以要求恢复原状、采取其他补救措施、并有权要求赔偿损失。据此，本案的《委托贷款合同》解除后，未履行的 2.3 亿元借款不再履行，中森华房地产公司应向长富基金返还已经发放的 4 亿元委托贷款本金，并赔偿长富基金的损失，即长富基金可以合法预期从本案交易中获取的收益，应当以已经发放的 4 亿元为基数，按双方约定的年息 16% 计算至长富基金起诉请求终止履行合同之日止，此后的利息按照约定的逾期利息计算。长富基金请求按照抵押合同约定的委托贷款本金的 20% 支付违约金 1.26 亿元，因上述利息已经足以弥补长富基金因解除合同遭受的损失，对该项诉讼请求原审不予支持。

北龙公司《承诺函》上加盖的北龙公司印章和法定代表人陈书田的签字被湖北省武汉市中星公证处认定为伪造；经鉴定，中森公司《承诺函》上加盖的中森公司印文不是中森公司实际使用的印章盖印形成，《承诺函》上中森公司法人代表陈同海的签名笔迹不是陈同海书写，故长富基金提交的两《承诺函》的内容不能认定为是北龙公司、中森公司真实意思表示，对北龙公司、中森公司不具有约束力。徐东集团公司、祥和公司向长富基金作出书面承诺，承诺其建设工程价款受偿劣后于长富基金债权，该承诺系徐东集团公司、祥和公司的真实意思表示，亦不存在法律规定的法律行为无效的情形，应认定为有效。祥和公司抗辩称祥和公司承诺放弃优先受偿权并非其真实意思表示，但没有提交证据证明，也没有提出鉴定申请。祥和公司抗辩称建设工程价款优先受偿权是法定担保物权，承诺优先受偿权劣后于其他债权人受偿损害他人的合法权益，因此无效。原审认为，法律规定建设工程价款优先受偿权的目的在于保护民工工资等合法权益的实现，但仍然属于一种可以由权利人自由处分的民事权利。祥和公司主张其

---

① 该条已被《民法典》第 566 条修改。

自愿作出的承诺无效违背诚实信用原则,原审不予支持。至于徐东集团公司、祥和公司是否对中森华房地产公司享有相关建设工程款债权以及享有债权的数额和范围,以及长富基金是否有权处置中森华房地产公司在徐东集团公司徐东村改造项目C地块产业项目中的权益以清偿本案债务,均不属于本案的审理范围,应另案或在执行程序中解决。

综上,一审法院判决:一、解除长富基金、兴业银行武汉分行、中森华房地产公司于2013年9月27日签订的《委托贷款合同》。二、中森华房地产公司于判决生效后十五日内向长富基金偿还委托贷款本金4亿元并赔偿利息损失(以4亿元本金为基数,自2014年3月22日起至2014年9月9日止按年息16%计付,自2014年9月10日起至本判决确定的给付之日止按年息24%计付)。三、长富基金有权就本判决第二项确定的债权对武他项(2013)第X6号他项权证项下的位于武汉市洪山区徐东村的25134.12平方米的土地使用权、武他项(2013)第X7号他项权证项下的位于武汉市洪山区徐东村的5424.82平方米的土地使用权、武汉市期房抵押证明(武房期洪字第2013015485号)项下的洪山区徐东村徐东公寓10325.82平方米的房屋折价或者拍卖、变卖价款优先受偿。四、长富基金有权就本判决第二项确定的债权对中森华投资公司持有的中森华房地产公司49%股权折价或者拍卖、变卖价款优先受偿。五、中森华投资公司、郑某某、陈某某对本判决第二项确定的中森华房地产公司债务承担连带清偿责任。中森华投资公司、郑某某、陈某某承担担保责任后,有权向中森华房地产公司追偿。六、确认祥和公司向长富基金作出的编号2013(世纪)字第7-4号《承诺函》有效。七、驳回长富基金的其他诉讼请求。案件受理费2752700元,保全费5000元,共计2757700元,由中森华房地产公司负担2206160元,长富基金负担546540元,鉴定费110000元由长富基金负担。

长富基金不服提出上诉。

最高人民法院二审认为,本案中,长富基金、兴业银行武汉分行与中森华房地产公司三方签订《委托贷款合同》,由长富基金提供资金，兴业银行武汉分行根据长富基金确定的借款人、用途、金额、币种、期限、利率等代为发放、协助监督使用并收回贷款，兴业银行武汉分行收取代理委托贷款手续费，并不承担信用风险，实质是长富基金与中森华房地产公司之间的民间借贷，委托贷款合同的效力和长富基金与中森华房地产公司之间约定的权利义务内容均应受相关民间借贷的法律、法规和司法解释的规制。《最高人民法院关于认真学习贯彻〈最高人民法院关于审理民间借贷案件适用法律若干问题的规定〉的通知》第3条中规定："人民法院确认民间借贷合同效力时，应当按照《最高人民法院关于适用〈中华人民共和国合同法〉若干问题的司法解释（一）》第三条规定的精神，对本《规定》施行前成立的民间借贷合同，适用当时的司法解释民间借贷合同无效而适用本《规定》有效的，适用本《规定》。"2015年《民间借贷规定》第11条规定："法人之间、其他组织之间以及它们相互之间为生产、经营需要订立的民间借贷合同，除存在合同法第五十二条、本规定第十四条规定的情形外，当事人主张民间借贷合同有效的，人民法院应予支持。"第14条规定："具有下列情形之一，人民法院应当认定民间借贷合同无效：（一）套取金融机构信贷资金又高利转贷给借款人，且借款人事先知道或者应当知道的；（二）以向其他企业借贷或者向本单位职工集资取得的资金又转贷给借款人牟利，且借款人事先知道或者应当知道的；（三）出借人事先知道或者应当知道借款人借款用于违法犯罪活动仍然提供借款的；（四）违背社会公序良俗的；（五）其他违反法律、行政法规效力性强制性规定的。"本案中长富基金与中森华房地产公司之间通过兴业银行武汉分行签订《委托贷款合同》，并不违反《合同法》第52条[①]和2015年《民间借贷规定》第14条关于合同无效的规定，无论在2015年《民间借贷规定》施行前后，案涉《委托贷款合同》均应合法有效。

根据当事人的上诉请求和答辩意见，本案争议焦点主要是：一、

---

① 该条已被《民法典》删除。

长富基金是否系本案适格原告；二、长富基金对《委托贷款合同》的解除是否存在违约责任；三、中森华房地产公司自 2014 年 9 月 10 日至本案判决确定的给付之日止赔偿的利息损失是否应当按年利率 24% 计算，长富基金关于 1.26 亿元违约金的上诉请求能否得到支持；四、长富基金能否对中森华房地产公司在徐东集团公司徐东村城中村综合改造项目 C 地块产业项目的全部权益进行处置以清偿本案债务；五、鉴定费 11 万元应由长富基金还是中森华房地产公司承担。根据本案查明的事实、证据，对上述焦点问题分析评判如下：

一、关于长富基金是否系本案适格原告问题。中森华房地产公司在二审庭审中提交补充上诉状，依据《委托贷款合同》第 1.4 条的约定和《最高人民法院关于如何确定委托贷款协议纠纷诉讼主体资格的批复》①主张原审法院不应受理长富基金作为原告直接对中森华房地产公司提起的诉讼。长富基金答辩认为，中森华房地产公司的该上诉请求超出上诉期限，《委托贷款合同》第 1.4 条的约定是选择性条款，受托银行也在原审中明确表示同意长富基金主张权利，中森华房地产公司关于长富基金不是本案适格原告的上诉主张不能成立。最高人民法院认为，首先，《合同法》第 402 条②规定："受托人以自己的名义，在委托人的授权范围内与第三人订立的合同，第三人在订立合同时知道受托人与委托人之间的代理关系的，该合同直接约束委托人和第三人，但有确切证据证明该合同只约束受托人和第三人的除外。"中森华房地产公司在 2013 年 9 月 27 日与长富基金、兴业银行武汉分行、中森华投资公司、郑某某、陈某某签订《投资合作协议》，以及与长富基金、兴业银行武汉分行签订《委托贷款合同》的行为及合同内容，表明中森华房地产公司在签订《委托贷款合同》时明知兴业银行武汉分行与长富基金之间的代理关系，中森华房地产公司并未提供证据证明《委托贷款合同》只约束兴业银行武汉分行和中森华房地产公

---

① 该批复已被于 2020 年 12 月 29 日公布的《最高人民法院关于废止部分司法解释及相关规范性文件的决定》（法释〔2020〕16 号）废止。

② 该条已被《民法典》第 925 条修改。

司,因此,《委托贷款合同》直接约束长富基金和中森华房地产公司,原审判决认定长富基金可以自己名义直接向中森华房地产公司主张权利,有事实和法律依据。其次,《委托贷款合同》第1.4条受托人承诺中约定,"借款人不能按期偿还本金及利息时,受托人应按照委托人的书面要求以受托人的名义向借款人、担保人及相关联人提起诉讼",该约定是受托人兴业银行武汉分行对委托人长富基金的承诺,只约束兴业银行武汉分行和长富基金,与中森华房地产公司无关;就约定内容而言,是否以兴业银行武汉分行作为原告对借款人、担保人及相关联人提起诉讼,是该约定赋予长富基金的权利,而非系限制其行为的义务,长富基金既可以自行起诉,也可要求受托人兴业银行武汉分行提起诉讼。此外,《最高人民法院关于如何确定委托贷款协议纠纷诉讼主体资格的批复》[①] 对请示的相关问题答复:"在履行委托贷款协议过程中,由于借款人不按期归还贷款而发生纠纷的,贷款人(受托人)可以借款合同纠纷为由向人民法院提起诉讼;贷款人坚持不起诉的,委托人可以委托贷款协议的受托人为被告、以借款人为第三人向人民法院提起诉讼。"该答复意见规定委托人可以作为原告提起诉讼和对受托人的被告地位的明确,旨在对委托人权利的保护。中森华房地产公司依据前述约定和批复上诉主张长富基金不是本案适格原告,系对合同约定和批复的错误理解,不能成立。第三,中森华房地产公司在原审中并未以反诉或抗辩方式就长富基金不是本案适格原告提出主张,其在2016年3月21日二审开庭时才提出这一上诉请求,而本案的最后上诉期是2015年12月25日,中森华房地产公司在二审庭审中提出长富基金不是本案适格原告的上诉请求,不符合《民事诉讼法》第164条关于15日上诉期的规定和《民事诉讼法解释》第328条关于在第二审程序中原审原告不得增加独立诉讼请求或者原审被告提出反诉的规定。综上,长富基金是本案适格原告,中森华房地产公司关于长富基金不是本案适格原告的主张,不予支持。

[①] 该批复已被于2020年12月29日公布的《最高人民法院关于废止部分司法解释及相关规范性文件的决定》(法释〔2020〕16号)废止。

二、关于长富基金对《委托贷款合同》的解除是否存在违约责任问题。中森华房地产公司主张，长富基金违反双方合同约定，没有向中森华房地产公司发放第二期2.3亿元借款，致使项目资金出现困难，给中森华房地产公司造成重大损失，对《委托贷款合同》的解除也应承担责任。长富基金认为，长富基金按照《委托贷款合同》第2.1.3.1（1）条的规定发放了4亿元贷款，但中森华房地产公司未按照约定办理抵押登记，导致未达到《委托贷款合同》第2.1.3.1（1）条约定的发放第二期2.3亿元贷款的条件，长富基金不存在违约情形，相反是中森华房地产公司违约造成本案《投资合作协议》及《委托贷款合同》的解除，责任完全在中森华房地产公司。最高人民法院认为，首先，长富基金已经按照《委托贷款合同》第2.1.3.1（1）条的约定发放了4亿元贷款，因中森华房地产公司未将其拥有的位于湖北省武汉市洪山区徐东村K2地块、K3地块和K4地块及在建工程进行抵押登记，未达到《委托贷款合同》第2.1.3.1（1）条约定的发放第二期2.3亿元贷款的条件，长富基金和兴业银行武汉分行未发放第二期2.3亿元贷款并不构成违约。其次，《委托贷款合同》第2.1.5.1条约定，"借款按自然季结息，结息日为每季度末月的20日后的第一个工作日……借款人须于每一结息日当日付息"；第2.1.7.2条约定，"借款人未按合同约定的期限归还借款本金及利息的，委托人对逾期的借款从逾期之日起在约定的借款利率基础上上浮50%计收罚息，直至本息清偿为止"；《委托贷款合同》第4.1条约定借款人构成违约的行为包括：未履行本合同第一条所作的承诺；明确表示或者以行为表明不愿清偿其已到期或未到期债务；未履行或者未完全履行借款人与委托人签订的其他合同项下义务的；委托人宣布借款人构成违约的；借款人不履行或者不完全履行合同的其他情形。中森华房地产公司未按约定办理K2地块、K3地块和K4地块及在建工程的抵押登记，属于"未履行或者未完全履行借款人与委托人签订的其他合同项下义务"；中森华房地产公司支付2014年第一季度利息后，自2014年3月22日起未付利息，未按合同约定按季度支付利息，属于"明确表示或者以行为表明不愿清偿其已到期或未到期债务";原审法院在实施本案诉讼保全时,中森华房地产公司已涉及多起诉讼,合同约定应向长富基金提供的抵押物已被其他债权人查封。因此,中森华房地产公司构成根本违约,长富基金请求终止合同履行、提前收回贷款符合《投资协议》《委托贷款合同》中"借款人或保证人违约,借款人或者保证人还款能力可能发生重大不利变化,抵押物、质押物可能遭受重大损害或者价值减损等,可以停止发放借款,提前收回已发放借款"的约定。综上,中森华房地产公司应当对案涉《委托贷款合同》的解除承担相应的违约责任,而长富基金没有责任。

三、关于违约利息和违约金问题。中森华房地产公司上诉主张原审判决确定的利息按24%年利率计算过高,自2014年9月10日至本案判决确定的给付之日止的利息损失应当按年息16%计算,长富基金上诉主张中森华房地产公司还应按约承担1.26亿元的违约金。最高人民法院认为,首先,长富基金在原审中诉讼主张2014年3月22日至6月21日的年利率按16%计算、自2014年6月22日起的年利率按24%计算,并要求中森华房地产公司支付1.26亿元的违约金。原审判决基于弥补长富基金因解除合同所遭受实际损失的考量,判令中森华房地产公司自本案原审受理之次日即2014年9月10日至本案判决确定的给付之日止赔偿的利息损失按照年息24%计算,对长富基金关于1.26亿元违约金的诉讼请求未予支持。原审判决关于利息损失计算起止日期及利率标准虽与长富基金不一致,但长富基金对此并未提出上诉请求,应视为其对相关权利的放弃。因中森华房地产公司对案涉《委托贷款合同》的解除应承担违约责任,原审判决判定的逾期利息按年利率24%计算也是违约责任承担的一种方式,原审判决综合合同约定的违约金、罚息等因素酌定中森华房地产公司按照年利率24%承担利息损失,并不明显高于市场融资成本,对中森华房地产公司并无不公,因此,中森华房地产公司关于利息损失的年利率标准应按16%计算的上诉主张,不予支持。其次,《合同法解释(二)》第27条规定:"当事人通过反诉或者抗辩的方式,请求人民法院依照合同法第一百一十四条第二款的规定调整违约金的，人民法院应予支持。"第 29 条规定："当事人主张约定的违约金过高请求予以适当减少的，人民法院应当以实际损失为基础，兼顾合同的履行情况、当事人的过错程度以及预期利益等综合因素，根据公平原则和诚实信用原则予以衡量，并作出裁决。"2015 年《民间借贷规定》第 30 条规定："出借人与借款人既约定了逾期利率，又约定了违约金或者其他费用，出借人可以选择主张逾期利息、违约金或者其他费用，也可以一并主张，但总计超过年利率 24% 的部分，人民法院不予支持。"《最高人民法院关于认真学习贯彻〈最高人民法院关于审理民间借贷案件适用法律若干问题的规定〉的通知》第 3 条第 3 项："本《规定》施行后，尚未审结的一审、二审、再审案件，适用《规定》施行前的司法解释进行审理，不适用本《规定》。"虽然本案长富基金与中森华房地产公司之间的民间借贷关于利息、违约金等问题不应适用 2015 年《民间借贷规定》，此前相关法律、法规和司法解释也并未对出借人是否可以就逾期利息和违约金同时主张及二者的限额进行限制，但根据《合同法解释（二）》第 27 条、第 29 条规定精神，对 2015 年《民间借贷规定》施行前的民间借贷中逾期利息和违约金等明显过高的，在当事人主张约定的违约金过高请求予以适当减少的情况下，也可参照 2015 年《民间借贷规定》确定的年利率 24% 司法保护上限进行调整。长富基金在原审判决年利率 24% 逾期利息基础上另外依照合同约定主张 1.26 亿元违约金，该主张实质是要求逾期罚息和固定违约金并行。本案中长富基金因中森华房地产公司违约遭受的损失主要是利息损失，因长富基金并未提供证据证明其实际损失超过原审判决确定逾期利息，故对其关于中森华房地产公司应当在原审判决确定的逾期利息基础上再给付 1.26 亿元违约金的上诉请求，不予支持。

　　四、关于长富基金能否对中森华房地产公司在徐东集团公司徐东村城中村综合改造项目 C 地块产业项目的全部权益进行处置以清偿本案债务问题。长富基金上诉请求判令其有权对中森华房地产公司在案涉 C 地块产业项目的全部权益进行处置以清偿本案债务。中森华房地产公司、徐东集团公司答辩主张中森华房地产公司在案涉 C 地块产业项目是否有权益及长富基金是否有权处置并非本案审理范围。最高人民法院认为，徐东集团公司在 2013（世纪）字第 12 号《承诺函》确认 C 地块产业项目除 15000 平方米商铺外的土地使用权、在建工程和房屋所有权及相关一切权益均属中森华房地产公司所有，该意思表示清晰明确，《承诺函》并未载明中森华房地产公司享有该权益另有附加条件，不存在徐东集团公司答辩所称需要符合联合开发的三个条件中森华房地产公司才能取得产权、中森华房地产公司在该地块中的权利是一种可能性的问题，且徐东集团公司在该《承诺函》亦承诺徐东集团公司对中森华房地产公司的所有债权劣后于长富基金的债权。从《承诺函》设置的义务内容看，系徐东集团公司对长富基金在《委托贷款合同》中的债权作出的一种担保性质的承诺，虽不具有物权法上的排他性物权效力，不能对抗第三人，但该承诺不违反法律、法规的禁止性规定，应合法有效，在当事人之间具有约束力。因此，中森华房地产公司、徐东集团公司关于中森华房地产公司在案涉 C 地块产业项目是否有权益及长富基金是否有权处置并非本案审理范围的主张不能成立，长富基金在本案中主张对中森华房地产公司在案涉 C 地块产业项目的全部权益进行处置以清偿本案债务，应予支持。至于中森华房地产公司与徐东集团在案涉 C 地块产业项目中的权利义务关系，应根据该公司与徐东集团公司之间相关合同另行确定，对长富基金在案涉 C 地块产业项目上的权利并无影响；长富基金如何对中森华房地产公司在案涉 C 地块产业项目的全部权益进行处置，非本案解决的范畴，处置中与其他人的争议系另案或执行程序解决的问题。

五、关于 11 万元鉴定费问题。长富基金上诉主张中森公司《承诺函》系中森华房地产公司向长富基金提交，该《承诺函》公章及签字鉴定不实而产生的鉴定费应由中森华房地产公司承担。中森华房地产公司答辩主张无法确定长富基金在本案诉讼中提交的中森公司《承诺函》与中森华房地产公司交付长富基金的是否一致，鉴定费用应由证据提交人长富基金承担。最高人民法院认为，诉争 11 万元鉴定费虽系对中森公司《承诺函》的鉴定而发生，但鉴定结论没有确定《承诺函》系中森公司出具，故中森公司不应承担鉴定费用。因中森华房地产公司认可其向长富基金提交中森公司《承诺函》的事实，长富基金在诉讼中没有理由不提交该中森公司《承诺函》以支持其诉讼主张，中森华房地产公司对关于鉴定的《承诺函》与其向长富基金提交的《承诺函》不一致的抗辩主张应承担相应的举证责任，否则应承担不利的后果。由于中森华房地产公司对其抗辩主张没相应证据支持，故对长富基金关于该11万元鉴定费用应由中森华房地产公司承担的上诉主张，予以支持。

此外，北龙公司在答辩状中主张北龙公司从未向长富基金及任何第三方出具工程款优先受偿权劣后的承诺，原审判决认定长富基金对北龙公司承包施工的项目拍卖价款有优先权与湖北省高级人民法院（2013）鄂民一初字第00011号民事判决相冲突，长富基金应补偿北龙公司交通费、差旅费、律师费等10万元，并请求驳回长富公司对北龙公司施工的徐东公寓拍卖价款享有优先受偿权的诉讼主张。最高人民法院认为，首先，原审判决以北龙公司《承诺函》上加盖的北龙公司印章和法定代表人陈书田的签字被湖北省武汉市中星公证处认定为系伪造为由，认定该《承诺函》对北龙公司不具有约束力，进而在判项中对长富基金关于确认编号2013（世纪）字第7-1号北龙公司《承诺函》合法有效、北龙公司对中森华房地产公司在徐东村城中村综合改造项目中的工程项目建筑工程款的受偿权劣后于长富基金债权的诉讼请求未予支持，因长富基金、北龙公司并未就此提起上诉，故本院对北龙公司是否向长富基金及任何第三方出具工程款优先受偿权劣后的承诺的问题不予评判。其次，原审判决判令长富基金有权对湖北省武汉市洪山区徐东村徐东公寓10325.82平方米的房屋折价或者拍卖、变卖价款优先受偿系基于兴业银行武汉分行与中森华房地产公司《抵押合同》、武汉市期房抵押证明（武房期洪字第2013015485号），并非北龙公司《承诺函》，不存在北龙公司答辩所称原审判决确认长富基金举证的北龙公司《承诺函》系伪造与认定长富基金对北龙公司承包施工的项目拍卖价款有优先权自相矛盾的问题。第三，至于原审判决判令长富基金有权对湖北省武汉市洪山区徐东村徐东公寓 10325.82 平方米的房屋折价或者拍卖、变卖价款优先受偿，与湖北省高级人民法院（2013）鄂民一初字第 00011 号民事判决判令的北龙公司建筑工程款优先受偿权是否相冲突，长富基金是否应补偿北龙公司交通费、差旅费、律师费等 10 万元问题，因北龙公司并未就该两主张以上诉请求方式提出，亦不属本案审理范围，应在执行程序或其他程序中另行解决。

综上，最高人民法院判决：一、维持一审判决第一项、第二项、第三项、第四项、第五项、第六项；二、撤销湖北省高级人民法院（2014）鄂民二初字第 00035 号民事判决第七项；三、湖北徐东（集团）股份有限公司出具的 2013（世纪）字第 12 号《承诺函》合法有效，北京长富投资基金（有限合伙）有权对武汉中森华世纪房地产开发有限公司在湖北徐东（集团）股份有限公司徐东村城中村综合改造项目 C 地块产业项目中的全部权益进行处置以清偿本案债务；四、驳回北京长富投资基金（有限合伙）的其他诉讼请求。

7. 康某某诉刘某民间借贷纠纷案

【裁判要旨】

自然人之间的借款合同属于实践合同,即合同的成立生效除了要有双方当事人的意思表示一致之外,还须交付合同的标的物。出借人实际交付的借款金额与当事人约定的出借金额不符的,不能以此认定出借人违约,但应以出借人实际出借金额认定借款本金。

【基本案情】

康某某向一审法院起诉请求:1. 刘某支付康某某借款50万元;2. 刘某支付康某某利息(以借款50万元为基数,自2017年7月20日起按月利率2%计算至付清本息止,暂计至2017年12月20日为6万元)。

一审法院认定事实:刘某因投资需要向康某某借款,并出具一份借据,内容为"今收到康某某交来壹佰万元整(1000000元整)用于投资使用,利息为每月贰万元整(20000元整),每次月的5号前将利息转至出资人指定账户,如逾期超过3天不转账,出资人有权收回借款。如需要收回资金,要提前两个星期(15天)通知借款人,借款人无条件全额归还。借款人刘某"。

2017年6月20日,康某某通过转账向刘某支付借款50万元。后刘某分三次向康某某转账还款,分别为2017年7月17日3300元,8月22日1万元,9月18日1万元。对于以上还款,康某某陈述是偿还利息,且分别是偿还2017年6月份10天的利息3300元、2017年7月的利息1万元、2017年8月的利息1万元,均按照月利率2%计算。刘某则陈述是按照同期贷款利率偿还本息,超过利息部分视为偿还部分本金。

2017年11月23日,刘某出具一份《还款计划》,内容为"借康某某人民币伍拾万元整,于下星期把欠利息支付,于12月内把欠款还清"。因刘某未能按时偿还本息,康某某追讨未果,遂诉至一审法院。

一审法院认为,合法的借贷关系受法律保护。刘某向康某某借款

100万元，康某某实际出借50万元，故本案的借款本金为50万元。双方争议的焦点是利息的约定。刘某抗辩每月利息2万元是对康某某出借100万元情况下的承诺，现康某某实际出借金额没有100万元，不能按照借据中利息与借款本金的比例确认借款利率。康某某则主张双方约定利率为月息2%，100万元借款则每月支付利息2万元，50万元借款则每月支付利息1万元。一审法院认为，按借据中对借款金额及每月支付利息金额的约定，在出借100万元的情况下，双方均确认每月按月息2%支付利息2万元。而实际还款中，刘某的三次还款，与康某某所陈述的还款时间段所计算利息一致，且刘某在2017年11月23日出具的还款计划中也明确借款本金仍为50万元，该意思表示与刘某代理人庭审中所陈述的还款23300元是偿还按照同期贷款利率计算的利息后支付部分本金的意见相矛盾。综合双方的陈述及证据，一审法院确认康某某方的陈述更加符合客观事实，认定双方约定的借款利息为月利率2%。刘某的三次还款，分别支付了2017年6月份10天的利息、2017年7月份的利息和2017年8月份的利息。自2017年9月1日起，刘某仍应以50万元为本金，按月利率2%的标准向康某某支付利息，直至款项清偿之日止。

康某某在起诉状的诉讼请求以及事实和理由部分，故意不向法庭表述刘某的历次还款情况，且在诉讼请求中仍要求自2017年7月20日起计算利息，上述意见与康某某在庭审中的陈述并不一致，显然康某某没有在起诉状中如实陈述案件情况，一审法院对其上述不诚信诉讼的行为予以谴责。刘某超过承诺的期限仍拒不偿还借款本息，康某某可要求刘某支付借款本金50万元及自2017年9月1日起按月利率2%计算的利息，对康某某主张超出上述内容的部分，一审法院依法不予支持。遂依照《合同法》第6条①、第8条②、第206条③，《民事诉讼法》第64条第1款，2015年《民间借贷规定》第27条、第29条，

---

① 该条已被《民法典》删除。
② 该条已被《民法典》第465条修改。
③ 该条已被《民法典》第675条修改。

2001年《证据规定》第2条、第64条、第66条、第73条规定，于2018年5月23日判决：一、刘某应于判决生效之日起七日内向康某某偿还借款本金50万元并支付利息（利息以50万元为本金，按月利率2%自2017年9月1日起计算至借款清偿完毕之日止）；二、驳回康某某的其他诉讼请求。如未按照判决指定的期间履行给付金钱义务，应当依照《民事诉讼法》第253条规定，加倍支付迟延履行期间的债务利息。一审案件受理费9400元、财产保全费3020元，由刘某负担。

刘某不服提出上诉。上诉请求为：撤销一审判决，改判刘某向康某某偿还借款本金482576元并支付利息（以482576元为本金，按中国人民银行同期贷款利率的标准，自2017年9月19日起计算至借款清偿完毕之日止）。

二审法院认为，刘某的上诉主张只是其一审答辩意见的简单重复，并无提出新的事实、证据或者理由。而对于应当如何认定本案借贷双方对借款利息的约定这一争议焦点，一审法院已综合借据中对借款金额及每月利息金额的约定、《还款计划》中对尚欠借款本金的记载以及刘某三次还款所对应的计息时间段等，在全面回应刘某抗辩主张的基础上，确认双方约定的借款计息标准为月利率2%，分析详细，理据充分，本院予以认可。至于康某某实际只出借50万元，未依约出借100万元的行为是否构成违约，应否承担违约责任的问题，本院认为，《合同法》第210条①规定："自然人之间的借款合同，自贷款人提供借款时生效。"据此，自然人之间的借款合同属于实践合同，即合同的成立生效除了要有双方当事人的意思表示一致之外，还须交付合同的标的物。换言之，自然人之间订立的借款合同无论采取的是口头形式还是书面形式，都是在贷款人实际交付借款给借款人时才生效。因而，尽管康某某实际只向刘某出借了50万元，也不能据此认为康某某的行为构成违约并应承担相应法律责任。

综上，二审法院判决：驳回上诉，维持原判。

---

① 该条已被《民法典》第679条修改。

8. 垫富宝投资有限公司诉曾某某民间借贷纠纷案

【裁判要旨】

领卡方借助网络平台与发卡方签订协议并成为其会员后，发卡方基于协议约定先行垫付领卡方在其他会员处的消费资金，其后再由领卡方在约定期限内偿还消费资金的行为，没有扰乱金融秩序，不具有违法性，属合法有效的民间借贷行为。

【基本案情】

垫富宝投资有限公司（以下简称垫富宝公司）向一审法院起诉请求：（1）要求曾某某偿还垫富宝公司垫付款本金43587.89元；（2）要求曾某某向垫富宝公司支付违约金4359元；（3）要求曾某某从欠款之日起至付清之日止，按每日千分之一支付迟延履行违约金（暂计算至2017年1月18日为1487.74元）；（4）案件受理费、公告费、邮寄费、保全费、鉴定费等诉讼费以及律师费由曾某某承担。

一审法院认定事实：2015年4月8日，垫富宝公司作为甲方，曾某某作为乙方，双方签订了编号为垫000026501/川攀枝花0000118号《垫付宝（垫付卡）领用合约》。该合约记载："乙方按照垫付宝网站上公布的垫付宝授信规则，在甲方处获取一定的信用额度，并使用信用额度在垫付宝卖方会员处消费。乙方向甲方提供符合甲方要求的授信资料后，甲方将根据乙方资信状况核定乙方的信用额度和还款期限，并视乙方的消费、还款情况及资信情况的变化调整其信用额度。在会员间进行商品或服务交易时，乙方使用额度进行消费后，甲方替乙方垫付消费款项支付给垫付宝卖方会员，乙方按约定将垫付款定期归还甲方。乙方同意按照垫付宝网站上明确的还款期限及还款方式，按时足额偿还甲方代乙方垫付的消费款项。乙方须赔偿因违约给甲方造成的一切损失及甲方为维护和实现本合同项下的权利而发生的费用（包括但不限于实际发生的诉讼费、保全费、执行费、律师费、交通费、差旅费、鉴定费、变卖费、追偿费等）。乙方应按照垫付宝网站上乙方和甲方达成的其垫付宝账户账单日、还款日以及垫付宝网站上约定的时间、方式等核算账单、并按时足额还款，并遵守垫付宝网站发布的垫付宝还款规则。乙方未按时足额偿还甲方代乙方垫付的消费款项及其他款项的，乙方须按其欠款总额的10%向甲方交纳当月违约金，且乙方在未还清款项之前，每逾期1日须按欠款额的1‰向甲方支付延迟履行违约金。双方同意，因本合约所产生的或与本合约有关的一切争议，任何一方均有权向合约签署地人民法院提起诉讼。本合同一式两份，在攀枝花开元汽车运输服务有限公司签署。"合同签订以后，曾某某在垫付宝其他会员处多次进行消费，垫富宝公司按约垫付了款项，曾某某按约归还了相应的垫付款。2016年12月6日，垫富宝公司替曾某某垫付消费款49787.9元，该垫付款的还款日期为2016年12月15日。2016年12月15日曾某某归还垫富宝公司垫付款0.01元。2016年12月23日曾某某归还垫富宝公司垫付款6200元。曾某某至今未支付垫富宝公司剩余的垫付款43587.89元。攀枝花鑫衔工贸有限公司已于2015年4月8日分别出具两份《承诺函》，载明鑫衔公司自愿为曾某某在领用合约项下的债务提供最高额保证，最高额保证的额度为人民币3万元，同时鑫衔公司保证在曾某某未偿还完毕《垫付宝（垫付卡）领用合约》项下发生的垫付款前，在未经垫富宝公司书面许可的情况下，鑫衔公司不为曾某某登记在鑫衔公司名下的车辆（车牌号为川D51×××、车架号为LZFF25R4XDD526×××，车牌号为川D517××、车架号为LZFF25R46DD526×××）办理转出、转籍过户手续。在上述《承诺函》中，曾某某也同时分别出具《承诺函》两份，载明曾某某认可担保方为其本人提供担保，并同意将车牌号为川D51×××、车架号为LZFF25R4XDD526×××，车牌号为川D51××、车架号为LZFF25R46DD526×××的两辆车抵押给垫款方。

一审法院判决：一、曾某某在本判决生效之日起10日内支付归还垫富宝投资有限公司垫付款43587.89元及其违约金利息（从2016年12月16日起至付清之日止，按年利率24%计算）；二、驳回垫富宝投资有限公司的其他诉讼请求。曾某某不服提出上诉，上诉请求为：撤销一审判决第一项，发回重审或依法改判攀枝花鑫衔工贸有限公司偿还全部款项；一、二审诉讼费用由垫富宝公司承担。

二审法院认为：垫富宝公司的垫付宝业务是依托互联网产生的新型资金融通业务，垫富宝公司通过促使特定的会员之间进行交易，由垫富宝公司基于协议先行垫付资金，再由会员按约偿还垫付资金的一系列行为，没有违反法律、行政法规的禁止性规定，应属有效。由于垫富宝公司经工商行政管理部门核准的经营范围中并无开展为他人发放信用额度以及为他人垫支的金融业务，该资金融通业务亦没有取得金融监管部门的行政认可，因此，根据2015年《民间借贷规定》第1条"本规定所称的民间借贷，是指自然人、法人、其他组织之间及其相互之间进行资金融通的行为。经金融监管部门批准设立的从事贷款业务的金融机构及其分支机构，因发放贷款等相关金融业务引发的纠纷，不适用本规定"的规定，本案属于消费类的民间借贷纠纷。据此，曾某某认为本案不适用民间借贷相关法律规定的上诉理由不能成立。由于垫富宝公司对曾某某提交的《委托书》的真实性、合法性、关联性均不认可，且该《委托书》不能证明鑫衔公司明确授权其与垫富宝公司签订相关领用合约，鑫衔公司亦未表明其愿意承担相关偿还责任，同时涉案消费款项均需曾某某本人亲自进行验证并授权后才能在相关会员处达成交易，因此曾某某提交的证据不能证明鑫衔公司或者何明阳才是合同的实际相对方。由于鑫衔公司提供的担保方式为最高额保证，其并没有用川D51×××号和川D51×××号车辆设立抵押权的意思表示，而曾某某虽承诺用川D51×××号和川D51×××号车辆设立抵押权，但本案并没有证据证明曾某某为上述车辆的合法所有权人，因此，本案没有证据证明曾某某车牌号为川D51×××号和川D51×××号车辆设立了合法的抵押权，故曾某某提出垫富宝公司应当通过司法途径先将约定的抵押物进行拍卖，用拍卖所得偿还本案债务的抗辩理由没有事实及法律依据。

综上，二审法院判决：驳回上诉，维持原判。

9. 马某诉解某某、洛阳辉凯工贸有限公司等民间借贷纠纷案

【裁判要旨】

"职业放贷人"以放贷为主要业务，以赚取高额利息为主要目的，其放贷对象具有不特定性，放贷行为具有反复性、经常性的特点。职业放贷人以赚取高额利息为目的，未经批准，擅自从事经常性的贷款业务，属于扰乱金融秩序的行为，所签订的民间借贷合同违反了法律法规强制性规定，应认定无效，并按无效合同处理。

【基本案情】

马某向一审法院上诉请求：（1）依法判令三被告立即向原告偿还借款本金 40 万元并支付利息（以 40 万元为基数按月利率 2% 从 2016 年 11 月 3 日计算到借款全部偿还完毕之日止）。（2）由三被告承担本案全部诉讼费用。

一审法院认定事实：2017 年 3 月 15 日，杨某甲书写协议一份，载明："解某某借款，杨某甲担保并作为该款项使用人，截至 2017 年 3 月 15 日，费用明细如下：（1）应收 50 万，2016 年 8 月 16 日～2016 年 9 月 15 日 1 个月利息（3.5 分）：17500 元。（2）2016 年 9 月 21 日，回本金 10 万，故应收 40 万，2016 年 9 月 16 日至 2017 年 3 月 15 日六个月利息（3.5 分）：84000 元。（3）2017 年 1 月 25 日，杨某甲回利息 4 万元。截止到 2017 年 3 月 15 日，应收解某某本金 40 万利息 101500 元 - 40000 元 = 61500 元。（4）另应收杨某甲厂房租金：85000 元。以上内容我已认真核对，本人承诺于 2017 年 3 月 15 日前归还利息及厂房租金，剩余本金 40 万，我按月付息。"

马某认可洛阳辉凯工贸有限公司已归还本息共计 385000 元，具体付款情况为：（1）2015 年 6 月支付利息 17500 元；（2）2015 年 7 月 21 日支付利息 17500 元；（3）2015 年 8 月 18 日支付利息 17500 元；（4）2015 年 9 月 15 日支付利息 17500 元；（5）2015 年 11 月 16 日支付利息 35000 元；（6）2016 年 1 月 16 日支付利息 35000 元；

(7) 2016年3月31日支付利息17500元；(8) 2016年4月11日支付利息17500元；(9) 2016年6月4日支付利息35000元；(10) 2016年8月20日支付利息35000元；(11) 2016年9月21日支付本金10万元；(12) 2017年1月25日支付利息4万元。利息已按月息3.5分从2015年6月16日支付至2016年11月3日。解某某和辉凯公司称已向马某归还本金共计362500元，具体支付明细为：(1) 2015年7月21日归还本金17500元；(2) 2015年8月18日归还本金17500元；(3) 2015年9月15日归还本金17500元；(4) 2015年10月14日归还本金3万元；(5) 2015年11月16日归还本金35000元；(6) 2016年1月16日归还本金35000元；(7) 2016年3月31日归还本金17500元；(8) 2016年4月11日归还本金17500元；(9) 2016年6月4日归还本金35000元；(10) 2016年9月21日归还本金10万元；(11) 2017年1月25日归还本金4万元。上述支付方式均为银行转账，付款方为杨某甲，第9笔收款方为杨某乙，其余收款方均为张某甲，经询问，杨某乙、张某甲均认可上述收款系代马某收取，但张某甲和马某均表示第4笔收款与本案无关。

另查明：马某于2013年8月30日至2016年3月18日间分多次向张某乙、洛阳力久重型机械有限公司、洛阳湛澜电子科技有限公司、董某某、赵某某、孙某乙、孙某丙、孙某丁都等出借资金：

1. 洛阳高新技术产业开发区人民法院2017年4月24日作出(2016)豫0391民初758号民事判决，案由为民间借贷纠纷，该判决查明：2014年11月1日，马某出借给孙某丙300万元，借期六个月，自2014年11月1日起至2015年4月30日止，借款利息为月利率35‰。

2. 洛阳高新技术产业开发区人民法院2017年10月19日作出(2017)豫0391民初658号民事判决，案由为民间借贷纠纷，该判决查明：2014年7月9日，马某出借给孙某乙30万元，借期三个月，自2014年7月9日起至2014年10月8日止，借款利息为月利率3%。

3. 洛阳高新技术产业开发区人民法院2017年11月10日作出的

(2017）豫 0391 民初 1081 号民事判决，案由为民间借贷纠纷，该判决查明：2016 年 3 月 18 日，马某出借给孙某丙 30 万元，期限自 2016 年 3 月 18 日至 2016 年 6 月 17 日止，借款利息为月利率 20‰。

4. 洛阳高新技术产业开发区人民法院 2017 年 12 月 25 日作出（2017）豫 0391 民初 572 号民事判决，案由为民间借贷纠纷，该判决查明：2013 年 8 月 30 日，马某出借给张某乙 40 万元，借期三个月，自 2013 年 8 月 30 日起至 2013 年 11 月 29 日止，借款利息为月利率 35‰。

5. 洛阳高新技术产业开发区人民法院 2017 年 12 月 25 日作出（2017）豫 0391 民初 573 号民事判决，案由为民间借贷纠纷，该判决查明：2014 年 6 月 5 日至 2015 年 3 月 22 日，马某分四次共计向赵某某出借 190 万元，借款利息为月利率 30‰。

6. 洛阳高新技术产业开发区人民法院 2017 年 12 月 25 日作出（2017）豫 0391 民初 574 号民事判决，案由为民间借贷纠纷，该判决查明：2014 年 8 月 6 日马某出借给洛阳力久重型机械有限公司 250 万元（含张某甲转让的债权 50 万元），借期三个月，自 2014 年 8 月 6 日起至 2014 年 11 月 5 日止，借款利息为月利率 50‰，使用期届满一次性归还本金。

7. 洛阳高新技术产业开发区人民法院 2017 年 12 月 25 日作出（2017）豫 0391 民初 752 号民事判决，案由为民间借贷纠纷，该判决查明：2015 年 4 月 23 日，马某出借给董某某 150 万元，借期自 2015 年 4 月 23 日至 2015 年 5 月 22 日止，借款利息为月利率 3.5‰。如借款人未按约定时间偿还借款本金和利息，应承担借款本金 20% 的违约金及日借款金额 1% 的滞纳金。

8. 洛阳高新技术产业开发区人民法院 2018 年 6 月 11 日作出（2017）豫 0391 民初 1080 号民事判决，案由为民间借贷纠纷，该判决查明：2015 年 4 月 8 日，马某出借给孙某丁都 20 万元，借期自 2015 年 4 月 8 日至 2015 年 10 月 7 日止，借款利息为月利率 35‰。

9. 洛阳高新技术产业开发区人民法院 2018 年 11 月 20 日作出

(2018）豫 0391 民初 910 号民事判决，案由为民间借贷纠纷，该判决查明：2014 年 3 月 19 日，马某出借给洛阳湛澜电子科技有限公司 100 万元，借期一个月，自 2014 年 3 月 19 日起至 2014 年 4 月 18 日止，借款利息为月利率 30‰。

  一审法院认为：本案的争议焦点是本案借款是否有借款期间月息 3.5 分的约定。虽然马某与解某某、辉凯公司均认可 2015 年 6 月 16 日签订《借据》时利息约定一栏为空白，但马某称当时与解某某、洛阳辉凯工贸有限公司口头约定借款期间月利率 3.5 分且已实际履行，洛阳辉凯工贸有限公司法定代表人杨某甲 2017 年 3 月 15 日出具的费用明细亦明确载明月利率为 3.5 分，且其银行还款明细基本为每月还款 17500 元（50 万本金以月息 3.5 分计算为每月利息 17500 元），结合大额民间借贷交易习惯及证据高度盖然性原则判断，可以认定本案借款并非无息借款，马某与解某某、洛阳辉凯工贸有限公司口头约定了借款期间月利率 3.5 分。马某与解某某间的借贷是双方真实意思表示，除利息、违约金约定高于法律规定的利率上限外，其他内容不违反法律规定，且解某某认可借款事实及金额，理应归还借款本金及相应的利息。关于已付款项的抵扣问题，由于月息 3.5 分的约定高于法律规定的利率上限，根据 2015 年《民间借贷规定》第 26 条之规定，利息约定超过年利率 36% 的部分应为无效，本案中将超过部分抵扣本金为宜，未给付的利息依法调整至按年利率 24% 计算。关于已归还款项数额的确定，马某自认洛阳辉凯工贸有限公司已还归还本息共计 385000 元，多于解某某举证证明的还款 362500 元，系原告对其不利事实的认可，该院予以采信，以马某自认的金额为准。经核算，洛阳辉凯工贸有限公司已按年利率 36% 支付利息至 2016 年 11 月 29 日，尚欠本金 375398 元未付，利息应从 2016 年 11 月 30 日起按年利率 24% 计算至实际履行之日止，马某主张的超出部分，该院不予支持。关于洛阳辉凯工贸有限公司担保责任的承担问题，洛阳辉凯工贸有限公司自愿为解某某的借款本息提供连带责任保证，马某要求洛阳辉凯工贸有限公司对解某某的上述还款义务承担连带责任，该院予以支持。马某要求孙某甲承担还款责任无事实和法律依据，该院不予支持。

一审法院判决：一、被告解某某于本判决生效后7日内偿还原告马某借款本金375398元并支付利息（以375398元为基数，从2016年11月30日起按年利率24%计算至实际履行之日止）；二、被告洛阳辉凯工贸有限公司对被告解某某的上述还款义务承担连带清偿责任；三、驳回原告马某的其他诉讼请求。解某某不服提出上诉。上诉请求为：1.请求撤销一审判决，依法改判或将本案发回重审；2.本案一、二审诉讼费用由马某承担。

二审法院认为：民间借贷是指自然人、法人、其他组织之间及其相互之间进行的资金融通行为。民间借贷融资快，手续简便、形式灵活，在一定程度上弥补了正规金融借款不足，满足了社会多元化的融资需求，促进了多层次信贷市场的形成和完善，但民间借贷活动必须遵循自愿互助、诚实信用原则，遵守国家法律法规的有关规定，合法的民间借贷受法律保护。职业放贷人是以放贷为主要业务，以赚取高额利息为主要目的，其放贷对象具有不特定性，放贷行为具有反复性、经常性的特点。《银行业监督管理法》第19条规定："未经国务院银行业监督管理机构批准，任何单位或者个人不得设立银行业金融机构或者从事银行业金融机构的业务活动。"该规定直接关系国家金融管理秩序和社会资金安全，事关社会公共利益，属于效力性强制性规定。2015年《民间借贷规定》第14条规定："具有下列情形之一的，人民法院应当认定民间借贷合同无效：……（五）其他违反法律、行政法规效力性强制性规定的。"《合同法》第52条①规定："有下列情形之一的，合同无效：……（四）损害社会公共利益；（五）违反法律、行政法规的强制性规定。"职业放贷行为严重扰乱了国家金融秩序，损害了社会公共利益，违反了法律的禁止性规定，对于认定职业放贷后发生的出借资金行为不能认定为合法的民间借贷。

根据本案二审查明的事实，除本案债务人解某某之外，马某于

---

① 该条已被《民法典》删除。

2013年8月30日至2016年3月18日间分多次向张某乙、洛阳力久重型机械有限公司、洛阳湛澜电子科技有限公司、董某某、赵某某、孙某乙、孙某丙、孙某丁都等出借资金，其出借对象具有不特定性、出借行为具有反复性、经常性，出借资金数额大、利率高，符合职业放贷的法律特征。马某经常出借资金以赚取高额利息的行为扰乱了国家正常的金融秩序，损害了社会公共利益，违反了法律的禁止性规定，应认定其为从事非法金融业务活动的职业放贷人。本案其向解某某、辉凯公司的出借资金的行为发生在此期间，应认定为职业放贷行为，故案涉民间借贷行为无效，解某某、辉凯公司2015年6月16日向马某出具的《借据》亦为无效。借款行为无效，借款本金应当返还，双方当事人对于利息的约定也同时无效，辉凯公司通过杨某甲向马某转账支付的38.5万元应认定为偿还借款本金，目前，尚余借款本金11.5万元未还。

依据本案查明的事实，解某某于《借据》出具当日即将马某向其转账的50万元交给了辉凯公司的法定代表人杨某甲，辉凯公司与杨某甲向解某某出具承诺书认可其二者为实际借款人，并愿意承担还款责任，该承诺书虽不是直接向马某出具，但并未加重马某的义务、损害马某的利益；辉凯公司在《借据》约定的借款期限内偿还了部分款项，马某也予以接收；之后辉凯公司之法定代表人杨某甲又向马某出具书面凭证，对已付款项和和欠付利息进行了结算，并承诺就剩余本金按月付息，马某对此也予认可。因此，辉凯公司与杨某甲的行为构成债的加入，因马某未起诉杨某甲要求其承担责任，故应由辉凯公司与原债务人解某某共同向马某返还剩余借款本金11.5万元。案涉民间借贷行为虽无效，但由于马某实际出借了资金，解某某与辉凯公司应向其支付资金占用期间的使用费。资金占用费的计算方法为将辉凯公司每次支付的款项认定为偿还借款本金在50万元中扣减，以实际占用的资金数额结合具体占用时间按年利率6%分段计算。据此，自2015年6月16日至2017年1月25日间的资金占用费合计31667.26元。

关于本案的二审审理范围问题。一审判决作出后，解某某上诉认为双方在借据中未约定利息，一审法院认定已支付的38.5万元应按年利率36%支付利息后剩余部分冲抵借款本金错误，请求二审法院在一审认定本金数额基础上再扣减260398元，二审开庭审理时，解某某又称马某为职业放贷人，本案民间借贷行为无效，马某认为解某某的该项主张属于上诉请求的变更，已超过了法律规定的上诉期间，不属于二审的审理范围，对此，二审法院认为，《民事诉讼法解释》第323条规定："第二审人民法院应当围绕当事人的上诉请求进行审理。当事人没有提出请求的，不予审理，但一审判决违反法律禁止性规定，或者损害国家利益、社会公共利益、他人合法权益的除外。"因此，依据该条法律规定，二审法院发现一审判决有适用法律错误、违反法律的禁止性规定、损害社会公共利益的情形的，审理范围不以当事人的上诉请求为限，可直接予以纠正，马某的答辩理由于法无据，不予采信。

综上，二审法院判决：河南省洛阳市中级人民法院于2019年5月13日作出（2019）豫民终286号民事判决：一、撤销洛阳高新技术产业开发区人民法院（2017）豫0391民初753号民事判决；二、解某某、洛阳辉凯工贸有限公司2015年6月16日出具的《借据》无效；三、解某某、洛阳辉凯工贸有限公司于本判决生效后十日内返还马某11.5万元借款本金并支付资金占用费（自2017年1月26日按年利率6%计算至款项实际付清之日止）；四、解某某、洛阳辉凯工贸有限公司于本判决生效后十日内向马某支付2017年1月25日前的资金占用费31667.26元；五、驳回马某的其他诉讼请求。

10. 周某某诉胡某某民间借贷纠纷案

【裁判要旨】

民间借贷双方当事人既未约定借期内的利率，也未约定逾期利率的，出借人主张借款人自逾期还款之日起支付资金占用期间利息的，所主张的利率虽超过同期银行存款利率但未超过司法解释规定的民间借贷利率的，人民法院应予支持。

【基本案情】

周某某向一审法院起诉请求：1. 判令胡某某偿还借款本金40万元及自起诉之日起实际还清本金为止的利息；2. 本案诉讼费由胡某某承担。

一审法院认定事实：2015年9月24日，胡某某出具借据给周某某，列明：本人胡某某因资金周转需要，于2015年9月24日向周某某借款，借款金额人民币40万元，定于2015年10月2日前全部欠款还清等。同日，周某某通过银行转账了40万元至广州市远迅汽车服务有限公司。庭审中，周某某提交了两份中国民生银行业务回单，拟证实自2015年10月16日至2017年5月6日，胡某某已归还本金204300元给周某某，胡某某提供的第一份回单凭证共18笔，总金额为178600元；第二份回单凭证共6笔，总金额为25700元。周某某确认收到胡某某提供的上述回单金额的还款，但认为第二份回单凭证中的第4单（金额6500元）、第六单（金额10000元）与第一份回单凭证中的金额重复；第一份回单凭证中，有部分属于胡某某发放给周某某的工资。胡某某对周某某陈述的重复部分的金额，同意在还款总额中扣除，但不确认上述付款金额包含工资数额。以上事实，有借条、转账凭证、银行回单等证据材料及庭审笔录在卷为凭，足以认定。

一审法院认为：周某某和胡某某之间的民间借贷法律关系，有借据、银行转账凭证相互印证，依法成立并有效。关于胡某某是否应当支付利息问题，周某某与胡某某在借据中并未约定支付利息，胡某某在庭审中对利息支付不予确认，故双方的借款应当视为没有约定利息。故对胡某某主张已支付的204300元，扣除其重复主张的两笔共16500

元后，应抵作本金扣除。故胡某某应当向周某某归还本金212200元［400000元－（204300元－16500元）］并按年利率6%的标准从起诉日起支付利息给周某某。周某某主张胡某某支付的款项有部分属于工资及按照年利率24%计算利息，没有事实依据及法律依据，对周某某的主张，一审法院不予接纳。综上，一审法院判决：一、胡某某自判决发生法律效力之日起十日内，清偿借款212200元给周某某。二、胡某某自判决发生法律效力之日起十日内，清偿借款212200元的利息给周某某，利息从2017年5月5日起计算至实际清付时止按照年利率6%计算。三、驳回周某某的其他诉讼请求。如未按判决指定的期间履行给付金钱义务，应当依照《民事诉讼法》第253条之规定，加倍支付迟延履行期间的债务利息。案件受理费7300元，由周某某负担3244元，胡某某负担4056元。

胡某某不服提出上诉。上诉请求为：撤销一审判决书的第二项判项，改判利息从2017年5月5日起计算至实际清付止按照中国人民银行贷款基准利率（年利率4.35%）计算。

二审法院认为，本案为民间借贷纠纷，根据《民事诉讼法》第168条之规定，第二审案件的审理应当围绕当事人上诉请求的范围进行。综合当事人的诉、辩意见，本案二审的主要争议焦点为上诉人向被上诉人应支付的自起诉日起至实际清付日止的利息标准。本案中双方未对借款约定利息及逾期利息，依据2015年《民间借贷规定》第29条"借贷双方对逾期利率有约定的，从其约定，但以不超过年利率24%为限。未约定逾期利率或者约定不明的，人民法院可以区分不同情况处理：（一）既未约定借期内的利率，也未约定逾期利率，出借人主张借款人自逾期还款之日起按照年利率6%支付资金占用期间利息的，人民法院应予支持"之规定，一审法院判令上诉人按年利率6%标准支付向被上诉人应支付的自起诉日起至实际清付日止的利息并无不当；上诉人就此提出上诉，要求改判按中国人民银行同期贷款基准利率支付利息，并无法律依据，二审法院对此不予支持。

综上所述，二审法院判决：驳回上诉，维持原判。

新旧条文对照表

《最高人民法院关于审理民间借贷案件适用法律若干问题的规定》（2015年公布）（阴影部分为修改或删除的内容）	《最高人民法院关于审理民间借贷案件适用法律若干问题的规定》（2020年第二次修正）（黑体部分为修改或增加的内容）
为正确审理民间借贷纠纷案件，根据《中华人民共和国民法通则》《中华人民共和国物权法》《中华人民共和国担保法》《中华人民共和国合同法》《中华人民共和国民事诉讼法》《中华人民共和国刑事诉讼法》等相关法律之规定，结合审判实践，制定本规定。	为正确审理民间借贷纠纷案件，根据《中华人民共和国民法典》《中华人民共和国民事诉讼法》《中华人民共和国刑事诉讼法》等相关法律之规定，结合审判实践，制定本规定。
第一条　本规定所称的民间借贷，是指自然人、法人、其他组织之间及其相互之间进行资金融通的行为。 经金融监管部门批准设立的从事贷款业务的金融机构及其分支机构，因发放贷款等相关金融业务引发的纠纷，不适用本规定。	第一条　本规定所称的民间借贷，是指自然人、法人**和非法人组**织之间进行资金融通的行为。 经金融监管部门批准设立的从事贷款业务的金融机构及其分支机构，因发放贷款等相关金融业务引发的纠纷，不适用本规定。
第二条　出借人向人民法院起诉时，应当提供借据、收据、欠条等债权凭证以及其他能够证明借贷法律关系存在的证据。 当事人持有的借据、收据、欠条等债权凭证没有载明债权人，持有债权凭证的当事人提起民间借贷诉讼的，人民法院应予受理。被告对原告的债权人资格提出有事实依据的抗辩，人民法院经审理认为原告不具有债权人资格的，裁定驳回起诉。	第二条　出借人向人民法院**提起民间借贷诉讼**时，应当提供借据、收据、欠条等债权凭证以及其他能够证明借贷法律关系存在的证据。 当事人持有的借据、收据、欠条等债权凭证没有载明债权人，持有债权凭证的当事人提起民间借贷诉讼的，人民法院应予受理。被告对原告的债权人资格提出有事实依据的抗辩，人民法院经**审查**认为原告不具有债权人资格的，裁定驳回起诉。

续表

《最高人民法院关于审理民间借贷案件适用法律若干问题的规定》（2015年公布）（阴影部分为修改或删除的内容）	《最高人民法院关于审理民间借贷案件适用法律若干问题的规定》（2020年第二次修正）（黑体部分为修改或增加的内容）
第三条 借贷双方就合同履行地未约定或者约定不明确，事后未达成补充协议，按照合同**有关**条款或者交易习惯仍不能确定的，以接受货币一方所在地为合同履行地。	**第三条** 借贷双方就合同履行地未约定或者约定不明确，事后未达成补充协议，按照合同**相关**条款或者交易习惯仍不能确定的，以接受货币一方所在地为合同履行地。
第四条 保证人为借款人提供连带责任保证，出借人仅起诉借款人的，人民法院可以不追加保证人为共同被告；出借人仅起诉保证人的，人民法院可以追加借款人为共同被告。 保证人为借款人提供一般保证，出借人仅起诉保证人的，人民法院应当追加借款人为共同被告；出借人仅起诉借款人的，人民法院可以不追加保证人为共同被告。	**第四条** 保证人为借款人提供连带责任保证，出借人仅起诉借款人的，人民法院可以不追加保证人为共同被告；出借人仅起诉保证人的，人民法院可以追加借款人为共同被告。 保证人为借款人提供一般保证，出借人仅起诉保证人的，人民法院应当追加借款人为共同被告；出借人仅起诉借款人的，人民法院可以不追加保证人为共同被告。
第五条 人民法院立案后，发现民间借贷行为本身涉嫌**非法集资犯罪**的，应当裁定驳回起诉，并将涉嫌**非法集资犯罪**的线索、材料移送公安或者检察机关。 公安或者检察机关不予立案，或者立案侦查后撤销案件，或者检察机关作出不起诉决定，或者经人民法院生效判决认定不构成**非法集资犯罪**，当事人又以同一事实向人民法院提起诉讼的，人民法院应予受理。	**第五条** 人民法院立案后，发现民间借贷行为本身涉嫌**非法集资等犯罪**的，应当裁定驳回起诉，并将涉嫌**非法集资等犯罪**的线索、材料移送公安或者检察机关。 公安或者检察机关不予立案，或者立案侦查后撤销案件，或者检察机关作出不起诉决定，或者经人民法院生效判决认定不构成**非法集资等犯罪**，当事人又以同一事实向人民法院提起诉讼的，人民法院应予受理。

续表

《最高人民法院关于审理民间借贷案件适用法律若干问题的规定》（2015年公布）（阴影部分为修改或删除的内容）	《最高人民法院关于审理民间借贷案件适用法律若干问题的规定》（2020年第二次修正）（黑体部分为修改或增加的内容）
第六条 人民法院立案后，发现与民间借贷纠纷案件虽有关联但不是同一事实的涉嫌非法集资等犯罪的线索、材料的，人民法院应当继续审理民间借贷纠纷案件，并将涉嫌非法集资等犯罪的线索、材料移送公安或者检察机关。	第六条 人民法院立案后，发现与民间借贷纠纷案件虽有关联但不是同一事实的涉嫌非法集资等犯罪的线索、材料的，人民法院应当继续审理民间借贷纠纷案件，并将涉嫌非法集资等犯罪的线索、材料移送公安或者检察机关。
第七条 民间借贷的基本案件事实必须以刑事案件审理结果为依据，而该刑事案件尚未审结的，人民法院应当裁定中止诉讼。	第七条 民间借贷**纠纷**的基本案件事实必须以刑事案件**的**审理结果为依据，而该刑事案件尚未审结的，人民法院应当裁定中止诉讼。
第八条 借款人涉嫌犯罪或者生效判决认定其有罪，出借人起诉请求担保人承担民事责任的，人民法院应予受理。	第八条 借款人涉嫌犯罪或者生效判决认定其有罪，出借人起诉请求担保人承担民事责任的，人民法院应予受理。
第九条 具有下列情形之一，可以视为具备合同法第二百一十条关于自然人之间借款合同的生效要件： （一）以现金支付的，自借款人收到借款时； （二）以银行转账、网上电子汇款或者通过网络贷款平台等形式支付的，自资金到达借款人账户时； （三）以票据交付的，自借款人依法取得票据权利时； （四）出借人将特定资金账户支配权授权给借款人的，自借款人取得对该账户实际支配权时； （五）出借人以与借款人约定的其他方式提供借款并实际履行完成时。	第九条 **自然人之间的借款合同**具有下列情形之一的，可以视为**合同成立**： （一）以现金支付的，自借款人收到借款时； （二）以银行转账、网上电子汇款等形式支付的，自资金到达借款人账户时； （三）以票据交付的，自借款人依法取得票据权利时； （四）出借人将特定资金账户支配权授权给借款人的，自借款人取得对该账户实际支配权时； （五）出借人以与借款人约定的其他方式提供借款并实际履行完成时。

续表

《最高人民法院关于审理民间借贷案件适用法律若干问题的规定》（2015年公布）（阴影部分为修改或删除的内容）	《最高人民法院关于审理民间借贷案件适用法律若干问题的规定》（2020年第二次修正）（黑体部分为修改或增加的内容）
第十条　除自然人之间的借款合同外，当事人主张民间借贷合同自合同成立时生效的，人民法院应予支持，但当事人另有约定或者法律、行政法规另有规定的除外。	
第十一条　法人之间、其他组织之间以及它们相互之间为生产、经营需要订立的民间借贷合同，除存在合同法第五十二条、本规定第十四条规定的情形外，当事人主张民间借贷合同有效的，人民法院应予支持。	第十条　法人之间、**非法人组织**之间以及它们相互之间为生产、经营需要订立的民间借贷合同，除存在**民法典第一百四十六条、第一百五十三条、第一百五十四条**以及本规定第十三条规定的情形外，当事人主张民间借贷合同有效的，人民法院应予支持。
第十二条　法人或者其他组织在本单位内部通过借款形式向职工筹集资金，用于本单位生产、经营，且不存在合同法第五十二条、本规定第十四条规定的情形，当事人主张民间借贷合同有效的，人民法院应予支持。	第十一条　法人或者**非法人组织**在本单位内部通过借款形式向职工筹集资金，用于本单位生产、经营，且不存在**民法典第一百四十四条、第一百四十六条、第一百五十三条、第一百五十四条**以及本规定第十三条规定的情形，当事人主张民间借贷合同有效的，人民法院应予支持。

续表

《最高人民法院关于审理民间借贷案件适用法律若干问题的规定》（2015年公布）（阴影部分为修改或删除的内容）	《最高人民法院关于审理民间借贷案件适用法律若干问题的规定》（2020年第二次修正）（黑体部分为修改或增加的内容）
第十三条 借款人或者出借人的借贷行为涉嫌犯罪，或者已经生效的判决认定构成犯罪，当事人提起民事诉讼的，民间借贷合同并不当然无效。人民法院应当根据合同法第五十二条、本规定第十四条之规定，认定民间借贷合同的效力。 担保人以借款人或者出借人的借贷行为涉嫌犯罪或者已经生效的判决认定构成犯罪为由，主张不承担民事责任的，人民法院应当依据民间借贷合同与担保合同的效力、当事人的过错程度，依法确定担保人的民事责任。	第十二条 借款人或者出借人的借贷行为涉嫌犯罪，或者已经生效的**裁判**认定构成犯罪，当事人提起民事诉讼的，民间借贷合同并不当然无效。人民法院应当**依据民法典第一百四十四条、第一百四十六条、第一百五十三条、第一百五十四条以及**本规定第十三条之规定，认定民间借贷合同的效力。 担保人以借款人或者出借人的借贷行为涉嫌犯罪或者已经生效的**裁判**认定构成犯罪为由，主张不承担民事责任的，人民法院应当依据民间借贷合同与担保合同的效力、当事人的过错程度，依法确定担保人的民事责任。
第十四条 具有下列情形之一，人民法院应当认定民间借贷合同无效： （一）套取金融机构信贷资金又高利转贷给借款人，且借款人事先知道或者应当知道的；	第十三条 具有下列情形之一的，人民法院应当认定民间借贷合同无效： （一）**套取金融机构贷款转贷的**；

《最高人民法院关于审理民间借贷案件适用法律若干问题的规定》（2015年公布）（阴影部分为修改或删除的内容）	《最高人民法院关于审理民间借贷案件适用法律若干问题的规定》（2020年第二次修正）（黑体部分为修改或增加的内容）
（二）以向其他企业借贷或者向本单位职工集资取得的资金又转贷给借款人牟利，且借款人事先知道或者应当知道的； （三）出借人事先知道或者应当知道借款人借款用于违法犯罪活动仍然提供借款的； （四）违背社会公序良俗的； （五）其他违反法律、行政法规效力性强制性规定的。	（二）以向其他营利法人借贷、向本单位职工集资，或者以向公众非法吸收存款等方式取得的资金转贷的； （三）未依法取得放贷资格的出借人，以营利为目的向社会不特定对象提供借款的； （四）出借人事先知道或者应当知道借款人借款用于违法犯罪活动仍然提供借款的； （五）违反法律、行政法规强制性规定的； （六）违背公序良俗的。
第十五条 原告以借据、收据、欠条等债权凭证为依据提起民间借贷诉讼，被告依据基础法律关系提出抗辩或者反诉，并提供证据证明债权纠纷非民间借贷行为引起的，人民法院应当依据查明的案件事实，按照基础法律关系审理。 当事人通过调解、和解或者清算达成的债权债务协议，不适用前款规定。	第十四条 原告以借据、收据、欠条等债权凭证为依据提起民间借贷诉讼，被告依据基础法律关系提出抗辩或者反诉，并提供证据证明债权纠纷非民间借贷行为引起的，人民法院应当依据查明的案件事实，按照基础法律关系审理。 当事人通过调解、和解或者清算达成的债权债务协议，不适用前款规定。

续表

《最高人民法院关于审理民间借贷案件适用法律若干问题的规定》（2015年公布）（阴影部分为修改或删除的内容）	《最高人民法院关于审理民间借贷案件适用法律若干问题的规定》（2020年第二次修正）（黑体部分为修改或增加的内容）
第十六条　原告仅依据借据、收据、欠条等债权凭证提起民间借贷诉讼，被告抗辩已经偿还借款，被告应当对其主张提供证据证明。被告提供相应证据证明其主张后，原告仍应就借贷关系的成立承担举证证明责任。 被告抗辩借贷行为尚未实际发生并能作出合理说明，人民法院应当结合借贷金额、款项交付、当事人的经济能力、当地或者当事人之间的交易方式、交易习惯、当事人财产变动情况以及证人证言等事实和因素，综合判断查证借贷事实是否发生。	第十五条　原告仅依据借据、收据、欠条等债权凭证提起民间借贷诉讼，被告抗辩已经偿还借款**的**，被告应当对其主张提供证据证明。被告提供相应证据证明其主张后，原告仍应就借贷关系的**存续**承担举证责任。 被告抗辩借贷行为尚未实际发生并能作出合理说明**的**，人民法院应当结合借贷金额、款项交付、当事人的经济能力、当地或者当事人之间的交易方式、交易习惯、当事人财产变动情况以及证人证言等事实和因素，综合判断查证借贷事实是否发生。
第十七条　原告仅依据金融机构的转账凭证提起民间借贷诉讼，被告抗辩转账系偿还双方之前借款或其他债务，被告应当对其主张提供证据证明。被告提供相应证据证明其主张后，原告仍应就借贷关系的成立承担举证证明责任。	第十六条　原告仅依据金融机构的转账凭证提起民间借贷诉讼，被告抗辩转账系偿还双方之前借款**或者**其他债务**的**，被告应当对其主张提供证据证明。被告提供相应证据证明其主张后，原告仍应就借贷关系的成立承担**举证**责任。

续表

《最高人民法院关于审理民间借贷案件适用法律若干问题的规定》（2015年公布）（阴影部分为修改或删除的内容）	《最高人民法院关于审理民间借贷案件适用法律若干问题的规定》（2020年第二次修正）（黑体部分为修改或增加的内容）
第十八条 根据《关于适用《中华人民共和国民事诉讼法》的解释》第一百七十四条第二款之规定，负有举证证明责任的原告无正当理由拒不到庭，经审查现有证据无法确认借贷行为、借贷金额、支付方式等案件主要事实，人民法院对其主张的事实不予认定。	第十七条 依据《最高人民法院关于适用〈中华人民共和国民事诉讼法〉的解释》第一百七十四条第二款之规定，负有**举证**责任的原告无正当理由拒不到庭，经审查现有证据无法确认借贷行为、借贷金额、支付方式等案件主要事实**的**，人民法院对**原告**主张的事实不予认定。
第十九条 人民法院审理民间借贷纠纷案件时发现有下列情形，应当严格审查借贷发生的原因、时间、地点、款项来源、交付方式、款项流向以及借贷双方的关系、经济状况等事实，综合判断是否属于虚假民事诉讼： （一）出借人明显不具备出借能力； （二）出借人起诉所依据的事实和理由明显不符合常理； （三）出借人不能提交债权凭证或者提交的债权凭证存在伪造的可能；	第十八条 人民法院审理民间借贷纠纷案件时发现有下列情形**之一的**，应当严格审查借贷发生的原因、时间、地点、款项来源、交付方式、款项流向以及借贷双方的关系、经济状况等事实，综合判断是否属于虚假民事诉讼： （一）出借人明显不具备出借能力； （二）出借人起诉所依据的事实和理由明显不符合常理； （三）出借人不能提交债权凭证或者提交的债权凭证存在伪造的可能；

续表

《最高人民法院关于审理民间借贷案件适用法律若干问题的规定》（2015年公布）（阴影部分为修改或删除的内容）	《最高人民法院关于审理民间借贷案件适用法律若干问题的规定》（2020年第二次修正）（黑体部分为修改或增加的内容）
（四）当事人双方在一定**期间**内多次参加民间借贷诉讼； （五）当事人**一方或者双方**无正当理由拒不到庭参加诉讼，委托代理人对借贷事实陈述不清或者陈述前后矛盾； （六）当事人双方对借贷事实的发生没有任何争议或者诉辩明显不符合常理； （七）借款人的配偶**或**合伙人、案外人的其他债权人提出有事实依据的异议； （八）当事人在其他纠纷中存在低价转让财产的情形； （九）当事人不正当放弃权利； （十）其他可能存在虚假民间借贷诉讼的情形。	（四）当事人双方在一定**期限**内多次参加民间借贷诉讼； （五）当事人无正当理由拒不到庭参加诉讼，委托代理人对借贷事实陈述不清或者陈述前后矛盾； （六）当事人双方对借贷事实的发生没有任何争议或者诉辩明显不符合常理； （七）借款人的配偶**或者**合伙人、案外人的其他债权人提出有事实依据的异议； （八）当事人在其他纠纷中存在低价转让财产的情形； （九）当事人不正当放弃权利； （十）其他可能存在虚假民间借贷诉讼的情形。
第二十条 经查明属于虚假民间借贷诉讼，原告申请撤诉的，人民法院不予准许，并应当**根据**民事诉讼法第一百一十二条之规定，判决驳回其请求。	**第十九条** 经查明属于虚假民间借贷诉讼，原告申请撤诉的，人民法院不予准许，并应当**依据**民事诉讼法第一百一十二条之规定，判决驳回其请求。

续表

《最高人民法院关于审理民间借贷案件适用法律若干问题的规定》（2015年公布）（阴影部分为修改或删除的内容）	《最高人民法院关于审理民间借贷案件适用法律若干问题的规定》（2020年第二次修正）（黑体部分为修改或增加的内容）
诉讼参与人或者其他人恶意制造、参与虚假诉讼，人民法院应当依照民事诉讼法第一百一十一条、第一百一十二条和第一百一十三条之规定，依法予以罚款、拘留；构成犯罪的，应当移送有管辖权的司法机关追究刑事责任。 单位恶意制造、参与虚假诉讼的，人民法院应当对该单位进行罚款，并可以对其主要负责人或者直接责任人员予以罚款、拘留；构成犯罪的，应当移送有管辖权的司法机关追究刑事责任。	诉讼参与人或者其他人恶意制造、参与虚假诉讼，人民法院应当**依据**民事诉讼法第一百一十一条、第一百一十二条和第一百一十三条之规定，依法予以罚款、拘留；构成犯罪的，应当移送有管辖权的司法机关追究刑事责任。 单位恶意制造、参与虚假诉讼的，人民法院应当对该单位进行罚款，并可以对其主要负责人或者直接责任人员予以罚款、拘留；构成犯罪的，应当移送有管辖权的司法机关追究刑事责任。
第二十一条　他人在借据、收据、欠条等债权凭证或者借款合同上签字或者盖章，但未表明其保证人身份或者承担保证责任，或者通过其他事实不能推定其为保证人，出借人请求其承担保证责任的，人民法院不予支持。	第二十条　他人在借据、收据、欠条等债权凭证或者借款合同上**签名**或者盖章，**但是**未表明其保证人身份或者承担保证责任，或者通过其他事实不能推定其为保证人，出借人请求其承担保证责任的，人民法院不予支持。

续表

《最高人民法院关于审理民间借贷案件适用法律若干问题的规定》（2015年公布）（阴影部分为修改或删除的内容）	《最高人民法院关于审理民间借贷案件适用法律若干问题的规定》（2020年第二次修正）（黑体部分为修改或增加的内容）
第二十二条　借贷双方通过网络贷款平台形成借贷关系，网络贷款平台的提供者仅提供媒介服务，当事人请求其承担担保责任的，人民法院不予支持。 网络贷款平台的提供者通过网页、广告或者其他媒介明示或者有其他证据证明其为借贷提供担保，出借人请求网络贷款平台的提供者承担担保责任的，人民法院应予支持。	第二十一条　借贷双方通过网络贷款平台形成借贷关系，网络贷款平台的提供者仅提供媒介服务，当事人请求其承担担保责任的，人民法院不予支持。 网络贷款平台的提供者通过网页、广告或者其他媒介明示或者有其他证据证明其为借贷提供担保，出借人请求网络贷款平台的提供者承担担保责任的，人民法院应予支持。
第二十三条　企业法定代表人或负责人以企业名义与出借人签订民间借贷合同，出借人、企业或者其股东能够证明所借款项用于企业法定代表人或负责人个人使用，出借人请求将企业法定代表人或负责人列为共同被告或者第三人的，人民法院应予准许。 企业法定代表人或负责人以个人名义与出借人签订民间借贷合同，所借款项用于企业生产经营，出借人请求企业与个人共同承担责任的，人民法院应予支持。	第二十二条　**法人的法定代表人或者非法人组织的负责人**以**单位**名义与出借人签订民间借贷合同，**有证据**证明所借款项**系**法定代表人**或者**负责人个人使用，出借人请求将法定代表人**或者**负责人列为共同被告或者第三人的，人民法院应予准许。 **法人的法定代表人或者非法人组织的负责人**以个人名义与出借人**订立**民间借贷合同，所借款项用于**单位**生产经营，出借人请求**单位**与个人共同承担责任的，人民法院应予支持。

续表

《最高人民法院关于审理民间借贷案件适用法律若干问题的规定》（2015年公布）（阴影部分为修改或删除的内容）	《最高人民法院关于审理民间借贷案件适用法律若干问题的规定》（2020年第二次修正）（黑体部分为修改或增加的内容）
第二十四条 当事人以**签订**买卖合同作为民间借贷合同的担保，借款到期后借款人不能还款，出借人请求履行买卖合同的，人民法院应当按照民间借贷法律关系审理，**并向当事人释明变更诉讼请求。当事人拒绝变更的，人民法院裁定驳回起诉。** 按照民间借贷法律关系审理作出的判决生效后，借款人不履行生效判决确定的金钱债务，出借人可以申请拍卖买卖合同标的物，以偿还债务。就拍卖所得的价款与应偿还借款本息之间的差额，借款人或者出借人有权主张返还**或**补偿。	第二十三条 当事人以**订立**买卖合同作为民间借贷合同的担保，借款到期后借款人不能还款，出借人请求履行买卖合同的，人民法院应当按照民间借贷法律关系审理。**当事人根据法庭审理情况变更诉讼请求的，人民法院应当准许。** 按照民间借贷法律关系审理作出的判决生效后，借款人不履行生效判决确定的金钱债务，出借人可以申请拍卖买卖合同标的物，以偿还债务。就拍卖所得的价款与应偿还借款本息之间的差额，借款人或者出借人有权主张返还**或者**补偿。
第二十**五**条 借贷双方没有约定利息，出借人主张支付**借期内**利息的，人民法院不予支持。 自然人之间借贷对利息约定不明，出借人主张支付利息的，人民法院不予支持。除自然人之间借贷的外，借贷双方对借贷利息约定不明，出借人主张利息的，人民法院应当结合民间借贷合同的内容，并根据当地或者当事人的交易方式、交易习惯、市场**利率**等因素确定利息。	第二十四条 借贷双方没有约定利息，出借人主张支付利息的，人民法院不予支持。 自然人之间借贷对利息约定不明，出借人主张支付利息的，人民法院不予支持。除自然人之间借贷的外，借贷双方对借贷利息约定不明，出借人主张利息的，人民法院应当结合民间借贷合同的内容，并根据当地或者当事人的交易方式、交易习惯、市场**报价**利率等因素确定利息。

续表

《最高人民法院关于审理民间借贷案件适用法律若干问题的规定》（2015年公布）（阴影部分为修改或删除的内容）	《最高人民法院关于审理民间借贷案件适用法律若干问题的规定》（2020年第二次修正）（黑体部分为修改或增加的内容）
第二十六条　借贷双方约定的利率未超过年利率24%，出借人请求借款人按照约定的利率支付利息的，人民法院应予支持。借贷双方约定的利率超过年利率36%，超过部分的利息约定无效。借款人请求出借人返还已支付的超过年利率36%部分的利息的，人民法院应予支持。	第二十五条　出借人请求借款人按照合同约定利率支付利息的，人民法院应予支持，但是双方约定的利率超过合同成立时一年期贷款市场报价利率四倍的除外。 前款所称"一年期贷款市场报价利率"，是指中国人民银行授权全国银行间同业拆借中心自2019年8月20日起每月发布的一年期贷款市场报价利率。
第二十七条　借据、收据、欠条等债权凭证载明的借款金额，一般认定为本金。预先在本金中扣除利息的，人民法院应当将实际出借的金额认定为本金。	第二十六条　借据、收据、欠条等债权凭证载明的借款金额，一般认定为本金。预先在本金中扣除利息的，人民法院应当将实际出借的金额认定为本金。
第二十八条　借贷双方对前期借款本息结算后将利息计入后期借款本金并重新出具债权凭证，如果前期利率没有超过年利率24%，重新出具的债权凭证载明的金额可认定为后期借款本金；超过部分的利息不能计入后期借款本金。约定的利率超过年利率24%，当事人主张超过部分的利息不能计入后期借款本金的，人民法院应予支持。	第二十七条　借贷双方对前期借款本息结算后将利息计入后期借款本金并重新出具债权凭证，如果前期利率没有超过合同成立时一年期贷款市场报价利率四倍，重新出具的债权凭证载明的金额可认定为后期借款本金。超过部分的利息，不应认定为后期借款本金。

续表

《最高人民法院关于审理民间借贷案件适用法律若干问题的规定》（2015年公布）（阴影部分为修改或删除的内容）	《最高人民法院关于审理民间借贷案件适用法律若干问题的规定》（2020年第二次修正）（黑体部分为修改或增加的内容）
按前款计算，借款人在借款期间届满后应当支付的本息之和，不能超过最初借款本金与以最初借款本金为基数，以年利率24%计算的整个借款期间的利息之和。出借人请求借款人支付超过部分的，人民法院不予支持。	按前款计算，借款人在借款期间届满后应当支付的本息之和，**超过以最初借款本金与以最初借款本金为基数、以合同成立时一年期贷款市场报价利率四倍计算的整个借款期间的利息之和的**，人民法院不予支持。
第二十九条 借贷双方对逾期利率有约定的，从其约定，但以不超过年利率24%为限。 未约定逾期利率或者约定不明的，人民法院可以区分不同情况处理： （一）既未约定借期内的利率，也未约定逾期利率，出借人主张借款人自逾期还款之日起按照年利率6%支付资金占用期间利息的，人民法院应予支持； （二）约定了借期内的利率但未约定逾期利率，出借人主张借款人自逾期还款之日起按照借期内的利率支付资金占用期间利息的，人民法院应予支持。	第二十八条 借贷双方对逾期利率有约定的，从其约定，**但是以不超过合同成立时一年期贷款市场报价利率四倍**为限。 未约定逾期利率或者约定不明的，人民法院可以区分不同情况处理： （一）既未约定借期内利率，也未约定逾期利率，出借人主张借款人自逾期还款之日起**参照当时一年期贷款市场报价利率标准计算的利息承担逾期还款违约责任的**，人民法院应予支持； （二）约定了借期内利率**但是**未约定逾期利率，出借人主张借款人自逾期还款之日起按照借期内利率支付资金占用期间利息的，人民法院应予支持。

续表

《最高人民法院关于审理民间借贷案件适用法律若干问题的规定》（2015年公布）（阴影部分为修改或删除的内容）	《最高人民法院关于审理民间借贷案件适用法律若干问题的规定》（2020年第二次修正）（黑体部分为修改或增加的内容）
第三十条　出借人与借款人既约定了逾期利率，又约定了违约金或者其他费用，出借人可以选择主张逾期利息、违约金或者其他费用，也可以一并主张，但总计超过年利率24%的部分，人民法院不予支持。	第二十九条　出借人与借款人既约定了逾期利率，又约定了违约金或者其他费用，出借人可以选择主张逾期利息、违约金或者其他费用，也可以一并主张，**但是**总计超过**合同成立时一年期贷款市场报价利率四倍**的部分，人民法院不予支持。
第三十一条　没有约定利息但借款人自愿支付，或者超过约定的利率自愿支付利息或违约金，且没有损害国家、集体和第三人利益，借款人又以不当得利为由要求出借人返还的，人民法院不予支持，但借款人要求返还超过年利率36%部分的利息除外。	
第三十二条　借款人可以提前偿还借款，但当事人另有约定的除外。 借款人提前偿还借款并主张按照实际借款期间计算利息的，人民法院应予支持。	第三十条　借款人可以提前偿还借款，**但是**当事人另有约定的除外。 借款人提前偿还借款并主张按照实际借款**期限**计算利息的，人民法院应予支持。

续表

《最高人民法院关于审理民间借贷案件适用法律若干问题的规定》（2015年公布）（阴影部分为修改或删除的内容）	《最高人民法院关于审理民间借贷案件适用法律若干问题的规定》（2020年第二次修正）（黑体部分为修改或增加的内容）
第三十三条 本规定公布施行后，最高人民法院于1991年8月13日发布的《关于人民法院审理借贷案件的若干意见》同时废止；最高人民法院以前发布的司法解释与本规定不一致的，不再适用。	第三十一条 本规定施行后，人民法院新受理的一审民间借贷纠纷案件，适用本规定。 2020年8月20日之后新受理的一审民间借贷案件，借贷合同成立于2020年8月20日之前，当事人请求适用当时的司法解释计算自合同成立到2020年8月19日的利息部分的，人民法院应予支持；对于自2020年8月20日到借款返还之日的利息部分，适用起诉时本规定的利率保护标准计算。 本规定施行后，最高人民法院以前作出的相关司法解释与本规定不一致的，以本规定为准。